CONCOURS D'ENTRÉE AUX GRANDES ÉCOLES SCIENTIFIQUES
2019-2020

La démocratie

Aristophane, *Les Cavaliers – L'Assemblée des femmes*

Tocqueville, *De la démocratie en Amérique*
(tome II, partie IV)

Roth, *Le Complot contre l'Amérique*

Philippe Crignon
Agrégé de philosophie

Florence Fix
Agrégée de lettres modernes

Sylvain Ledda
Agrégé de lettres modernes

Raïssa Maillard
Agrégée de philosophie

Florian Pennanech
Professeur en classes préparatoires scientifiques
Agrégé de lettres modernes

Corinne von Kymmel
Professeur en classes préparatoires scientifiques
Agrégée de lettres modernes

GF Flammarion

Les éditions auxquelles nous renvoyons dans ce volume sont les suivantes :

— ARISTOPHANE, *Les Cavaliers. L'Assemblée des femmes*, traduction de Marc-Jean Alfonsi, édition de Marion Bonneau, GF-Flammarion, 2019.

— Alexis de TOCQUEVILLE, *De la démocratie en Amérique. Tome II, partie IV*, édition d'Arnaud Sorosina, GF-Flammarion, 2019.

— Philip ROTH, *Le Complot contre l'Amérique*, traduction de Josée Kamoun, Gallimard, coll. « Folio », 2006.

ISBN : 978-2-0814-5165-0

SOMMAIRE

INTRODUCTION AU THÈME
LA DÉMOCRATIE
par Raïssa Maillard

PREMIÈRE PARTIE
ARISTOPHANE
par Sylvain Ledda

DEUXIÈME PARTIE
TOCQUEVILLE
par Philippe Crignon

TROISIÈME PARTIE
ROTH
par Florence Fix

QUATRIÈME PARTIE
LA DÉMOCRATIE DANS LES ŒUVRES AU PROGRAMME
par Florian Pennanech

CINQUIÈME PARTIE
MÉTHODOLOGIE : ÉPREUVES D'ÉCRIT ET D'ORAL AUX CONCOURS D'ENTRÉE DES GRANDES ÉCOLES SCIENTIFIQUES
par Corinne von Kymmel

SIXIÈME PARTIE
CORRIGÉS DE DISSERTATIONS ET DE RÉSUMÉS
par Florian Pennanech

INTRODUCTION AU THÈME

La démocratie

par Raïssa Maillard

Préambule

Sans nul doute, la démocratie aura été mise à rude épreuve tout au long du XXe siècle : si elle en sort triomphante, ce n'est ni sans séquelles ni sans inquiétude. À la fin du XIXe siècle une accélération sans précédent des transformations économiques et sociales a ponctué la seconde révolution industrielle : accroissement des forces de production, circulation décuplée des marchandises, modification des paysages urbains, apparition de nouvelles classes sociales. Ces bouleversements posent la nécessité d'une réorganisation sociale et d'une intégration politique des masses arrachées sans transition à leurs modes de vie traditionnels. À partir de là, on aurait pu imaginer une histoire heureuse des sociétés européennes fortes de leur tradition démocratique et libérale, celle d'une émancipation progressive des individus et de la réappropriation du pouvoir par les peuples. Il n'en a rien été. La démocratie n'a cessé d'être malmenée, travestie, voire mise à mort. L'histoire a accouché d'un monstre – le totalitarisme –, qui est la négation même de la démocratie. Au sortir de la Seconde Guerre mondiale, l'écrivain Albert Camus ne voit qu'une solution pour que l'histoire ne se répète pas : instaurer un nouvel ordre politique, une véritable démocratie, seul rempart contre les tragédies totalitaires. « Nous voulons réaliser sans délai une vraie démocratie populaire et ouvrière. Dans cette alliance, la démocratie apportera les principes de la liberté et le peuple la foi et le courage sans lesquels la liberté n'est rien [1] », proclame-t-il dans un élan d'espoir.

Cette espérance sous la plume de Camus n'est pas restée vaine, et la démocratie, qui épouse l'aspiration des peuples à la liberté, est aujourd'hui un idéal communément partagé. Aussi relève-t-elle presque du sacré : qui aujourd'hui se prétendrait non démocrate ? Non seulement la plupart des pays, malgré leur diversité, revendiquent leur affiliation à ce régime, mais la démocratie est bien plus que cela : elle informe les cadres de nos organisations politiques et sociales, structure nos valeurs, dessine nos existences et nos modes de vie. Mais si l'exigence démocratique est requise, sa réalité nous échappe et son concept se dérobe à un sens unifié. C'est un premier paradoxe : omniprésente, la démocratie en est d'autant plus indiscernable et fragile, parfois mal comprise ou mal aimée, en prise à de multiples ambiguïtés. Ne serait-elle pas devenue un « mot en caoutchouc [2] », selon le propos acerbe d'Auguste Blanqui ? L'urgence est alors double : interroger à nouveaux frais le sens du concept pour tenter d'en reconstruire l'unité, et renoncer à l'évidence de sa valeur pour retrouver une approche réflexive et critique de la démocratie.

1. Albert Camus, « De la Résistance à la Révolution », *Combat*, 21 août 1944.
2. « Qu'est-ce donc qu'un démocrate, je vous prie ? C'est là un mot vague, banal, sans acception précise, un mot en caoutchouc », Auguste Blanqui, 1852, phrase citée dans l'ouvrage collectif *Démocratie, dans quel état ?*, La Fabrique Éditions, 2009.

Le terme démocratie vient du grec *démos*, « le peuple », et *kratein*, « gouverner ». Il signifie donc étymologiquement « le gouvernement du peuple » ou « le pouvoir au peuple ». Le peuple serait à la fois gouverné et gouvernant. Grecque à l'origine, la démocratie est une idée et une pratique ancienne alors que d'autres régimes politiques opposés ont longtemps été dominants (monarchie non constitutionnelle, oligarchie [1], tyrannie, etc.). Quels aspects de cette démocratie originelle avons-nous gardés en héritage ? Que peut encore nous apprendre la démocratie grecque ? Si nous en sommes les dépositaires aujourd'hui, nous nous devons d'en comprendre l'histoire en retraçant au préalable le cheminement complexe qui a conduit de la démocratie athénienne à celles du monde contemporain (I, A).

La démocratie désigne à la fois le *mode de légitimation* du pouvoir politique et les *modalités* de son exercice. Elle invite ainsi à interroger le fondement de l'autorité politique et d'un *État de droit*, mais aussi le mode d'organisation des institutions et des différents organes du pouvoir (I, B). Nous suivrons les lignes argumentatives des auteurs qui ont pensé le rapport du peuple au gouvernement : la légitimité politique peut être fondée sur le fait que les individus d'un État remettent le pouvoir au *souverain* par un pacte social, mais quelle est la nature de ce contrat ? Dans quel cas est-il légitime ? Peut-on penser alors un pacte démocratique, autrement dit une souveraineté populaire, qui serait « le gouvernement du peuple, par le peuple et pour le peuple », selon la définition d'Abraham Lincoln, l'un des « pères fondateurs » de la démocratie américaine ? Avec l'avènement des démocraties modernes, le peuple passe de l'abstraction à une réalité sociale complexe dont Tocqueville tente d'évaluer la teneur. Mais quelle est cette réalité ? Quel est ce peuple dont on parle et qui parfois effraie : est-ce une foule disparate ? une masse unifiée de citoyens ? Comment fait-il connaître sa volonté ? Quelles sont les institutions démocratiques qui lui permettent d'exercer son gouvernement (I, C) ?

Nous nous attacherons à analyser ensuite le passage des principes à la réalisation de la démocratie. Nous évaluerons les différences entre démocratie directe et démocratie représentative. Quelles sont les modalités et les difficultés d'une démocratie directe, où le peuple décide et vote les lois sans intermédiaire ? Quels sont les termes et les insuffisances d'une démocratie indirecte, dans laquelle les citoyens délèguent l'exercice du pouvoir à des représentants ? Dans une démocratie parlementaire, comment organiser les conditions de la meilleure représentativité (II, A) ?

Nous relierons l'idéal démocratique à trois de ses valeurs centrales : la liberté, l'égalité et la citoyenneté. Ces trois piliers, en effet, sont consubstantiels à la démocratie et se renforcent mutuellement. La démocratie

1. L'oligarchie (mot grec formé sur *oligos*, « petit », « peu nombreux », et *arkhô*, « commander ») désigne une forme de gouvernement où le pouvoir est réservé à un petit groupe de personnes qui constitue une classe dominante.

relève tout d'abord d'une aspiration à la liberté : revendication des peuples à décider eux-mêmes de leur destin d'une part et désir des individus de protéger l'ensemble de leurs droits d'autre part. La démocratie suit alors l'histoire du libéralisme politique et suppose en son cœur même la garantie de la liberté d'expression et la tolérance ; elle reprend l'adage que l'on attribue à Voltaire : « Je ne suis pas d'accord avec ce que vous dites, mais je me battrai jusqu'à la mort pour que vous ayez le droit de le dire. » Cependant nous nous demanderons si cette tolérance peut être sans limite : une démocratie doit-elle aller jusqu'à accueillir en son sein des positions antidémocratiques (comme l'expression publique de propos discriminatoires, la formation de partis extrémistes, etc.) ? Ne prend-t-elle pas le risque de nourrir les germes de sa propre destruction (II, C) ?

La liberté ne va pas sans l'égalité. Comme le constate Tocqueville, la démocratie est avant tout née de la revendication de l'« égalité des conditions ». Les revendications démocratiques trouvent leur point d'ancrage dans la contestation d'une société d'ordres où règne l'arbitraire des privilèges. Un des grands moments de l'histoire de la démocratie est l'affirmation de l'*isonomie*, c'est-à-dire l'égalité de tous devant la loi. Cependant, l'égalité des conditions n'en est pas pour autant une égalité réelle. Pour conduire à une égalité de fait, il est nécessaire de repenser l'accès de tous aux mêmes droits. C'est pour cette raison que le mathématicien, député girondin et philosophe Condorcet fait de l'accès à l'instruction la pierre de touche de la possibilité démocratique :

> Le premier degré d'instruction commune a pour objet de mettre la généralité des habitants d'un pays en état de connaître leurs droits et leurs devoirs, afin de pouvoir exercer les uns et remplir les autres, sans être obligés de recourir à une raison étrangère. Il faut de plus que ce premier degré suffise pour les rendre capables de fonctions publiques auxquelles il est utile que tous les citoyens puissent être appelés [1].

Pour pouvoir aller voter, il faut savoir lire et écrire ; pour éviter les rapports de domination, il faut pouvoir faire un usage éclairé de sa raison. Condorcet aspire à une « démocratie intégrale » qui permet la réalisation par chacun de sa dignité et de sa valeur. Or le libre accomplissement de soi dans une démocratie questionne aussi la nécessaire participation à la vie politique. Cela nous conduit naturellement à interroger les modalités de la citoyenneté démocratique : le vote suffit-il à faire de nous des citoyens ? Pour que la démocratie ne reste pas lettre morte, pour que le vivre-ensemble ne soit pas la simple coexistence d'individus atomisés, pour que les membres d'un État fassent société, ne faut-il pas réinvestir le politique comme « chose publique », où chacun puisse prendre part au débat et aux prises de décisions (II, B) ?

1. Nicolas de Condorcet, *Cinq mémoires sur l'instruction publique*, GF-Flammarion, 1994, p. 109.

Enfin la démocratie ne saurait être comprise seulement comme un régime politique : elle est une forme de vie qui dessine nos relations sociales, nos représentations et nos conceptions du monde. Il faudra en analyser les différents visages (III, A) et en sonder la pertinence. S'il est acquis aujourd'hui que le pouvoir de gouverner revient de droit à l'ensemble des citoyens plutôt qu'à un seul ou à quelques-uns, cela n'a pas toujours été évident. Nombre de penseurs et écrivains ont souligné les dangers d'une prise de pouvoir puis d'un gouvernement par le peuple : qu'ils parlent au nom d'une peur de la foule insurgée, du refus de la tyrannie de la majorité ou encore de la légitimité à laisser les meilleurs gouverner, ces auteurs critiques nous aident à saisir les failles de la démocratie (III, B). Enfin, il s'agit encore de convoquer les tentatives récentes qui ambitionnent d'amender le processus démocratique en évitant les pièges d'une démocratie d'apparat (III, C). La démocratie n'est précisément jamais, par sa définition même, une réalité figée ou acquise une fois pour toutes, elle est dynamique, et c'est dans le tissu vivant des pratiques de la cité qu'elle doit être saisie.

I. La démocratie : le meilleur régime politique ?

A. Aux origines de la démocratie

1. La démocratie athénienne : du mythe à la réalité

On présente souvent la cité athénienne comme un modèle de démocratie, un des traits essentiels du « miracle grec » selon l'expression d'Ernest Renan. Mais les institutions athéniennes ne relèvent pas d'un schéma simple, elles s'inscrivent dans une histoire longue et complexe qu'il convient de retracer. Alors que nombre de cités grecques comme Sparte ont longtemps maintenu des fonctionnements aristocratiques, Athènes a procédé assez tôt à une démocratisation progressive de ses institutions. Or il faut d'emblée comprendre qu'il ne s'agit pas tant d'affirmer la souveraineté du peuple – cette représentation de la démocratie n'adviendra qu'avec la modernité – que de se préserver avant tout des excès du pouvoir aristocratique par l'affirmation de l'isonomie, qu'on a définie comme l'égalité civique devant la loi (voir *supra*, p. 15). C'est ce que montre l'historien grec Hérodote :

> Le régime populaire [*archon plêthos*] porte tout d'abord le plus beau nom qui soit : « égalité » [*isonomia*] ; en second lieu, il ne commet aucun des excès

dont un monarque se rend coupable : le sort distribue les charges, le magistrat rend compte de ses actes, toute décision y est portée devant le peuple. Donc voici mon opinion : renonçons à la monarchie et mettons le peuple au pouvoir, car seule doit compter la majorité [1].

Le cheminement vers la démocratie n'a pas été sans heurts. Dans la *Constitution d'Athènes*, Aristote (384-322 av. J.-C.) en relate les étapes essentielles et estime que la Constitution a déjà subi pas moins de onze changements. La démocratie athénienne centrée sur le principe d'isonomie n'est par conséquent pas le « miracle » abstrait que l'on représente souvent, mais une réalité mouvante, bigarrée et tumultueuse.

2. L'histoire complexe de la démocratisation des institutions athéniennes

Le début de l'histoire politique d'Athènes est très largement mythique et, de ce fait, n'est pas véritablement daté. Selon Aristote, Athènes est initialement fondée et divisée en quatre tribus soumises à des chefs de lignée (*phylobasileis*, au singulier *phylobasileus*). Par la suite, le gouvernement de Thésée instaure la première modification de la Constitution en l'éloignant un peu de la royauté.

Ce n'est qu'avec Dracon (VIIe siècle av. J.-C.) que nous entrons dans l'histoire réelle : il est le premier à instituer une justice selon des lois, certes très sévères, mais auxquelles sont soumis tous les citoyens. Face à une crise sociale sans précédent, l'archonte Solon introduit en 621 av. J.-C. un véritable esprit démocratique dans les institutions athéniennes. Il supprime l'esclavage pour dette, impose des charges publiques aux plus riches. Et surtout il met en place les premières institutions démocratiques : l'Ecclésia et l'Héliée. L'Ecclésia représente l'assemblée des citoyens qui votent à main levée les déclarations de guerre et les lois ; l'Héliée, le tribunal populaire dont les membres sont tirés au sort, traite les appels des tribunaux aristocratiques.

Mais, après ce premier moment démocratique, la tyrannie revient en force avec Pisistrate (à partir de 552 av. J.-C.) qui respecte, néanmoins, la législation de Solon. À la suite de l'hégémonie des Pisistratides (descendants de Pisistrate, notamment Hippias), Clisthène, lui-même aristocrate, profitant d'une division entre partisans du pouvoir aristocratique et partisans de la démocratie, intervient pour introduire une constitution démocratique en 508 av. J.-C. Il renforce alors le principe d'isonomie en réduisant le pouvoir du tribunal aristocratique (l'Aréopage). Il remplace l'organisation par tribus (*lignage*) et organise le territoire de la cité en circonscriptions appelées *dèmes*. La plupart des magistratures et des

1. Discours d'Otanès, partisan de la démocratie, restitué par Hérodote dans son *Enquête* (*Enquête. Livres I à IV*, trad. Andrée Barguet, Gallimard, coll. « Folio classique », 1985, p. 313-314).

La démocratie en quelques dates

Démocratie athénienne

594 av. J.-C. : Solon institue le Conseil des Quatre-cents ou Boulè, assemblée restreinte de citoyens chargée des lois.

508-507 av. J.-C. : Clisthène crée l'Ecclésia, assemblée de tous les citoyens sans condition de richesse, chargée des lois, et met en place une série de mesures démocratiques.

Vers 450 av. J.-C. : Périclès crée le *misthos*, qui permet aux plus pauvres de prétendre aux charges publiques en les dédommageant pour chaque journée qu'ils consacrent à leur charge.

Monarchie et République romaine

753 av. J.-C. : Fondation de la Rome antique avec pour deux principales institutions le Sénat (aristocratique) et les comices curiales (institution mi-aristocratique mi-démocratique), soit une assemblée populaire chargée d'élire le roi et de ratifier les lois devant lui.

509 av. J.-C. : Fondation de la République romaine, le pouvoir législatif est transféré aux comices tributes (assemblée des citoyens) et aux comices centuriates (assemblée de l'armée). La République romaine est un système mixte non purement démocratique.

493 av. J.-C. : Élection des premiers tribuns de la plèbe, chargés de faire valoir les intérêts du peuple contre les aristocrates (appelés *patriciens*) dont le pouvoir financier et politique était devenu trop grand.

471 av. J.-C. : Création du concile de la plèbe, qui exclut les patriciens et promulgue les nouvelles lois.

Période médiévale et moderne

XIIe au XVe siècle : Grâce au commerce et à la division politique de l'Italie, certaines cités libres comme Milan conservent une forme d'indépendance vis-à-vis du pouvoir papal et des monarchies qui les jouxtent.

1581 : Création des Provinces-Unies ou République des sept provinces unies des Pays-Bas. Les Provinces-Unies forment une république commerçante où règnent la tolérance et la liberté : elle sert de refuge aux opposants politiques des monarchies autoritaires d'Europe comme Descartes, Bayle, Locke, etc.

1649-1658 : Cromwell proclame la République (*Commonwealth*) en Angleterre après la Première Révolution ou *Grande Rébellion*.

1679 : L'*Habeas corpus Act* inscrit dans la loi anglaise assure à tout citoyen anglais de bénéficier d'un procès juste et équitable.

1689 : Glorieuse Révolution en Angleterre : chute de Jacques II et prise du pouvoir par Guillaume d'Orange qui promulgue le *Bill of Rights*, première « déclaration des droits ». Contrairement à la France qui est une monarchie absolue de droit divin, l'Angleterre devient une monarchie parlementaire qui protège ses sujets dans leurs droits.

1789 : Révolution française et Déclaration des droits de l'homme et du citoyen.

1791 : Ratification du *Bill of Rights* américain à l'issue de la Révolution américaine.

1792 : Instauration du suffrage universel incluant le droit de vote des femmes, supprimé ensuite par le Directoire au profit du suffrage censitaire (réservé aux plus riches).

Période contemporaine

1944 : Droit de vote des femmes en France.

1949 : Déclaration universelle des droits de l'homme, promulguée par l'Assemblée générale des Nations Unies.

charges politiques sont ainsi distribuées par *tirage au sort* avec une rotation régulière de celles-ci. Clisthène fonde enfin la Boulè, un conseil restreint de 400 (puis 500) citoyens tirés au sort et chargés de préparer les lois, amendées et votées ensuite à l'Ecclésia, composée de tous les citoyens. Mais comme il est coûteux d'y participer (déplacement, perte d'une journée de travail), seuls 10 % des citoyens y siègent effectivement.

Après les guerres médiques, dans les années 470 av. J.-C., l'Aréopage retrouve une influence prépondérante. La période qui suit voit se durcir la lutte entre les forces démocratiques et les forces aristocratiques jusqu'à ce que, vers la fin des années 460 av. J.-C., Éphialtès réduise les pouvoirs de l'Aréopage en répartissant ses attributions entre la Boulè et l'Ecclésia. Périclès prolonge cette démocratisation et introduit une importante mesure en 454 av. J.-C. : une indemnité (*misthos*) attribuée à tous les citoyens qui servent comme jurés au tribunal populaire de l'Héliée permet aux plus pauvres d'assumer leurs charges publiques.

Dans les dernières années du Ve siècle av. J.-C. se déroule la guerre du Péloponnèse qui voit s'affronter les cités d'Athènes et de Sparte et, à travers elles, la majorité des cités grecques. Ce sont naturellement des années de tension pour la démocratie athénienne qui se voit menacée par des formes de régime antidémocratiques (la restauration oligarchique du Conseil des Quatre-Cents en 411 av. J.-C., la tyrannie des Trente en 404 av. J.-C.). La victoire de Sparte contraint Athènes à accepter la Constitution de Lysandre, général spartiate. Mais cette parenthèse tyrannique est de courte durée : en 403 av. J.-C., Thrasybule réhabilite la démocratie. C'est dans ce contexte qu'Aristote voit dans ce nouveau régime démocratique l'occasion donnée au peuple d'accroître encore son pouvoir en se rendant maître de tout.

3. La démocratie athénienne : un modèle ambigu ?

Plutôt que de dépeindre la démocratie athénienne comme une réalité idéale et statique, il serait sans doute plus juste de parler de *démocratisation progressive* d'une vie politique complexe où seule une petite poignée de la population autochtone bénéficie du statut de citoyen, puisque restent exclus les femmes, les métèques [1] et les esclaves, majeure partie de la population. Sur les 250 000 habitants de l'Attique, la péninsule où est située Athènes, le corps civique, composé d'hommes adultes, a pu représenter jusqu'à 50 000 personnes en 431 av. J.-C. et environ 30 000 au IVe siècle av. J.-C., soit respectivement entre 20 % et 12 % de la population ; mais seul un quart à un cinquième des citoyens se rend effectivement à l'Assemblée au IVe siècle av. J.-C., soit entre 3 % et 2,4 % de la population totale. Nous sommes donc loin d'une démocratie parfaite.

Résultat d'un ensemble de réformes composites, la démocratie ne fait pas disparaître complètement l'existence d'une aristocratie, jalouse de

1. Le mot désigne alors les ressortissants grecs des autres cités.

son pouvoir, plus éduquée, menaçant toujours ou d'orienter l'opinion ou de reprendre la main. C'est ce que traduisent bien les déclarations de Calliclès, dans le *Gorgias* de Platon. En réaction à la démocratie entendue comme isonomie, Calliclès défend, au contraire, le droit du plus fort, autrement dit le droit des aristocrates éduqués par les sophistes à conserver le pouvoir au sein de la cité :

> Certes, ce sont les faibles, la masse des gens, qui établissent les lois, j'en suis sûr. C'est donc en fonction d'eux-mêmes et de leur intérêt personnel que les faibles font les lois, qu'ils attribuent des louanges, qu'ils répartissent des blâmes. [...] Or, au contraire, il est évident, selon moi, que la justice consiste en ce que le meilleur ait plus que le moins bon et le plus fort plus que le moins fort. Partout il en est ainsi, c'est ce que la nature enseigne, chez toutes les espèces animales, chez toutes les races humaines et dans toutes les cités ! Si le plus fort domine le moins fort et s'il est supérieur à lui, c'est là le signe que c'est juste [1].

C'est pour éviter toute captation aristocratique du pouvoir que le modèle athénien préfère longtemps le tirage au sort et la rotation des charges à l'élection. La présence du peuple, jouant le rôle de témoin ou de juge, dans le chœur des trois grands dramaturges que sont Eschyle, Sophocle et Euripide figure bien la centralité du recours aux citoyens dans la représentation symbolique et mythologique des institutions civiques.

L'historien Thucydide, comme beaucoup d'Athéniens de son époque, fier de sa cité, érige la constitution démocratique en modèle :

> Notre constitution politique n'a rien à envier aux lois qui régissent nos voisins ; loin d'imiter les autres, nous donnons l'exemple à suivre. Du fait que l'État, chez nous, est administré dans l'intérêt de la masse et non d'une minorité, notre régime a pris le nom de démocratie [2].

Conscient des ambivalences de ce régime, Aristote reste plus prudent. Si dans la *Constitution d'Athènes* et dans *Les Politiques*, il souligne précisément que l'homme est un « animal politique » ayant vocation à délibérer avec ses concitoyens sur le juste et l'injuste, il envisage le risque latent d'anarchie au cœur du régime démocratique : le règne de l'intérêt particulier au détriment du bien commun d'un côté, la flatterie démagogique de l'autre. Aussi la démocratie entendue comme isonomie et comme prise en charge du pouvoir par le peuple selon des lois raisonnables visant l'intérêt commun est-elle la démocratie véritable qu'Aristote nomme « République ». Elle diffère bien des désordres produits par l'égoïsme des masses dont il faut se préserver.

---

1. Platon, *Gorgias*, trad. Monique Canto-Sperber, GF-Flammarion, 2007, p. 214-215.
2. Thucydide, *Histoire de la guerre du Péloponnèse*, trad. Jean Voilquin, GF-Flammarion, 1966, t. I, p. 134.

B. Le pouvoir au peuple ?

1. L'autorité politique et le contrat social

Dans le *Court traité du pouvoir tyrannique*, Guillaume d'Ockham (1285-1327) combat les idées absolutistes du pape Jean XXII. Le philosophe et théologien anglais argue que toute autorité politique légitime ne peut qu'être fondée sur le consentement de ceux qui y sont soumis et pose ainsi les prémices des théories contractualistes développées ensuite par Grotius, Hobbes, Locke et Rousseau.

C'est Hobbes qui met explicitement en forme ce cadre du « contrat social » dans son *Léviathan* (1651). Le philosophe anglais n'établit pas vraiment la souveraineté du peuple : selon lui la légitimité du pouvoir advient lorsque le peuple délègue son indépendance et le pouvoir qu'il a sur lui-même au souverain. Ce souverain peut être un seul homme, c'est la monarchie ; une assemblée d'aristocrates, c'est l'aristocratie ; ou enfin une assemblée composée de membres du peuple élus, c'est la démocratie. Hobbes met en scène le contrat social comme un moment où le peuple renonce complètement à sa souveraineté en faisant comme si les paroles du monarque ou de l'assemblée étaient les siennes sans véritable droit de contestation. On le considère à raison comme théoricien de la *souveraineté absolue*.

Contre Hobbes, Locke, philosophe anglais du XVIIe siècle, conteste la souveraineté absolue dans son *Second traité du gouvernement* (1689), car il estime que le peuple ne donne pas tout pouvoir aux gouvernants mais seulement ceux de juger et de punir. Le peuple ne les transmet que dans le but de conserver ses droits individuels, que Locke appelle *propriétés* (son corps, sa liberté et ses biens). Si les gouvernants abusent de leur mandat contre ces droits, le peuple a le droit et même le devoir de résister à l'oppression. Locke est d'ailleurs l'un des inspirateurs du *Bill of Rights*, c'est-à-dire de la première déclaration des droits, instaurée par Guillaume d'Orange suite à la Glorieuse Révolution de 1689. C'est à juste titre que Jaucourt, dans l'article « Démocratie » de l'*Encyclopédie* de Diderot et d'Alembert, fait de Locke un penseur de la démocratie [1].

En parallèle à cette conception contractualiste, des philosophes protestants, appelés les « monarchomaques », contestent vigoureusement l'arbitraire monarchique au nom du droit des peuples : le souverain doit être au service de son peuple et non l'inverse. C'est une idée que l'on trouve par exemple sous la plume de La Boétie dans le *Discours de la servitude volontaire*.

1. Diderot et d'Alembert (dir.), *Encyclopédie ou dictionnaire raisonné des sciences, des arts et des métiers*, Paris, chez Briasson, David l'aîné, Le Breton, Durand, 1754, « Démocratie », t. IV, p. 816-818.

2. La figure du peuple souverain

Au XVIIIe siècle émerge la figure du peuple, non pas simplement comme foule disparate mais comme acteur politique, incarné par la figure du *citoyen* : en atteste le titre de la gazette animée par les physiocrates, philosophes alliant réflexion économique et politique, *Les Éphémérides du citoyen* (1765-1779). Le peuple apparaît aussi sous les traits de personnages revendiquant l'égalité et la fin des privilèges aristocratiques. C'est le cas de Figaro, le célèbre valet du comte Almaviva né sous la plume de Beaumarchais. Dans *Le Mariage de Figaro* (1778), ce dernier ne représente ni le valet faire-valoir de son maître ni l'histrion espiègle du XVIIe siècle. Il est le personnage central, meneur de l'intrigue, et surtout, il se pose en figure de rival de son maître, raillant ses privilèges de naissance avec cette formule piquante : « Qu'avez-vous fait pour tant de biens ? vous vous êtes donné la peine de naître, et rien de plus » (acte V, scène 3). Si la pièce est jugée « exécrable » par Louis XVI, parce qu'elle « se joue de tout ce qui est respectable », en revanche le révolutionnaire Danton en fait l'éloge et dans une formule lapidaire déclare : « Figaro a tué la noblesse ! »

Dans son article « Démocratie » déjà mentionné, l'encyclopédiste Jaucourt appréhende la démocratie à travers la notion de *souveraineté populaire* : « C'est une des formes simples de gouvernement, dans lequel le peuple en corps a la souveraineté [1]. » Le peuple tend par là à prendre la place du monarque en se posant comme souverain. L'écrivain et philosophe des Lumières Jean-Jacques Rousseau est certainement le premier théoricien de la *souveraineté populaire* associée à la notion de *volonté générale*. Au chapitre premier du livre II du *Contrat social* (1762), il affirme que la *volonté générale*, la volonté du peuple, est *souveraine et inaliénable*, autrement dit aucun gouvernant, pas même le roi, n'est en droit de se considérer comme souverain. C'est le peuple qui demeure souverain et les gouvernants ne sont que les exécutants de sa volonté. Cela implique aussi que les citoyens exercent directement leur souveraineté en s'occupant eux-mêmes des affaires publiques. Pour Rousseau, il est donc nécessaire d'avoir des citoyens *vertueux*, c'est-à-dire disposés à subordonner leur volonté particulière à la volonté générale. La formulation au chapitre 6 du livre premier du *Contrat social* est éloquente : « Chacun de nous met en commun sa personne et toute sa puissance sous la suprême direction de la volonté générale ; et nous recevons encore chaque membre comme partie indivisible du tout [2]. »

Au XIXe siècle, période d'affirmation des nations en Europe, les figures du peuple héroïsé et insurgé apparaissent entre autres sous les traits du célèbre chœur des esclaves dans *Nabucco* (1836), l'opéra du compositeur italien Verdi, ou encore à travers les images littéraires et picturales de la

1. *Ibid*, p. 816-818.
2. Jean-Jacques Rousseau, *Du contrat social*, GF-Flammarion, 2012, p. 53.

révolution des Trois Glorieuses (1830), de celle de 1848 et de la Commune de Paris (1871). À l'opposé l'un de l'autre, Jules Vallès, fondateur du journal *Le Cri du peuple*, qui publie *L'Insurgé* en 1886, et Zola dans son roman *La Débâcle* (1892) racontent l'insurrection populaire de la Commune de Paris dont ils ont été témoins et acteur pour le premier, qui en fait l'éloge ; le second en dénonce la violence. En témoigne également le tableau magistral du peintre Delacroix, *La Liberté guidant le peuple* (1830) : le peuple insurgé sur les barricades est conduit par une femme au sein nu brandissant un drapeau français, allégorie de la liberté (voir illustration, p. 131).

Mais l'insurrection populaire ainsi représentée inquiète : les classes laborieuses factieuses représentent une menace qu'il faut conjurer. Lors des grandes grèves comme celle de Fourmies (1891), l'armée reçoit l'ordre de tirer sur les mineurs. Dernières réserves des élites bourgeoises contre la démocratie, ces classes populaires laborieuses seront longtemps considérées avec crainte et mépris comme des « classes dangereuses », pour reprendre le titre du fameux ouvrage de l'historien Louis Chevalier, *Classes laborieuses et classes dangereuses dans la première moitié du XIXe siècle* (1958).

3. Une démocratie sans *démos* ?

Tout le XXe siècle peut sembler justifier cette crainte du peuple. En effet, les peuples n'ont-ils pas été ceux qui ont porté au pouvoir les dictatures et les totalitarismes ? Les récits dystopiques comme *1984* ou *La Ferme des animaux* de George Orwell critiquent implicitement toute forme de totalitarisme. Le totalitarisme soviétique offre l'image de ces pouvoirs politiques qui, au nom du peuple, briment le peuple. Tout le paradoxe de la démocratie est bien là : ne contient-elle pas en elle-même le ferment de sa propre destruction ?

Dans le sillage de la pensée antitotalitaire au sein du mouvement « Socialisme ou barbarie », une organisation révolutionnaire fondée en 1948, le philosophe Claude Lefort a essayé de dénouer le lien qui réunit démocratie et souveraineté du peuple. Une démocratie est d'abord un lieu *non unifiable* où doivent pouvoir s'épanouir toutes les formes de conflictualités et de dissensus. Il n'y a pas *un peuple*, mais des individus divers qui doivent pouvoir avoir recours aux institutions pour se protéger et aussi pour les contester. Or les « démocraties populaires » et autres régimes autoritaires semblent avoir usé de la figure d'un peuple idéalisé et unifié pour faire taire la contestation, discriminer et maltraiter les minorités et imposer à tous des restrictions de liberté.

Philip Pettit, philosophe contemporain professeur à Princeton, montre, dans son ouvrage *Républicanisme* (*Republicanism*, 1997), que la liberté est mieux défendue par le droit individuel et collectif de contester que par le recours à la souveraineté du peuple. En attestent les luttes des noirs américains pour les droits civiques aux États-Unis dans les années 1950-1960 ou encore les luttes féministes et, plus récemment, les batailles pour l'environnement, qui affirment que le droit de contestation et la reconnaissance des droits sont plus essentiels et plus efficaces pour protéger les libertés individuelles que la souveraineté populaire. Ainsi, la crise de la souveraineté populaire propose une nouvelle figure de la démocratie où se multiplient les contestations diverses et les pouvoirs auxquels les individus peuvent s'adresser pour obtenir la reconnaissance et la garantie des droits qu'ils revendiquent. Peut-être faut-il en effet dénouer la notion de démocratie de celle de souveraineté populaire et soutenir, en contrepartie, la forme spécifique de subjectivité politique qu'incarne l'individu sujet de droits, une forme de *démocratie sans* « démos »[1], pour reprendre le titre d'un récent livre de la philosophe Catherine Colliot-Thélène.

C. Les institutions démocratiques

1. Le tribunal et l'Assemblée

Avant d'être définie par le principe de souveraineté populaire s'exerçant par le biais de l'élection au suffrage universel, la démocratie s'impose d'abord au travers d'institutions visant à limiter à la fois l'exercice du pouvoir et l'arbitraire afin d'assurer sa compatibilité avec la liberté et la sûreté de tous.

Comme nous l'avons remarqué précédemment, les deux principales institutions démocratiques sont certainement les tribunaux et l'Assemblée. Les tribunaux jugent les citoyens par application de lois publiques et reconnues. L'instauration des lois par Dracon en 621 av. J.-C. à Athènes est sans doute un moment important du développement d'une démocratie en voie d'affirmation. Dans *L'Orestie* d'Eschyle (458 av. J.-C.), l'instauration du tribunal est essentielle au dénouement du dernier volet, intitulé *Les Euménides* : on y voit la fondation mythique du tribunal d'Athènes, dont le dessein est de trancher le différend qui oppose Oreste, meurtrier de sa propre mère, aux déesses de la vengeance, les Érinyes. Pour régler équitablement ce conflit, Athéna, déesse mère de la cité grecque, réunit un groupe de sages. La décision de ce tribunal, l'Aréopage, permet de mettre un terme au cycle violent de la vengeance. Certes, ce tribunal fut initialement aristocratique mais les garanties de neutralité et d'impartialité qu'il présente sont une première forme de préservation des citoyens contre l'arbitraire des chefs.

L'autre institution symbolisant la démocratie est l'Assemblée, assemblée populaire ou assemblée des représentants du peuple, discutant et

1. Catherine Colliot-Thélène, *La Démocratie sans* « démos », PUF, coll. « Pratiques théoriques », 2011.

votant les lois. Le serment du Jeu de paume, dont le peintre français David nous a offert une immense représentation, souligne bien le rôle de l'Assemblée des représentants du peuple dans le processus démocratique. Le 20 juin 1789, dans la salle du Jeu de paume, des députés jurent en effet de ne pas se séparer avant d'avoir rédigé une constitution. C'est un moment qui symbolise, à maints égards, l'irruption de la souveraineté populaire au cœur de la monarchie d'Ancien Régime. L'œuvre de David (peinte entre 1791 et 1792) représente au premier plan trois membres de chacun des états (clergé, noblesse, tiers état) se mettant d'accord tandis qu'à l'arrière-plan une Assemblée tumultueuse débat autour d'un homme sévère, Bailly, qui déclame le serment. Ce tableau illustre parfaitement la fin d'une société d'ordres et l'égalisation des conditions au sein de l'Assemblée. En position de surplomb, le peuple observe la scène avec ferveur, à travers les fenêtres par lesquelles des bourrasques soufflent, symbolisant la tempête révolutionnaire.

Comment dès lors penser l'organisation des différents pouvoirs ?

2. La séparation des pouvoirs

La séparation des pouvoirs joue également un rôle décisif pour garantir ce que Montesquieu, dans *De l'esprit des lois* (1748), appelle « la liberté de la constitution » et la modération du pouvoir politique. Pour le philosophe français des Lumières, la liberté politique des citoyens dans leur rapport à la constitution provient de l'opinion qu'ils ont de leur sûreté. Pour protéger cette sûreté, il faut garantir que personne ne puisse abuser du pouvoir et pour cela « il faut que, par la disposition des choses, le pouvoir arrête le pouvoir [1] ». La théorie de la séparation des pouvoirs, essentielle à un régime politique de liberté, est aussi une théorie du contrôle des différents pouvoirs les uns par les autres, « devant s'entre-empêcher », pour interdire toute décision arbitraire.

Dans les régimes où les trois pouvoirs (législatif, exécutif, judiciaire) sont concentrés dans les mains d'une seule personne ou instance, c'est le règne de l'injustice. Le pouvoir peut s'y exercer sans limite et représenter une menace pour tous. Montesquieu évoque les Turcs, car, comme il l'a montré dans les *Lettres persanes*, il aime à masquer sa critique des institutions françaises dans le déguisement inoffensif des turqueries. Il aurait pu aussi bien citer la figure du monarque absolu de droit divin, à l'image des rois qui faisaient enfermer selon leur bon vouloir leurs opposants sans autre forme de procès au donjon de Vincennes : par une simple lettre de cachet, Diderot y sera détenu trois mois en 1749 sur ordre du maître des requêtes du roi, Berryer. Ainsi, le monarque ne doit pas concentrer tous les pouvoirs : l'exercice de son autorité exécutive doit être contrôlé par le parlement et se conformer à la loi. De la même manière, le pouvoir judiciaire est chargé d'assurer le plein exercice de la

1. Montesquieu, *De l'esprit des lois*, GF-Flammarion, 1979, vol. 1, p. 293.

Samuel F. B. Morse, *The House of Representatives*, 1822.

L'américain Samuel F. B. Morse (1791-1872) est souvent plus connu pour son invention du télégraphe et du code télégraphique (le morse) que pour sa peinture. Il est pourtant également peintre : d'abord portraitiste, il aspire à réaliser des œuvres plus ambitieuses à destination du public et des institutions politiques, des peintures dites d'histoire.

Dans cette toile, Morse s'attache à représenter avec exactitude les lieux (le National Statuary Hall) et les personnages. Morse fit poser chacun des personnages de la scène pour les représenter d'après nature. La séance se déroule de nuit : la lumière provient seulement du lustre allumé. La place centrale accordée au personnage qui allume ce lustre souligne l'absence de hiérarchie institutionnelle propre à la démocratie américaine. Le *Speaker*, chargé de diriger les débats, n'est pas sur son perchoir, c'est donc ce personnage, ombre centrale, qui se fait chef d'orchestre. Il symbolise peut-être le peuple, au centre, éclairant l'Assemblée.

Cependant, il ne polarise pas l'attention des membres de la Chambre qui sont réunis en petits groupes dispersés. Il s'agit là d'un autre symbole de la démocratie : les conciliabules des députés traduisent l'esprit démocratique fait de discussions horizontales entre pairs. Cette représentation reste assez éloignée du tumulte régissant les séances habituelles du Congrès : les attitudes calmes témoignent ici d'une éthique de la discussion plutôt que de passions houleuses et désordonnées.

Enfin, il ne faut pas négliger l'accent mis sur la dimension solennelle et presque religieuse des lieux : avec ses velours rouges, ses ors et son vaste dôme, cette salle pourrait être le chœur d'une cathédrale. En son sein se joue en effet quelque chose de sacré, car y bat le cœur de la démocratie.

Banksy, *Monkey Parliament*, 2009.

Banksy est le pseudonyme d'un *street artist* anglais graffeur, utilisant principalement la technique du pochoir (l'œuvre présentée ici est, exceptionnellement, une toile). Il reste très discret. En effet, comme la plupart des graffeurs, il pratique son art dans la confidentialité, loin du regard et surtout comme un défi aux autorités. Ses œuvres ont toujours une dimension politique : libertaire, anticapitaliste et antimilitariste.

Sur cette peinture, Banksy représente la Chambre des communes (équivalent de l'Assemblée nationale en France) en reprenant les codes classiques. Comme dans le tableau de Morse, la salle est éclairée par des lustres. L'ambiance est solennelle. Mais les membres de l'Assemblée sont des chimpanzés.

Banksy aime utiliser des représentations animales pour figurer l'humain, en particulier des singes, des chats et des rats. À la manière du fabuliste Jean de La Fontaine, il utilise l'animal pour mettre en scène les vices humains. Le remplacement de l'homme par le singe rappelle également l'imaginaire apocalyptique contemporain, tel qu'il est mis en scène dans certains films comme *La Planète des singes* de Franklin J. Schaffner (1968). Cet usage du travestissement répond à une ambition moins esthétique que politique.

Le geste de l'artiste est à la fois provocateur et démocratique. Il remet les représentants à leur place : ce sont des hommes comme les autres. Et quelle que soit l'importance qu'ils cherchent à se donner par des rituels et des décorums, les humains sont des animaux comme les autres. Il est important de noter que Banksy n'insiste pas sur les attitudes simiesques ; au contraire, les chimpanzés sont sérieux et recueillis. Banksy ne suggère pas que les députés se comportent comme des singes, mais plutôt que les singes feraient mieux que les hommes.

force publique, et ce dans le respect du droit et conformément à la législation.

3. Les droits de l'homme

La démocratie est l'égalité de tous face à la loi, elle s'accompagne donc naturellement de la reconnaissance des droits humains. Diderot, dans l'article « Droit naturel » de l'*Encyclopédie* (1755), écrit avec force : « Dites-vous souvent : Je suis homme, et je n'ai d'autres *droits naturels* véritablement inaliénables que ceux de l'humanité [1]. » À la fin de l'article, il relie très clairement la volonté générale législatrice à l'affirmation et la garantie des droits humains. Ce faisant, il joue un rôle important dans la progression et l'affirmation des valeurs démocratiques dans une société encore largement inégalitaire.

Presque un siècle avant Diderot, c'est pour critiquer l'exercice absolu de la souveraineté que Locke, dans *Le Second Traité du gouvernement* (1689), propose l'idée selon laquelle les hommes détiennent des droits pleins et entiers avant même l'instauration des gouvernements. Il les appelle *propriétés naturelles* de l'homme : l'existence, la liberté, les biens et la santé. Il estime que le gouvernement est institué par le peuple en vue de garantir ses droits et que, s'il ne respecte pas ce mandat, le peuple est en droit de résister à l'oppression. Ainsi, l'alliance de l'affirmation de droits naturels et inaliénables d'un côté et d'un droit de résistance à l'oppression de l'autre est un dispositif essentiel à la démocratie, si l'on entend par ce régime non seulement le règne du peuple souverain mais aussi et surtout la protection de la liberté des individus contre les abus du pouvoir arbitraire.

Ces principes déjà en partie présents dans la Grande Charte (*Magna Carta*) anglaise de 1215 seront scellés par l'*Habeas corpus Act* (protégeant les citoyens contre des décisions juridiques arbitraires) et le *Bill of Rights* (« déclaration des droits ») en Angleterre (1689) et aux États-Unis (1791), la Déclaration des droits de l'homme et du citoyen en France (1789) et enfin par la Déclaration universelle des droits de l'homme (1948). La préservation de ces droits apparaît bien comme le cœur des valeurs démocratiques modernes. C'est dans ce cadre que l'on peut comprendre la révolte humaniste contre l'esclavage puis son abolition, dont l'épisode du « nègre du Surinam » dans *Candide* de Voltaire (1759) offre une image saisissante. Face aux souffrances infligées à l'esclave Cacambo par son maître hollandais Vanderdendur, Candide décide de renoncer à l'optimisme de son maître Pangloss : « tu n'avais pas deviné cette abomination ; c'en est fait, il faudra qu'à la fin je renonce à ton optimisme [2] ».

---

1. Diderot et d'Alembert (dir.), *Encyclopédie ou dictionnaire raisonné des sciences, des arts et des métiers*, GF-Flammarion, 1986, vol. 1, « Droit naturel », p. 337.
2. Voltaire, *Candide*, GF-Flammarion, 2007, p. 95.

C'est dans cette même perspective que l'on peut inscrire la lutte pour l'égalité des droits politiques entre hommes et femmes portée par le mouvement des suffragettes en Angleterre au début du XXe siècle.

II. La démocratie : du principe à sa réalisation

A. Démocratie directe ou démocratie représentative ?

1. La démocratie directe

Si on désigne par démocratie directe un régime politique – et par extension une procédure décisionnelle – où les citoyens exercent directement le pouvoir et participent eux-mêmes aux prises de décision, sans intermédiaire aucun, c'est-à-dire sans représentants élus, on constate que les exemples en sont rares dans l'histoire. Peut-être faut-il pour le comprendre souligner les difficultés et les problèmes de fond que la démocratie directe ne manque pas de soulever. Tout d'abord, elle est censée reposer sur le vote des décisions ou lois par une assemblée constituée idéalement de tous les citoyens, chaque citoyen équivalant à une voix. Or cela suppose une participation active de tous (une faible participation remettrait en cause les avantages même de la démocratie directe), une délibération de qualité afin que la prise de décision soit informée (sans connaissance et maîtrise minimales du sujet, pas de décision pertinente), enfin l'aboutissement à un consensus (voire un idéal d'unanimité, quoique celle-ci puisse sembler difficile à atteindre dans des sociétés pluralistes).

On voit que l'exercice de la démocratie directe s'inscrit dans un *temps long*, qu'il n'est pas toujours aisé de mettre en œuvre. Un temps démocratique est en effet nécessaire pour la réunion, la participation et la délibération des citoyens. Cette dimension temporelle peut aller à l'encontre de l'urgence économique et politique. Notons également que la démocratie directe demande une réorganisation de l'*espace* pour symboliser et faciliter la prise de décision par le collectif sans intermédiaire : les espaces circulaires sur un même plan (hémicycle) sont privilégiés pour signifier la distribution horizontale du pouvoir et de la parole [1].

Idéalisée car elle restituerait sa souveraineté au peuple, cette démocratie directe a-t-elle vraiment existé ? Serait-ce la forme dans laquelle a

1. On peut suivre l'histoire passionnante du rapport entre construction des espaces publics et démocratie (notamment les places publiques) dans l'ouvrage de Joëlle Zask, *Quand la place devient publique*, Le Bord de l'eau, 2018.

émergé la démocratie à l'origine en Grèce antique ? Nous en trouvons une analyse historique éclairante chez l'helléniste danois Mogens H. Hansen qui en donne la définition suivante :

> Dans une démocratie directe, le peuple se gouverne effectivement lui-même, c'est-à-dire que chacun a le droit de participer à la prise de décision, tandis que dans l'autre, indirecte, au contraire, la seule décision que chacun a le droit de prendre, c'est de choisir ses décideurs [1].

Athènes a bien été au plus proche de cette définition, même si la complexité de ses institutions en fait davantage un régime mixte. Prenant le contre-pied de l'école de Jean-Pierre Vernant, Hansen réhabilite ainsi la démocratie athénienne qui, selon lui, doit son échec à l'enchaînement des guerres et à la gestion de ses dépenses plutôt qu'au dysfonctionnement de ses institutions.

Rousseau constitue sans doute le plus grand défenseur de l'exercice sans médiation du pouvoir par les citoyens, dans la mesure où il subordonne le gouvernement à la volonté générale. Quand il s'agit de penser la constitution qui va au mieux permettre l'expression de la volonté générale, la démocratie directe, sans délégation ni division des pouvoirs, lui semble être le meilleur modèle (*Du contrat social*, livre III, chapitre 5). Dans le même temps, Rousseau alerte au sujet des dérives accompagnant fatalement un tel mode d'organisation. Le premier danger concerne la corruption et les abus, qui sont autant de tendances naturelles faisant signe vers le paradoxe démocratique : un peuple capable de se gouverner seul est un peuple vertueux, mais alors, s'il est vertueux, quel besoin aurait-il d'être gouverné par un État ? Le second danger est pratique : comment le peuple peut-il avoir le temps de siéger et de vaquer aux affaires publiques sans délaisser ses affaires privées ? Le recours à une compensation financière contreviendrait à l'esprit civique.

Les conditions à réunir pour que la démocratie puisse être directe sont alors drastiques : il faudrait, dit Rousseau, un État de très petite taille dans lequel tous les citoyens se connaîtraient, sans trop d'inégalité de fortune qui rompt le lien social et sans le luxe qui corrompt toujours le cœur des hommes et les conduit à des relations de domination. C'est pourquoi « il n'a jamais existé de véritable Démocratie, et il n'en existera jamais », ce régime idéal ne convenant qu'à des êtres parfaits, c'est-à-dire à un « peuple de Dieux » [2]. Le principe de la démocratie directe a été défendu par une branche du courant anarchiste, par certains révolutionnaires et communards, étonnamment par le philosophe et écrivain libertin Sade – et de manière plus malheureuse par certaines formes de populisme. Plus récemment, le penseur Cornelius Castoriadis fait l'éloge de ce qu'il appelle la *démocratie radicale* : il revendique la légitimité du

1. Mogens H. Hansen, *La Démocratie athénienne à l'époque de Démosthène*, trad. Serge Bardet, Les Belles Lettres, 2009, p. 21.
2. Jean-Jacques Rousseau, *Du contrat social*, éd. citée, p. 102-103.

pouvoir politique par une « auto-institution de la société [1] », et démontre que seules l'égale participation de tous à la vie publique et la culture d'un esprit critique citoyen garantissent la véritable liberté qu'il nomme « autonomie » dans le sillage de Kant.

Appliquée à d'autres formes d'organisation que le politique, la démocratie directe se traduit par le terme d'*auto-gestion*, et inspire des modes d'organisation qui tendent à rendre le pouvoir décisionnaire aux collectivités et aux acteurs qui subissent l'impact des décisions : on parle alors de *démocratie en entreprise*, de *démocraties locales*, de *consultations* et d'*initiatives populaires*.

2. La démocratie représentative

Les États du monde contemporain sont majoritairement des *démocraties représentatives*, c'est-à-dire des systèmes d'organisation politiques dans lesquels ce sont des représentants *élus* par le peuple qui prennent les décisions, élaborent ou votent les lois. Le pouvoir revient donc à une assemblée restreinte d'élus qui tiennent leur légitimité de leur mandat. Cela suppose une *délégation* du pouvoir, c'est-à-dire une forme de renoncement de la part des citoyens à l'exercer directement. On comprend alors que nulle harmonie ne règne dans le rapport entre *démocratie* et *représentation* : bien plutôt, il convient de lire ce rapport comme une *tension* perpétuelle, que l'on fasse de la représentation la condition nécessaire à la viabilité de la démocratie en tant que « *moins mauvais des régimes* », selon l'expression de Churchill, ou que l'on y voie la contradiction même du sens premier de la démocratie, « pouvoir au peuple par le peuple ».

Une première difficulté apparaît : le peuple se voit dépossédé d'une partie de son pouvoir de décision, les représentants formant alors une classe politique et s'organisant en partis. Ce système peut apparaître nécessaire dans les démocraties de masse en raison de la taille de la population et du besoin de répartir les tâches : les représentants deviennent des *spécialistes* ou *professionnels* de la politique, ils consacrent la majorité ou une grande partie de leur activité à la chose publique. On peut y voir un avantage : les représentants du peuple sont ainsi mieux aptes à défendre les différents intérêts en lice et à organiser le dialogue avec les partenaires sociaux, ils peuvent faire preuve de *compétences spécifiques* requises par l'exercice du pouvoir, et même se faire les porte-parole de ceux qui ne parviendraient pas à se faire entendre en leur redonnant voix au chapitre. Se glisse alors souvent dans la bouche des défenseurs de la représentation un présupposé tendancieux : le peuple n'est pas capable de se gouverner lui-même. C'est ce qui conduit Montesquieu à avouer dans *De l'esprit des lois* :

1. Cornelius Castoriadis, « Domaines de l'homme », in *Les Carrefours du labyrinthe*, vol. 2, Seuil, 1986, p. 318-323.

> Comme la plupart des citoyens, qui ont assez de suffisance pour élire, n'en ont pas assez pour être élus ; de même le peuple, qui a assez de capacité pour se faire rendre compte de la gestion des autres, n'est pas propre à gérer par lui-même [1].

Ou encore Sieyès, corédacteur de la Constitution française, à déclarer dans son *Discours du 7 septembre 1789* que « la très grande pluralité de nos concitoyens n'a ni assez d'instruction, ni assez de loisir, pour vouloir s'occuper directement des lois qui doivent gouverner la France ; leur avis est donc de se nommer des représentants [2] ». La défense du système représentatif devient sous la plume de certains penseurs un discours de méfiance à l'égard du gouvernement du peuple par le peuple.

La deuxième difficulté concerne le contrôle des citoyens envers leurs représentants. Sur ce sujet, il ne faut pas se méprendre : dans une démocratie représentative, le rôle des élus n'est pas d'appliquer à la lettre la volonté des électeurs. Les représentants jouissent d'une *indépendance* totale ; nulle obligation explicite ou légale de rendre des comptes. À l'inverse d'un mandat *impératif*, un mandat *représentatif* suppose une *délégation* totale du pouvoir de décision des électeurs à l'élu ; il est de plus irrévocable même s'il est limité dans le temps. Là encore, un avantage certain se dessine : si l'indépendance est aussi du côté du mandataire, l'individu peut alors vaquer à ses affaires privées et faire valoir son *droit à être représenté*. C'est même ce qui définirait la *liberté des Modernes* contre celle des *Anciens*, selon l'opposition devenue célèbre de Benjamin Constant.

D'après ce dernier, Rousseau s'est bel et bien trompé : la liberté dont veulent jouir les individus dans un État moderne n'est pas *citoyenne* mais *libérale*, ce n'est pas celle d'exercer le pouvoir politique, mais celle qui se traduit avant tout par « la sécurité dans les jouissances privées » et « l'indépendance individuelle », prioritaires par rapport aux tâches citoyennes. On peut y lire la séparation salvatrice entre vie privée et vie publique, protégeant l'individu de l'intrusion de l'État et des autres dans la manière dont il entend mener sa vie et choisir ses valeurs. Retenons la célèbre phrase de Constant : « Prions l'autorité de rester dans ses limites ; qu'elle se borne à être juste. Nous nous chargerons d'être heureux [3]. » Le libéralisme opère un premier tournant, s'alliant davantage avec la représentation qu'avec la démocratie directe ou mixte et l'implication citoyenne qu'elles requièrent.

Reste une troisième difficulté relative au mode de scrutin et au mode d'organisation des assemblées : faut-il privilégier le suffrage universel

1. Montesquieu, *De l'esprit des lois*, éd. citée, vol. 1, p. 133.
2. Emmanuel-Joseph Sieyès, *Dire de l'abbé Sieyès, sur la question du veto royal, à la séance du 7 septembre 1789*, Paris, François-Jean Baudoin imprimeur de l'Assemblée nationale, 1789, p. 15.
3. Benjamin Constant, « De la liberté des anciens comparée à celle des modernes », in *De l'esprit de conquête et de l'usurpation*, GF-Flammarion, 1986, p. 265-291.

direct ou indirect, la représentation proportionnelle ou majoritaire, le tirage au sort ou l'élection ? Le débat continue de diviser.

3. Qu'est-ce qu'une bonne représentation ?

Quels sont les principes et les conditions de l'exercice d'une bonne représentation dans une démocratie représentative ? Les réponses ne sont pas évidentes, mais chacune d'entre elles interroge des conceptions profondes que l'on se fait de la légitimité du pouvoir, de son exercice, de la justice sociale et de la place du peuple et des citoyens dans le processus de décision politique.

La première interrogation concerne la *distance* judicieuse entre le représentant et ses électeurs : comme nous l'avons vu précédemment, un député qui est investi d'un mandat représentatif (et non impératif) n'est pas tenu de rendre des comptes directement à ses mandataires. Cette indépendance est salutaire au sens où elle doit prévenir des risques de conflits d'intérêts ou de pressions qui pourraient contrevenir à des décisions équitables. N'oublions pas à cet égard que ceux qui proposent et votent les lois, décident des mesures politiques, doivent le faire avant tout en visant l'*intérêt général* et le *bien commun* : les représentants sont ceux du peuple dans son ensemble et non les porte-parole d'intérêts particuliers et privés. C'est à la fois un gage pour combattre les défaillances de la démocratie directe (éviter que le peuple fasse lui-même la loi et par là qu'il défende des intérêts particuliers) et un risque : que se passe-t-il si le représentant ne représente plus ceux qui l'ont conduit au pouvoir ? Déléguer à d'autres la chose publique, est-ce renoncer à tout contrôle des décideurs publics ?

La distance entre le représentant et ses électeurs ne doit pas se transformer en discontinuité, voire en rupture ou fracture. Pour éviter une telle dérive, certains défendent l'idée selon laquelle les représentants doivent être à l'image de ceux qui les investissent : la *représentation-ressemblance* serait l'assurance de la meilleure représentativité. Citons à ce sujet Jules Vallès, qui se présente aux élections législatives sur le programme suivant : « J'ai toujours été l'avocat des pauvres, je deviens le candidat du travail, je serai le député de la misère [1] ! » Afin d'assurer une continuité plus forte entre représentants et représentés, d'autres penseurs défendent le tirage au sort ou la rotation des mandats. D'autres encore voient la solution dans une procédure mixte : la démocratie représentative pourrait alors très bien s'accompagner de procédures de démocratie directe (par le référendum, par les organisations horizontales de pouvoir de décision au niveau local, par la consultation, par les pétitions, etc.). Cette démocratie mixte correspond à des pratiques courantes et bien

1. Jules Vallès, dans sa « Profession de foi adressée aux électeurs de la huitième circonscription », 1870.

***Discours de Jaurès contre la loi de 3 ans*, photographie, 25 mai 1913.**

Jean Jaurès (1859-1914) est une figure importante de l'histoire du socialisme. Issu d'un milieu modeste, il a accompli un parcours scolaire de haut niveau. En 1905, il est parvenu à réunir les partis ouvriers au sein de la SFIO (Section française de l'Internationale ouvrière).

Son succès est emblématique de la démocratie à deux titres : d'abord parce que, malgré son origine modeste, il est parvenu au pouvoir dans une société sans ordre ; ensuite parce qu'il parle au peuple et s'en fait le porte-voix. Le tribun qui fédère les foules et exprime les besoins de ceux qui sont privés de parole est une figure essentielle dans la démocratie.

Cette photographie en noir et blanc, qui date du 25 mai 1913, témoigne d'une manifestation organisée au Pré-Saint-Gervais pour commémorer la Commune. Jaurès, qui s'est battu pour la paix, préside ici un meeting contre la guerre. Il est assassiné du fait de son engagement pacifiste le 31 juillet 1914 au Café du Croissant. Ce cliché symbolise ainsi le courage de l'engagement démocratique authentique.

On y retrouve tous les symboles de la république sociale : le drapeau rouge qui flotte au-dessus de Jaurès, les bonnets phrygiens révolutionnaires surmontant les mâts et, enfin, la commémoration de l'insurrection populaire de la Commune. L'attitude de Jaurès indique sa proximité avec les militants captivés : en démocratie, l'orateur doit rester proche de ceux qu'il représente.

implantées dans certains pays – comme l'Islande, le Liechtenstein, certains États des États-Unis –, dont la Suisse est emblématique. La population vote par référendum un certain nombre de lois et de mesures pour lesquelles on considère qu'elle est mieux placée que les élus pour décider des choix qui correspondent le plus à ses intérêts et à sa volonté.

B. La mise en place des outils démocratiques

1. Démocratie et délibération : le rôle du débat public

Nous avons évoqué l'importance d'un *temps démocratique* qui serait nécessaire à la qualité du débat public et à l'information des citoyens ou de leurs représentants afin qu'ils puissent prendre des décisions éclairées. Dès l'origine, les valeurs et les procédures démocratiques se sont constituées autour de la prise de parole publique, de même que l'institution de la justice est passée par l'échange argumenté des parties adverses dans les premiers tribunaux. L'historien Jean-Pierre Vernant, en suivant Aristote, a bien montré l'importance conférée au *logos* dans la démocratie athénienne : la cité s'organise autour de l'agora pour débattre. Le risque de la sophistique ou de la démagogie n'est jamais loin : celui qui parle le mieux risque de l'emporter sur celui qui tente de répondre à l'exigence de vérité – d'où la méfiance de Platon à l'égard des conditions de la délibération au sein des tribunaux et de l'Assemblée. La fin tragique de Socrate donne d'ailleurs raison à sa méfiance [1]. Il faut donc trouver des garanties pour que le débat public soit réellement égalitaire, de qualité, et ne reconduise pas des traits autoritaires ou despotiques sous le masque des démagogues. En ce sens, on comprend que la *formation de l'autonomie de pensée dans la sphère privée*, ou l'esprit critique que le philosophe allemand Emmanuel Kant appelle le courage de « penser par soi-même [2] », ne peut être déconnectée de l'*exercice public de cette autonomie* : les deux se présupposent l'une l'autre.

Aussi, la *patience du débat* et la qualité de la *délibération* semblent être au cœur du bon fonctionnement de la démocratie. À cet égard, des philosophes contemporains comme Jürgen Habermas contribuent à forger le concept de « *démocratie délibérative* [3] » : ils désignent l'idée selon laquelle

1. Sur ce point, la question est abordée dans le *Gorgias* de savoir qui du bon orateur ou du médecin serait le plus susceptible de convaincre un public averti ou un public non averti (Platon, *Gorgias*, éd. citée, p. 145-148).

2. Emmanuel Kant, *Vers la paix perpétuelle. Que signifie s'orienter dans la pensée ? Qu'est-ce que les Lumières ?*, trad. Jean-François Poirier et Françoise Proust, GF-Flammarion, 2006, p. 44.

3. À ce sujet, nous renvoyons à la précieuse anthologie de textes, introduite par Charles Girard et Alice Le Goff, *La Démocratie délibérative*, Hermann, coll. « L'avocat du diable », 2010.

la légitimité d'une décision politique repose avant tout sur la délibération publique entre citoyens égaux et sur l'échange d'arguments raisonnés précédant le vote. Ainsi Habermas est-il l'un des premiers à affirmer les liens absolument nécessaires entre *État de droit* et *démocratie* d'un côté (« Il n'existe pas simplement, entre l'État de droit et la démocratie, un rapport historique et contingent, mais un lien conceptuel ou interne [1] »), entre *démocratie* et *procédures de délibération* de l'autre. L'« éthique de la discussion » et la « liberté communicationnelle » sont des conditions nécessaires à la qualité du débat public, et en ce sens elles doivent prendre une forme juridique [2].

Dans cet équilibre, les nouveaux vecteurs de diffusion de l'information et de communication comme les médias, ainsi que tous les lieux de débats publics, revêtent une importance capitale. Le philosophe Bernard Manin dépeint une réalité étonnante des démocraties occidentales actuelles : les échanges décisifs ont lieu en dehors des séances plénières du Parlement, les grandes tribunes des députés à l'Assemblée ne seraient que la mise en scène d'oppositions qui se sont constituées en amont des séances, lors d'échanges au sein des réunions de partis par exemple. Ce n'est pas une disparition de la discussion, écrit Manin, puisque la possibilité de la délibération se « déplace vers d'autres lieux [3] ».

2. Laisser les experts gouverner ? La question de la compétence

Le dernier problème qui se pose est celui de l'expertise des représentants : ces derniers doivent-ils faire preuve d'un savoir spécial, de connaissances pointues et techniques des questions économiques, politiques, sociales ? On rejoint ici une autre difficulté : quelles sont les procédures ou conditions pour garantir que les meilleures décisions politiques soient prises ? Nous pouvons retracer à grands traits plusieurs lignes argumentatives qui s'opposent.

(a) *L'option technocratique ou « l'épistocratie »* (le gouvernement de ceux qui savent) : les meilleures décisions sont celles qui sont éclairées par un *savoir spécialisé* et une *maîtrise* du domaine dans lequel il faut légiférer ou faire appliquer des mesures. La question de la légitimité d'un *gouvernement par les experts* ou ce que l'on appelle aujourd'hui technocratie remonte à Platon : le mythe de Prométhée dans *Protagoras* invite à se demander s'il faut être un savant pour bien gouverner. Alors que les savoirs techniques dérobés à Héphaïstos et Athéna sont distribués de manière inégale entre

1. Jürgen Habermas, *Droit et démocratie. Entre faits et normes*, trad. Rainer Rochlitz et Christian Bouchindomme, Gallimard, coll. « NRF Essais », 1997, p. 480.

2. Jürgen Habermas écrit : « C'est dans la mesure où le principe de discussion prend une forme juridique qu'il se transforme en démocratie », *ibid.*, p. 487.

3. Bernard Manin, *Principes du gouvernement représentatif*, Flammarion, coll. « Champs », 2012, p. 277.

les hommes, le sens politique volé à Hermès, lui, est réparti de manière égalitaire. Il n'y aurait ainsi pas de compétence spécifique pour exercer la citoyenneté. Socrate s'oppose à Protagoras en défendant au contraire le recours nécessaire au savoir pour exercer un pouvoir politique. Mais alors, le règne des experts ne reconduirait-il pas une sorte d'aristocratie de la politique, voire un « despotisme intelligent », selon l'expression de Tocqueville [1] ? Bernard Manin, dans son ouvrage *Principes du gouvernement représentatif*, montre bien que le gouvernement représentatif dans les sociétés libérales occidentales mêle des traits démocratiques et aristocratiques.

(b) *Le majoritarisme* : cette deuxième ligne argumentative consiste à refuser que la bonne décision soit issue d'une minorité savante et experte, mais à réaffirmer une définition *procédurale* de la démocratie (ce sont les procédures du vote qui garantissent la légitimité des décisions et non le contenu de la décision). Seule une décision émanant de la majorité des citoyens dans une démocratie directe ou de leurs représentants à l'Assemblée est juste puisqu'elle seule peut éviter le risque du paternalisme et respecter le principe démocratique, à savoir que ce sont ceux qui sont concernés qui savent le mieux ce qui est bon pour eux. Or on mesure immédiatement les écueils d'une telle position : elle contrevient à un autre principe démocratique, la protection des minorités. Que se passe-t-il si la majorité veut voter des lois discriminatoires ? De plus, le vote majoritaire ne garantit pas la pertinence de la décision. Par exemple, lorsque la peine de mort a été abolie en France sous Mitterrand, la majorité de la population française y était opposée : les avancées juridiques ont précédé le changement des mentalités.

(c) *La démocratie épistémique* : une position intermédiaire, conjuguant les deux positions précédentes, consiste à montrer que les procédures démocratiques, comme mode de décision égalitaire et majoritaire, sont celles qui font émerger la meilleure décision, voire la décision la plus pertinente moralement. Ce n'est pas la force du nombre qui prévaudrait, mais bien sa qualité épistémique. Le philosophe et député girondin Condorcet montre ainsi, dans ce qu'on appelle la « théorie du Jury », que, sous certaines conditions, plus les décideurs sont nombreux, plus on augmente les probabilités que la décision prise soit la meilleure possible. Ce questionnement sera repris par David Estlund, philosophe américain. Dans son ouvrage *L'Autorité de la démocratie* [2], il argumente en faveur d'une position nuancée : la meilleure décision est celle qui est à la fois légitime car issue de la majorité (non pas décidée par une minorité experte) et juste, c'est-à-dire « correcte moralement » car issue d'une *délibération* de qualité précédant le vote.

---

1. Alexis de Tocqueville, *De la démocratie en Amérique*, éd. François Furet, GF-Flammarion, 1981, I, II, 6, p. 341. Les références à cette édition sont indiquées dans la suite de l'ouvrage par l'abréviation *DA*.

2. David Estlund, *L'Autorité de la démocratie. Une perspective philosophique*, trad. Yves Meinard, Hermann, coll. « L'Avocat du diable », 2011.

DÉMOCRATIE ET CITOYENNETÉ

Une des questions essentielles de la démocratie consiste à savoir si certaines qualités sont requises pour être un bon citoyen. Il est crucial en effet de déterminer s'il est possible d'obtenir une société juste avec un « peuple de démons », pour reprendre l'expression de Kant, c'est-à-dire d'hommes égoïstes qui ne cherchent qu'à se nuire mutuellement. Si les lois sont suffisamment coercitives, elles sont susceptibles de dissuader les hommes de se nuire. Or, dans une démocratie, les lois ne peuvent pas être trop contraignantes puisqu'elles doivent d'abord être garantes de la liberté. Une attitude dite « citoyenne » n'est-elle pas conçue comme le fait de réaliser des actions *surérogatoires* (que l'on accomplit sans y être obligé) en vue du bien public ?

La citoyenneté ne saurait d'ailleurs se limiter à bien obéir aux lois car, en démocratie, les lois sont censées être élaborées au moins par les représentants du peuple. Aristote, au livre III des *Politiques*, écrit à cet égard : « De celui qui a la faculté de participer au pouvoir délibératif et judiciaire, nous disons qu'il est citoyen de la cité concernée [1]. » Le citoyen est acteur-auteur des décisions et, sans se contenter d'obéir, doit bel et bien gouverner. La question se pose alors de la composition du corps des citoyens. Y a-t-il des citoyens actifs (qui font les lois) et d'autres passifs (qui obéissent aux lois), comme c'est le cas des régimes de suffrage censitaire, la France en étant un bon exemple à partir du Directoire ? Toutes les personnes qui doivent subir les conséquences des lois devraient-elles pouvoir participer à leur élaboration ? De fait, il y a toujours des exclus de la citoyenneté (enfants mineurs, étrangers, criminels) qui subissent des lois qu'ils n'ont pas faites. Dans la plupart des pays démocratiques il est maintenant admis qu'est citoyen de plein droit toute personne (homme ou femme) ayant la nationalité du pays et étant majeure et jugée responsable. Mais ce critère formel de citoyenneté suffit-il ?

Dans le modèle républicain de Rousseau, il faut en plus un critère de perfection morale. Un citoyen doit être vertueux. Les êtres mauvais qui ne croient pas aux lois peuvent toujours être chassés, comme dans les cités antiques qui pratiquaient l'ostracisme. En effet, si les citoyens sont animés de passions égoïstes, la République ne peut se maintenir et court à sa perte. Le problème est qu'un tel modèle peut être jugé paternaliste et liberticide parce qu'il exige du citoyen une perfection morale au détriment de sa liberté individuelle de choisir la vie qu'il souhaite mener. Benjamin Constant considère donc que Rousseau se range du côté des Anciens, pour lesquels la liberté est indissociable d'un engagement civique entier qui va jusqu'au sacrifice de sa vie pour la patrie alors que la liberté des Modernes est la liberté privée.

---

1. Aristote, *Les Politiques*, trad. Pierre Pellegrin, GF-Flammarion, 2015, p. 222-223.

C'est pourquoi, dans une démocratie libérale, on estime que chaque citoyen doit pouvoir vivre selon sa propre conception de la vie bonne et avoir ses propres opinions sans avoir de comptes à rendre tant qu'il ne nuit pas aux autres. On ne saurait donc l'obliger à un idéal de rectitude et de perfection morale. Une telle conception libérale de la démocratie risque cependant de conduire à une démocratie d'opinion où chaque citoyen ne participe aux décisions collectives qu'en pensant uniquement à son intérêt étroit sans chercher à réaliser un idéal de justice ou à participer au bien commun. C'est ce que représente le vote dans l'isoloir : chacun prend ses décisions sans avoir de comptes à rendre à personne, par opposition aux systèmes de délibération à main levée, tels que pratiqués sur l'agora dans l'Athènes antique.

Nous retrouvons ici le problème récurrent de la citoyenneté en philosophie : est-on certain que des citoyens qui agissent en conformité extérieure avec la justice légale agissent bien par justice ? Sur ce point, le philosophe américain John Rawls nous offre une nouvelle théorie. Il nomme « sens de la justice » le fait « de comprendre, d'appliquer, et d'agir selon (et non seulement en conformité avec) les principes politiques qui spécifient les termes équitables de la coopération sociale [1] ». Aussi le sens de la justice est-il autant la condition de la justice en démocratie que sa conséquence. C'est parce que nous avons un sens de la justice que nous sommes disposés à nous soumettre à des règles équitables, mais c'est aussi parce que nous sommes soumis à des institutions équitables et bienveillantes que nous contribuons ensuite à leur pérennité et à leur stabilité. Tel est le cercle vertueux de la citoyenneté en démocratie. Le problème surgit dans les périodes de corruption des institutions où le sens de la justice est affaibli par des institutions à ce point injustes qu'aucun citoyen ne se juge plus obligé à l'égard d'un système politique qu'il perçoit comme inique.

1. John Rawls, *La Justice comme équité. Une reformulation de* Théorie de la justice, trad. Bertrand Guillarme, La Découverte, coll. « La Découverte Poche / Sciences humaines et sociales », 2003, p. 39.

C. Le pluralisme démocratique et la question du bien commun

1. La tolérance : un fondement de la démocratie

La tolérance apparaît aujourd'hui comme un *fondement* et un *horizon* évidents de toute démocratie réelle, mais c'est bien cette évidence qui est problématique. Il peut certes sembler banal de rappeler qu'un des principes fondamentaux de nos sociétés est la liberté des individus de mener leur vie selon leur représentation du bien, de choisir les croyances et valeurs auxquelles ils adhèrent : un État n'est démocratique que s'il se tient en dehors de toute intrusion dans la vie privée et dans les consciences des citoyens. Mais considérer la tolérance démocratique comme un acquis évident peut nous rendre aveugles à trois difficultés : (a) cette défense de la tolérance comme valeur démocratique par excellence est le fruit d'une longue histoire et de luttes endémiques pour la faire reconnaître ; (b) régulièrement, on ne peut que constater la fragilité du respect de la tolérance, souvent remise en cause ou susceptible de connaître des régressions ; (c) le concept de tolérance reste une notion éclatée : la mise en œuvre de la tolérance ne va pas de soi et touche à des débats épineux concernant ses limites. Par exemple, doit-on autoriser ou interdire la formation de groupes revendiquant des opinions douteuses ? doit-on tolérer les sectes ? doit-on autoriser la publication de propos offensant une communauté ? comment conjuguer défense de la laïcité et liberté individuelle [1] ?

L'histoire de la tolérance est longue et complexe ; elle s'ancre au sein même des débats relatifs aux guerres de religion. Dans le sillage de l'humanisme, Pierre Bayle, auteur protestant, est le premier à théoriser ce qu'on appelle le *droit inaliénable de la conscience* dans *Pensées sur la comète*, paru en 1681 [2]. Contestant l'interprétation d'une parole attribuée par saint Augustin à Jésus-Christ qui aurait dit « Contrains-les d'entrer » à propos des impies, Bayle défend deux arguments en faveur de la tolérance : c'est la nature même de la conscience qui fait qu'on ne peut la forcer à croire, mais c'est aussi un droit de la conscience errante de se tromper. Ce respect de toute conscience de choisir librement ses croyances et valeurs sera repris par Locke dans la *Lettre sur la tolérance*, comme fondement d'un gouvernement politique légitime. On y trouve la défense de la mise en place d'un État libéral et des dispositifs juridiques qui permettent la cohabitation de religions, de consciences et de systèmes de valeurs différents. Le magistrat civil doit protéger la liberté de croyance et de culte. Voltaire

1. À ce sujet, nous renvoyons à l'ouvrage remarquable de Marc-Antoine Dilhac, *La Tolérance, un risque pour la démocratie ? Théorie d'un impératif politique*, Vrin, 2014.

2. Pierre Bayle, *Pensées diverses sur la comète*, GF-Flammarion, 2007.

renchérira dans son *Dictionnaire philosophique* de 1794, à l'article « Tolérance » :

> Il est clair que tout particulier qui persécute un homme, son frère, parce qu'il n'est pas de son opinion, est un monstre : cela ne souffre pas de difficultés. Mais le gouvernement, mais les magistrats, mais les princes, comment en useront-ils envers ceux qui ont un autre culte que le leur [1] ?

Le penseur des Lumières va plus loin : au lieu d'accepter un sens faible d'une tolérance seulement négative (supporter un mal dont il faudrait s'accommoder), il s'agit de comprendre la tolérance au sens plein, de respecter la diversité parce qu'on la juge une richesse pour l'humanité. Dans le sillage de Voltaire, le philosophe utilitariste anglais John Stuart Mill se fera au XIXe siècle un défenseur farouche de la liberté d'expression [2].

2. La liberté d'expression doit-elle être limitée ?

La démocratie a pour corrélat nécessaire la protection des libertés individuelles : liberté de pensée, d'expression, de manifestation et de presse. Cependant, ces libertés doivent-elles être absolument sans limite ? On peut d'emblée poser que la liberté de pensée, aussi nommée liberté d'opinion ou de conscience, ne peut et ne doit pas être limitée car elle relève de la sphère privée et ne peut faire l'objet d'une quelconque juridiction. On juge dès lors le caractère démocratique d'un État à l'aune de cette liberté : si certains pays aujourd'hui se proclament République démocratique, c'est parfois par une double usurpation, car les gens sont inquiétés pour leurs convictions, qu'elles soient divulguées publiquement ou simplement énoncées en privé.

La liberté d'expression ne recouvre pas totalement la liberté de pensée : en tant qu'elle concerne toute expression publique (c'est-à-dire à laquelle tous peuvent avoir accès s'ils le veulent car elle passe par un biais de diffusion publique), elle est de fait susceptible de censure ou d'interdiction en démocratie, si par exemple elle a pour conséquence de mettre autrui en danger (crier au feu sans raison dans un théâtre bondé est interdit à cause de la panique qui peut en résulter). La question se

1. Voltaire, *Dictionnaire philosophique*, GF-Flammarion, 2010, « Tolérance », p. 505.

2. À ce sujet, Mill écrit : « Mais ce qu'il y a de particulièrement néfaste à imposer silence à l'expression d'une opinion, c'est que cela revient à voler l'humanité : tant la postérité que la génération présente, les détracteurs de cette opinion davantage encore que ses détenteurs. Si l'opinion est juste, on les prive de l'occasion d'échanger l'erreur pour la vérité ; si elle est fausse, ils perdent un bénéfice presque aussi considérable : une perception plus claire et une impression plus vive de la vérité que produit sa confrontation avec l'erreur » (*De la liberté*, trad. Laurence Lenglet, Gallimard, coll. « Folio essais », 1990, p. 85).

pose alors de savoir quelles sont les limites précises de la liberté d'expression et quelles sont les justifications de la censure tout en respectant les droits démocratiques.

Prenons un exemple du problème que poserait une liberté d'expression totale : la démocratie doit pouvoir laisser toutes les opinons s'exprimer, mais qu'en est-il des discours de haine, des propos discriminatoires et de l'éclosion de regroupements ou même de partis politiques autour d'idées antidémocratiques ? On retrouve le paradoxe démocratique : la démocratie pourrait renier ses propres valeurs. C'est pour cette raison que les limites à la liberté d'expression peuvent être défendues. Est interdit en France tout mode d'expression discriminatoire (véhiculant un contenu raciste, homophobe, sexiste, etc.), diffamatoire, ou encore qui porterait atteinte aux entités symboliques de la Nation (insulte au drapeau français, siffler l'hymne national en public, etc.). Mais ces limites et censures ne sont pas les mêmes selon les États démocratiques.

3. Un accord possible dans des sociétés plurielles

Peut-être faudrait-il accepter qu'il n'y ait pas d'accord substantiel dans une démocratie plurielle et pluraliste. Renoncer au peuple comme unité, c'est renoncer aussi à l'utopie d'un accord qui effacerait les dissensions. Comment trouver alors un consensus à partir des désaccords ? Le philosophe américain John Rawls propose des modalités nouvelles de ce qu'il appelle le *consensus par recoupement.* Dans son ouvrage *Libéralisme politique,* il précise ainsi les modalités d'une liberté de conscience égale pour tous, en affrontant le paradoxe de la tolérance : il s'agit bien de déterminer si une société démocratique doit tolérer toutes les doctrines, y compris celles qui sont antidémocratiques. L'originalité de Rawls consiste à rejeter aussi bien la tolérance généralisée à l'égard de tout groupe en toutes circonstances que l'interdiction pure et simple des revendications antidémocratiques. Rawls montre que toutes les formes d'expression et toutes les associations doivent être tolérées, sauf si elles en viennent à nuire directement à l'intérêt commun et à l'ordre public. La tolérance vis-à-vis des intolérants n'est pas contradictoire tant qu'elle est limitée par la nécessité de la stabilité de la société et le respect de la Constitution : « il se peut qu'une société [démocratique] comporte des doctrines déraisonnables et irrationnelles, voire même folles. Dans ce cas, le problème est de les contrôler de manière à ce qu'elles ne détruisent pas l'unité et la justice de la société [1]. »

Dans la même perspective, le philosophe contemporain Edgar Morin souligne l'importance d'accepter le désaccord comme essentiel à la vie

---

1. John Rawls, *Libéralisme politique*, trad. Catherine Audard, PUF, coll. « Philosophie morale », 1997, p. 4.

démocratique. Certes, « la démocratie a évidemment besoin du consensus de la majorité des citoyens et du respect des règles démocratiques. Mais, en même temps que de consensus, la démocratie a besoin de diversité et d'antagonismes [1] ». L'expérience des totalitarismes a mis en lumière un trait fondamental de la démocratie : son lien vital avec la diversité. Edgar Morin l'exprime bien par cette formule, paradoxale seulement en apparence : « la démocratie constitue l'union de l'union et de la désunion [2] ». La quête d'unité du peuple est à la fois utopique et impossible et n'est même pas souhaitable, car ce serait nier la vitalité du conflit, nécessaire au débat démocratique.

III. Visages de la démocratie

A. La démocratie comme forme de vie

1. La société démocratique : une société égalitaire

C'est Tocqueville qui, le premier, dans *De la démocratie en Amérique*, a analysé la démocratie comme *forme de vie* plus encore que comme régime ou nature de gouvernement en parcourant l'Amérique du Nord au début du XIXe siècle et en y observant les mœurs d'un peuple démocratique naissant. Cette société est marquée par l'égalisation des conditions qui rend l'opinion de chacun égale à celle des autres.

Cette idée fait sans doute écho à l'insistance de Montesquieu, dans *De l'esprit des lois*, sur la différence entre le régime despotique qui fonctionne par la peur, les régimes aristocratique ou monarchique dont le ressort est l'amour des honneurs et des distinctions, et enfin le régime démocratique, animé par l'« amour de l'égalité ». Il ajoute, pour préciser son idée, que la démocratie ne s'accommode pas des grandes différences de fortune, c'est pourquoi elle est l'amour de la frugalité, « chacun devant y avoir le même bonheur et les mêmes avantages », car dès que l'un prend le dessus sur les autres, le principe démocratique même est ruiné [3]. Toute distinction démocratique ne peut alors venir que de l'ardeur à servir sa patrie, c'est-à-dire le bonheur de tous. De ce fait, les démocraties aiment ce qui est moyen parce qu'il faut que personne ne s'élève au-dessus des autres.

1. Edgar Morin, *Les Sept Savoirs nécessaires à l'éducation du futur*, Seuil, 2000, p. 64.
2. *Ibid.*, p. 65.
3. Montesquieu, *De l'esprit des lois*, éd. citée, vol. 1, p. 168.

2. La société démocratique : une société sans « ordres »

Il ne peut donc y avoir de démocratie que là où la société est prête à renoncer aux ordres et hiérarchies traditionnels. Une pièce anonyme, *La Fête du Grenadier, pantomime nationale et militaire mêlée de chants, de danses*, spectacle donné cinquante fois au théâtre de l'Ambigu-Comique à partir du 3 septembre 1789, raconte la mort par décapitation des nobles de Launay et de Flesselles qui sont amenés au trépas en étant qualifiés de « criminels de leze-nation », « infernal bourreau du despotisme », aux cris de « au réverbère ! au réverbère ! » ou « point de grâce, point de grâce » [1]. Ainsi la fièvre révolutionnaire est-elle toujours orientée contre les élites, soupçonnées de capter le pouvoir et de tyranniser le peuple. Face à cela, on assiste à une revendication de souveraineté par des citoyens égaux en condition.

Victor Hugo, fervent républicain, prête ces mots au marquis de Lantenac, qui incarne l'Ancien Régime, s'adressant à Gauvin, figure des Jacobins, tous les deux enfermés au livre VII de son roman *Quatrevingt-treize* (1874) : « Ce que nous appelons la boue, vous l'appelez la nation [2]. » On voit alors s'affronter deux points de vue : celui des aristocrates qui dévalorisent le peuple et celui du peuple qui s'idéalise sous les traits de la nation. C'est la même idée qu'exprime Sieyès dans son fameux *Qu'est-ce que le tiers état ?*, publié en 1789 : « 1° Qu'est-ce que le tiers état ? – TOUT. 2° Qu'a-t-il été jusqu'à présent dans l'ordre politique ? – RIEN. 3° Que demande-t-il ? – À ÊTRE QUELQUE CHOSE [3]. » De même au sujet de la Commune : bien que réticent à l'égard de ces événements, Hugo y voit, néanmoins, un moment où le peuple brise ses chaînes :

> Nous entendrons encor des ruptures de chaînes,
> Et nous verrons encor frissonner les grands chênes !
> […]
> C'est quelque chose d'âpre et de grand qui commence [4].

Ces demandes d'égalité se traduisent tant par l'ouverture des charges publiques à tous que par le suffrage universel. Ces deux dispositions sont formulées à l'article 6 de la Déclaration des droits de l'homme et du citoyen de 1789 :

> La Loi est l'expression de la volonté générale. Tous les Citoyens ont droit de concourir personnellement, ou par leurs Représentants, à sa formation.

---

1. *La Fête du grenadier*, pantomime nationale et militaire mêlée de chants, de danses, et à spectacles, Paris, Cailleau, 1789, p. 83.
2. Victor Hugo, *Quatrevingt-treize*, GF-Flammarion, 2014, p. 450.
3. Emmanuel-Joseph Sieyès, *Qu'est-ce que le tiers état ?*, Flammarion, coll. « Champs », 2018, p. 28.
4. Victor Hugo, *L'Année terrible*, Paris, Michel Lévy frères éditeurs, 1872, « Juillet », IX « Les pamphlétaires d'Église » et XI « De tout ceci, du gouffre obscur », p. 393-407.

> Elle doit être la même pour tous, soit qu'elle protège, soit qu'elle punisse. Tous les Citoyens étant égaux à ses yeux sont également admissibles à toutes dignités, places et emplois publics, selon leur capacité, et sans autre distinction que celle de leurs vertus et de leurs talents [1].

C'est ce que montrait bien, comme nous l'avons évoqué (voir *supra*, p. 22), la contestation par Figaro de l'injustice du pouvoir nobiliaire du comte Almaviva.

3. La liberté dans les sociétés démocratiques modernes

Les sociétés démocratiques modernes doivent être distinguées des démocraties antiques. Dans *Droit naturel et histoire*, le philosophe et historien allemand Léo Strauss remarque que, dans la tradition antique, l'individu est pensé comme appartenant toujours déjà à une société, dans laquelle il a le devoir de tenir sa place et d'assumer ses charges. Au contraire, la société moderne (telle que la dessine Hobbes, le premier penseur du droit naturel moderne) est une société où l'individu est antérieur à la société, de sorte que « tous les droits de la société civile ou du souverain dérivent de droits qui à l'origine appartenaient à l'individu [2] ».

On peut à ce sujet suivre le sociologue allemand Ferdinand Tönnies et faire la différence entre *communauté* et *société*. Alors que la communauté se définit comme « une communauté de sang, de lieu et d'esprit [3] » où le tout prime sur l'individu (ce qu'on peut appeler « holisme »), la société, en revanche, est le lieu d'un individualisme où le règne de l'intérêt personnel est désormais au fondement de tous les rapports sociaux. Si l'homme de la communauté ne choisit pas ses appartenances mais se trouve immergé au sein d'un tout organique qui détermine sa manière de se rapporter aux autres, l'homme de la société choisit librement ses relations en fonction de l'intérêt qu'elles représentent pour lui. Telle est la société démocratique moderne.

Comme nous l'avons précisé (voir *supra*, p. 32), Benjamin Constant oppose la liberté des Anciens, qui consiste à s'investir dans la vie politique, à la liberté des Modernes, celle de voir sa liberté de choix garantie contre l'immixtion d'autrui et de flatter des formes de vie basées sur les choix individuels. Cette conception individualiste de la liberté est favorisée par l'émergence des sociétés civiles commerçantes. Le philosophe idéaliste allemand Hegel, à travers sa théorisation de la société civile dans *Principes de la philosophie du droit* (1820), a bien vu cette réalité d'une société dont les membres ne sont plus reliés entre eux par une même

---

1. Voir sur le site www.legifrance.gouv.fr/Droit-francais/Constitution/Declaration-des-Droits-de-l-Homme-et-du-Citoyen-de-1789.
2. Léo Strauss, *Droit naturel et histoire*, trad. Monique Nathan et Eric de Dampierre, Flammarion, coll. « Champs », 1986, 5, p. 167.
3. Ferdinand Tönnies, *Communauté et société*, trad. Niall Bond et Sylvie Mesure, PUF, coll. « Le lien social », 2010, p. 17.

Arts et démocratie

La démocratisation progressive de la société au fil des différentes révolutions ou revendications populaires est largement accompagnée et secondée par la démocratisation des sujets dans les arts. En ce sens, l'art reflète l'histoire de la démocratie. Épousant les réticences du monde politique et social à intégrer le peuple dans les sphères de pouvoir, le domaine littéraire et pictural a longtemps répugné à traiter de sujets ordinaires, qualifiés de vulgaire (au sens étymologique : *vulgus*, la foule). Qu'il s'agisse du héros tragique, du personnage de roman ou de portraits et sujets sculpturaux, tous doivent avoir quelque chose d'*extraordinaire* ou au moins « un caractère significatif ». À l'image de *La Princesse de Clèves* de Mme de Lafayette, un sujet digne d'être représenté doit refléter « une supériorité de cœur, d'esprit, d'éducation », en fait de naissance. Peu de place donc pour l'homme du peuple, relégué au rang de personnage secondaire comme il l'est dans le champ politique.

C'est peut-être le théâtre qui amorce les premiers changements : Molière, qui donne la parole à des valets audacieux, puis Beaumarchais avec Figaro et Marivaux (voir par exemple *L'Île des esclaves*). Par la suite, l'école réaliste en littérature comme en peinture met la démocratisation des sujets au cœur de son propos. Une œuvre tout à fait remarquable à cet égard est celle de Flaubert, depuis *Un cœur simple*, histoire d'une pauvre servante analphabète dont la vie monotone n'est que bouleversée par la passion amoureuse, jusqu'à *L'Éducation sentimentale* qui construit tout un roman autour du vide insignifiant de l'existence de Frédéric Moreau, véritable antihéros, en passant par *Madame Bovary*, qui meurt de l'impossibilité même de rejoindre une vie héroïque et romantique. Et on peut lire avec délice ce que le critique Armand de Pontmartin écrit au sujet du roman, lorsqu'il se plaint que « tous les personnages sont égaux. […] Le valet de ferme, le palefrenier, le mendiant, la fille de cuisine, le garçon apothicaire, le fossoyeur, le vagabond, la laveuse de vaisselle prennent une place énorme. Dans cette littérature, l'âme n'existe pas ». Armand de Pontmartin rate le génie de Flaubert, mais il ne croit pas si bien dire en s'exclamant : « c'est la démocratie en littérature [1] ! »

On peut aussi se référer à un tableau qui a durablement marqué l'introduction du peuple comme sujet digne du domaine pictural : *Un enterrement à Ornans* (1850), du peintre réaliste Gustave Courbet, qui soutiendra la République puis prendra part à la Commune en 1871, représente la cérémonie religieuse d'un enterrement populaire, sujet qui choqua la critique de l'époque par sa trivialité. Baudelaire rend lui aussi hommage « aux pauvres morts », à travers un poème dédié à la femme qui l'a élevé, « La servante au grand cœur » (*Les Fleurs du Mal*, 1857) ; par-là, il rend visible les invisibles de la modernité.

La démocratie interne à la littérature est aussi affaire de langue : introduire les gens du peuple, c'est introduire leurs manières de parler, c'est mettre « un bonnet rouge au dictionnaire », selon la célèbre formule de Victor Hugo dans *Les Contemplations* (« Réponse à un acte d'accusation », 1856). La liste des écrivains qui ont travaillé à une démocratisation de la langue serait trop longue, mais on peut suivre celle que propose le philosophe et critique littéraire Rancière dans son livre *Le Fil perdu* (en anglais, par exemple : Charlotte Brontë, Jane Eyre, Virginia Woolf, Faulkner, John Keats).

1. Armand de Pontmartin, *Nouvelles causeries du samedi*, 1860, p. 321-322, cité par Jacques Rancière, *Le Fil perdu. Essais sur la fiction moderne*, La Fabrique Éditions, 2014, p. 24.

conception du bien commun mais par l'intérêt particulier. L'acheteur et le vendeur ne tiennent pas l'un à l'autre du fait d'un sentiment de fraternité ou par humanité, mais parce que l'un a besoin de l'autre et inversement. Montesquieu note déjà que le commerce suscite le respect des personnes et « un certain sentiment de justice exacte [1] ». S'il ne rend pas vertueux, il rend respectueux des intérêts d'autrui et tolérant. On peut aller jusqu'à faire l'éloge de ce mécanisme : dans *De la richesse des nations* (1776), l'économiste anglais Adam Smith a souligné que, dans les sociétés commerçantes, chacun, recherchant son propre intérêt, participe également sans le savoir à l'intérêt de tous ; c'est la « main invisible ». De ce fait, les sociétés fondées sur les intérêts particuliers sont capables de produire un certain ordre social respectueux des libertés et fondé sur des valeurs entièrement individuelles. Dans les sociétés démocratiques modernes, tout dérive ainsi de l'individu.

B. Les critiques adressées à la démocratie

1. Démocratie et opinion

Il existe une critique récurrente faite aux sociétés démocratiques depuis l'Antiquité, c'est le risque d'anarchie et le règne de l'opinion qu'elles favorisent. Le premier reproche accompagne la démocratie depuis sa naissance puisqu'il vient de Platon dans *La République* : ce serait une forme dégénérée d'organisation du pouvoir dont ne peut résulter que la tyrannie. La démocratie est l'absence de normes, le règne de l'opinion et le risque de la démagogie, puisque l'égalité démocratique ne se soucie plus des compétences et du savoir nécessaires à la réalisation de la justice. Les enfants y donnent des ordres aux sages et chacun suit ses désirs plutôt que les exigences de la vie civique. Voilà pourquoi il en résulte nécessairement une forme d'anomie préjudiciable à tout le corps de la cité, qui devrait être dirigée par des philosophes – entendre par là ceux qui connaissent le bien – plutôt que par le peuple.

Cette critique est restée très puissante à travers la crainte des foules. Même Zola, auteur naturaliste réputé pour sa défense du peuple, produit une image inquiétante du peuple révolté dans *Germinal* :

> Oui, un soir, le peuple lâché, débridé, galoperait ainsi sur les chemins ; et il ruissellerait du sang des bourgeois. Il promènerait des têtes, il sèmerait l'or des coffres éventrés. Les femmes hurleraient, les hommes auraient ces mâchoires de loups, ouvertes pour mordre [2].

1. Montesquieu, *De l'esprit des lois*, éd. citée, p. 10.
2. Émile Zola, *Germinal*, GF-Flammarion, 2008, p. 401.

Aux XIXᵉ et XXᵉ siècles, la foule, réalité protéiforme et peu maîtrisable, devient un objet d'étude par ces aspects mêmes. Le sociologue français Gabriel Tarde, dans *Les Lois de l'imitation* (1890), analyse précisément la façon dont les « idées-forces » se diffusent spontanément dans la société. Gustave Le Bon, dans sa *Psychologie des foules* (1895), montre que la foule forme un corps dans lequel l'individu est absorbé et privé de sa capacité propre à raisonner. Cela fait des foules des entités passionnelles particulièrement dangereuses. C'est ce que confirme Freud, discutant Le Bon, quand il estime, dans *Psychologie des foules et analyse du moi* (1921), que la foule est le lieu d'expression des pulsions débridées par l'intermédiaire de l'identification au chef, incarnation du père.

Au-delà de la foule révoltée, manifestante, insurgée, c'est le règne de l'opinion qui menace les démocraties. La multiplication des journaux au XIXᵉ siècle et l'instruction pour tous favorisent la naissance d'une opinion publique. Il s'agit d'un phénomène majeur de la démocratisation de la société française. Mais ce qui peut sembler positif d'un côté apparaît comme une menace de l'autre. On peut effectivement considérer que nous sommes soumis à une dictature de l'opinion. En effet, l'opinion publique est tellement centrale dans les démocraties modernes qu'il semble épineux de la critiquer ou d'y déroger : difficile, dès lors, d'échapper au conformisme.

En outre, comme le citoyen n'est pas sommé de justifier ses choix, puisqu'il est simplement invité à exprimer son opinion sans exigence de véracité, cela favorise l'adhésion à des discours clairement fallacieux sans que ceux-ci n'apparaissent condamnables dans un cadre où c'est l'opinion indiscutable de chacun qui règne. Ce phénomène prend aujourd'hui des traits particulièrement criants qui conduisent certains à parler d'ère de la « post-vérité », signifiant ainsi la défaite partielle de la recherche de la vérité contre son contraire (fausses croyances, rumeurs infondées, « *fake news* », théories du complot, etc., dont les réseaux sociaux facilitent la diffusion).

2. Les limites de la démocratie représentative

Pourtant, en passer par des élites pour décider, certes au nom du peuple mais aussi et d'abord à la place du peuple, n'apparaît pas non plus comme une solution satisfaisante. Aussi assiste-t-on, selon l'historien américain Christopher Lasch, à une « sécession des élites ». Les élites ne représentent plus correctement le peuple et celui-ci, en effet, ne se sent plus représenté par ceux qui le dirigent. Des œuvres cinématographiques, comme *Metropolis*, film expressionniste réalisé par Fritz Lang en 1927, traduisent cette crainte du règne d'élites déconnectées du peuple. Reproduisant le schéma de la cité platonicienne, ce film met en scène Metropolis, une grande ville divisée en une ville haute, où vivent les familles intellectuelles dirigeantes, dans l'oisiveté, le luxe et le divertissement, et une ville basse, où les travailleurs opprimés par la classe dirigeante font fonctionner la ville.

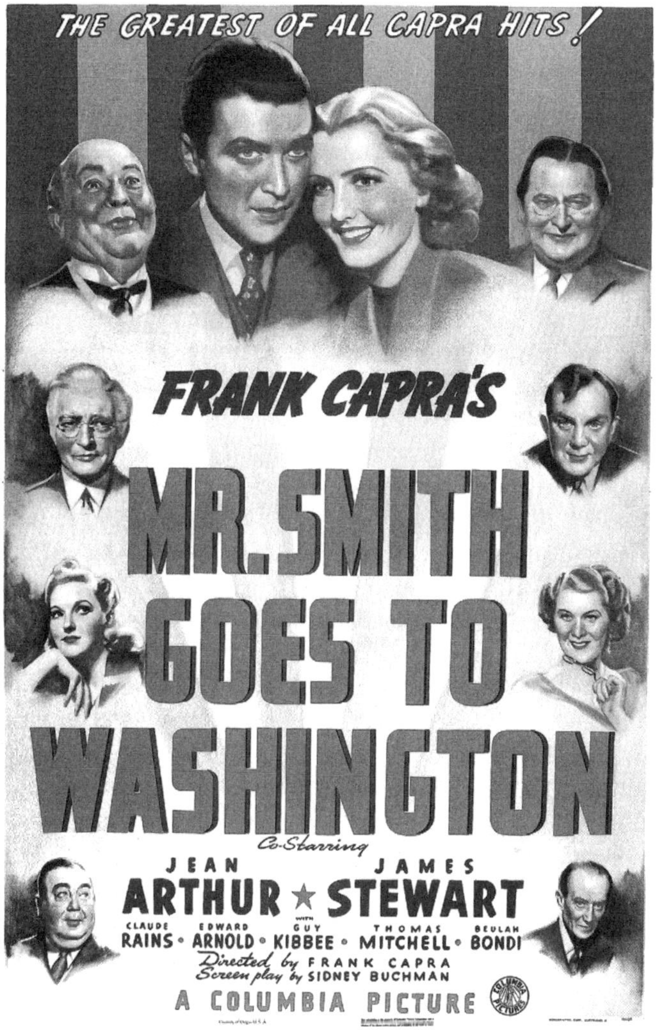

***Mr. Smith au Sénat*, affiche, 1939.**

Après la mort d'un sénateur, Jefferson Smith est désigné par l'influent Sam Taylor pour remplacer le défunt à son poste. Taylor imagine que Smith, grand naïf plein d'idéaux, sera facile à manipuler et à mettre au service de ses intérêts. Mais Smith découvre le complot et met tout en œuvre pour résister aux pressions qu'il subit.

Ce film de Frank Capra dénonce la façon dont les institutions démocratiques américaines sont dévoyées, tant par les représentants du peuple que par les journalistes, tous plus soucieux de garantir les intérêts des puissants que le bien public. Dans le même temps, Mr. Smith, homme ordinaire et honnête, incarne l'esprit démocratique des pères fondateurs américains ; il honore d'ailleurs avec ferveur les symboles de la démocratie américaine (comme la statue de Lincoln).

L'enjeu du film réside dans ce contraste entre des élites corrompues et l'authenticité démocratique d'un homme du peuple : la critique de ce que les hommes politiques font de la démocratie y côtoie l'apologie d'un idéal démocratique d'égalité et de simplicité. Mais sa critique particulièrement acerbe des dévoiements du système explique la réception glaciale du film par le personnel politique et la presse de l'époque, qui en firent une œuvre antiaméricaine alors qu'elle se veut tout le contraire.

On assisterait alors à une captation du pouvoir par des élites qui dirigeraient au nom de la raison et des compétences, au mépris, parfois, de la volonté du peuple. Ainsi le penseur de la technique Jacques Ellul écrit-il dans *Autopsie de la révolution* (1969) : « La bourgeoisie n'a pas seulement fait la révolution pour prendre le pouvoir mais pour instituer le triomphe de la Raison par l'État [1]. » Le règne de la raison technicienne, que l'on peut aussi appeler « technocratie », est également dénoncé par les théoriciens de l'École de Francfort Adorno et Horkheimer, dans leur ouvrage *La Dialectique de la raison* (1944). Cette forme de captation du pouvoir par des élites savantes contre un peuple prétendument ignorant à qui il faudrait faire de la pédagogie sans lui laisser un réel pouvoir est sans doute l'illustration des méfaits d'une rupture entre le peuple et ses représentants.

Rousseau, dans *Du contrat social*, au chapitre 15 du livre II, nous avait alertés contre les dangers de la représentation à l'œuvre dans l'Angleterre de son temps. Pour lui, la représentation va de pair avec le renoncement par les citoyens à prendre en charge les affaires de l'État. Elle s'accompagne ainsi du recul de la vertu et de l'engagement civique. Les pays dans lesquels les individus demandent à d'autres, contre de l'argent, de se charger du politique, n'ont plus des citoyens mais des bourgeois repliés sur leurs intérêts personnels. Rousseau associe donc ces formes dégénérées de démocratie représentative aux sociétés commerçantes, où règnent les intérêts particuliers et le moi égoïste de chacun. Dans *La Haine de la démocratie*, Jacques Rancière est encore plus virulent que ne l'est Rousseau contre les mécanismes politiques de représentation. Pour lui, la représentation « est, de plein droit, une forme oligarchique, une représentation des minorités qui ont titre à s'occuper des affaires communes. […] La représentation est, dans son origine, l'exact opposé de la démocratie [2] ». Nos démocraties ne sont-elles pas des oligarchies cachées, au sens où elles souffriraient de l'« insatiable appétit des oligarques [3] » ? Aucun remède simple à ce problème cependant, car la démocratie n'est pas un ensemble d'institutions figées, mais le mouvement même par lequel le peuple les remet en cause et interroge perpétuellement leur existence.

3. Les démocraties « illibérales »

Pourtant, le recours au peuple n'apparaît pas toujours comme une solution pour le bien du peuple lui-même. En effet, des élections ou des révolutions populaires ont pu amener au pouvoir des régimes autoritaires durant tout le XXe siècle. La prise démocratique du pouvoir par un parti

1. Jacques Ellul, *Autopsie de la révolution*, La Table ronde, coll. « La petite Vermillon », 2008, p. 96.
2. Jacques Rancière, *La Haine de la démocratie*, La Fabrique Éditions, 2005, p. 60.
3. *Ibid.*, p. 81.

Démocratie et économie de marché

Il est très fréquent d'assimiler les progrès de la démocratie à ceux de l'économie de marché. En effet, l'économie de marché apparaît fondée sur des valeurs similaires à la démocratie : liberté de choix et égalité de considération. Tout le monde a le droit d'acheter ou de vendre en passant des contrats issus d'un consentement individuel. De cette manière, chacun peut acheter ce qui lui semble nécessaire à son bonheur et décider de s'investir dans un métier librement choisi. Le marché pourrait alors apparaître comme un exemple parfait de fonctionnement démocratique où chacun peut sélectionner sa place et tracer sa voie propre. C'est ce qui fait dire à Marx, de façon ironique, que le marché est l'« Éden des droits de l'homme » parce que pour fonctionner il a besoin d'hommes libres et égaux [1].

Or, comme le fait remarquer l'historien américain Martin Malia dans son ouvrage *La Tragédie soviétique* [2], si l'égalité doit devenir un principe moral essentiel et une force politique réelle comme nous y conduit l'idéal démocratique, il faut d'abord que cette égalité existe matériellement. C'est ce principe qui anime l'histoire du socialisme. Pourtant, les totalitarismes qui, au XXe siècle, s'en sont réclamés, dans le but de réaliser l'égalité des conditions, mettent en place des économies planifiées. En niant le phénomène du marché, ces « démocraties populaires » s'imposent par le sacrifice de la liberté des individus qu'ils soumettent à des conditions de vie similaires, en les plaçant sur un lit de Procuste (Procuste est un personnage mythologique qui installait les personnes qu'il accueillait sur un lit de longueur moyenne et étendait les petits ou rabotait les plus grands pour les mettre au même format). La conception égalitaire de la vie économique apparaît alors comme une négation de la liberté de choix, l'un des principes fondamentaux des démocraties libérales modernes.

Pourtant, l'économie de marché, par les inégalités dont elle est l'origine et la puissance dont jouissent les plus riches, n'est-elle pas le retour d'une véritable oligarchie, comme l'écrit la philosophe contemporaine Chantal Mouffe [3] ? Ainsi, les propriétaires des capitaux peuvent décider de délocaliser et supprimer les emplois de ceux qui ont travaillé pour eux sans leur assentiment ; les plus fortunés ont la capacité d'influer voire de corrompre les décisions politiques par du lobbying ou par des manœuvres illégales, signe d'une collusion entre les politiques et les milieux d'affaires.

La démocratie ne serait-elle pas moins menacée si les inégalités économiques étaient réduites, et que les uns ne puissent acheter les autres, comme le suggère Rousseau, dans *Du contrat social*, au chapitre 9 du livre II ? À ce sujet, Rousseau évoque également le peuple des Montagnons qui vivent simplement, sans dépendre des échanges économiques, et qui profitent ainsi bien mieux des autres richesses de la vie sociale. Ce peuple lui apparaît beaucoup plus heureux et libre que les sociétés marchandes se développant à son époque [4].

L'écrivain américain Henry David Thoreau associe la vie libre à un retour à la nature et à une simplicité qui assure bien mieux la liberté et l'égalité que l'économie de marché et les phénomènes de pouvoir qui l'accompagnent. C'est pourquoi dans le premier chapitre de son autobiographie, *Walden ou la Vie dans les bois*, intitulé « Économie », Thoreau décrit un mode de vie dans lequel il se contente de nourriture, de vêtements, et d'un abri. Il estime, dans le dernier chapitre de son ouvrage, que la vie qu'il a choisie est la mieux à même de réunir les conditions de la liberté et de l'épanouissement individuel, autrement dit de rendre possibles les fins que les démocraties libérales poursuivent à travers l'économie de marché.

---

1. Karl Marx, *Le Capital*, trad. Joseph Roy, in *Œuvre*, Gallimard, coll. « Bibliothèque de la Pléiade », 1963, t. I, p. 725.
2. Martin Malia, *La Tragédie soviétique. Histoire du socialisme en Russie. 1917-1991*, trad. Jean-Pierre Bardos, Seuil, 1995.
3. Chantal Mouffe, *Pour un populisme de gauche*, trad. Pauline Colonna d'Istria, Albin Michel, 2018.
4. Jean-Jacques Rousseau, *Lettre à d'Alembert*, GF-Flammarion, 2003, p. 111-115.

antidémocratique est typiquement ce que les penseurs contemporains appellent la démocratie « illibérale » (c'est-à-dire non libérale, en un sens politique, qui ne respectent pas toutes les libertés).

Le philosophe des sciences Karl Popper, dans son ouvrage *La Société ouverte et ses ennemis* (1945), sorte d'ode à la démocratie contre les régressions totalitaires du XXe siècle, prétend en revanche que la société moderne a « pour objectif l'humanisme et la rationalité, l'égalité et la liberté ». Mais cette civilisation demeure fragile et peine à résister à ses ennemis de l'intérieur, en lesquels Popper voit des restes de « société tribale ou close, soumise à des forces magiques ». Par opposition, les démocraties modernes correspondent à « la société ouverte, qui libère les capacités critiques de l'homme ». Dans ce cadre, les totalitarismes sont conçus comme des « mouvements réactionnaires orientés vers un retour au tribalisme [1] ». Les totalitarismes ou les formes adoucies de régimes autoritaires que l'on range dans la catégorie des démocraties « illibérales » nous obligent à repenser le concept même de démocratie. La démocratie doit concilier la souveraineté populaire exprimée par le vote, d'un côté, et la préservation des droits et des minorités, de l'autre. C'est ce qui fait dire à Albert Camus : « La démocratie n'est pas la loi de la majorité, mais la protection de la minorité [2]. »

C. Vers une démocratisation de toute la société ?

1. Un sursaut démocratique contre la « servitude volontaire »

Aujourd'hui, deux formes de démocratie tendent à s'affronter. Lorsque la démocratie représentative semble défaillante, des mouvements démocratiques contestataires peuvent se déployer parallèlement à elle et parfois contre elle, aspirant à se réapproprier de nouveaux espaces démocratiques. Une des idées que partagent ces mouvements de démocratie radicale reprend l'intuition de La Boétie déjà citée (*Discours de la servitude volontaire*, 1576), selon laquelle nous ne sommes asservis que par notre volonté. Aussi, il ne tiendrait qu'à nous d'échapper à la « servitude volontaire » à l'égard des forces qui dominent notre société. Ce sursaut démocratique peut être vu dans le mouvement des Indignés en France, dans le parti Podemos en Espagne qui s'en est inspiré ou dans les révolutions du Printemps arabe en Tunisie, en Égypte et plus récemment en Algérie, qui constituent autant de formes de réappropriation, par le peuple, de la question politique contre une élite dirigeante jugée corrompue ou illégitime.

---

1. Karl Popper, *La Société ouverte et ses ennemis*, trad. Jacqueline Bernard et Pierre Monod, Seuil, 1979, t. I, p. 195.

2. Albert Camus, *Carnet III. Mars 1951 - décembre 1959*, Gallimard, coll. « Folio », 2013, p. 294. Voir l'analyse de cette citation, p. 294.

Un autre phénomène démocratique peut être rassemblé sous la dénomination des « communs » et désigne des groupes de personnes qui essaient localement de se réapproprier des lieux (tiers-lieux) en les gérant de façon collaborative et participative. Les *fablabs* ou les *hackerspaces* sont des espaces dans lesquels des personnes se réunissent autour de savoir-faire et de bases de données mis en commun, souvent pour inventer des projets alternatifs à la production industrielle de masse. L'idée est principalement de résister au pouvoir technologique des grandes multinationales. D'une certaine manière, certains militants de la décroissance qui réinventent d'autres formes d'échange ou de consommation pour ne plus dépendre des modes de production capitalistes entendent relayer aussi la volonté des citoyens de reprendre en main leur destin.

2. Réseaux sociaux et démocratisation

On présente souvent Internet comme un danger pour la démocratie parce qu'il permet de diffuser les rumeurs et les fausses informations en les revêtant d'un certain crédit. Si cette critique est fondée, elle ne saurait occulter le fait que, par ailleurs, le Web est un outil démocratique de premier ordre. En effet, les réseaux sociaux tendent à supprimer tout intermédiaire entre le peuple et ses représentants. De cette façon, chacun peut interpeller directement un homme politique s'il le souhaite ou faire connaître ses désaccords à une vaste communauté. La régulation des débats sur le Web fait l'objet de discussions et de nouvelles juridictions. Pour désigner cet ensemble de pratiques est apparu récemment le terme de « cyberdémocratie ».

Internet apparaît, en ce sens, comme une vaste agora qui permet de mettre en relation une très imposante communauté de personnes, au-delà du nombre qu'un lieu physique est capable de contenir. Les agoras numériques facilitent ainsi la démocratie participative (par exemple, à Paris, une partie du budget de la mairie est mise au vote sur Internet). Le parti espagnol Podemos a aussi élaboré une grande partie de son programme sur la base d'une plateforme de débat accessible en ligne.

En outre, le Web constitue la plus grande bibliothèque du monde accessible directement de chez soi. Même s'il est nécessaire de faire preuve d'esprit critique dans l'usage des informations trouvées en ligne, il n'en reste pas moins que certaines plateformes collaboratives comme Wikipédia parviennent à dépasser tant quantitativement que qualitativement la plupart des encyclopédies traditionnelles. Internet, par l'information qu'il offre, permet d'avoir accès aux données d'expertise pour élaborer un choix politique fondé ou critiquer, de façon éclairée, les choix des dirigeants, chose qui était presque irréalisable avant son existence.

Enfin, d'autres formes d'art, les arts numériques, se développent grâce aux nouvelles technologies de l'information et de la communication.

Certains créateurs, à l'image du Groupe de recherche musical de l'IRCAM, imaginent des œuvres plastiques ou sonores qui leur appartiennent et, en même temps, sont celles de la communauté. Ces œuvres questionnent ainsi le statut de l'artiste, génie isolé, et offrent le visage démocratique d'une créativité collective.

CONCLUSION

La démocratie est non seulement un ensemble d'institutions permettant la participation du peuple au contrôle de son destin collectif, mais aussi une forme de vie pétrie d'égalité et de liberté. La démocratie n'est donc pas une réalité stable et donnée de tout temps : elle est plastique et sujette à variations. L'examen de l'histoire de la démocratie depuis la Grèce jusqu'aux temps modernes nous a donné un aperçu de ses évolutions et des institutions qui en sont emblématiques.

Si la démocratie est un idéal, sa réalisation n'est pas chose évidente. Quels dispositifs sont à même de donner corps au principe démocratique : est-ce la représentation ou bien la démocratie directe ? Est-ce la délibération collective ou le simple vote suffit-il ? Sont-ce la tolérance, la liberté d'expression et la liberté de la presse ? Force est d'admettre que la démocratie réelle est toujours un mixte de différents éléments structurants et qu'elle ne se laisse pas résumer simplement.

C'est que la démocratie est une réalité politique ambivalente aux multiples visages. Elle est d'abord une forme de vie dans des sociétés sans ordres, sans classes, sans hiérarchies où les hommes conçoivent la vie sociale comme un ensemble de rapports libres et égaux. Mais cette manière démocratique de vivre a des effets pervers, car elle risque de conduire au règne de l'opinion. La souveraineté de l'intérêt particulier et du quant-à-soi démocratique risque aussi de détourner le peuple de la chose publique au profit de représentants qui peuvent, toujours, confisquer le pouvoir qui leur a été remis. Elle nous confronte, enfin, au risque de la dictature : de la dictature de la majorité à l'élection d'un dictateur.

En raison des avancées technologiques et des changements dans les façons de travailler (coworking, effacement de la hiérarchie au travail, démocratie en entreprise) ou de consommer, nous assistons à la possibilité d'une extension et d'un renforcement de la démocratie. Les citoyens peuvent se trouver de plus en plus inclus dans les décisions qui les concernent car « ceux qui sont affectés par les conséquences sont forcément concernés par la conduite de tous ceux qui, comme eux-mêmes, contribuent à provoquer les résultats [1] ». De ce fait, tous ceux qui sont

1. John Dewey, *Le Public et ses problèmes*, trad. Joëlle Zask, Gallimard, coll. « Folio essais », 2010, p. 116.

affectés par les conséquences de décisions devraient pouvoir, d'une certaine manière, y contribuer. C'est suivant ce plan, sans nier les résistances qui proviennent de ceux qui détiennent actuellement le monopole sur les décisions, que la société s'ouvre à de nouveaux processus de démocratisation.

Mais dans l'espoir gît aussi la menace des manipulations de l'opinion, d'un affaiblissement des comportements civiques au profit de replis frileux, d'une dégradation de la démocratie en démagogie généralisée. Aussi ne faut-il pas se dire que la démocratie est acquise pour toujours, car elle est fragile et doit être une exigence quotidienne. Dans ses *Pensées*, Flaubert nous rappelle ainsi de façon salutaire la variabilité et la fragilité des choses humaines :

> C'est parce que je crois à l'évolution perpétuelle de l'humanité et à ses formes incessantes, que je hais tous les cadres où on veut la fourrer de vive force, toutes les formalités dont on la définit, tous les plans que l'on rêve pour elle. La démocratie n'est pas plus son dernier mot que l'esclavage ne l'a été, que la féodalité ne l'a été, que la monarchie ne l'a été. L'horizon perçu par les yeux humains n'est jamais le rivage, parce qu'au-delà de cet horizon, il y en a un autre, et toujours [1] !

L'au-delà de la démocratie qu'évoque ici Flaubert peut être source d'espoirs ou d'inquiétudes ; son avenir dépend de ce que les hommes feront collectivement de leur destin politique.

1. Gustave Flaubert, *Pensées*, Paris, Louis Conard éditeur, 1915, p. 62.

PREMIÈRE PARTIE

Aristophane

Les Cavaliers
L'Assemblée des femmes

par Sylvain Ledda

Vie d'Aristophane

Si la date de naissance d'Aristophane est incertaine (vers 445 av. J.-C.), celle de sa mort l'est encore plus ; on la situe cependant vers 380 av. J.-C. Ces incertitudes contribuent à la légende du dramaturge comique le plus important de son temps, célébré et admiré par ses contemporains. Aujourd'hui encore, Aristophane est considéré comme le père de la comédie occidentale. La majeure partie de son œuvre a été écrite pendant la guerre du Péloponnèse (431-404 av. J.-C.) et se ressent de cet épisode majeur de la vie athénienne.

Citoyen et dramaturge

Aristophane débute très jeune dans la carrière de dramaturge. En 427 av. J.-C., il donne sa première comédie satirique, *Les Banqueteurs*, pièce aujourd'hui perdue. Des quarante-quatre pièces qu'il aurait composées, seules onze nous sont parvenues. Toutes ont en commun la satire des mœurs et de la vie politique, domaines qu'Aristophane connaissait bien car il était lui-même citoyen d'Athènes ; il occupa même une fonction politique en tant que prytane (magistrat chargé d'organiser le fonctionnement des institutions) de la tribu Pandionis. Mais on ignore tout de ses prises de position comme de ses actions, à l'exception de ce que laissent filtrer ses pièces à travers ses personnages.

Défenseur de la paix

L'un des enjeux de ses comédies est la défense de la paix et la mise en accusation de ceux qui provoquent ou entretiennent la guerre. Cette forme de pacifisme est l'objet de plusieurs de ses pièces, *Les Acharniens* (425 av. J.-C.), *La Paix* (421 av. J.-C.), *Lysistrata* (411 av. J.-C.). Mais il est également indirectement question de la paix et de la concorde civile dans *Les Cavaliers* comme dans *L'Assemblée des femmes*. Face aux désordres de la guerre, Aristophane prône le règne des plaisirs et de la sensualité, qui permettent à l'Homme d'être heureux et de jouir de la vie.

Les cibles d'Aristophane

Le théâtre d'Aristophane présente une forte dimension polémique, car il s'en prend à des personnages importants de son temps. Sont principalement visés les démagogues, qu'il accuse d'avoir perverti la jeunesse et d'avoir entraîné Athènes à sa perte. Il compte des ennemis de taille : parmi eux, les partisans de Socrate et le dramaturge Euripide lui-même, à qui incomberait une part de responsabilité dans les malheurs politiques et économiques d'Athènes. Euripide est stigmatisé dans quatre comédies (*Les Acharniens*, *Les Nuées*, *Les Thesmophories* et *Les Grenouilles*) où Aristophane raille, entre autres, son goût du pathétique. Quant à Socrate, selon Platon, la comédie des *Nuées* ne fut pas étrangère à sa chute et à sa condamnation.

Un théâtre de fantaisie

Le théâtre d'Aristophane représente majoritairement ce qu'on nomme la *comédie ancienne*. Elle se caractérise chez lui par une très grande fantaisie. Celle-ci est d'abord verbale : Aristophane invente des formules, il joue avec les mots pour composer un dialogue vivant et animé, très inventif. Mais cette inventivité est souvent ancrée dans une réalité socio-politique, ce qui confère du relief à la satire.

Introduction

Les Cavaliers et *L'Assemblée des femmes* sont deux comédies composées à Athènes à quelque vingt années de distance, à la fin du Vᵉ siècle av. J.-C. Elles présentent au moins deux points communs. Sur le plan générique, ce sont des pièces satiriques, dont l'intention est de divertir le public athénien tout en brocardant le fonctionnement de la démocratie. Sur le plan contextuel, les deux pièces entrent en résonance avec la vie de la cité et les aléas de la « chose publique ». Vivant à Athènes, alors sous le régime de la démocratie, Aristophane questionne ce système en le raillant, en désignant ses faiblesses et ses zones d'ombre. Dans les onze comédies de sa composition qui nous sont parvenues (sur les quarante-quatre dont il serait l'auteur), il est souvent question d'actualité, qu'elle soit politique, sociale ou culturelle. Mais, pour bien comprendre les enjeux des deux comédies au programme, il faut se garder de projeter nos grilles de lecture contemporaines : la démocratie d'Aristophane n'est pas la nôtre ; comme nous le verrons, notamment, la citoyenneté n'est alors réservée qu'à un petit nombre d'hommes.

Les Cavaliers et *L'Assemblée des femmes* sont des œuvres aux prises avec l'actualité politique d'Athènes, pensées comme deux chambres d'écho pour aborder les problèmes du régime démocratique. Pour apprécier le propos d'Aristophane, une bonne connaissance du fonctionnement des institutions politiques et de la vie théâtrale d'Athènes est nécessaire – imaginons ce que comprendront, dans vingt-cinq siècles, ceux qui écouteront nos humoristes d'aujourd'hui !

Au cœur des comédies d'Aristophane se pose donc la question de la démocratie. Or les spécialistes ne sont pas tous d'accord sur les idées politiques de l'auteur. Aristophane fut-il un démocrate intransigeant, un oligarque, un passéiste qui regrettait les premiers temps de la démocratie ? Fut-il un détracteur de la démocratie ? Lui-même fut citoyen et s'est impliqué politiquement dans la vie de la cité. Née à Athènes à la suite de plusieurs *stasis* (crises politiques), la démocratie a donné le pouvoir à un groupe d'hommes libres (les citoyens). Le régime repose sur quatre grands principes : l'autochtonie (l'attachement à la terre de naissance), l'isogonie (mêmes droits à la citoyenneté pour les autochtones), l'isonomie (partage à parts égales du pouvoir du *démos*) et l'iségorie (égalité d'accès à la parole). Loin d'être un système figé et monolithique, la démocratie athénienne évolue constamment du VIᵉ siècle au IVᵉ siècle av. J.-C., ce dont témoignent les deux comédies d'Aristophane. Si *Les Cavaliers* constituent une attaque *ad hominem* contre un homme politique, Cléon, fustigé pour sa carrière et ses idées, *L'Assemblée des femmes* est une utopie qui stigmatise les faiblesses de la démocratie, tournée en dérision. Dans les deux cas, la démocratie n'est pas présentée comme un modèle idéal, mais comme un objet de critique, voire comme un système politique limité et inefficace. C'est pourquoi il faut aussi éviter de considérer ces deux pièces comme des éloges de la démocratie, comme il faut se garder de projeter sur *L'Assemblée des femmes* quelque intention féministe (au sens contemporain du terme). Dans ces deux comédies, comme dans la plupart de ses pièces, Aristophane adopte l'attitude d'un observateur railleur, qui dévoile toutes les dérives d'un système politique dont il est le témoin. Aussi ironise-t-il souvent sur les grands principes qui régissent la démocratie (citoyenneté, propriété, débat, etc.) ; il tourne en dérision ceux qui parviennent à s'arroger du pouvoir dans un système qui vise prétendument à l'égalité.

Nul n'est épargné. Le peuple, incarné dans *Les Cavaliers* par la figure de Démos, ne brille ni par son bon sens ni par la pertinence de ses choix – l'intrigue des *Cavaliers* décrit même la naïveté de Démos qui, après s'être enthousiasmé pour un fourbe (le Paphlagonien), adore un faiseur de boudins (le Charcutier). Comme le note le traducteur Marc-Jean Alfonsi, « l'élément vital de la comédie d'Aristophane, c'est qu'elle s'arroge le droit de tout critiquer librement. La matière du poète c'est toute la vie de son temps ; son œuvre est le fidèle miroir de la vie athénienne […] [1] ».

La vie de la cité est un autre trait commun à nos deux pièces, qui sont ancrées dans un certain réalisme social et politique. Nombreuses sont ainsi les mentions faites à des référents identifiables par le public athénien : personnes illustres, lieux, cultes, événements historiques, anecdotes de la vie politique. Pour épingler ses contemporains, Aristophane évoque volontiers la mémoire de ceux qu'il admire. Les deux pièces présentent en outre de nombreuses mentions des hauts lieux de la vie démocratique à Athènes. Si l'action se déroule dans les rues d'Athènes, les organes où se prennent les décisions démocratiques, qui constituent des points de repère dans l'imaginaire du public d'Aristophane, sont tous mentionnés : l'agora, le Prytanée, la Pnyx et naturellement le théâtre, lieu d'expression démocratique. La conscience que nous sommes au théâtre permet au dramaturge de mettre en scène du débat politique et d'y impliquer les spectateurs, qui se retrouvent à la fois juges et parties. Pour toutes ces raisons, *Les Cavaliers* et *L'Assemblée des femmes* sont des témoignages de première importance sur l'expression de la démocratie athénienne au tournant du Ve et du IVe siècle av. J.-C.

Qui dit témoignage dit transmission d'une culture et d'une représentation de la société athénienne au temps d'Aristophane. Malgré la distance qui nous sépare de ces comédies, les questions relatives au fonctionnement de la démocratie peuvent toujours intéresser le lecteur d'aujourd'hui. Quelles sont les dérives possibles de la démocratie ? Les chefs politiques d'une démocratie valent-ils ceux d'autres régimes ? *Les Cavaliers* offrent à cet égard une réflexion nourrie sur l'opportunisme politique à travers l'exemple de Cléon, mais aussi sur le partage des pouvoirs et sur l'implication politique du peuple. C'est pourquoi Aristophane nous invite à

---

1. Aristophane, *Théâtre complet*, trad. et éd. Marc-Jean Alfonsi, GF-Flammarion, 1966, t. I, « Introduction », p. 10.

nous interroger sur les fondements de la démocratie occidentale, sur ses valeurs et sur le fragile idéal qu'elle incarne.

Résumé analytique des pièces

Dans *Les Cavaliers* (424 av. J.-C.), deux célèbres hommes politiques (Nicias et Démosthène) sont peints sous les traits de deux esclaves qui se plaignent d'un troisième, le Paphlagonien, derrière lequel se dessine la figure du démagogue Cléon. L'action se déroule dans la maison de leur maître, Démos (le peuple), qui a récemment acquis ce nouvel esclave, lequel maltraite les autres. Démos, endormi par les oracles que lui récite ce Paphlagonien, ne jure plus que par lui. Pour déjouer sa fourberie et déciller Démos, les serviteurs font appel à un Charcutier (nommé Agoracritos) qui saura lui tenir tête, tandis que le chœur des Cavaliers (qui donne son titre à la pièce) s'en prend violemment au Paphlagonien, tout en dénonçant la faiblesse de Démos. Fortement polémique, la pièce s'achève sur l'échec du Paphlagonien.

Malgré sa fantaisie, *L'Assemblée des femmes* (392 av. J.-C.) est écrite dans un contexte difficile pour la cité athénienne : après son échec dans le conflit qui l'oppose à Sparte depuis près de trente ans, la guerre du Péloponnèse (431-404 av. J.-C.), Athènes est affaiblie et la démocratie menacée. La comédie d'Aristophane s'en fait l'écho en imaginant une utopie politique où les femmes s'emparent du pouvoir. Elles se sont déguisées en hommes pour prendre leur place à l'Ecclésia (l'Assemblée), où elles ont fait voter de nouvelles lois pour les Athéniens. Telle est l'intrigue principale de la pièce. La comédie est dominée par le personnage haut en couleur de Praxagora, épouse de Blépyros et cheffe politique. Les femmes ont établi un régime « communiste », où les biens sont partagés collectivement. Désormais, chacun pourra manger à sa faim et plus personne ne subira la pauvreté. Or ce système, d'abord idéaliste, donne lieu à des situations de plus en plus cocasses, dont chacune revêt une fonction satirique. Un citoyen refuse de mettre ses biens en commun, tout en voulant tirer profit du partage collectif. Dans ce régime, les hommes sont aussi « mis en commun » pour les femmes. Chacune sera désormais libre de décider de ses partenaires sexuels, les femmes les plus vieilles et les plus laides ayant un droit prioritaire sur les jeunes hommes. La dernière partie de la comédie est une scène franchement comique, où l'on voit un jeune homme contraint de s'offrir à une vieille femme. La pièce se referme sur un éloge de l'ivresse et du vin, invitant le public à célébrer joyeusement les fêtes du théâtre.

I. Présentation des *Cavaliers* et de *L'Assemblée des femmes*

A. Contexte historique des œuvres

Les Cavaliers et *L'Assemblée des femmes* n'abordent pas la démocratie sous le même angle ni avec les mêmes armes. La première pièce pose un discours brûlant d'actualité, ciblant Cléon et ceux qu'elle considère comme des corrupteurs de la démocratie. À cet égard, *Les Cavaliers* sont ancrés dans une réalité pragmatique que tout spectateur peut identifier. Plus abstraite, *L'Assemblée des femmes* se fonde sur une utopie qui verrait le gouvernement et les responsabilités politiques échoir aux femmes. Dans les deux cas, le contexte historique joue un rôle de premier plan, non seulement pour déchiffrer les allusions à l'actualité, mais aussi pour réfléchir, de manière plus générale, à l'évolution de la démocratie grecque aux Ve et IVe siècles av. J.-C.

1. Écrire une comédie en temps de guerre : *Les Cavaliers*

Contemporain de la démocratie athénienne, Aristophane est témoin de la guerre du Péloponnèse qui oppose Sparte et Athènes pendant près de trente ans (431-404 av. J.-C.). Huit de ses onze comédies, écrites durant cette période, font écho à la guerre. Les historiens considèrent que la guerre du Péloponnèse marque le déclin de la suprématie de la démocratie athénienne, notamment de la pentécontaétie (littéralement : « période de cinquante ans », de 480 à 430 av. J.-C.), considérée par l'historien Thucydide comme l'âge d'or de la démocratie grecque. Est-ce cette période que regrette Aristophane quand il évoque dans ses comédies le passé glorieux ? Très souvent, en effet, le dramaturge oppose le présent déceptif à des temps anciens idéalisés. Or cette « nostalgie comique » est toujours en prise avec l'actualité. En 424 av. J.-C., année où sont représentés *Les Cavaliers*, Athènes traverse une grave crise. Depuis 431 av. J.-C., des troupes ennemies entreprennent des raids sur l'Attique, la péninsule où est située Athènes ; or Périclès (vers 495-429 av. J.-C.), qui dirige alors la cité, prône une stratégie presque uniquement défensive, reposant sur l'impressionnante flotte athénienne [1]. Mais ce plan est mis à mal par une épidémie de typhus qui décime les Grecs venus se réfugier autour de l'enceinte de la ville : un quart de la population périt, dont Périclès lui-même.

1. Voir le chapitre qu'Edmond Lévy consacre à la guerre d'Archidamos (431-421 av. J.-C.) et à ses conséquences dans *La Grèce au Ve siècle. De Clisthène à Socrate*, Seuil, coll. « Points histoire », 1995.

À sa mort, deux partis démocratiques se disputent le pouvoir. D'un côté, les partisans de Nicias (470-413 av. J.-C.), qui militent en faveur de la modération et de la paix, soutenus par les propriétaires terriens, qui ont essuyé de nombreux pillages lors des raids de Sparte et de leurs alliés. De l'autre, les partisans de Cléon (mort en 422 av. J.-C.), plus bellicistes, fédérés autour des commerçants d'Athènes, qui tirent parfois profit des guerres.

C'est de la politique belliciste et corrompue de Cléon qu'il est question dans *Les Cavaliers* : ici, la réalité historique se devine derrière la fiction comique. Les témoins s'accordent sur la brutalité politique de Cléon, maintes fois manifestée : par exemple, lorsque la cité de Mytilène envisagea de quitter la ligue de Délos (l'alliance militaire dirigée par Athènes), Cléon vota la mise à mort de tous ses citoyens. À la violence s'ajoute l'opportunisme : Cléon dut son ascension à un formidable « coup de chance » lors de la prise de Pylos, à l'occasion d'un combat mené aux côtés d'un général nommé Démosthène. Bien qu'il n'en ait pas été le principal promoteur, Cléon remporta tous les lauriers de la victoire et assit son pouvoir politique à Athènes. Violent, cruel avec l'ennemi, véritable va-t-en-guerre, Cléon se montrait démagogue dans sa politique intérieure, ce qu'Aristophane dénonce avec virulence.

Mais en 424 av. J.-C., quand la comédie est représentée, Cléon a déjà essuyé plusieurs échecs militaires et politiques, ce qui donne du poids à la polémique d'Aristophane. Plusieurs tentatives d'invasion menées par Athènes ont échoué et la cité a perdu certains de ses alliés stratégiques. C'est donc au cœur de cette crise politique et militaire qu'Aristophane imagine qu'un simple citoyen-charcutier pourrait tout à fait remplacer Cléon (représenté par le Paphlagonien). L'attaque personnelle est d'autant plus évidente que Cléon est lui-même le fils d'un tanneur enrichi, commerçant âpre au gain.

Ce chef politique a été souvent malmené par l'historiographie, bien que son rôle dans l'histoire de la démocratie athénienne ne soit pas négligeable. Cette vision négative est doublement léguée par Aristophane et par l'historien Thucydide (vers 460-vers 395 av. J.-C.), qui le décrit en ces termes : « L'homme le plus violent de tous les citoyens et en même temps l'orateur alors le plus écouté du peuple [1]. » Retenons ici deux éléments qui ont trait au fonctionnement de la démocratie athénienne : le premier, c'est la personnalité brutale de l'homme politique ; le second, sa qualité d'orateur, don essentiel pour faire une carrière dans un régime démocratique. Dans *Les Cavaliers*, Aristophane fait de ce trait de personnalité un défaut de tempérament, l'usage de l'art oratoire étant l'une des armes qu'il utilise pour « endormir » le peuple.

1. Thucydide, *Histoire de la guerre du Péloponnèse*, éd. citée.

2. Utopie et désenchantement politique : *L'Assemblée des femmes*

Lorsque Aristophane compose *L'Assemblée des femmes* en février 392 av. J.-C., le contexte politique est tout autre.

Athènes est sortie considérablement affaiblie de la guerre du Péloponnèse et la démocratie a plusieurs fois vacillé. En effet, après des troubles en 415 av. J.-C., où l'on a soupçonné l'existence d'un complot oligarchique pour renverser la démocratie, les Athéniens se sont montrés prêts à remettre en cause leurs institutions pour éviter la défaite contre Sparte. En 411 av. J.-C., un groupe de quatre cents oligarques (hommes les plus riches) prend le pouvoir et modifie la Constitution. Mais ce gouvernement, éphémère, ne parvient pas à empêcher la victoire de Sparte. En 404 av. J.-C., celle-ci impose à Athènes vaincue des conditions drastiques : la cité perd ses murailles, sa flotte et toutes ses possessions outre-mer. C'est alors le parti antidémocratique, soutenu par Sparte, qui prend le pouvoir : un gouvernement brutal, aux mains de trente magistrats (les Trente), s'instaure, qui dure près d'un an (404-403 av. J.-C.) et sape la démocratie en procédant à une épuration des citoyens. Après plusieurs mois de tyrannie, la démocratie est cependant réinstaurée grâce à Thrasybule. Mais ces épisodes ont laissé des traces dans les mémoires : la défaite d'Athènes a trahi les fragilités et les limites de la démocratie. Aristophane en a été le témoin : durant cette période trouble, il compose trois comédies, *Lysistrata*, *Les Thesmophories* et *Les Grenouilles*, qui toutes les trois, avec des moyens différents, prônent la paix.

En 392 av. J.-C., la démocratie a retrouvé ses pleins droits, mais, si la guerre du Péloponnèse a pris fin depuis plus de dix ans, la région n'est pas pour autant pacifiée : la guerre de Corinthe oppose à nouveau Sparte à une coalition de villes parmi lesquelles, outre Corynthe, Athènes, Thèbes et Argos. Plusieurs événements précèdent la création de *L'Assemblée des femmes*, dans lesquels Aristophane est directement impliqué. En 399 av. J.-C., il est témoin du procès et de la mort de Socrate, dont il a été le détracteur, considérant avec les ennemis du philosophe qu'il a perverti la jeunesse par son enseignement. Déjà dans *Les Nuées* (423 av. J.-C.), il prenait Socrate à partie, raillant ses théories. Platon, dans son *Apologie de Socrate*, désigne même Aristophane comme l'un des anciens ennemis de son maître, « ceux qui ont accoutumé depuis l'enfance les Athéniens à le critiquer et ont contribué […] à sa mort [1] ».

Dans ce contexte, il ne s'agit plus pour Aristophane de dénoncer un homme politique en particulier, mais de montrer les limites de la démocratie et peut-être aussi la vacuité de nouvelles théories sur ce régime. Au vrai, c'est moins l'action politique en tant que telle qui est implicitement stigmatisée dans *L'Assemblée des femmes* que les « intellectuels » qui théorisent la démocratie en proposant des solutions qu'Aristophane juge

1. Marie-Pierre Noël, « Aristophane et les intellectuels : le portrait de Socrate et des "sophistes" dans *Les Nuées* », in Jacques Jouanna (dir.), *Le Théâtre grec antique : la comédie*, Académie des Inscriptions et Belles Lettres, 2000, p. 112.

aberrantes. Comme l'écrit la chercheuse Suzanne Saïd, l'écriture de *L'Assemblée des femmes* résulterait d'un sentiment plus général de désenchantement à l'égard du politique et de la manière dont évolue la démocratie :

> Au point de départ de [...] *L'Assemblée des femmes* [...] il y a comme toujours chez Aristophane une insatisfaction née du spectacle de la réalité. Cette insatisfaction prend une forme particulièrement forte dans une comédie où l'héroïne affirme que tout va mal, ou même, si l'on admet une correction de Palmer [1], que tout est profondément pourri [2].

Une nette évolution se fait donc jour d'une comédie à l'autre, liée au contexte politique et au regard qu'Aristophane porte sur son temps. Dans *L'Assemblée des femmes*, les attaques *ad hominem* sont nettement moins nombreuses que dans *Les Cavaliers* ; elles laissent place à un discours critique sur le citoyen lui-même, incapable de prendre en main *sa* démocratie. Ce discours sur le peuple et sur le système démocratique court depuis *Les Oiseaux*, en passant par *Lysistrata* (voir encadré, p. 78) ou *Les Thesmophories* et *Les Grenouilles*. Dans cette dernière pièce, le chœur met à l'index l'ensemble des citoyens qu'il traite d'« imbéciles », en les incitant à faire preuve de plus de lucidité dans leur manière de choisir les dirigeants. Ainsi, parallèlement à l'évolution de la société athénienne et de sa vie politique, la pensée d'Aristophane sur la démocratie évolue d'une satire des potentats à une satire du peuple, représenté par les hommes. C'est parce que les hommes sont devenus incapables de gouverner correctement, parce que la corruption a gagné tous les organes de la démocratie qu'un changement radical de l'État est présenté dans la seconde comédie au programme. L'utopie a ici une fonction moins programmatique que polémique : Aristophane ne souhaite sans doute pas que la démocratie devienne une gynécocratie, mais il place les citoyens d'Athènes face à leurs responsabilités : « ce pouvoir des femmes constitue une véritable révolution que seule une faillite totale de ce "club d'hommes" qu'est la démocratie peut justifier [3] », précise Suzanne Saïd.

Du propos des *Cavaliers* à celui de *L'Assemblée des femmes*, on observe donc une généralisation qui correspond certes à un changement politique dans la cité d'Athènes et aux modifications liées aux guerres, mais qui témoigne aussi de l'évolution de la comédie grecque dont Aristophane est le principal représentant.

1. Éminent éditeur et traducteur d'Aristophane.
2. Suzanne Saïd, « *L'Assemblée des femmes* : les femmes, l'économie et la politique », Pierre Vidal-Naquet (dir.), *Les Cahiers de Fontenay*, n° 17, *Aristophane, les femmes et la cité*, ENS Éditions, 1979, p. 34 *sq.*
3. *Ibid.*, p. 35.

Théâtre de Dionysos, Athènes.
© hdesislava / Shutterstock

Situé au pied de l'Acropole, le théâtre de Dionysos est l'un des hauts lieux de la démocratie athénienne au moment où Aristophane compose ses comédies. Fondé au début du Ve siècle, il est aménagé pendant la carrière d'Aristophane, puis transformé ultérieurement par les Romains. Chaque année, un groupe de citoyens tiré au sort couronne la meilleure pièce à l'occasion des fêtes consacrées à Dionysos (les Lénéennes et les Grandes Dionysies). Ces fêtes rituelles, étroitement liées à la pratique religieuse, font partie des moments forts de la vie collective, dont le théâtre est l'épicentre.

L'architecture en amphithéâtre nous renseigne sur les conditions matérielles de la représentation mais reflète aussi la hiérarchie de la démocratie athénienne. Au centre du dispositif se trouve l'*orchestra*, où évoluent les chœurs, les musiciens et les danseurs. Derrière cet espace, les acteurs jouent sur le *proskenion*, longue estrade de bois, située devant la *skènè* (ancêtre de nos coulisses). L'ensemble des gradins forme le *théatron* (lieu d'où l'on voit), aménagé dans le flanc de la colline. La situation topographique et la configuration du théâtre de Dionysos offrent une excellente acoustique.

Le public est réparti sur trois zones de gradins (*koilon*) qui comptent 78 rangées. Les plus hauts dignitaires politiques (prytanes, stratèges, magistrats) et religieux (prêtre de Dionysos) occupent les premiers rangs (proédries). L'ensemble des citoyens se répartit dans les rangées supérieures ; les femmes occupaient peut-être les rangs du haut. Ainsi, la démocratie se joue aussi bien sur la scène que dans les gradins, dont la forme rappelle celle d'une assemblée.

3. La comédie d'Aristophane, ou le miroir de la cité

Le théâtre fait partie de la vie politique et religieuse de la démocratie grecque ; il reflète les débats citoyens qui se déroulent aux Vᵉ et IVᵉ siècles avant notre ère. Le théâtre est un constituant démocratique, dans la mesure où il est légiféré par le régime politique et se veut une tribune, un lieu de réflexion pour les spectateurs. Au-delà de sa dimension religieuse (dans la Grèce antique, les pièces de théâtre étaient représentées lors de fêtes consacrées au dieu Dionysos, les Lénéennes et les Grandes Dionysies), la représentation théâtrale est donc un rituel démocratique. Comme à l'Assemblée, le public est assis dans des gradins et prend part à l'action ; il est fréquemment interpellé par les personnages, par le chœur ou par le coryphée, à l'image de cette réplique du début des *Cavaliers* :

> PREMIER SERVITEUR. – Tu emportes ma conviction. Mais il faut penser à autre chose. Veux-tu que j'expose le sujet au public ?
>
> SECOND SERVITEUR. – Cela ne ferait pas de mal. Mais il faut demander une chose aux spectateurs, à savoir de nous manifester par l'expression de leurs visages si notre jeu et nos propos leur donnent de l'amusement.
>
> (p. 51)

Le théâtre est destiné à tous, et tous les citoyens sont potentiellement acteurs et spectateurs. Ritualisé et encadré, le théâtre est une institution dont les dates sont fixées par le calendrier, comme le sont les grands moments démocratiques de la cité. À cet égard, le théâtre est un lieu où le citoyen accomplit un devoir civique, comme en témoignent la fonction collective des chorégies, fêtes organisées par la cité au cours desquelles les chorèges (citoyens tirés au sort) *votent* pour la meilleure des comédies. Mieux, il est parfois plus facile de critiquer la politique au théâtre qu'à l'Ecclésia (l'Assemblée), lieu de pouvoir et de décision. En témoigne l'ensemble des comédies d'Aristophane, ancrées dans la vie démocratique et civique de leur temps, qui toutes mettent au jour tel ou tel aspect du système démocratique. Le théâtre comique a une fonction cathartique et, si les autorités se laissent railler (au moins jusqu'au tournant du Vᵉ et du IVᵉ siècles av. J.-C.), c'est peut-être pour éviter une contestation plus ample, jouée sur un autre lieu que la scène théâtrale. « À cet égard, on peut donc considérer la fonction d'Aristophane au sein de la cité athénienne comme un rite de contestation du pouvoir [1] », note à juste titre la chercheuse Audrey Sabit. La violence de l'attaque d'Aristophane contre Cléon montre en outre que les dramaturges jouissent d'une relative liberté d'expression, malgré les procès dont Aristophane a été la cible.

Les Cavaliers et *L'Assemblée des femmes* témoignent enfin de l'évolution du genre de la comédie, transformation visible dans l'œuvre dramatique d'Aristophane et dans nos deux comédies. La comédie ancienne

1. Audrey Sabit, « Le théâtre d'Aristophane et la dérision de la démocratie », *Hermès*, CNRS Éditions, nº 29, 2001, p. 104.

(vers 450-400 av. J.-C.), caractérisée par sa fantaisie et ses invraisemblances, comporte un mélange de poésie et de burlesque. Elle est en prise directe avec la réalité à travers les personnages qu'elle campe, petites gens issus des classes populaires qui attaquent les personnages en place, les mœurs politiques, voire les fondements de la démocratie. Elle se distingue par sa grande liberté de forme, son comique de langage et de geste. La comédie ancienne suit un schéma traditionnel : sous la forme d'un dialogue, le *prologue* présente les principaux personnages ; vient ensuite le *parodos*, l'entrée en fanfare du chœur ; puis l'*agôn* (le débat), mettant en scène un dialogue polémique qui constitue le cœur de la pièce ; la *parabase* voit l'intervention du coryphée, qui porte la parole de l'auteur et rompt l'illusion théâtrale en s'adressant au spectateur ; des épisodes interviennent (péripéties) et la pièce se referme sur la sortie joyeuse et festive du chœur. Comme on l'a vu, ce type de comédie n'hésite pas à brocarder les personnalités contemporaines et à faire la satire des institutions. Cette structure dramaturgique est celle de toutes les pièces de jeunesse d'Aristophane, auxquelles *Les Cavaliers* appartiennent.

Après le rétablissement tout relatif de la paix faisant suite aux guerres du Péloponnèse, et le rétablissement de la démocratie en 403 av. J.-C., la liberté d'expression est limitée. La comédie subit certaines censures : il est désormais interdit de nommer explicitement les hautes figures de la vie politique. La comédie ancienne perd de sa verve et l'on s'achemine vers la comédie moyenne qu'illustrent les dernières pièces d'Aristophane, dont *L'Assemblée des femmes*. Il ne s'agit plus de brocarder des individus, mais d'adopter un point de vue plus général sur la politique et sur les mœurs de la cité. Sur le plan dramaturgique, on observe la disparition de la parabase et l'amenuisement du rôle du chœur au profit d'une action de plus en plus cohérente.

B. Le cadre institutionnel et politique des comédies

Les institutions politiques sont au cœur des deux comédies d'Aristophane. Pour bien comprendre les enjeux de la satire qu'en dresse le dramaturge, il importe de rappeler le fonctionnement de la démocratie et de la citoyenneté au moment où Aristophane compose ses pièces.

1. La citoyenneté et ses limites

La démocratie à Athènes est un régime relativement récent quand Aristophane la brocarde. Jusqu'au VIe siècle av. J.-C., Athènes vit sous un régime oligarchique, dominé par un groupe d'hommes riches. En 510 av. J.-C., la démocratie est instituée et ses premières structures sont fixées par Clisthène, considéré comme l'un des pères fondateurs du régime. Il pose les bases structurelles qui fonderont ensuite l'organisation de la vie politique : les Athéniens de la ville, des rivages et des campagnes environnantes sont répartis en dèmes et en tribus. Les dèmes sont de petites circonscriptions où chaque citoyen est enregistré. Au nombre de dix, les tribus rassemblent des dèmes d'horizons géographiques divers, afin d'éviter les conflits ville/campagne. Dans *L'Assemblée des femmes*, le dème est mentionné pour désigner un groupe identifié et soudé, comme le signale la réplique du Jeune homme : « Mais si l'un de mes concitoyens de dème ou de mes amis venait me délivrer ? », demande-t-il (p. 243).

Au temps d'Aristophane, le nombre de citoyens est assez peu élevé et ne représente environ que 10 % des habitants, soit un peu moins de quarante mille hommes. Être citoyen apporte de nombreux avantages, aussi cherche-t-on à en limiter le nombre. En 451 av. J.-C., Périclès fait ainsi voter une loi de « limitation d'accès » à la citoyenneté : à compter de cette date, seuls sont citoyens ceux dont le père est citoyen et la mère fille de citoyen. Bien que restrictive, cette loi inclut désormais les femmes dans le système d'accès à la citoyenneté. Les spectateurs des *Cavaliers* et de *L'Assemblée des femmes* ont à l'esprit toutes ces données.

La majeure partie des habitants d'Athènes ne sont pas des citoyens. À cet égard, la démocratie athénienne n'a rien à voir avec la nôtre, qui octroie la citoyenneté à toute personne qui naît sur le territoire français (ce serait dès lors un contresens que de comparer le fonctionnement athénien au nôtre). Si *L'Assemblée des femmes* est une utopie, c'est que dans la réalité politique d'alors les femmes ne peuvent accéder à la citoyenneté et ne prennent pas part aux décisions de la cité. Comme le note Bernard Legras, « les femmes athéniennes ne prennent la parole (et le pouvoir) que dans le monde imaginaire des comédies d'Aristophane, dans *L'Assemblée des femmes*, qui met en scène une inversion de la société réelle [1] ». Une telle remarque peut également s'appliquer à *Lysistrata* (voir encadré, p. 78). Les femmes sont mineures sur le plan juridique, soumises à l'autorité d'un père ou d'un mari. Outre les femmes, les garçons de moins de dix-huit ans, les étrangers (ils ont le statut de « métèque ») et les esclaves ne participent pas aux décisions de la démocratie. La démocratie athénienne est un « club d'hommes », une affaire d'hommes, ce qui explique, par exemple, que *Les Cavaliers* ne comportent que des personnages masculins. Pour autant, les femmes ne sont pas négligeables dans la démocratie, dans la mesure où elles peuvent transmettre la citoyenneté, recevoir et donner une éducation.

2. Les institutions démocratiques

La vie civique est régie par des institutions qu'Aristophane mentionne dans les deux comédies. Ces institutions sont fondées sur un idéal : les citoyens sont égaux devant la loi et participent à la vie collective de la cité.

---

1. Bernard Legras, *Éducation et culture dans le monde grec. VIIIe siècle av. J.-C.-IVe siècle ap. J.-C.*, Armand Colin, coll. « Cursus », 2002.

Les décisions sont prises au sein d'une assemblée nommée l'Ecclésia, ouverte à tous les citoyens, mais qui peut « seulement » accueillir six mille individus. Chaque citoyen peut prendre part au débat, selon la règle stricte de l'équité du temps de parole, mesuré par la clepsydre. C'est à l'Ecclésia, à l'aube, que se rendent les femmes dans *L'Assemblée des femmes* : déguisées en hommes, elles font entendre leur voix comme le ferait n'importe quel citoyen. Dans *Les Cavaliers*, c'est à l'Ecclésia que le Paphlagonien invite le Charcutier afin de déterminer lequel d'entre eux sert le mieux la cause du peuple : « Or çà, Démos, convoque immédiatement l'Assemblée, afin de décider en connaissance de cause quel est celui de nous deux qui t'est le plus dévoué, et qui mérite tes faveurs » (p. 104). C'est à l'Ecclésia que se votent les lois et qu'on décide de la guerre ou de la paix. Elle désigne aussi ses stratèges et ses dirigeants, à l'image du Paphlagonien, sans doute élu lors d'une de ses séances.

Nos deux pièces portent la trace précise du fonctionnement de ces institutions pour mieux en stigmatiser les rouages. Ainsi, le principe du tirage au sort, considéré comme l'expression de la démocratie, est raillé dans *L'Assemblée des femmes* : « Vous tous, citoyens – car il en va maintenant ainsi –, en route, rendez-vous tout droit chez la stratège, afin que la fortune vous fasse connaître, par tirage au sort, où vous dînerez » (p. 227). Le système du tirage au sort, par lequel étaient notamment choisis les cinq cents membres de la Boulè (assemblée chargée de préparer les lois), était censé garantir l'impartialité : nulle triche, nulle corruption possible.

Autre pièce clé de la démocratie athénienne, l'élection des stratèges qui organisent la levée des impôts et l'organisation de la police et de la guerre – Cléon fut l'un d'eux. La mention du stratège dans les deux pièces signale une volonté d'ancrer le dialogue comique dans la réalité politique de la cité. Enfin, le débat politique entre citoyens a également lieu sur l'agora, immense place où se discutent les décrets de lois, souvent mentionnée dans les deux pièces. En somme, la présence de tous les éléments de la vie démocratique confère un réalisme politique au propos des deux comédies.

C. La comédie selon Aristophane

La première fonction de la comédie grecque est de faire rire dans le cadre des concours annuels organisés à l'occasion des fêtes religieuses consacrées à Dionysos. Aristophane a été le plus célèbre concurrent de son temps et l'on s'accorde à dire que ses comédies ont eu une grande influence sur la vie politique de la cité.

1. Un théâtre festif

La naissance de la comédie occidentale est discutée, mais les spécialistes s'accordent sur l'origine religieuse et festive du genre – elle pourrait être l'émanation du *cômos*, célébrant la fête et l'ivresse dans la cité. Dédié à Dionysos, le *cômos* se caractérisait par un défilé burlesque, mêlant liesse et débordements orgiaques. Les deux comédies que nous étudions s'inscrivent donc dans le cadre d'un rituel bisannuel des fêtes dionysiaques (février et mars-avril) ; leur représentation intervient après des cortèges et des sacrifices. Pour des raisons économiques, du temps d'Aristophane, les comédies qui concourent sont réduites à trois. Malgré ces restrictions dues à la guerre du Péloponnèse, la comédie n'a perdu ni son entrain joyeux ni sa dimension sacrée, comme l'attestent les nombreuses interpellations aux dieux qui émaillent nos deux comédies et qui rappellent son contexte rituel : « Pour célébrer ce jour heureux,/ Buvons un coup, buvons-en deux » (*Les Cavaliers*, p. 82). Dans *L'Assemblée des femmes,* les hommes jurent en convoquant les dieux, en particulier Dionysos, divinité tutélaire de la comédie et du débordement festif. Ainsi, Blépyros justifie son travestissement en invoquant ce dieu : « Par Dionysos, ni moi donc mes grosses chaussures laconiennes [...] » (p. 184). La marque dionysiaque des comédies d'Aristophane ne se manifeste pas seulement dans les adresses au dieu des plaisirs. Le dénouement de *L'Assemblée des femmes*, par exemple, rappelle le contexte festif dans lequel se déroulent les représentations et les concours.

> LE CHŒUR. – Prenez votre élan, dansez ! io ! évoé ! Nous dînerons, évoé ! évoé ! évoé ! Comme après la victoire ! Evoé ! Evoé ! évoé ! évoé !
>
> (p. 255)

Il s'agit d'entraîner le public dans une joie parfois exubérante, que reflètent également d'autres dénouements d'Aristophane. Ainsi, *Lysistrata* (voir encadré, p. 78), qui présente bien des ressemblances avec *L'Assemblée des femmes*, se referme sur une invitation à la danse : « Allons, entoure d'une bandelette, avec ta main, ta chevelure, frappe le sol de tes deux pieds, telle une biche, en cadence, pour tenir le chœur en haleine, et célèbre par ton chant la toute-puissance et belliqueuse déesse au temple d'airain [1]. »

Si le rire de la comédie s'inscrit dans le cadre de rituels qui voient s'affronter des dramaturges concurrents, il est également indissociable d'une réflexion sur la politique. À cet égard, les pièces d'Aristophane sont à la fois satiriques et didactiques. Jouées dans le cadre de la cité, elles sont le miroir de ses préoccupations civiques. Mœurs, lois, décisions juridiques, la comédie prend en charge les grands débats qui animent la démocratie.

Mais si politique qu'elle soit, la comédie d'Aristophane n'atteint son but que par sa force comique. Fondée sur l'humour et les effets cocasses, la dramaturgie d'Aristophane reste avant tout une manifestation théâtrale conçue pour le plaisir du spectateur. Comme le rappelle le philosophe

1. *Lysistrata*, in Aristophane, *Théâtre complet*, éd. citée, t. II, p. 162.

et spécialiste de l'antiquité grecque Marc-Antoine Gavray, son message idéologique est d'autant plus percutant que la comédie est drôle :

> Aucune lecture, si philosophique soit-elle, ne doit négliger l'exigence première du genre comique : l'humour. Quand Aristophane se produit devant les Athéniens, il concourt en vue de l'emporter par le suffrage du rire. Les sujets qu'il traite servent à titre de moyen : de prime abord, la comédie ne constitue pas une œuvre politique mais théâtrale, qui joue sur le registre particulier du ridicule. Il convient néanmoins de s'interroger sur la fonction politique qu'elle revêt. Par la représentation de la démocratie de son temps, le comédien soucieux du détail – ce qui revient à dire attentif à accentuer les traits saillants – invite le spectateur, par le recours au ridicule, à réfléchir sur ce qu'il observe [1].

La dynamique festive du théâtre d'Aristophane tient donc à l'équilibre entre le discours satirique et le traitement comique des « intrigues », des personnages et des situations. Pour rendre compte de ce discours, Aristophane possède une manière et un style qui ont fait son succès.

2. Imagination comique et fantaisies verbales

Dans son édition des *Cavaliers*, Octave Navarre définit le comique d'Aristophane comme un « comique copieux, très mêlé, dont le registre embrasse toutes les variétés du rire, depuis le plus grossier, qui est le ragoût de la canaille, jusqu'au plus fin, régal des délicats [2] ». Placée sous le signe de Dionysos, la comédie fait preuve d'inventivité pour réjouir les spectateurs dans le cadre d'une fête :

> Aristophane revendique une filiation directe avec le rituel entourant les festivités des vendanges. Cette influence dionysiaque se lit aussi bien au niveau de la forme adoptée par la comédie ancienne que de son imaginaire, fondé sur l'idée que peut s'instaurer un monde de prospérité et de bonheur [3].

L'alacrité des dialogues et la fantaisie verbale dominent nos deux pièces, de même que l'emploi d'images et de comparaisons audacieuses. Ce qui n'exclut pas, parallèlement, des propos sérieux. En somme, l'écriture comique d'Aristophane est inventive et bigarrée, le dramaturge dotant ses personnages d'un sens de la répartie souvent revigorant. On trouve de nombreuses marques de cette énergie verbale dans *Les Cavaliers* et *L'Assemblée des femmes*, selon trois registres principaux : l'ironie, l'humour et la farce. Les tours triviaux et les nombreuses allusions

---

1. Marc-Antoine Gavray, « "Le Juste, la comédie connaît ça aussi." Le regard politique d'Aristophane », *Les Études philosophiques*, PUF, n° 107, 2013, p. 493-512.
2. Les Cavaliers *d'Aristophane*, Octave Navarre, Mellottée, 1956, p. 243.
3. Ghislaine Jay-Robert, *L'Invention comique. Enquête sur la poétique d'Aristophane*, Besançon, Presses universitaires de Franche-Comté, 2009, p. 11.

sexuelles, grivoises, voire pornographiques, ne doivent pas surprendre : elles font partie du comique, qui ne saurait cependant se réduire à ces saillies licencieuses. Cultivé, fin et élégant dans sa versification, Aristophane est avant tout un lettré conscient de l'impact du style des dialogues sur les esprits. Il est donc inexact de ramener la comédie d'Aristophane à la grossièreté de certaines répliques ou aux bouffonneries de toutes sortes qui émaillent ses dialogues, même si cette image du farceur a longtemps fait loi. « Vouloir susciter le gros rire à tout prix et par tout moyen ne s'accorderait guère avec la théorie qui implique que la grande comédie soit régénératrice [1] », rappelle Marcel Delaunois dans une étude sur le comique dans *Les Nuées*. Autrement dit, la comédie a une fonction cathartique pour le public, qu'elle nourrit par ses enjeux intellectuels, moraux et sociaux. Dans *Les Nuées*, Aristophane reproche par exemple au public d'avoir couronné par le passé des pièces grossières, ce qui signifie qu'il considère les siennes d'un genre plus élevé sur l'échelle du comique. C'est dire enfin que le comique licencieux de nos deux comédies est loin d'être l'unique critère définitoire.

Pour appréhender la dramaturgie d'Aristophane et décrypter le fonctionnement comique des pièces, les trois catégorisations traditionnelles du comique de caractère, de situation et de langage sont utiles.

Le *comique de caractère* tient à la psychologie et aux manifestations du tempérament des personnages. Dans *Les Cavaliers*, le Charcutier est un personnage burlesque, qui tient tête et surenchérit sur la bêtise du Paphlagonien. C'est lui qui donne sa teinte d'alacrité à la pièce, ses origines populaires justifiant son franc-parler et l'emploi d'un vocabulaire farcesque et culinaire conforme à sa profession. Aristophane construit ainsi un système qui oppose deux caractères, celui du Paphlagonien à celui du Charcutier. Le langage découle directement du caractère, qui repose ici sur des éléments psychologiques et sociologiques. Dans *L'Assemblée des femmes*, c'est l'énergique Praxagora qui donne sa verve à la comédie. Elle en est le moteur principal.

Dans les deux pièces, on ne peut cependant pas parler de « types », tant Aristophane cherche à individualiser ses personnages dans leurs paroles comme dans leurs actes. Ils sont des êtres à part entière avec leur vie sociale et privée, même s'ils incarnent des idées et sont les vecteurs de la satire. La structuration des caractères est essentielle, car c'est elle qui donne du poids aux propos polémiques et contestataires. Les personnages doivent être crédibles, voire proches des spectateurs. Les figures secondaires (ou qui n'apparaissent que dans une seule scène) sont également croquées avec vivacité et précision. Ainsi, le portrait de l'Homme dans *L'Assemblée des femmes* est brossé en quelques répliques : son refus d'appliquer la loi est un calcul intéressé, celui d'un opportuniste qui espère bien tirer profit de la nouvelle situation, comme en témoigne sa dernière réplique : « Il faut pourtant, par Zeus, que je trouve un moyen

1. Marcel Delaunois, « Le comique dans *Les Nuées* », *L'Antiquité classique*, Association L'Antiquité classique, n° 55, 1986, p. 88.

pour garder à la fois les biens que je possède et partager avec ces gens-là ce qu'on fricasse en commun. Ah ! une idée lumineuse ! Il me faut y aller en même temps qu'eux, sans tarder » (p. 231). Dans la même perspective, l'incrédulité naïve du jeune homme de *L'Assemblée des femmes* donne sa saveur comique à la scène égrillarde qui le voit contraint « d'aller avec une vieille ».

Le *comique de situation* est l'un des principaux ressorts des comédies d'Aristophane. *L'Assemblée des femmes* débute ainsi sur une inversion cocasse : les femmes se sont travesties pour prendre le pouvoir et y sont parvenues. Ce comique de situation est redoublé par l'arrivée de Blépyros, qui n'a pas eu d'autre choix que de porter les vêtements de sa femme. Ce carnaval est propice aux jeux du théâtre, comme le sont les conséquences des lois décidées par les femmes. Dans la longue séquence qui referme *L'Assemblée des femmes*, la drôlerie tient à la contrainte de la situation : bien qu'il désire une jeune fille, un jeune homme est contraint d'avoir une relation sexuelle avec une vieille femme. La dimension burlesque est également à l'œuvre dans *Les Cavaliers* qui, pourrait-on dire, repose tout entier sur une situation imprévue : un chef politique sera remplacé par un expert en boudins…

Le *comique de langage* est le domaine où Aristophane brille le plus et où il se montre le plus inventif, comme le rappelle Ghislaine Jay-Robert :

> le jeu sur les mots est constitutif du style d'Aristophane et il se caractérise d'abord par le goût avéré du poète pour les néologismes et la création de mots composés, formés par la juxtaposition de différents termes existants par ailleurs et choisis en fonction à la fois de leur sens et de leurs sonorités [1].

Même si on ne lit pas les pièces dans leur langue originale, la traduction permet de mesurer cette inventivité. Elle se déploie tant au niveau du lexique qu'à travers des comparaisons, des procédés d'accumulation ou des hyperboles. La plupart des traductions tentent ainsi de restituer la faconde avec laquelle Aristophane fait parler ses personnages. Les jeux de mots, dont certains sont difficiles à traduire, émaillent les dialogues des *Cavaliers* et de *L'Assemblée des femmes*, de même que les rapprochements fantaisistes. Ainsi, quand l'Homme et Blépyros échangent, Aristophane rebondit brillamment sur un mot, la « poire », pour passer en deux répliques d'une plaisanterie scatologique à une pique satirique :

> BLÉPYROS. – Moi aussi, quand j'aurai fini. Pour le moment quelque poire sauvage bouche le passage et retient les matières.
>
> L'HOMME. – Serait-ce par hasard celle dont Thrasyboulos parla aux Laconiens ?
>
> (p. 185)

1. Ghislaine Jay-Robert, *L'Invention comique. Enquête sur la poétique d'Aristophane*, *op. cit.*, p. 111.

Aristophane fait ici allusion à un général grec, Thrasybule, qui prétendit un jour, pour se défendre d'un soupçon de corruption (fondé), avoir mangé des poires qui l'empêchaient de parler.

Dans les scènes d'*agôn* (de débat), l'inventivité atteint son paroxysme. Mais les jeux de mots donnent aussi lieu à des quiproquos sémantiques. Pour justifier de son absence, Praxagora prétend qu'elle est allée visiter une amie en couches, ce qui donne lieu à un malentendu qui vise directement le fonctionnement de la démocratie :

> BLÉPYROS. – Sais-tu que tu as perdu un setier de blé, que j'aurais dû rapporter de l'Assemblée ?
>
> PRAXAGORA. – Ne t'inquiète pas, elle a mis au monde un petit garçon.
>
> BLÉPYROS. – L'Assemblée ?
>
> PRAXAGORA. – Non, par Zeus, celle chez qui je suis allée. Mais, j'y pense, a-t-elle eu lieu ?
>
> (p. 200-201)

Dans ce passage, le quiproquo repose sur la désignation pronominale « elle », qui semble indiquer l'assemblée, mais qui en vérité se rapporte à l'amie parturiente. De même, « le petit garçon » pourrait tout aussi bien désigner les nouvelles lois dont vient d'accoucher l'assemblée des femmes qu'un nouveau-né. Dans *Les Cavaliers*, on ne compte pas non plus les termes à double sens et l'emploi de métaphores burlesques, dont le Charcutier est le champion : « Moi, je vais me faire un radeau de mes saucisses, et je me laisserai aller à la dérive sur un courant propice, en te souhaitant tout le mal possible », déclare-t-il (p. 84). La fantaisie verbale fait partie des principales armes d'Aristophane pour critiquer et dénoncer.

3. L'art du satiriste

Dans les deux comédies, les différentes formes de comique servent la satire. Comme le rappelle le *Trésor de la langue française*, la satire désigne un « écrit dans lequel l'auteur fait ouvertement la critique d'une époque, d'une politique, d'une morale ou attaque certains personnages en s'en moquant ». Bien que la forme littéraire de la satire ne soit codifiée que plus tard, chez les auteurs latins, le registre et l'intention satiriques sont prégnantes dans *Les Cavaliers* et *L'Assemblée des femmes*. Aristophane dénonce les travers de la démocratie, de ses institutions et de ceux qui la représentent, en se moquant d'eux.

Or, dans les comédies d'Aristophane, la satire est souvent une arme à deux lames. Dans *Les Cavaliers*, elle porte à la fois sur les abus de Cléon et sur la faiblesse du peuple qu'incarne Démos. Elle consiste en des attaques *ad hominem* et se manifeste par les virulentes invectives qu'essuie le personnage du Paphlagonien, ainsi que par les reproches que le chœur

Lysistrata (411 av. J.-C.)

Représentée en 411 av. J.-C., *Lysistrata* est une pièce satirique qui dénonce la guerre. Son titre peut être traduit par « celle qui détruit l'armée » ou « celle qui démobilise », « Démobilisette ». *Lysistrata* est l'une des plus célèbres comédies d'Aristophane et présente un certain nombre de similitudes avec *L'Assemblée des femmes* : la prise de pouvoir des femmes sur les hommes, l'honnêteté engagée de l'héroïne, l'inversion des valeurs.

Une pièce de circonstance

Lysistrata est représentée dans un contexte difficile pour Athènes, qui a notamment subi un désastre militaire en Sicile en 413 av. J.-C. Affaiblie, Athènes est proche du chaos, sans ressources, à la merci des Barbares et d'autres ennemis. L'héroïne qui donne son nom à la comédie lance un appel à toutes les femmes de la cité pour rétablir la paix, seule issue possible pour recouvrer l'harmonie et le bonheur privés.

Une assemblée de femmes

Dans la pièce, la guerre dure depuis plus de vingt ans. Les femmes de différentes cités (Athènes, Sparte, Corinthe, etc.) mettent en œuvre une idée très novatrice pour faire cesser les combats : elles investissent l'Acropole et contraignent leurs époux à abandonner la guerre. Guidées par Lysistrata, femme d'un citoyen d'Athènes, les épouses et les mères se réunissent et Lysistrata leur soumet son plan : faire la grève du sexe tant que les maris ne seront pas revenus à la raison. Si la donnée initiale est plutôt comique et pour le moins invraisemblable, l'intention est sérieuse.

Une pièce comique

Lysistrata se caractérise par ses nombreuses péripéties. Les femmes doivent d'abord faire face à un groupe de vieillards, qui les menacent de brûler la citadelle qu'elles ont assiégée. Finalement, il s'avère qu'elles ne peuvent pas se passer des maris et inversement : cela donne lieu à des jeux de scène assez rocambolesques et à des dialogues plutôt obscènes. Enfin, un ambassadeur de Sparte vient pour négocier la paix.

Une pièce pacifiste

Lysistrata surprend par le décalage entre l'intention pacifiste que prône Aristophane et le ton de la pièce, qui contient de nombreuses grossièretés. Le personnage de Lysistrata est entier, d'une grande honnêteté, engagé dans la lutte. À cet égard, il annonce celui de Praxagora de *L'Assemblée des femmes*.

adresse à Démos. Dans *L'Assemblée des femmes*, la satire porte sur le système démocratique en général et sur la tendance qui consiste à innover à tout prix. Les « excès comiques » ont donc un dessein : dénoncer les ridicules humains et les travers politiques en empruntant les principes comiques de l'ironie, de la dérision et de l'invective. La satire chez Aristophane vise ainsi les institutions et l'exercice du pouvoir politique, mais son ambition est également morale et didactique : il cherche à montrer aux spectateurs athéniens les travers de leurs contemporains. Dans cette optique, on comprend pourquoi les comédies d'Aristophane sont souvent choisies comme modèles de la satire politique et morale. Les plus grands dramaturges comiques, au premier rang desquels Molière, ont pu se réclamer de la filiation d'Aristophane [1], et une bonne partie de la tradition satirique, au XIXe siècle et jusqu'à Bertholt Brecht [2], l'a pris pour modèle.

II. La démocratie dans *Les Cavaliers* et *L'Assemblée des femmes*

L'étude conjointe des *Cavaliers* et de *L'Assemblée des femmes* révèle plusieurs points de jonction autour de la démocratie, articulés aux questions relatives à la vie politique, au rapport que l'individu entretient avec la collectivité. Loin de faire l'éloge de la démocratie, Aristophane en dresse la satire, qu'il décrive les agissements de certains chefs ou la faiblesse du peuple. Plus globalement, il peint les perversions d'un régime mis à mal par l'Histoire. Dans les deux comédies, la démocratie est une cible. Mais quels reproches lui adresse Aristophane et dans quel but ? Quels ressorts comiques le dramaturge met-il en mouvement pour susciter la satire ? Quelle interprétation peut-on tirer, à près de vingt-cinq siècles d'écart, de la satire aristophanesque sans tomber dans l'illusion rétrospective [3] ? On l'a vu, ces questions relèvent du cadre générique (la comédie) et des circonstances historico-politiques (le contexte dans lequel les pièces ont été jouées). Mais on décèle aussi dans les dialogues d'Aristophane des intentions plus générales, qui nourrissent le débat sur le fonctionnement de la démocratie, ses forces et ses faiblesses.

L'étude de la démocratie dans les deux comédies se fera en trois temps. Tout d'abord, nous envisagerons la démocratie sous l'angle de l'espace, autrement dit en analysant la manière dont Aristophane inscrit

1. Sur la réception des pièces d'Aristophane, voir les travaux de Romain Piana mentionnés en orientation bibliographique.

2. Sur le rapprochement avec Brecht, voir M. S. Silk, *Aristophanes and the Definition of Comedy*, Oxford, Oxford University Press, 2002, p. 237.

3. L'*illusion rétrospective* désigne les intentions que nous attribuons aux œuvres en fonction de nos codes culturels et de notre grille de lecture du monde.

les « lieux sacrés » de la démocratie dans ses dialogues et les oppose à la rue, principal décor de nos deux pièces. Il s'agira de montrer comment les lieux dévolus à la démocratie sont tournés en dérision, ce qui suggère peut-être que seul le théâtre reste un espace dédié à la liberté d'expression. Il s'agira ensuite de désigner les cibles d'Aristophane (les chefs politiques, les démagogues, le peuple), que le dramaturge renvoie souvent dos à dos. La virulence de la satire est-elle le signe d'un désenchantement politique ou d'une perte de foi dans la démocratie ? Dans un dernier temps, nous verrons que les comédies d'Aristophane, animées par une certaine nostalgie, sont une invitation à un sursaut démocratique et à la prise de conscience civique que permet le théâtre.

A. Les lieux de la démocratie : la marque du réel

Aux prises avec le réel, la comédie d'Aristophane pose un cadre politique et topographique précis. Marc-Antoine Gavray rappelle que les pièces comiques de cette période qui nous sont parvenues ciblent l'actualité, et s'adressent à celles et ceux qui vivent au sein du système athénien. Le référent au réel est donc fondamental pour que la critique soit efficace ; le public doit être complice et comprendre immédiatement les allusions et les mentions au système démocratique :

> [La comédie] met en scène la vie athénienne de la fin du Ve siècle, ses citoyens, sa démocratie, sa guerre, ses tribunaux, ses femmes, etc., pour des Athéniens en mesure d'apprécier ses railleries. Par le tableau qu'elle peint de la cité au quotidien, elle fournit un témoignage sur cette période, aussi inestimable que foisonnant, qui invite à une réflexion sur son actualité [1].

L'un des premiers signes de la démocratie est tout ensemble topographique et urbain. La référence aux lieux où s'exerce le pouvoir garantit la véracité du propos. Quel rôle Aristophane assigne-t-il aux lieux de prise de décision, aux lieux de pouvoir et aux discours qui s'y produisent ?

1. La démocratie à vol d'oiseau

Si la démocratie est le régime qui accorde le pouvoir au peuple, celui-ci s'exerce dans un espace défini, ici celui de la cité athénienne. Le cadre spatial des deux comédies ancre la réflexion dans une réalité indentifiable, celle d'une ville où se trouvent les grands organes démocratiques, admirés voire vénérés : l'Acropole, la Pnyx, l'agora, le Prytanée, l'Héliée,

1. Marc-Antoine Gavray, « "Le Juste, la comédie connaît ça aussi." Le regard politique d'Aristophane », art. cité, p. 493.

etc. Cités dans les pièces, ces lieux constituent un « hors-scène » politique. Parmi eux, la Pnyx est souvent mentionnée dans les dialogues, car c'est l'endroit concret et symbolique de décision politique. Colline située à l'ouest de l'Acropole et dominant l'agora, elle accueille l'Ecclésia, autrement dit la principale assemblée démocratique d'Athènes : dotée d'une tribune et de gradins, la Pnyx, qui peut accueillir jusqu'à cinq mille citoyens, est le lieu sacré de la démocratie athénienne. Dans la présentation des personnages des *Cavaliers*, le Premier Serviteur décrit l'origine de Démos, allégorie du peuple, en ces termes : « Nous avons un maître ; c'est un caractère mal embouché, un grignoteur de fèves, facilement irritable. Il s'appelle Démos, il est originaire de Pnyx. C'est un vieux bonhomme atrabilaire, à moitié sourd » (p. 51). Le jeu entre le lieu de naissance de Démos et la fonction de la Pnyx est caractéristique de l'ancrage comique. Sur le mode humoristique, Aristophane rappelle que la Pnyx est un espace stratégique du pouvoir à Athènes, puisqu'on y désigne les membres de la Boulè et de l'Héliée (le tribunal du peuple). Dans *L'Assemblée des femmes*, Praxagora précise que « pendant les prescriptions [elle a] habité avec [s]on mari la Pnyx, et c'est là [qu'elle s'est] instruite en écoutant les orateurs » (p. 177). La Pnyx est en effet le lieu où s'épanouit l'éloquence politique, qui doit convaincre les concitoyens.

Grâce aux nombreux détails véridiques qui émaillent les pièces, le spectateur peut reconstruire la topographie d'Athènes. L'Héliée, par exemple, est citée dans *Les Cavaliers* : institution centrale puisqu'il s'agit du tribunal du peuple, elle compte cinq mille citoyens tirés au sort, qui rendent leurs verdicts de manière anonyme. La décision est ensuite affichée en place publique, dans la ville. Les peines rendues par l'Héliée pouvaient être lourdes, allant de l'exil à la condamnation à mort « par empoisonnement ». C'est en jouant sur les mots que le Charcutier évoque cet organe important de la vie démocratique :

> LE CHARCUTIER. – Eh bien, c'est lui qui a tout fait pour en faire tomber le prix. Il comptait que vous en achèteriez pour vos repas et qu'ainsi, au tribunal de l'Héliée, vous tous, les juges, vous vous intoxiqueriez mutuellement en vessant les uns les autres.
>
> (p. 116)

Aristophane place un tour d'humour noir et un trait de grossièreté dans la réplique du Charcutier quand il parle d'« intoxication mutuelle », autrement dit d'empoisonnement verbal, mais aussi de « vesser », qui signifie littéralement « péter ».

Le Prytanée est un autre espace politique fondamental, attaché à la démocratie, qu'Aristophane mentionne dans *L'Assemblée des femmes*, mais qu'il détourne de sa fonction initiale (rendre justice et conserver le feu sacré) en en faisant un lieu de goinfrerie. L'agora enfin est mentionnée dans *L'Assemblée des femmes* comme lieu de tirage au sort des dîners : « Je les [les petites urnes] déposerai dans l'agora. Puis, ayant placé tous les gens près d'Harmodios, je tirerai au sort, jusqu'à ce que chacun s'en aille content, sachant à quel service il sera inscrit pour le dîner » (p. 214). Ainsi, tous les espaces de la démocratie sont convoqués par la satire.

2. La maison et la rue

La mention des lieux officiels donne vie à la satire, en renvoyant le spectateur à des espaces dédiés à la prise de parole, au vote et aux décisions. Aussi le hors-scène joue-t-il un rôle de premier plan dans la constitution d'un discours critique, voire polémique, sur les institutions athéniennes. Il crée en outre une proximité spatiale entre le moment de l'action et les espaces qui fédèrent la démocratie. Pour autant, ces hauts lieux de la démocratie ne sont jamais représentés scéniquement mais seulement évoqués : ils demeurent des virtualités. L'action proprement dite se déroule dans des lieux populaires, des lieux de passage, des lieux publics où les gens du peuple peuvent librement se rencontrer et échanger. C'est une autre image de la démocratie qu'offre ainsi Aristophane à travers ces espaces urbains.

Les didascalies liminaires de *L'Assemblée des femmes* précisent que « la scène représente une place d'Athènes » (p. 160) ; *Les Cavaliers* se déroulent dans « un coin du marché près de la maison de Démos » (p. 46). Rappelons ici que l'agora, place située au cœur d'Athènes et élément central de la vie de la cité, désigne d'abord une place de marché. En ce sens, Athènes est restituée avec son parler, ses métiers, ses odeurs même. Les scènes de rue sont pittoresques, animées, souvent liées au plaisir de la nourriture et des sens. Les lieux de la ville, la mention d'éléments du quotidien, parfois triviaux, libèrent le bon sens de figures sympathiques, contestataires, qui s'expriment hors des organes officiels de la démocratie, mais dont le propos n'en est pas moins percutant. C'est finalement un versant plutôt heureux de la démocratie qu'Aristophane peint grâce à la rue. De loin en loin, cet univers fait songer au réalisme populaire des villes italiennes filmées par le cinéaste Federico Fellini.

Dans les deux comédies, la cité est tout entière un lieu de débats, ce qui correspond à une réalité sociologique, politique et religieuse. Quand Aristophane situe l'action des *Cavaliers* devant la maison de Démos, il crée de fait un processus d'identification avec le spectateur-citoyen. La rue, la place publique, la maison d'un citoyen autorisent une parole plus libre qu'à l'Ecclésia. Ne sont-ce pas là les lieux de la véritable expression démocratique ? Selon ses propres dires, le Charcutier est fils de la « place publique » ; c'est là qu'il a reçu l'enseignement oratoire qui l'autorise à contrer le Paphlagonien : « Allons, dis-je, Esprits de la canaille, de la tromperie, de la bêtise, de la malice et de l'impudence, et toi, place publique, où fut élevée mon enfance, c'est le moment de m'inspirer l'audace, la loquacité et la verve de l'insolence » (p. 97). Aristophane expose et peut-être oppose deux espaces de la vie démocratique : les assemblées officielles, les lieux politiques décisionnels et les rues de la cité, moins soumises aux rites et aux codes – un espace de parole libérée, expression de l'iségorie (voir *supra*, p. 61) ?

3. Dérision des espaces démocratiques

Une fois nommés, les lieux sont presque systématiquement tournés en dérision. Le titre *L'Assemblée des femmes* porte déjà en lui une connotation parodique, puisque l'Assemblée est le lieu par excellence de la joute démocratique, espace de prise de parole exclusivement masculin. Devenue féminine, l'Assemblée est l'objet d'un renversement carnavalesque, montrée comme un espace où l'on peut tromper les autres en jouant de l'illusion : déguisées en hommes, les femmes ont pu imposer leurs nouvelles lois dans les gradins. Cette idée forte suggère aussi que l'Assemblée est un théâtre, où l'on peut tenir un rôle pour se faire entendre.

La dérision porte également sur l'état de ceux qui prennent les décisions à l'Assemblée : les hommes sont décrits comme des ivrognes, accusés de n'avoir aucune lucidité lors de la prise de décision :

> PRAXAGORA. – [...] Pour toi, oui, ils boivent.
>
> HUITIÈME FEMME. – Oui, par Artémis, et qui plus est, du pur. Ce qu'il y a de sûr, c'est que tous leurs décrets, pour ceux qui réfléchissent à tout ce qu'ils ont fait, portent la marque de la démence... comme les actes des gens ivres.
>
> (p. 171)

Ainsi, le travestissement des femmes dénonce tout ensemble l'aveuglement et la faiblesse du principal organe démocratique de la cité.

L'Assemblée fait aussi directement l'objet de plusieurs invectives dans les deux pièces. Cela tient au fonctionnement de la démocratie athénienne, que rappelle Aristophane à travers les exemples qu'il donne : si les institutions sont prévues pour éviter que se forme une élite politique, notamment par le recours au tirage au sort, les Athéniens admirent les meilleurs orateurs, qui ne sont pas nécessairement les meilleurs démocrates... Ce système présente en outre un risque majeur, que soulèvent implicitement les deux pièces : le tirage au sort peut aboutir à confier le pouvoir à des incompétents, comme le rappelle le Premier Serviteur des *Cavaliers* :

> PREMIER SERVITEUR. – On va le chercher. Mais le voilà qui vient au marché comme par une grâce céleste. Ô marchand de boudins béni du ciel, approche-toi, mon cher. Tu apparais à nos regards comme le sauveur de la Cité.
>
> (p. 60)

La Pnyx, lieu chargé de symboles et berceau de la démocratie, n'est pas épargnée par la satire d'Aristophane. Dévoyée par ceux qui y siègent, la Pnyx a perdu de sa sacralité. Pire, elle est devenue le lieu des décisions arbitraires et stupides :

> LE PAPHLAGONIEN. – Or çà, Démos, convoque immédiatement l'Assemblée, afin de décider en connaissance de cause quel est celui de nous deux qui t'est le plus dévoué, et qui mérite tes faveurs.
>
> LE CHARCUTIER. – Oui, bien sûr, il faut que tu décides, mais surtout pas à la Pnyx.
>
> DÉMOS. – Je ne saurais siéger ailleurs. En avant donc. Il faut se rendre à la Pnyx.
>
> LE CHARCUTIER. – Misère de mon sort ! Je suis perdu. Le bonhomme, quand il est chez lui, est le bonhomme le plus malin du monde, mais sitôt qu'il siège en assemblée sur cette roche, il prend un air idiot, comme s'il rangeait des figues dans une boîte.
>
> (p. 104-105)

Les lieux officiels de la démocratie sont décrédibilisés et font perdre le bon sens à ceux qui les fréquentent. Dès lors, grâce au jeu de la synecdoque [1], sont également tournés en dérision dans le dialogue les acteurs de la vie politique qui y siègent, souvent intégrés par allusions à un discours scatologique ou sexuel. « Lequel parmi les spécialistes du fondement connaît à fond son métier ? Amynon le connaît, mais peut-être refusera-t-il… » (*L'Assemblée des femmes*, p. 185-186). Comme le signale une note du traducteur, Amynon est un orateur qui se prostituait. Implicitement, les lieux dédiés à l'expression officielle de la démocratie sont dévoyés et pervertis. Que reste-t-il aux citoyens pour s'exprimer librement si ce ne sont la rue et le théâtre ? Car, contrairement à l'Ecclésia où le discours est contrôlé, le théâtre, comme le rappelle Audrey Sabit, demeure un des espaces démocratiques dédiés à la liberté de parole :

> La critique telle que la pratique Aristophane est ritualisée, encadrée par la cité et donc par ceux-là mêmes qui sont visés dans ses pièces. Au contraire, au sein de l'Ecclésia, comme le montre N. Loraux, les Athéniens ont l'obsession de l'unanimité, oui, de l'unanimité et non pas seulement de la majorité qui contribue à montrer que la cité est divisée alors qu'elle se donne à voir comme un « Tout » uni [2].

Au théâtre, ce n'est pas l'unanimité des voix qui est exigée, mais la participation à une manifestation collective. C'est donc au niveau de la représentation théâtrale que se joue la réflexion sur la démocratie dans nos deux pièces. Mais à travers quelles cibles et selon quelles intentions idéologiques ?

---

1. Figure de style qui désigne un tout par une partie, par l'un de ses composants.
2. Audrey Sabit, « Le théâtre d'Aristophane et la dérision de la démocratie », art. cité, p. 104.

B. La démocratie au banc des accusés

1. De la démocratie menacée à l'échec de la démocratie

Que critique-t-on de la démocratie dans les deux pièces ? Si les invectives sont nombreuses, les cibles, elles, sont aisément identifiables : les chefs politiques, le peuple, les institutions. Aristophane ne condamne pas la démocratie dans son ensemble, mais entend montrer les faiblesses inhérentes à son fonctionnement.

Dans *Les Cavaliers*, le dramaturge peint un système menacé par les agissements d'un seul homme (le Paphlagonien, *alias* Cléon), tandis que, dans *L'Assemblée des femmes*, il représente le système fragilisé dans son ensemble, au point que la démocratie devient une gynécocratie – ce qui, aux yeux d'Aristophane, n'est pas le signe d'un progrès. Dans les deux pièces, il dénonce la toute-puissance de certains chefs qui, au nom du peuple, s'arrogent des avantages personnels et tirent profit de leur pouvoir. Stratèges (chefs militaires), bouleutes (responsables de la préparation des lois), magistrats sont certes élus ou tirés au sort, mais cela ne garantit en rien leur efficience politique. Leur action peut même avoir des effets pernicieux sur la vie de la cité. Tout l'objet des *Cavaliers* est de montrer la faiblesse de la démocratie quand l'un de ses dirigeants agit pour le compte de ses ambitions personnelles, se laisse corrompre et devient tyrannique. Dans cette comédie, ce n'est pas la démocratie en tant que système qui est visée, mais les perversions de son fonctionnement. Cléon, sous les traits du Paphlagonien, incarne les défaillances du système démocratique en temps de crise. À travers lui, Aristophane pointe l'admiration excessive que les citoyens vouent aux beaux parleurs, aux meilleurs orateurs. Cet argument est également présent dans *L'Assemblée des femmes*, puisque c'est grâce à de belles paroles (imitées de la faconde masculine) que les femmes ont imposé leurs vues. Dans un régime démocratique fondé sur l'art de bien s'exprimer en public, le pouvoir revient aux plus habiles rhéteurs, qui ne veulent pas toujours le bien commun, en particulier la paix.

Dans *L'Assemblée des femmes*, la dimension collective prend cependant le pas sur la mauvaise influence d'un seul homme : la critique que livre Aristophane tient à l'évolution de la démocratie elle-même. Plusieurs interprétations peuvent dès lors être proposées pour comprendre la satire qu'il en dresse. C'est parce qu'elle est dans un état critique que les femmes l'ont prise en charge. Régime malade, la démocratie doit recevoir un traitement pour se relever : « osons, par un tel trait d'audace, essayer de mettre la main sur les affaires de la cité pour lui faire ainsi un peu de bien », déclarent les femmes (p. 167-168). C'est parce que la démocratie va mal que les femmes proposent la solution radicale de mise en commun des biens, comme jadis les femmes de *Lysistrata* avaient pris des mesures drastiques pour faire cesser la guerre (voir encadré, p. 78).

La faute en revient aux faiblesses des hommes et au manque de jugeote du peuple qui les choisit.

2. Un renversement carnavalesque

Dans *L'Assemblée des femmes*, c'est la déliquescence où est parvenue la démocratie qui motive l'invention d'une utopie, grâce à laquelle Aristophane renverse les codes. Dans les deux pièces, la démocratie est en péril, parce que les gouvernants sont des sots, des fats ou des hommes corrompus. Pour étayer ce constat, Aristophane recourt au « carnavalesque », catégorie théorisée par Mikhaïl Bakhtine, qui consiste en une inversion des valeurs et des codes (en référence à la période du carnaval au Moyen Âge, durant lequel les hiérarchies étaient inversées : on pouvait brûler l'effigie du roi et élire à la place un roi du carnaval, en choisissant le plus pauvre ou le plus fou du village). Dans son ouvrage *Le Carnaval et la politique. Une introduction à la comédie grecque* [1], l'helléniste Jean-Claude Carrière a montré comment le modèle bakhtinien permet d'appréhender la remise en question de l'ordre établi et des hiérarchies sociales. La carnavalisation de la démocratie repose d'une part sur la création d'une utopie politique, et d'autre part sur les très nombreuses références au corps ou à l'animalité qui émaillent les dialogues. Dans *L'Assemblée des femmes*, le carnavalesque est d'abord visuel : le citoyen Blépyros apparaît en tenue de femme, tandis que les femmes décrivent longuement leurs déguisements d'hommes. N'oublions pas, par ailleurs, que le théâtre grec était exclusivement joué par des hommes : Aristophane joue donc ici sur un double niveau de travestissement, en faisant entrer sur scène des hommes, incarnant des personnages de femmes, déguisées… en hommes. Dans *Les Cavaliers*, la dérision, constante, est principalement verbale, et repose sur des allusions scatologiques ou sexuelles. Ce mode de représentation du réel est une manière de tourner en ridicule les hommes et les institutions de la démocratie.

Penchons-nous sur la façon dont le renversement carnavalesque se déploie dans le langage. Aristophane use d'antiphrases et de comparaisons pour décrédibiliser la démocratie. Il utilise également l'ironie pour dénoncer les abus du système, en plaçant par exemple ces mots dans la bouche du Premier Serviteur des *Cavaliers* :

> Pour gouverner le peuple, il ne faut pas un homme pourvu d'une bonne culture et d'une bonne éducation. Il faut un ignorant doublé d'un coquin.
>
> (p. 65)

1. Jean-Claude Carrière, *Le Carnaval et la politique. Une introduction à la comédie grecque suivie d'un choix de fragments*, Besançon, Presses Universitaires de Franche-Comté, 1979.

L'attaque du système démocratique se fait grâce au procédé du détournement parodique. Les qualités nécessaires pour gouverner les peuples ne sont pas celles qu'on attend : les défauts sont devenus la norme. Point de probité ni de rigueur, mais, au contraire, les tares accumulées. Ces procédés sont au cœur de l'attaque contre le Paphlagonien. Aristophane en fait d'abord un homme vulgaire et brutal, tournant ici en dérision des origines populaires que Cléon avait mises en avant, ce qui lui avait valu de nombreux suffrages. Comme le suggère *Les Cavaliers*, la modeste extraction de Cléon a joué un rôle important dans son ascension. Pour le contrer, Aristophane lui oppose un autre homme du peuple, qui lui est inférieur sur le plan social et économique : un faiseur de boudins, bien étonné qu'on le sollicite : « Eh ! mon bon, laisse-moi donc nettoyer mes tripes et vendre mes saucisses, au lieu de te payer ma tête », répond-il à l'invitation du Premier Serviteur (p. 62). Dès les premières répliques, Aristophane parodie la prétendue victoire militaire de Cléon à Pylos, en recourant à une analogie alimentaire qui dégrade l'action héroïque : « Dernièrement encore, à Pylos, j'avais préparé un pain de Laconie, et voilà que ce maître fourbe me l'escamote en passant au pas de course, pour aller lui-même offrir à Démos ce que j'avais pétri de mes propres mains » (p. 52). Ce pain évoqué par le Premier Serviteur, qui incarne le général athénien Démosthène, est en réalité un succès militaire qu'il avait remporté contre Sparte, et que Cléon s'était approprié en en récoltant tous les lauriers.

Ainsi, l'ancrage constant de la dérision dans la réalité quotidienne et corporelle est un ingrédient de la comédie aristophanesque. C'est par la matérialité des référents que passe la carnavalisation des idées politiques et par la dérision que se tisse la satire des hommes qui font la démocratie. Or, dans *Les Cavaliers* comme dans *L'Assemblée des femmes*, la satire repose sur les différents visages que revêt la démagogie.

3. Démocratie ou démagogie ?

C'est une constante des comédies d'Aristophane que de tirer à boulets rouges sur les démagogues et sur la démagogie, présentée comme l'une des perversions de la démocratie. Le démagogue est un politique qui flatte le peuple pour parvenir à ses fins ; il représente ce que la démocratie produit de pire. *Les Cavaliers* proposent ainsi une attaque frontale de la politique démagogique à travers l'exemple de Cléon, sous les traits du Paphlagonien. Rappelons cependant que jusqu'à la mort de Périclès, à qui succéda Cléon, le démagogue était d'abord celui qui conduisait le peuple, comme l'indique l'étymologie du terme (*dêmos*, « peuple » ; *agôgos*, « guide »). C'est avec Cléon que le terme revêt une connotation très péjorative. La démagogie, autrement dit la flatterie du peuple, fait l'objet d'attaques constantes. Sa dénonciation fonde l'intrigue des *Cavaliers* : « Ce Paphlagonien de la Tannerie n'a pas plus tôt reconnu le caractère du vieux [le peuple], qu'il se met à ramper devant lui, à le flatter, à le caresser, à le flagorner, à le séduire, avec des rognures de cuir [...] », déclare le Premier Serviteur (p. 51-52). Ce sont les agissements des démagogues qui structurent la critique de fond de nos deux comédies.

La première critique cible une qualité pervertie en défaut : l'éloquence. Le Paphlagonien est un beau parleur, mais qui détourne l'idéal rhétorique des grands démocrates. Sa parole est corrompue, dès lors son discours est gangrené par la mauvaise foi. Il est en effet présenté comme un calomniateur (le terme est employé dès la première description du personnage par le Premier Serviteur, et repris sept fois ensuite) : c'est « une espèce de génie dans le domaine de la fourberie et de la calomnie », annonce le Premier Serviteur (p. 51). Il n'est pas seulement calomniateur, mais aussi menteur et flatteur. Ces altérations trahissent la faillite d'un système reposant sur la parole d'un orateur, qui parle plus fort que les autres. Le Paphlagonien s'apparente en effet à un « hurleur » populiste, qui ne se fait pas entendre par sa force de conviction, mais par le volume sonore de ses propos, lui « dont les hurlements ont cassé les oreilles d'Athènes », comme le rappelle le chœur (p. 74). Le Paphlagonien lui-même définit l'efficacité de sa politique par son réseau de délateurs et la puissance de sa voix : « Je hurle aussitôt qu'il se passe quelque chose », affirme-t-il au Charcutier (p. 113). Aristophane rappelle ici que le détournement de la parole fonde les agissements du démagogue, mais il signale aussi que la démocratie athénienne est basée sur l'art de la prise de parole en public : celui qui parle le mieux obtient le plus large crédit. C'est l'une des dérives majeures du système.

La perversion de la rhétorique politique est également présente dans *L'Assemblée des femmes*, mais sous une forme détournée et différente de celle des *Cavaliers*. C'est parce qu'elles ont la réputation d'avoir la langue bien pendue et d'être bavardes que les femmes pourront aisément se faire entendre en public : « Mais, ma chère, laquelle de nous ne sait pas parler ? », rappelle avec humour la Huitième Femme (p. 168). En permettant aux femmes d'accéder à l'Ecclésia, en les dotant d'une parole performative capable de changer la vie de la cité, Aristophane met en accusation la parole des hommes qui se serait *féminisée* et ne serait plus capable de prendre en charge le bonheur de la collectivité.

À la parole pervertie des démagogues s'ajoute le détournement des valeurs ancestrales qui fondent la civilisation et la démocratie. L'utilisation fallacieuse des oracles dans *Les Cavaliers* est une dénonciation grave, comme le rappelle la chercheuse Suzanne Desfray :

> On apprend qu'entre autres flatteries, le Paphlagonien endort le maître en lui récitant des oracles : « Il chante des oracles, et le vieux délire comme une sibylle. » C'est donc par son habileté à faire des oracles que le Paphlagonien tient en son pouvoir son maître Démos, qui se laisse endormir, se laisse bercer, plutôt, car les oracles, tout comme la poésie homérique, sont chantés. Aristophane dénonce en particulier l'usage que faisaient les démagogues des recueils de prophéties pour berner le peuple. Ces prédictions farfelues

deviennent la transposition caricaturale de l'ensemble des discours démagogiques et bellicistes de Cléon, et l'affrontement politique de plusieurs démagogues deviendra dans l'agôn une bataille d'oracles. Les oracles représentent plus généralement la parole politique dévoyée, et en particulier celle de Cléon [1].

Le recours aux oracles se retourne finalement contre le Paphlagonien, puisque ces mêmes oracles ont prédit qu'il serait supplanté par « pire » que lui.

Dernier point sur lequel porte l'attaque contre les démagogues : la corruption et notamment le détournement des biens publics. Aristophane présente la démocratie comme un régime corrompu, où chacun tente de tirer parti de la situation. La corruption ne concerne pas que les chefs politiques, mais aussi les citoyens. Ainsi, au cours de leur échange dans *L'Assemblée des femmes*, Blépyros et Chrémès accordent une grande importance au « triobole », l'argent versé aux citoyens pour qu'ils soient ponctuels aux séances de l'Assemblée. Ce n'est pas le souci du bien commun qui meut les citoyens, mais cette rémunération qui les motive. La démagogie est le règne de la canaille. Aussi les Serviteurs des *Cavaliers* choisissent-ils pire démagogue que Cléon lui-même en la personne du Charcutier :

> LE CHARCUTIER. – Veux-tu me dire comment, moi, marchand de boudins, je puis devenir un jour ce qui s'appelle un personnage ?
>
> PREMIER SERVITEUR. – Mais c'est justement pour cela que tu vas le devenir ; parce que tu n'es qu'un propre à rien, un chevalier du soleil, un audacieux coquin.
>
> LE CHARCUTIER. – Je ne pense pas être digne d'une telle puissance.
>
> PREMIER SERVITEUR. – Malheur ! Qu'est-ce qui peut te faire dire que tu n'en es pas digne ? Aurais-tu par hasard quelque chose d'honnête sur la conscience ? Tes parents seraient-ils d'honnêtes gens ?
>
> (p. 64)

Quelle valeur conférer à une telle violence et comment comprendre son impact sur les consciences ? La réponse ne saurait être apportée sans étudier la critique adressée au peuple dans les deux comédies.

4. Faiblesses du peuple

Le démagogue tire sa force de la faiblesse du peuple. Cette dialectique structure la satire des deux comédies. Aristophane ne flatte pas le peuple d'Athènes, son public ; au contraire, il l'accuse d'être servile et son théâtre lui fait prendre conscience qu'il participe aux errements du

1. Suzanne Desfray, « Oracles et animaux dans *Les Cavaliers* d'Aristophane », *L'Antiquité classique*, Association L'Antiquité classique, t. 68, 1999, p. 36.

régime démocratique. Une interpellation du chœur dans *Les Cavaliers* corrobore ce constat. Le peuple est présenté comme faible et manipulable : « quant au peuple, pour te le concilier, il suffit que tu lui fasses une agréable petite cuisine de mots », explique le Serviteur au Charcutier (p. 67).

Allégorie du peuple, Démos vaut certes mieux que le Paphlagonien, mais sa passivité n'a d'égale que sa propension à se laisser berner. Démos est peint sous les traits d'un vieil homme, ce qui envoie un signe ambivalent au public : sa vieillesse suggère-t-elle l'usure du système démocratique ou bien le respect qu'on doit au peuple, valeur ancestrale de la vie athénienne ? Sur un mode constamment métaphorique, Aristophane adresse un certain nombre de reproches à Démos. Son manque de clairvoyance a d'abord conduit la démocratie à ses dérives : « Tu ressembles aux jeunes gens qui ont des amants ; tu évinces les honnêtes gens, et tu te donnes aux marchands de lanternes, aux savetiers, aux cordonniers, aux corroyeurs » (p. 103). Le peuple n'est pas présenté comme l'élément moteur de la cité, mais comme un troupeau à qui l'on jette de la poudre aux yeux, ce dont témoigne la surenchère des compromissions et des exactions commises au nom de Démos :

> LE PAPHLAGONIEN. – Voire, comment pourrait-il exister, Démos, un citoyen qui t'aimât plus que moi ? D'abord, c'est moi qui, lorsque j'étais membre au Conseil, ai fait rentrer de grosses sommes dans le trésor public, torturant les uns, étranglant les autres, importunant le reste, sans faire cas des particuliers, pourvu que je te satisfisse.
>
> (p. 106)

Malgré une prise de conscience tardive, Démos se laisse prendre au jeu de la surenchère des oracles qui lui promettent monts et merveilles : « Oh, oh ! Décidément la science de Glanis n'a pas d'égale. *(Au Charcutier.)* C'est chose résolue ; je me confie à tes soins ; tu seras le conseiller de mes vieux ans, et tu reprendras mon éducation à partir des rudiments », déclare-t-il (p. 134). Or, qu'il s'agisse du Paphlagonien ou du Charcutier, leurs oracles respectifs ne sont que « billevesées » (p. 117). Ici, Aristophane vise la propension du peuple athénien à suivre aveuglément les oracles, les manifestations d'un au-delà irrationnel.

Dans *L'Assemblée des femmes*, reproche est fait au peuple de confier le pouvoir à des « minables » ; la situation semble sans issue, puisque même l'homme de bien devient pitoyable quand on lui confie le pouvoir. Au vrai, dans *L'Assemblée des femmes*, les attaques personnelles sont remplacées par une remise en cause plus profonde du peuple. L'égalité démocratique est devenue un leurre, tendance qu'exprimaient déjà *Les Oiseaux*, autre pièce d'Aristophane (414 av. J.-C.), en affirmant que la démocratie n'était égalitaire que par la ruine, conséquence des procès qui menaçaient tout un chacun. La corruption n'est plus le fait d'un homme mais elle a atteint l'ensemble de la population : c'est cette affirmation qui sous-tend tout le discours et toute l'action de Praxagora.

Dans *Les Oiseaux*, on partait à la recherche d'un nouveau lieu pour l'épanouissement de la démocratie (que l'on trouvait dans le ciel) ; dans *L'Assemblée des femmes*, il s'agit de rester sur terre, mais en changeant les décideurs de la démocratie. Dans les deux cas, le peuple est mis en cause.

« Quel est le peuple ayant un peu de fierté, – les Athéniens n'en manquaient certes pas, – qui ne serait ébranlé en se voyant sur scène si piteusement ridicule [1] ? », se demande l'helléniste Gilbert François. Aristophane rappelle à son spectateur que « démocratie » signifie « pouvoir au peuple » et que c'est à ce dernier de prendre en main sa destinée.

C. La démocratie pour le bonheur des hommes ?

Les Cavaliers et *L'Assemblée des femmes* résultent d'une profonde insatisfaction face à la démocratie et les deux pièces exposent cette déception à un public composé de citoyens directement concernés. Si la satire sert ce constat déceptif, elle a aussi pour but d'éveiller la conscience et de faire réagir les citoyens face à une situation qui dessert leurs intérêts. La fiction comique réalise ainsi la *catharsis* (purgation des passions) : comme l'analyse Marc-Antoine Gavray, « le rire joue un rôle de soupape, au sens où il permet aux citoyens de rire de responsables qui se rendent ridicules par leur comportement mais qui, dans le même temps, agissent à leur place sur la scène publique [2] ». La virulence du verbe, la violence des propos ont pour fonction de piquer le public au vif. La comédie doit produire une réaction par le rire. « Indignez-vous ! » semble lancer Aristophane à ses contemporains. Face à la crise politique qu'il dénonce, le dramaturge fait donc appel au sens critique des spectateurs en recourant aux fantaisies comiques, ou en rappelant à la mémoire du public les temps heureux d'une démocratie juste.

1. Ordre nouveau, ordre ancien

Un discours nostalgique traverse les deux comédies, qui suggèrent que la démocratie (telle qu'elle est appliquée) n'est peut-être pas le régime politique idéal. Le chœur des Cavaliers qui donnent son nom à la première de nos pièces représente ainsi un groupe hostile à la démocratie qu'incarne Cléon ; ils appartiennent à une catégorie d'hommes riches (capables d'entretenir des chevaux), qui ont leurs propres codes et leurs usages. Comme le note Aurélien Gavois, les Cavaliers constituent une communauté soudée qui se distingue par ses codes, sa manière d'être (les cheveux longs notamment), mais aussi par une hostilité commune

1. Gilbert François, « Aristophane et le théâtre moderne », *L'Antiquité classique*, Association L'Antiquité classique, t. 40, fasc. 1, 1971, p. 38-79.

2. Marc-Antoine Gavray, « "Le Juste, la comédie connaît ça aussi." Le regard politique d'Aristophane », art. cité, p. 495.

au régime de la démocratie : « Le choix des cavaliers par Aristophane pour constituer son chœur n'est donc pas anodin [1]. » En leur donnant le beau rôle, Aristophane ne fait-il pas implicitement l'éloge d'un ordre ancien ? Aurélien Gavois note en effet :

> Les cavaliers sont certainement, à cette période encore, bien perçus par l'ensemble de la société athénienne. Le travail de Périclès pour doter Athènes d'une véritable cavalerie militaire est encore récent et a porté ses fruits, faisant de cette cavalerie un des motifs de fierté de la démocratie, d'où le choix fait par Aristophane de représenter un tel chœur. Il n'aurait sans doute pas pris le risque de faire d'une communauté rejetée par le reste de la société le chœur de sa pièce. Au contraire, ce choix s'est apparemment révélé gagnant puisqu'il a obtenu le premier prix [2].

Faut-il lire dans les invectives des Cavaliers l'expression du regret d'un système oligarchique antérieur à la démocratie ? À cet égard, *Les Cavaliers* ont suscité des commentaires contradictoires sur les idées politiques d'Aristophane – fut-il antidémocrate, oligarque, réactionnaire ? Audrey Sabit conclut qu'Aristophane n'est pas un antidémocrate, mais plutôt un démocrate déçu qui regrette une démocratie pacifiste et glorieuse :

> Comme tous ceux qui pratiquent la dérision au sein d'une société, on perçoit davantage [chez Aristophane] une déception qu'un rejet définitif. Aristophane regrette en fait la démocratie du temps des stratèges tels que Aristide, Miltiade, Thémistocle, c'est-à-dire ceux qui ont participé à la guerre contre les Perses. À travers sa dérision Aristophane espère en fait transformer ses concitoyens, les éduquer, réveiller leur conscience [3].

La question est difficile à trancher. Ce qui est sûr, c'est que, quand les deux comédies font allusion au passé, c'est généralement de manière positive. Les différentes mentions des hommes du passé ou d'actions héroïques anciennes sont souvent accompagnées d'éloges, ce qui signifie aussi que la démocratie peut produire de grands hommes. Thémistocle, par exemple, est loué pour son action : « Thémistocle lui-même n'a jamais pensé à cela. Et pourtant son Pirée était une bonne idée » (p. 115).

Le rapport présent/passé est également au cœur de *L'Assemblée des femmes*, mais sous une autre forme. L'une des vertus qu'Aristophane prête aux femmes, c'est de transmettre une tradition sans vouloir changer les mœurs. Parce qu'elles pérennisent des pratiques et des usages, les femmes peuvent apporter le bien à la cité. Cette qualité de transmission des valeurs dévoile un défaut de la démocratie : les innovations politiques sont présentées comme inutiles et vaines. Aristophane utilise ainsi le

---

1. Aurélien Gavois, « Le chœur des cavaliers dans *Les Cavaliers* d'Aristophane et la cavalerie athénienne », *Camenulae*, Sorbonne Université, 9 février 2018, p. 1, lettres.sorbonne-universite.fr/Camenulae-19-fevrier-2018.

2. *Ibid.*

3. Audrey Sabit, « Le théâtre d'Aristophane et la dérision de la démocratie », art. cité, p. 110.

paradigme alimentaire et ménager pour en faire un argument favorable à la démocratie réinventée. « D'abord elles trempent les laines dans l'eau chaude, selon l'antique usage, toutes sans exception, et l'on ne saurait les voir chercher à innover » (p. 176). Les femmes sont les garantes d'un bon sens hérité de pratiques anciennes. Les idées nouvelles qui naissent autour de la démocratie n'ont pas la faveur d'Aristophane, qui les tourne en dérision. Cela ne signifie pas pour autant qu'il soit favorable à la gynécocratie : *L'Assemblée des femmes* reste une utopie, un lieu qui n'existe qu'au théâtre.

2. Idéal et pessimisme démocratique

Dans *L'Assemblée des femmes*, Praxagora se fixe une mission centrale pour la démocratie : rétablir la paix et construire le bien commun. Dans *Les Cavaliers*, les deux serviteurs réduits en esclavage aspirent à recouvrer le bonheur en faisant cesser les agissements du Paphlagonien. Ainsi, dans les deux pièces, Aristophane peint une tentative d'amélioration de la vie politique. Dans les deux cas, il expose une réforme et propose un changement : remplacer le Paphlagonien par le Charcutier, remplacer les hommes par les femmes. En dénonçant les travers de la démocratie, il en rappelle les fondements positifs. Ainsi, dans une tirade du chœur de *L'Assemblée des femmes*, Aristophane redit quels sont peut-être les idéaux de la démocratie. Abandonnant le ton comique ou satirique, il formule un idéal de vie civile :

> Te voici maintenant dans l'obligation d'avoir une volonté réfléchie, une pensée philanthropique en éveil, et qui sache défendre tes amies. C'est au bien commun que concourt ton esprit inventif, qui doit réjouir le peuple-citoyen en le comblant des mille avantages de la vie, et montrer de quoi il est capable. C'est le moment ; car notre cité a besoin de quelque combinaison ingénieuse. Allons, poursuis la réalisation de ce qui n'a pas encore été fait ni dit. On déteste avoir souvent sous les yeux les choses anciennes. Mais ne tarde pas, il faut t'appliquer sur l'heure à tes desseins, car l'empressement est ce qui gagne le plus la faveur du public.
>
> (p. 203)

Le rappel de cet idéal philanthropique attaché à la démocratie dévoile la profondeur de la crise que traverse Athènes. Le point de départ de *L'Assemblée des femmes*, contrairement à celui des *Cavaliers*, ne provient pas d'un « danger extérieur » (un mauvais dirigeant, une guerre, une famine), mais du système lui-même, qui s'est détérioré de l'intérieur. Aussi le constat initial est-il nettement plus pessimiste dans la seconde pièce, car il révèle une démocratie usée, incapable de se régénérer.

Le régime communiste instauré par les femmes est en effet présenté comme une *catharsis*. Certes, pour Praxagora, ce système limitera les abus de pouvoir et rétablira l'égalité entre riches et pauvres. La propriété, le mariage et la domination masculine sont abolis et remplacés par la gynécocratie et le communisme. Or, dans la dernière partie de la pièce, le communisme lui-même est tourné en dérision, lors de la scène qui voit un jeune homme aux prises avec trois vieilles femmes qui le considèrent comme un bien mis en commun, sur lequel elles ont priorité. Il ne faut donc sans doute pas lire dans *L'Assemblée des femmes* une proposition de régime idéal qu'Aristophane opposerait à la démocratie décadente, mais plutôt y percevoir un rejet des innovations, une vive critique de la féminisation de la politique. « Ce pouvoir des femmes constitue une véritable révolution que seule une faillite totale de ce club d'hommes qu'est la démocratie peut justifier [1] », note Suzanne Saïd. Plus encore, l'assemblée féminine proprement dite n'est qu'une virtualité qui ne peut exister en scène : c'est Chrémès qui fait le récit des discours tenus ; mais c'est surtout la magie du théâtre avec ses ressorts et ses illusions qui supplée la véritable assemblée des femmes qui, elle, n'existe que dans l'imagination du spectateur.

Enfin, le pessimisme démocratique d'Aristophane peut aussi se lire dans le statut qu'il donne aux femmes dans sa comédie. Loin d'être séduisantes, elles sont viriles (poilues) et inélégantes. Elles ont perdu la charge érotique que le dramaturge leur confiait dans *Lysistrata* et sont devenues des nourrices : l'une des préoccupations de Praxagora, c'est de fournir des aliments aux hommes, thème central de la pièce. À l'inverse, une lecture plus féministe pourrait considérer que seules les femmes sont capables de « changer le monde » et d'apporter le bonheur au peuple. Elles illustreraient alors l'échec des hommes, inventeurs de la démocratie.

Le partage des richesses, qui pourrait être l'une des expressions positives de la démocratie, ne va pas de soi. Dans *Les Cavaliers*, c'est la course au profit personnel qui motive à la fois le Paphlagonien et le Charcutier. Sur ce plan, et à tout le moins dans la première partie de la pièce, ils se valent. Dans *L'Assemblée des femmes*, une scène emblématise les limites de l'idéal communiste. Un homme refuse de se plier à la nouvelle loi. À la fois comique et pessimiste, cette scène entre l'Homme et Chrémès montre le pragmatisme de celui qui ne croit guère à la pérennité des décisions démocratiques et qui se défie des décisions de l'Assemblée. Au cours de la scène, c'est moins le portrait d'un cynique qui veut profiter des avantages du communisme sans en subir les inconvénients que la nullité des décisions prises par une « Assemblée girouette » qui est dénoncée : « Je les connais, ces gens-là ; ils votent vite, mais reviennent aussitôt sur leurs décisions », déclare l'Homme (p. 223).

Il n'en demeure pas moins que, dans les deux comédies, le bonheur collectif passe par la satisfaction de besoins physiologiques, au premier rang desquels l'alimentation. La première fonction d'une démocratie n'est-elle pas de nourrir son peuple ? En ce sens, il est évocateur qu'Aristophane choisisse dans *Les Cavaliers* un « faiseur de boudins » pour rétablir la concorde ; par sa fonction, il a affaire aux boyaux et à la bouche,

1. Suzanne Saïd, « *L'Assemblée des femmes* : les femmes, l'économie et la politique », art. cité.

ce qui donne lieu à un certain nombre de jeux de mots obscènes, scatologiques et sexuels. Comme le note avec justesse Ghislaine Jay-Robert :

> Tant qu'il [le Charcutier] doit se mesurer à Cléon, le Paphlagonien, et qu'il n'a pas encore réussi à l'écarter du pouvoir, son personnage et son langage restent étroitement liés à ce qui concerne l'excrément et l'homosexualité. Une fois débarrassé, en revanche, de son adversaire, le voilà qui change de nom, de profession et de discours pour instaurer le bonheur à Athènes et susciter l'apparition de la Trêve de 30 ans. Passer de l'ordure à la consommation de la nourriture et de la femme, telle est la trajectoire idéale dessinée par les comédies d'Aristophane [1].

Dans *L'Assemblée des femmes*, l'une des ambitions des nouvelles élues est de vêtir les plus pauvres et de nourrir ceux qui ont faim. L'« obsession alimentaire » de cette comédie renvoie à une nécessité politique : une démocratie doit prendre soin de ceux qui la composent en leur apportant de quoi vivre. *Les Cavaliers* comme *L'Assemblée des femmes* proposent donc des moyens simples d'être heureux en collectivité (manger, se vêtir, partager des moments festifs, jouir de son corps), même si les « bonnes intentions » sont tournées en dérision, malmenées par les personnages ou rendues peu crédibles dans le cadre d'une utopie.

3. La comédie, un garde-fou démocratique ?

Festif et joyeux, le théâtre d'Aristophane invite à une communion collective grâce au rire, aux plaisanteries, fussent-elles graveleuses ou scatologiques. La joie et la liesse font partie des ingrédients de la vie en démocratie et Aristophane y convie le public :

> Heureux peuple ! heureux pays ! Bienheureuse ma maîtresse et vous toutes qui vous tenez à nos portes, et tous nos voisins et concitoyens de dème, et moi outre ces gens-là, moi, la servante, qui ai la tête parfumée d'essences précieuses, ô Zeus ! Mais rien de tout cela ne vaut les petites amphores de vin de Thasos dont le bouquet se conserve longtemps dans ma tête, alors que tout le reste fleurit et s'évapore aussitôt. Aussi, sont-elles bien plus précieuses, oui, bien plus, ô Dieux ! Verse du pur, il nous réjouira toute la nuit, si nous choisissons celui qui a le plus de bouquet. Allons, femmes, dites-moi où est mon maître, le mari de ma maîtresse ?
>
> (p. 251)

Aristophane invite son public à participer au spectacle de la vie démocratique en riant avec lui des abus de son temps. Or ce rire est aussi une exhortation à moins de passivité. La conscience civique de la salle est ainsi pleinement intégrée au débat qui a lieu sur scène. Cette implication

1. Ghislaine Jay-Robert, *L'Invention comique. Enquête sur la poétique d'Aristophane*, *op. cit.*, p. 85.

résulte directement de la dramaturgie aristophanienne : l'illusion dramatique – qui consiste à adhérer à l'histoire qu'on représente – est en effet sans cesse rompue par ce qu'on pourrait appeler des « effets de distanciation [1] », qui placent le spectateur en position de juge de ce qu'il voit. Commentaires, allusions à l'actualité, et surtout adresses récurrentes au public impliquent sans cesse ce dernier dans la polémique. Aristophane ne vise pas l'empathie mais la réaction. Les jeux avec l'illusion théâtrale sont donc nombreux, qui empêchent le spectateur de rester passif face à ce qu'il entend et voit. La proximité entre spectateur et citoyen est renforcée par les interventions du chœur, qui s'adresse directement à lui. En sollicitant le spectateur dès le début des *Cavaliers*, le Second Serviteur l'intègre à une réflexion sur la démocratie : « Mais il faut demander une chose aux spectateurs, à savoir de nous manifester par l'expression de leurs visages si notre jeu et nos propos leur donnent de l'amusement » (p. 51). Si les indications de jeu sont relativement rares dans les deux pièces, les dialogues, eux, comportent de nombreuses didascalies internes qui impliquent le public. Dans la réplique suivante, le démonstratif « ce peuple » peut désigner les spectateurs assis dans les gradins. Les spectateurs voudront-ils d'un charcutier comme nouveau stratège ?

> PREMIER SERVITEUR. – Imbécile ! Des tripes. Tu plaisantes. Jette un coup d'œil dans cette direction. Vois-tu les rangs que forme ce peuple ?
>
> LE CHARCUTIER. – Oui.
>
> PREMIER SERVITEUR. – Tu es destiné à devenir le souverain absolu de tous ces sujets ; tu vas régner sur l'agora, sur les ports et sur la Pnyx. Tu mettras à tes pieds le Conseil, tu casseras les généraux ; tu emploieras les prisons et les chaînes ; tu feras la noce au prytanée.
>
> (p. 62)

Aussi est-ce en bonne logique que le spectateur est invité à prendre parti, à soutenir le Charcutier dans sa campagne électorale : « Le parti des honnêtes citoyens avec les spectateurs doués de bon sens. » À cet égard, les comédies au programme placent le spectateur dans la position d'un juge qui devra réfléchir aux actions menées au nom de la démocratie. Dès lors, tout concourt à faire du théâtre un lieu de réflexion civique, y compris la « configuration scénographique », comme le rappelle Marc-Antoine Gavray :

> La comédie rassemble les citoyens en un lieu, le théâtre, qui accueille parfois des assemblées politiques. Ce point souligne l'étroitesse du lien entre le spectateur et le citoyen. De plus, si l'espace comporte des gradins, tous les spectateurs présents assistent au même spectacle : tout le monde y participe en droit, de la même façon que tous les citoyens prennent part à l'Assemblée. En outre, le jury du concours est constitué de juges tirés au sort parmi les

1. La distanciation théâtrale est un principe dramaturgique théorisé et appliqué par Brecht.

citoyens, comme au tribunal de l'*Héliée*. Bref, les conditions matérielles manifestent une liaison pratique entre la comédie et la vie politique. Il ne devait pas être possible pour le spectateur d'oublier qu'il était en même temps un citoyen [1].

La similitude entre l'espace de l'Assemblée et celui du théâtre rappelle ainsi que la comédie est un lieu fondamental du débat politique. Certes, on n'y prend pas de décisions proprement dites, on n'y élit pas les stratèges ni les bouleutes, mais on y réfléchit à la valeur et au sens de la démocratie. Le peuple de l'Assemblée est en effet le même que celui qui remplit les gradins du théâtre et les va-et-vient entre fiction théâtrale et vie politique sont constants. Pourtant, l'expérience du spectateur face à la comédie n'est pas celle du citoyen qui siège à l'Assemblée. Comme le constate très justement Silvia Milanezi, l'expérience du théâtre comique est celle du « ridicule, une expérience qui doit inciter au changement, à l'action [2] ». Aristophane invite en effet les spectateurs à s'indigner, ambition de la comédie qui traversera les siècles pour faire ses preuves parmi les grands comiques de notre patrimoine (Molière, Beaumarchais) et chez les humoristes contemporains. À cet égard, la comédie d'Aristophane est une antidémagogie. Comme l'art oratoire des démagogues, elle consiste à remporter par la parole la victoire et les suffrages (puisqu'elle est représentée dans le cadre d'un concours), mais cette parole est *vertueuse*, dans la mesure où elle montre ce qui est *juste* pour la démocratie. Sur ce point, Aristophane explore pleinement l'un des fondements de la démocratie athénienne, l'iségorie, principe par lequel chaque citoyen a le droit de prendre la parole et de s'exprimer : « La démocratie directe telle qu'Aristophane la présente se fonde sur la nécessité d'une parole, meilleure manifestation de l'action politique, qui réhabilite la délibération et interroge l'intérêt collectif véritable, dissimulé par les aspirations individuelles [3] », constate Marc-Antoine Gavray. Aristophane démontre qu'il peut convaincre autrement qu'en flattant : en obligeant le public, c'est-à-dire le peuple, à contempler sans complaisance sa propre vérité, sa propre responsabilité. Ainsi, la forme même de la comédie entre en résonance avec le propos sur la démocratie porté par les deux pièces.

1. Marc-Antoine Gavray, « "Le Juste, la comédie connaît ça aussi." Le regard politique d'Aristophane », art. cité, p. 495.

2. Silvia Milanezi, « Le suffrage du rire, ou le spectacle comique en Grèce », in Marie-Laurence Desclos (dir.), *Le Rire des Grecs. Anthropologie du rire en Grèce ancienne*, Grenoble, Jérôme Millon, 2000, p. 391.

3. Marc-Antoine Gavray, « "Le Juste, la comédie connaît ça aussi." Le regard politique d'Aristophane », art. cité, p. 510.

Conclusion

Dans les dernières répliques des *Grenouilles*, Pluton s'en remet à Eschyle, tragédien admiré d'Aristophane : « Allons, Eschyle, pars content, et sauve notre cité par de sages avis ; fais l'éducation des sots : ils sont légion [1]. » Rendre meilleurs les hommes dans les cités en les éduquant, autrement dit rendre sages les citoyens, c'est l'un des buts que se fixe Aristophane dans *Les Cavaliers* et *L'Assemblée des femmes*. Écrites et représentées dans des contextes différents, ces deux comédies ambitionnent de penser la démocratie à travers les effets de la comédie. *Les Cavaliers*, qui ont remporté le concours l'année où la pièce fut donnée, rappellent le rôle majeur du dramaturge dans la vie de la cité. Quelle que soit l'époque, la démocratie a besoin de garde-fous et la comédie en est un. Car la démocratie n'est pas faite que de votes qui déterminent un choix politique : Aristophane nous montre qu'elle est le lieu d'une liberté d'expression. Le théâtre, art sacré pour les citoyens grecs, a donc un rôle au moins aussi important dans l'expression de la démocratie que la promulgation des lois dans la cité. Il a une double ambition, pédagogique et didactique, mais sans discours moralisant ni moralisateur. Le rire est libérateur.

Pour accéder au bonheur collectif et à la concorde civile – à la paix si chère à Aristophane –, ce dernier n'hésite pas à « manier le fouet de la satire [2] », même si les coups font mal, même si, comme dans certains traitements thérapeutiques, un « électrochoc » est nécessaire pour soigner le malade. La démocratie, dans *Les Cavaliers* et *L'Assemblée des femmes*, n'est pas un mauvais système en soi. Ce sont les hommes qui l'ont abîmé. En dépit de ce constat désolant, Aristophane divertit ses contemporains en s'impliquant politiquement. Il rappelle à ses concitoyens et à la postérité que chacun a le droit de prendre la parole en public et d'agir pour le bien de tous, ce qui est au fondement même de la démocratie.

Orientation bibliographique

Édition de référence

ARISTOPHANE, *Les Cavaliers. L'Assemblée des femmes*, trad. Marc-Jean Alfonsi, éd. Marion Bonneau, GF-Flammarion, 2019.
[Le dossier de cette édition fait la part belle au thème de la démocratie.]

1. Aristophane, *Théâtre complet*, éd. citée, t. II, p. 296.
2. Alfred de Musset, « Une soirée perdue », 1841. Formule inventée pour faire l'éloge de Molière.

Autre édition

ARISTOPHANE, *Théâtre complet*, trad. Pascal Thiercy, Gallimard, coll. « Bibliothèque de la Pléiade », 1997.

[Édition critique très riche ; préface passionnante.]

Ouvrages sur le théâtre grec et sur Aristophane

Marie-Laurence DESCLOS (dir.), *Le Rire des Grecs. Anthropologie du rire en Grèce ancienne*, Grenoble, Jérôme Millon, 2000.

Ghislaine JAY-ROBERT, *L'Invention comique. Enquête sur la poétique d'Aristophane*, Besançon, Presses universitaires de Franche-Comté, 2009.

Jean-Charles MORETTI, *Théâtre et société dans la Grèce antique*, Le Livre de Poche, coll. « Références », 2001.

Pascal THIERCY, *Aristophane. Fiction et dramaturgie*, Les Belles Lettres, coll. « Vérités des mythes », 1986.

[Ouvrage de référence.]

Pascal THIERCY et Michel MENU (dir.), *Aristophane : la langue, la scène, la cité*, actes du colloque organisé à Toulouse du 17 au 19 mars 1994, Bari, Levante Editori, 1997.

Articles sur Aristophane

Francisco ADRADOS, « La démocratie athénienne et les genres littéraires », in Michael SAKELLARIOU (dir.), *Démocratie athénienne et culture*, actes du colloque organisé par l'Académie d'Athènes en coopération avec l'Unesco en novembre 1992, Athènes, Académie d'Athènes, 1996, p. 17-33.

Marc-Antoine GAVRAY, « "Le Juste, la comédie connaît ça aussi." Le regard politique d'Aristophane », *Les Études philosophiques*, PUF, n° 107, 2013, p. 493-512.

[Étude fondamentale.]

Romain PIANA, « Les intermittences du répertoire : le cas Aristophane », *Études théâtrales*, L'Harmattan, vol. 44-45, n° 1, 2009, p. 89-101.

[Passionnante étude sur la réception d'Aristophane sur la scène contemporaine.]

Audrey SABIT, « Le théâtre d'Aristophane et la dérision de la démocratie », *Hermès*, CNRS Éditions, n° 29, 2001.

DEUXIÈME PARTIE

Tocqueville

De la démocratie en Amérique, tome II, partie IV « De l'influence qu'exercent les idées et les sentiments démocratiques sur la société politique »

par Philippe Crignon

Vie d'Alexis de Tocqueville

1805 : Naissance d'Alexis de Tocqueville à Paris.

1820-1823 : Part suivre ses études secondaires à Metz, où son père a été nommé préfet.

1826 : Obtient sa licence en droit à Paris.

1827 : Nommé juge-auditeur à Versailles.

1828-1830 : Suit les cours de François Guizot à la Sorbonne sur la civilisation européenne.

1830 : Prête serment au régime de la monarchie de Juillet.

Avril 1831-mars 1832 : Voyage aux États-Unis en compagnie de Gustave de Beaumont.

1832 : Commence la rédaction du premier tome de *De la démocratie en Amérique*.

1833 : *Du système pénitentiaire aux États-Unis et de son application en France*, en collaboration avec G. de Beaumont. Voyage en Angleterre.

1835 : *De la démocratie en Amérique*, tome I. Voyage en Angleterre et en Irlande.

1836 : « Political and Social Condition of France » dans la *London and Westminster Review*. Voyage en Suisse.

1837 : Candidature aux élections législatives de Valognes (Manche), où il échoue.

1838 : Élection à l'Académie des sciences morales et politiques.

1839 : Élu à Valognes lors des législatives – il sera député jusqu'en 1851. Au cours de son activité parlementaire, Tocqueville va rédiger plusieurs rapports : sur l'abolition de l'esclavage dans les colonies (1839), sur les enfants trouvés (1843, 1844, 1845, 1846), sur la réforme des prisons (1844), sur la ligne de chemin de fer Paris-Cherbourg (1844, 1845, 1846, 1852), sur l'Algérie (1847).

1840 : *De la démocratie en Amérique*, tome II.

1841 : Élection à l'Académie française. Voyage en Algérie.

1848 : Discours inquiet sur la situation politique de la France, où Tocqueville annonce la révolution à venir (27 janvier). Révolution de février, après laquelle Tocqueville conserve son siège. Il est membre de la commission chargée de rédiger la Constitution et s'oppose au projet d'y introduire un droit au travail dans une diatribe antisocialiste (12 septembre).

1849 : Élu à l'Assemblée législative, ministre des Affaires étrangères de juin à octobre (gouvernement Barrot II). Élu président du conseil général de la Manche. Premier voyage en Allemagne.

1850-1851 : Tocqueville, atteint de tuberculose, part en villégiature à Sorrente, où il rédige ses *Souvenirs* (publication posthume en 1893). Il rédige le rapport sur la révision de la Constitution dans le but d'empêcher le coup d'État, qui advient finalement lorsque Louis-Napoléon dissout l'Assemblée nationale. Tocqueville fait partie des parlementaires qui signent la déchéance de Louis-Napoléon. Il est fait prisonnier quelques jours.

1852 : Il démissionne du conseil général de la Manche et quitte la vie politique.

1854 : Deuxième voyage en Allemagne.

1856 : *L'Ancien Régime et la Révolution*.

1857 : Dernier voyage en Angleterre.

1859 : Mort à Cannes de la tuberculose.

I. Présentation de *De la démocratie en Amérique*, II, iv

A. Le contexte de l'œuvre

De la démocratie en Amérique n'est évidemment pas une œuvre de pure théorie, sans arrière-fond contextuel. Son objet comme son moment de rédaction sont étroitement définis dans le temps et dans l'espace. Il s'agit du *fait social* de l'égalisation des conditions que l'on observe en Occident depuis la fin du XVIIIe siècle. La situation sociale et politique est pourtant profondément différente en Europe et en Amérique. Différente mais nullement étrangère l'une à l'autre, car l'Amérique vient d'Europe. Elle peut aussi revenir vers l'Europe pour éclairer les convulsions qu'elle connaît. Nous exposerons tout d'abord la situation de la France et de l'Europe après la Révolution, puis le contexte socio-politique aux États-Unis au moment où Tocqueville entreprend son voyage ; enfin, nous situerons la rédaction de l'ouvrage dans la production intellectuelle de Tocqueville et de ses contemporains.

1. L'après-coup de la Révolution française

Alexis de Tocqueville vit et écrit au cours d'une période particulièrement instable et turbulente en France et en Europe. C'est une époque de bouleversements politiques, d'agitation sociale et de profondes mutations économiques. Il y a d'abord les brusques changements de régime – que l'on comparera à la relative stabilité constitutionnelle de l'Ancien Régime d'une part, et de la IIIe République d'autre part. Depuis la Révolution de 1789, la France a vu alterner républiques, empires et monarchies à peu près tous les dix ou quinze ans, aucune organisation ne parvenant à se maintenir dans la durée. La Première République (1792-1804), fille de la Révolution, meurt de l'indécision du Directoire, au profit de Napoléon Bonaparte qui se fait couronner empereur. L'Empire (1804-1815) s'affaiblit lui-même au gré de ses conquêtes et s'effondre finalement sous les coups des puissances monarchiques européennes. La Restauration (1815-1830) connaît des tendances contraires – libérales et conservatrices – mais son évolution vers la monarchie absolue précipite les émeutes fatales de 1830. Sous Louis-Philippe, la monarchie constitutionnelle est rétablie avec un gouvernement plus libéral (1830-1848). Il ne survivra pourtant pas à la révolution de Février – version française du « Printemps des peuples » que l'on observe au même moment un peu partout en Europe, où la question sociale et le nationalisme se mêlent dans des revendications communes.

Tocqueville est directement confronté à cette histoire chahutée. Issu d'une famille noble, il est l'arrière-petit-fils de Malesherbes, ministre et avocat de Louis XVI, qui fut guillotiné pendant la Révolution, tout comme une partie importante de sa famille. Ses propres parents n'en réchappent que de justesse. En tant que fonctionnaire, il prête serment à la monarchie de Juillet, qui ne lui plaît guère ; plus tard, au cours de sa carrière politique, Tocqueville sera un spectateur inquiet des troubles politiques. En janvier 1848, il est l'un des rares à pressentir la fin du régime et l'explosion révolutionnaire à venir. Ses *Souvenirs* portent d'ailleurs essentiellement sur cette « catastrophe [1] ». Il faut donc bien saisir à quel point l'histoire politique de la France et la trajectoire personnelle de Tocqueville s'entremêlent : non seulement il a été partie prenante des soubresauts de son temps, mais son œuvre révèle le double souci d'expliquer des processus historiques et d'élucider sa propre expérience.

Tocqueville a pour objectif de dégager, sous le désordre et la confusion superficielle des événements, des forces ou des mécanismes à l'œuvre. Il est ainsi possible de repérer, derrière la variété des régimes successifs, un conflit unique entre des poussées démocratiques, issues de la Révolution, et des résistances enracinées dans l'Ancien Régime [2].

Mais l'instabilité des « soixante dernières années » n'est pas que politique, elle est aussi militaire, sociale et économique. Les guerres – qu'elles soient idéologiques, de conquête ou civiles – sont permanentes depuis 1789. La Révolution industrielle, apparue en Grande-Bretagne à la fin du XVIIIe siècle, atteint la France plus tardivement, sous la monarchie de Juillet. Elle se développe alors plus lentement, mais tout aussi sûrement avec l'industrialisation du pays, la mécanisation du travail, l'essor de la manufacture. La création de richesse n'est pas également répartie et de nouvelles classes sociales se constituent, bientôt antagonistes. L'accumulation de ces changements inquiète et rend la période opaque. Beaucoup cherchent à y mettre du sens ; c'est l'éclosion des grandes idéologies : libéralismes, socialismes, positivismes. Tocqueville, lui, pressent que ces différentes évolutions participent d'une transformation plus générale et plus fondamentale, qu'il s'agit d'identifier. Mais la situation européenne étant singulièrement complexe, il convient de prendre du recul, et le détour par l'Amérique s'avère nécessaire. Le voyage aux États-Unis en 1831-1832 est ainsi l'occasion d'observer une société à la fois totalement différente et très proche de la société européenne, un autre Occident à partir duquel il serait possible de mieux comprendre l'Europe.

1. Alexis de Tocqueville, « Souvenirs », in *Œuvres*, éd. A. Jardin, Gallimard, t. III, 2004, p. 733.

2. « Notre histoire, de 1789 à 1830, vue de loin et dans son ensemble, ne doit apparaître que comme le tableau d'une lutte acharnée entre l'ancien régime, ses traditions, ses souvenirs, ses espérances et ses hommes représentés par l'aristocratie, et la France nouvelle conduite par la classe moyenne », *ibid.*, p. 728.

2. Situation des États-Unis à l'époque du voyage

Les États-Unis que Tocqueville et son ami Gustave de Beaumont visitent sont un pays encore neuf, en voie de consolidation après une période de construction. Ils montrent alors un visage très différent de celui que les Pères pèlerins avaient découvert en accostant en 1620 à bord du *Mayflower*, portés par l'utopie d'une société nouvelle, fondée sur l'égalité et la liberté individuelle, et arrimée à de profondes convictions religieuses. Fuyant les persécutions dont ils étaient les victimes en Europe, ces puritains se sont organisés d'emblée à partir d'un contrat social, un pacte écrit et ratifié par les membres de cette communauté pionnière [1]. C'est cet esprit d'égalité et de liberté que l'on retrouve à de nombreuses étapes cruciales de l'histoire des États-Unis et dont Tocqueville et son ami observent l'influence au sein de la société. Au cours du XVIIe et du XVIIIe siècles, les colons s'installent sur toute la côte est de l'Amérique et sont gouvernés localement sous drapeau britannique. Les Treize colonies forment alors un ensemble culturellement homogène, mais dépendant de la Couronne, et les rapports entre les colonies et leur métropole se tendent à l'occasion de crises politiques et idéologiques. En 1765, le conflit porte sur l'absence de représentation des colonies au Parlement britannique, ce qui pousse une grande partie des colons à refuser de payer leurs impôts à la Couronne : « No taxation without representation [2] ». Mais, plus profondément, c'est une opposition entre la tradition aristocratique anglaise et les valeurs démocratiques des colons qui se creuse au fil des années. Lorsqu'elles déclarent la guerre à la Grande-Bretagne en 1775, les colonies cherchent non seulement à s'affranchir de la tutelle impériale, mais aussi à construire des institutions républicaines étrangères aux mœurs britanniques. On imagine mal la fraîcheur avec laquelle les Américains, devenus indépendants, réinventent la politique sur ce sol qui ne porte pas le fardeau de l'Histoire. Les idéaux démocratiques y sont traduits dans la réalité concrète des institutions et des pratiques. Les gouverneurs ne sont plus nommés par la Couronne, mais élus par le peuple. Le suffrage s'étend de manière parfois audacieuse pour l'époque – aux plus pauvres, aux célibataires, voire aux femmes (dans le New Jersey, entre 1797 et 1807) –, et la question de son élargissement aux noirs va se poser, en même temps que sa généralisation aux femmes, tout au long du XIXe siècle [3].

Si les États-Unis se dotent d'une Constitution fédérale et républicaine en 1787, le pays a encore besoin d'être stabilisé et de trouver son unité nationale. Autrement dit, alors qu'en Europe les nations se sont forgées

1. Bernard Vincent (dir.), *Histoire des États-Unis*, Flammarion, coll. « Champs », 2012, p. 22-23.

2. Gordon S. Wood, *La Création de la république américaine*, trad. François Delastre, Belin, coll. « Littérature et politique », 1991, p. 201-237.

3. Horst Dippel, « Représentation, représentants et droit de suffrage : De la représentation corporative à la représentation démocratique aux États-Unis d'Amérique de 1776 à 1849 », in *Le Concept de représentation dans la pensée politique*, Aix-en-Provence, Presses universitaires d'Aix-Marseille, 2003, p. 385-402.

longtemps avant que des institutions étatiques s'y superposent, en Amérique, les institutions politiques ont précédé la formation d'un esprit national. La guerre anglo-américaine de 1812 a justement eu pour effet de cristalliser un sentiment patriotique nouveau, tandis que le développement d'une littérature, d'un art et d'une presse sur ce nouveau continent contribue à forger une culture américaine distincte [1].

3. Contexte intellectuel de rédaction de *De la démocratie en Amérique*

De la démocratie en Amérique, quoique centrée sur les États-Unis, prolonge la méthode comparative inaugurée dans le premier livre de Tocqueville, fruit de sa collaboration avec Gustave de Beaumont, sur les systèmes pénitentiaires américain et français. Mais il s'agissait alors d'une commande publique, fournie en documentation sociologique, statistique et juridique sur la pauvreté et la criminalité. Tout en s'appuyant sur une même démarche empirique, *De la démocratie en Amérique* est beaucoup plus libre et original, et c'est l'œuvre d'un seul auteur. Tocqueville élève progressivement son propos à des considérations philosophiques, sans jamais se couper des observations sociologiques. C'est à cette même approche qu'il s'essaiera dans l'article publié en anglais en 1836, sous le titre « Political and social condition of France » (« État social et politique de la France »), qui entame l'étude sociale et philosophique de la France avant et après 1789. Ce travail se prolongera dans l'autre ouvrage majeur de l'auteur, *L'Ancien Régime et la Révolution* (1856). Il faut situer l'œuvre dans un contexte philosophique où s'illustrent des penseurs libéraux avec lesquels Tocqueville a des affinités évidentes, qu'il s'agisse de Français comme Benjamin Constant (« De la liberté des Anciens comparée à celle des Modernes », 1819) ou d'Anglais comme James Mill et son fils John Stuart Mill (*De la liberté*, 1859). Cependant, Tocqueville s'en distingue par un intérêt accru pour les mécanismes sociaux qui ferait cette fois écho à des auteurs plus socialistes, tels que Robert Owen (1771-1858) ou Saint-Simon (1760-1825), l'utopie en moins [2]. On peut enfin trouver des résonances entre la démocratie qu'analyse Tocqueville et le développement d'une littérature qui délaisse le monde aristocratique pour observer les petits drames de la société du XIXe siècle, dont Balzac s'est fait le chroniqueur affûté (*La Comédie humaine*, 1829-1850).

1. La littérature américaine s'invente en contraste national avec la tradition britannique, mais aussi sous l'influence des idées démocratiques, ce que Tocqueville explique fort bien dans la première partie du deuxième tome de *De la démocratie en Amérique*.

2. Tocqueville pourfend le socialisme, qui veut l'égalité sans la liberté, mais il s'inscrit, comme lui, dans le développement de la science sociale.

B. Une enquête philosophique inédite

L'ouvrage est singulier par son objet, mais il l'est tout autant par sa méthode. Cet objet, c'est le *fait social* de la démocratie. Il n'est pas simplement donné à l'observation, mais construit conceptuellement. Pour l'étudier, Tocqueville est amené à inventer une forme d'analyse à la fois sociologique et philosophique, un genre d'enquête sans précédent. Nous verrons comment Tocqueville constitue conjointement l'objet de son étude et sa méthode, avant de préciser l'intérêt de passer par l'Amérique pour comprendre l'Europe et, finalement, la démocratie elle-même. *De la démocratie en Amérique*, II, IV formant la conclusion de l'ouvrage, incompréhensible sans les analyses qui l'ont précédée, nous résumerons enfin la composition des deux tomes.

1. « Il faut une science politique nouvelle à un monde tout nouveau [1] »

De la démocratie en Amérique n'appartient à aucun genre connu à l'époque de sa parution. C'est un ouvrage qui tient autant de l'enquête sociologique que de l'analyse philosophique et de l'étude historique. Sa forme unique lui réserve une place à part dans l'histoire de la philosophie, où il a parfois été marginalisé. Elle reflète d'ailleurs l'originalité de Tocqueville, qui fut un homme de terrain autant qu'un homme d'idées, et un politicien autant qu'un philosophe. Sa formation intellectuelle est mal connue dans son détail, mais l'on sait qu'il fut un grand lecteur de philosophes comme Montesquieu (*De l'esprit des lois*, 1748) et Rousseau (*Du contrat social*, 1762), et d'historiens comme son contemporain Augustin Thierry. Essentielle fut sans nul doute l'influence de François Guizot (1787-1874), lui-même historien, homme politique libéral et philosophe, dont les cours à la Sorbonne connurent un très grand succès. Tocqueville eut l'occasion de l'écouter en 1828, lorsque celui-ci consacra son cours à « l'histoire générale de la civilisation en Europe de la chute de l'Empire romain jusqu'à la Révolution française », puis, en 1829-1830, sur « l'histoire générale de la civilisation en France ». La notion même de civilisation était nouvelle, et en faire l'histoire n'avait alors rien d'évident : une civilisation n'est ni manifeste, ni datable, ni simple. C'est un mouvement global, graduel et long, qui conduit une société de la barbarie vers un haut degré de développement. Pourtant, dit Guizot, « la civilisation est un fait comme un autre, fait susceptible, comme tout autre, d'être étudié, décrit, raconté [2] ». Il faut

1. *DA*, I, « Introduction », p. 62.
2. François Guizot, *Histoire générale de la civilisation en Europe, de la chute de l'Empire romain jusqu'à la révolution*, Bruxelles, N.-J. Gregoir, V. Wouters et Cie éditeurs, 1840, p. 16.

alors porter son attention sur les mœurs, les idées et les sentiments, et non plus seulement sur les événements et les lois. Tocqueville retiendra la leçon, lui qui part étudier « le caractère original de la civilisation américaine [1] ». Mais son travail l'éloigne doublement de l'historien. Tout d'abord, il enquête sur le temps présent, et non sur un passé révolu ; il scrute ce qui est alors en train de se produire sous ses yeux et cherche à déchiffrer les grandes tendances qui donnent son mouvement à la société américaine. Il guette même les signes qui permettraient d'en prévoir « l'avenir probable [2] ». Ensuite, il décrit moins une civilisation qu'un *changement* de civilisation, « l'avènement prochain, irrésistible, universel de la démocratie dans le monde [3] », la naissance d'une ère démocratique qui se caractérise par une mutation si profonde de tous les rapports sociaux qu'elle constitue, à ses yeux, la césure la plus décisive qu'ait connue l'histoire de l'humanité. Le mouvement vient de loin et il est si général que nous l'apercevons à peine : « placés au milieu d'un fleuve rapide, nous fixons obstinément les yeux vers quelques débris qu'on aperçoit encore sur le rivage, tandis que le courant nous entraîne et nous pousse à reculons vers des abîmes [4] ». « Vers des abîmes » : Tocqueville en est convaincu, le changement de civilisation qui se produit est aussi riche en promesses que chargé de menaces. Et c'est pourquoi son travail ne se limite pas à décrire et analyser le processus de démocratisation des sociétés. Tocqueville permet en effet de comprendre que nous sommes à la croisée des chemins et que la démocratie va donner lieu à la plus grande liberté ou au pire despotisme. Les lumières de la philosophie doivent finalement servir à guider l'action politique et à choisir la voie de la liberté, car « suivant que nous aurons la liberté démocratique ou la tyrannie démocratique, la destinée du monde sera différente, et l'on peut dire qu'il dépend aujourd'hui de nous que la République finisse par être établie partout ou abolie partout. [5] » *De la démocratie en Amérique* ne se contente pas de décrire et d'analyser, c'est un appel à s'engager en faveur d'une démocratie libérale.

2. « Dans l'Amérique j'ai vu plus que l'Amérique [6] »

On pourrait se demander ce qu'un aristocrate français comme Tocqueville cherche en Amérique. Il explique dans son introduction avoir été frappé, lors de son voyage, par un phénomène qu'il n'avait donc pas encore observé avec autant de netteté en Europe, à savoir

1. *DA*, I, I, 2, p. 101.
2. « Quelques considérations sur l'état actuel et l'avenir probable des trois races qui habitent le territoire des États-Unis », *DA*, I, II, 10, p. 426.
3. *DA*, I, « Avertissement de la douzième édition », p. 53.
4. *DA*, I, « Introduction », p. 62.
5. *DA*, I, « Avertissement de la douzième édition », p. 54.
6. *DA*, I, « Introduction », p. 69.

l'égalisation de toutes les conditions, qu'il qualifie de « fait premier » et de « fait générateur ». Il repère donc à la fois un fait, une situation donnée (un « état social ») et une dynamique de transformation. C'est un principe qui « donne à l'esprit public une certaine direction, un certain tour aux lois ; aux gouvernants des maximes nouvelles, et des habitudes particulières aux gouvernés [1] ». Or, de retour en Europe et fort de cette impression, il est désormais mieux à même de reconnaître un phénomène analogue, quoique plus discret et plus embryonnaire, d'égalisation des conditions. L'avance de l'Amérique dans ce processus permet d'éclairer le même tournant pris par les sociétés européennes, à un moment où l'on ne perçoit pas encore directement sa toute-puissance. Parlant du premier tome de son livre à son ami Kergorlay, il admet : « le système pénitentiaire était un prétexte : je l'ai pris comme un passeport qui devait me faire pénétrer partout aux États-Unis [2] ».

Mais, si l'Amérique n'avait été que l'occasion d'une prise de conscience, Tocqueville serait revenu étudier la démocratie en Europe. La question se pose donc de savoir pourquoi le détour par les États-Unis est nécessaire. Il y a là deux raisons épistémologiques bien distinctes, qui tiennent l'une au recul dont a besoin tout observateur, l'autre à la différence entre la situation américaine et le cas européen.

Tocqueville estime d'abord qu'il faut se décentrer pour percevoir les phénomènes sociaux. À défaut, le spectateur n'a ni la distance requise pour étudier son objet ni l'ampleur de vue qui lui permettrait d'en saisir les mécanismes, les causes et les effets. Dans *L'Ancien Régime et la Révolution*, Tocqueville passera par la Grande-Bretagne pour étudier la France : « quiconque n'a étudié et vu que la France ne comprendra jamais rien, j'ose le dire, à la Révolution française [3] ». Il en est de même dans *De la démocratie en Amérique* : « Ce n'est donc pas seulement pour satisfaire une curiosité, d'ailleurs légitime, que j'ai examiné l'Amérique ; j'ai voulu y trouver des enseignements dont nous puissions profiter [4]. » Mais ces enseignements ne sont possibles que parce que, au-delà des similitudes entre les deux processus de démocratisation qui s'effectuent de part et d'autre de l'Atlantique, des différences apparaissent, révélant ainsi des particularités de chaque côté. La moindre de ces différences concerne, nous l'avons vu, l'avance que l'Amérique a sur l'Europe : « cette même démocratie, qui régnait sur les sociétés américaines, me parut en Europe s'avancer rapidement vers le pouvoir [5] ». Tourner les yeux vers les États-Unis permet d'anticiper les développements de la démocratie et de mieux prévoir ses conséquences. La différence la plus marquante, cependant,

1. *Ibid.*, p. 57.
2. Alexis de Tocqueville, « Lettre à Louis de Kergorlay », *Correspondance d'Alexis de Tocqueville et de Louis de Kergorlay*, éd. A. Jardin et J.-A. Lesourd, in Jean-Paul Mayer (dir.), *Œuvres complètes*, Gallimard, 1977, t. XIII, vol. 1, p. 374.
3. Alexis de Tocqueville, *L'Ancien Régime et la Révolution*, éd. F. Mélonio, GF-Flammarion, 1988, p. 114.
4. *DA*, I, « Introduction », p. 68.
5. *Ibid.*, p. 57.

est que cette démocratie existe pour ainsi dire, en Amérique, à l'état pur. La société américaine s'est construite, dès l'origine et dès les premiers colons, sur les principes d'égalité et de liberté, sans porter l'héritage d'une longue histoire inégalitaire à défaire, sans résistance culturelle à surmonter, sans aristocratie à abattre. La démocratie est advenue là-bas sans conflit ni révolution, à la différence de ce qui se produit en Europe, où la naissance de la démocratie, aussi sûre soit-elle, connaît des empêchements et même des épisodes de recul. Pour cette raison, le processus de démocratisation est clair en Amérique, confus en Europe : « J'avoue que dans l'Amérique j'ai vu plus que l'Amérique ; j'y ai cherché une image de la démocratie elle-même, de ses penchants, de son caractère, de ses préjugés, de ses passions ; j'ai voulu la connaître, ne fût-ce que pour savoir du moins ce que nous devions espérer ou craindre d'elle [1]. » L'Amérique est le terrain où s'exprime la « nature » de la démocratie – et il faut être attentif à l'emploi récurrent que Tocqueville fait de l'adjectif « naturel » et de l'adverbe « naturellement ». La nature de la démocratie est bien sûr son essence, son identité réelle, qui apparaît en toute clarté ; mais c'est aussi son mouvement spontané, les conséquences qu'elle provoque d'elle-même et sur sa lancée, sans les freins qui peuvent la ralentir, les entraves qui l'éloignent de son cours ou même (ce sera crucial dans la partie choisie pour le programme) sans les artifices que nous pouvons inventer pour prévenir les immenses dangers dont elle est porteuse :

> En Europe, nous avons peine à juger le véritable caractère et les instincts permanents de la démocratie, parce qu'en Europe il y a lutte entre deux principes contraires et qu'on ne sait pas précisément quelle part il faut attribuer aux principes eux-mêmes, ou aux passions que le combat a fait naître.
>
> Il n'en est pas de même en Amérique. Là, le peuple domine sans obstacles ; il n'a pas de périls à craindre ni d'injures à venger.
>
> En Amérique, la démocratie est donc livrée à ses propres pentes. Ses allures sont naturelles et tous ses mouvements sont libres. C'est là qu'il faut la juger. Et pour qui cette étude serait-elle intéressante et profitable, si ce n'était pour nous, qu'un mouvement irrésistible entraîne chaque jour, et qui marchons en aveugles, peut-être vers le despotisme, peut-être vers la république, mais à coup sûr vers un état social démocratique [2] ?

3. La composition de *De la démocratie en Amérique*, I et II (1835 et 1840)

Cinq ans séparent les deux tomes de *De la démocratie en Amérique*, mais le projet de compléter son étude par un second volet est déjà annoncé à la fin de l'introduction, en 1835. Tocqueville admet cependant avoir désormais « moins d'ardeur pour l'accomplissement de ce dessein [3] ». Cinq nouvelles années seront donc nécessaires pour rédiger le

1. *Ibid.*, p. 69.
2. *DA*, I, II, 5, p. 283.
3. *DA*, I, « Introduction », p. 69.

second tome, plus bref mais d'un autre registre que le premier. On constate en effet, entre les deux tomes, à la fois un changement d'objet et une théorisation plus approfondie, notamment dans le chapitre final de l'ouvrage.

Si le point de départ est, dans les deux cas, la démocratie comme état social, le premier tome examine son influence sur les institutions et sur les lois, tandis que le second étudie la manière dont cette situation engendre des idées, des habitudes et des sentiments nouveaux. Aussi les deux tomes se complètent-ils parfaitement et forment-ils un tout cohérent :

> Les Américains ont un état social démocratique qui leur a naturellement suggéré de certaines lois et de certaines mœurs politiques.
>
> Ce même état social a, de plus, fait naître, parmi eux, une multitude de sentiments et d'opinions qui étaient inconnus dans les vieilles sociétés aristocratiques de l'Europe. Il a détruit ou modifié des rapports qui existaient jadis, et en a établi de nouveaux. L'aspect de la société civile ne s'est pas trouvé moins changé que la physionomie du monde politique.
>
> J'ai traité le premier sujet dans l'ouvrage publié par moi il y a cinq ans, sur la démocratie américaine. Le second fait l'objet du présent livre. Ces deux parties se complètent l'une par l'autre et ne forment qu'une seule œuvre [1].

Il convient tout d'abord de justifier l'unité du livre, qui examine comment l'égalité des conditions conduit à des mutations profondes, tant au niveau des institutions politiques qu'à celui des pratiques sociales. Car la démocratie n'affecte pas seulement les rapports extérieurs que les citoyens entretiennent avec le gouvernement et son administration, à travers le suffrage et un système qui combine la participation civique et la représentation politique ; elle façonne aussi leur vie intérieure, leur sensibilité, leurs goûts et leurs opinions. Les sociétés égalitaires ont, au fond, un impact psychologique sur les individus. Ces deux aspects s'assortissent naturellement.

Le premier tome examine donc les institutions démocratiques et la manière dont la souveraineté populaire s'exerce en Amérique. Le cheminement conduit Tocqueville de l'expérience originelle des premiers émigrants jusqu'à l'organisation graduelle de la société américaine, à travers la commune, le comté, l'État et finalement le système fédéral, qui se caractérise par la séparation des pouvoirs, chère au philosophe Locke (1632-1704) comme à Montesquieu (1689-1755), et par une administration décentralisée. Or les lois ne font pas tout et ne se maintiennent pas d'elles-mêmes, elles dérivent et dépendent d'un principe fondamental qui est la souveraineté populaire, véritable force vitale de la démocratie. Aussi, dans la seconde partie de ce tome, Tocqueville explique-t-il que ce dogme se traduit, dans la société, par l'engagement associatif, qu'il s'agisse du développement de la presse libre, des associations privées ou des partis politiques. C'est cette vie associative qui, dit-il, préserve la liberté au côté de l'égalité. Dans ce panorama largement positif,

1. *DA*, II, « Avertissement », p. 5.

Tocqueville évoque tout de même longuement un phénomène plus inquiétant, la « tyrannie de la majorité » (partie II, chapitres 7 et 8), qui correspond à l'affaiblissement de l'individu face à la société dans le monde démocratique, et à une égalité qui triompherait dans le sacrifice de la liberté. Ces réserves annoncent les considérations finales du second tome sur les dangers formidables vers lesquels les sociétés démocratiques risquent de se précipiter.

Le second tome a pour objet l'influence de la démocratie sur les idées (partie I), les sentiments (partie II) et les mœurs (partie III). Même si la distinction entre les trois niveaux est parfois discutable, le propos consiste à montrer comment la condition égalitaire façonne les mentalités. Mais l'ordre suivi peut paraître étonnant : il paraît moins évident qu'un état social détermine des idées que des affects et, *a fortiori*, des habitudes. Mais on peut penser que Tocqueville a voulu d'emblée souligner un fait décisif, à savoir la place que prend l'opinion publique dans les sociétés démocratiques. D'où ce paradoxe que les individus, libérés de la tutelle organisée des monarques et de la noblesse, se retrouvent soumis à la toute-puissance insidieuse de la pression sociale. L'individualisme, le goût des biens matériels et la généralisation du travail salarié sont d'autres phénomènes sociaux que l'on peut dériver de la démocratie. Ce sont enfin les relations interindividuelles – économiques, sociales, familiales, domestiques – qui se trouvent altérées, en ce qu'elles se reconstruisent toutes dans la perspective normative de l'égalité.

L'ouvrage s'achève par une quatrième partie, dont le propos est plus philosophique, plus prospectif et plus inquiet. La démocratie agit sur les institutions et sur les mentalités, mais celles-ci ont à leur tour une influence sur son évolution politique. Or, ici, Tocqueville ne peut espérer tirer des enseignements de la situation américaine, qui se trouve particulièrement préservée. Le travail analytique qui doit être fourni pour prévoir l'avenir possible des sociétés démocratiques révèle les fortes tendances despotiques qui leur sont inhérentes. L'égalité, au fond, est l'ennemie naturelle de la liberté, et la démocratie conduit spontanément au despotisme. Mais, dit Tocqueville, l'art politique peut accorder ce que la nature dissocie. Et c'est sur cet appel à l'action que se conclut l'œuvre.

C. Thèmes de *De la démocratie en Amérique*

1. La démocratisation du monde

L'avènement de la démocratie à l'époque moderne n'est ni le fruit d'idées ou de réflexions subversives ni l'œuvre de la volonté de tel ou tel peuple. Tout d'abord parce que les idées ne précèdent pas systématiquement les faits sociaux, mais les reflètent souvent : à ce titre, la démocratie précède les idéaux qu'elle incarne, elle les produit ou tend à les produire. Ensuite parce que la démocratie désigne un état social avant de définir un type de régime (voir *infra*) : les institutions résultent d'une tendance à l'égalisation des conditions sociales, elles ne la créent pas. Si la démocratie ne dérive ni de la raison ni de la volonté humaines, quelle en est la cause ?

Pour Tocqueville, il s'agit d'une évolution historique au long cours, puisqu'elle prend sa source au Moyen Âge, dès le XIIe siècle, avec le mouvement communal et la remise en question très graduelle des privilèges de la noblesse [1]. C'est un mouvement de fond qui tend à rapprocher les positions sociales, totalement indépendant des décisions individuelles ou collectives, et où les idées – en particulier les Lumières – ont un rôle auxiliaire, certes, et essentiel, mais non de principe moteur. Tocqueville ne prétend pas proposer une explication ultime à ce processus, il le constate en historien de la civilisation. Par défaut d'explication, donc, il faut y voir l'œuvre de la Providence :

> Le développement graduel de l'égalité est un fait providentiel. Il en a les principaux caractères : il est universel, il est durable, il échappe chaque jour à la puissance humaine, tous les événements comme tous les hommes ont servi à son développement [2].

Ces caractéristiques font que la démocratie s'enchâsse dans une conception téléologique de l'histoire, selon laquelle l'histoire universelle suit une trajectoire globale orientée vers un but. Les actions humaines, libres en apparence, contribuent en réalité à l'avancée du cours général des choses, à l'insu même de leurs auteurs. C'est le cas, dira par exemple Tocqueville, des rois de France, « les plus actifs et les plus constants des niveleurs [3] », des monarques participant sans le savoir à la démocratisation du monde ! Mais cette téléologie de l'histoire n'est pas théorisée en tant que telle : Tocqueville n'assure pas que l'histoire est mue par Dieu (comme Bossuet, *Discours sur l'histoire universelle*, 1681) ou par la Raison (Hegel, *Leçons sur la philosophie de l'histoire*, 1822-1830). Ses motifs sont plus empiriques : il suffit d'observer le fait d'une civilisation qui est animée par des forces sociales puissantes et générales. Néanmoins, la question se pose de savoir quelle marge de liberté reste aux hommes, à plus forte raison quand les penchants naturels de la démocratie conduisent vers une forme de despotisme. On verra que, si les progrès de l'égalité ne peuvent être entravés, la survie de la liberté, elle, dépend des interventions humaines.

Le mouvement social d'égalisation des conditions est universel : il concerne toutes les nations, du moins « tout l'univers chrétien ». Et il est

1. *DA*, I, « Introduction », p. 60. Tocqueville mentionne l'institution des communes (mouvement d'émancipation des villes vis-à-vis de l'autorité des seigneurs) et l'invention de l'anoblissement, qui introduit un élément de mobilité sociale.

2. *DA*, I, « Avertissement », p. 53.

3. *DA*, I, « Introduction », p. 59.

irrésistible : les épisodes contre-révolutionnaires (Restauration de 1815, absolutisme de Charles X) ne sont que des péripéties transitoires, occasions de nouveaux élans progressistes. Il existe donc, chez Tocqueville, comme un messianisme démocratique, qu'il conviendrait pourtant de discuter. On a pu soutenir, par exemple, que ce n'est qu'après la Révolution française que la démocratie a été pensée comme universelle en droit et universalisable en pratique [1], et, pour certains auteurs, la puissance d'attraction ou de séduction du modèle démocratique s'est beaucoup affaiblie aujourd'hui, de sorte que sa supériorité ne serait plus évidente. Tocqueville partage au contraire l'idée d'un mouvement inexorable d'égalisation des conditions. Il n'y a donc pas à porter un jugement de valeur sur la démocratie : « je n'ai même pas prétendu juger si la révolution sociale, dont la marche me semble irrésistible, était avantageuse ou funeste à l'humanité ; j'ai admis cette révolution comme un fait accompli ou prêt à s'accomplir [2] ». Cela ne signifie pas que la démocratie n'est pas désirable ; les dernières pages de *De la démocratie en Amérique* l'attestent. Tocqueville s'efforce d'évaluer l'évolution sociale et le bilan lui paraît, certes, fort ambivalent – l'âge des démocraties est en effet moins héroïque – mais, tout compte fait, assure-t-il, la justice y gagne et cela suffit pour approuver finalement le cours des choses.

La seule question qui vaille ne concerne pas le triomphe de la démocratie, qui est assuré, mais la liberté : aura-t-on « la liberté démocratique ou la tyrannie démocratique [3] » ? C'est cette alternative qui traverse la dernière partie (II, IV).

2. L'égalisation des conditions

Que la démocratie établisse le règne de l'égalité est une vieille idée, qui remonte aux origines grecques du régime démocratique (Périclès, Platon, Aristote [4]). Un moderne comme Rousseau, qui juge qu'une société politique doit reposer sur un contrat originel de chacun avec l'ensemble, conformément au principe démocratique de la souveraineté populaire, place l'égalité parmi les caractéristiques essentielles de ce type de régime [5]. Mais il s'agit alors principalement d'une égalité de droit, c'est-à-dire d'une égalité civile. Aussi importante soit-elle, ce n'est pas cette égalité-là qui intéresse Tocqueville, lequel considère plutôt l'égalité sociale, celle des conditions. Une société démocratique est en effet

1. Florent Guénard, *La Démocratie universelle. Philosophie d'un modèle politique*, Seuil, coll. « La couleur des idées », 2016.
2. *DA*, I, « Introduction », p. 69.
3. *DA*, I, « Avertissement de la douzième édition », p. 54.
4. Thucydide, *Histoire de la guerre du Péloponnèse*, éd. citée, t. I, p. 134-135 ; Platon, *La République*, trad. Robert Baccou, GF-Flammarion, 1966, p. 322-324 ; Aristote, *Les Politiques*, éd. citée, p. 305-306.
5. « Pouvant être inégaux en force ou en génie, [les hommes] deviennent tous égaux par convention et de droit », Jean-Jacques Rousseau, *Du contrat social*, éd. citée, p. 60.

animée par certaines valeurs et même par certains affects spécifiques qui transforment en profondeur la vie concrète des hommes et leurs relations mutuelles. En dehors même des régimes démocratiques, l'égalisation des conditions peut donc progresser par étapes, entraînée par une force historique. Depuis le XIe siècle, dit Tocqueville, la distance entre le noble et le roturier s'est peu à peu réduite : « Chaque demi-siècle les rapproche, et bientôt ils vont se toucher [1] » . Cela a commencé quand les privilèges ou les stigmates n'ont plus été totalement déterminés par la naissance, et cela s'est poursuivi lorsque les positions extrêmes se sont elles-mêmes érodées pour se rassembler autour d'une moyenne.

Le déplacement qu'effectue Tocqueville au sujet de l'égalité – du domaine juridique au domaine social – est donc remarquable. Cependant, le fait social de l'égalité (ou, plus exactement, de l'*égalisation*) a aussi une dimension affective essentielle, qui l'entretient et le renforce. L'égalité n'est pas seulement un fait empirique, elle est aussi l'objet d'un sentiment puissant. Montesquieu avait déjà remarqué que « l'amour de la démocratie est celui de l'égalité [2] ». Tocqueville ajoute que, lorsque la démocratie devient un fait général, cet amour s'intensifie en passion aveugle :

> Les peuples démocratiques aiment l'égalité dans tous les temps, mais il est de certaines époques où ils poussent jusqu'au délire la passion qu'ils ressentent pour elle. Ceci arrive au moment où l'ancienne hiérarchie sociale, longtemps menacée, achève de se détruire, après une dernière lutte intestine, et que les barrières qui séparaient les citoyens sont enfin renversées. Les hommes se précipitent alors sur l'égalité comme sur une conquête, et ils s'y attachent comme à un bien précieux qu'on veut leur ravir. La passion d'égalité pénètre de toutes parts dans le cœur humain, elle s'y étend, elle le remplit tout entier [3].

L'égalité définit un état et une passion. Sous ce double rapport, elle influe sur les mœurs et sur les lois, qui l'approfondissent en retour. Cela ne signifie pas qu'une nation démocratique réprouve toute forme d'inégalités – cela ne serait possible qu'au prix de la liberté, nous le verrons – mais ces inégalités ne doivent jamais contredire le postulat fondamental de l'égalité. Cela est bien illustré par les lois de succession. La tradition anglaise voulait que seul l'aîné héritât du père défunt ; les Américains imposèrent le partage égal, ce qui eut pour conséquence de fractionner la fortune entre les différents héritiers et de briser la reproduction sociale [4] : « La loi des successions s'oppose encore à ce qu'il se fonde des familles riches, mais elle n'empêche plus qu'il y ait des riches [5]. »

1. *DA*, I, « Introduction », p. 60.
2. Montesquieu, *De l'esprit des lois*, éd. citée, vol. 1, p. 168.
3. *DA*, II, II, 1, p. 122.
4. *DA*, I, I, 3, p. 110.
5. *DA*, II, I, 9, p. 50.

Outre l'aspect économique, l'égalisation modifie la forme même des relations entre les individus. Au niveau social, on observe une tendance à abolir les formalités et autres marques d'honneur, propres à une société d'ordres [1]. Au cours de la Révolution française, on a ainsi réprouvé le vouvoiement, et préféré l'usage du terme « citoyen » à celui de « monsieur » [2]. Au niveau de la domesticité, les rapports entre maîtres et serviteurs ont eux aussi changé ; il existe encore des hommes au service d'autres plus fortunés, mais les maîtres comme leurs domestiques ne conçoivent plus leurs positions respectives comme des statuts sociaux inébranlables, qui seraient fondés sur un ordre social éternel. Ils les considèrent plutôt comme le résultat d'un contrat [3]. La nature contractuelle du rapport maître-serviteur signifie d'une part qu'un fond d'égalité précède l'inégalité de leurs situations, d'autre part que chacun peut s'imaginer, certes au prix d'une fiction parfois très artificielle, être un jour à la place de l'autre. Dans une société démocratique, précise Tocqueville, les positions ne sont jamais assurées. Au niveau familial, enfin, la rigidité cérémonieuse qui marquait les relations entre le père et ses enfants disparaît en ne laissant que tendresse et autorité éducative.

3. La société et l'individu

Un thème essentiel de *De la démocratie en Amérique*, II, IV, est le rapport modifié entre l'individu et la société. Pour Tocqueville, une société d'égaux tend à séparer les hommes les uns des autres et à défaire les liens sociaux qui maintenaient la communauté unie. Une double qualification revient donc à l'homme démocratique, à la fois indépendant et faible : « Comme, dans les siècles d'égalité, nul n'est obligé de prêter sa force à son semblable, et nul n'a droit d'attendre de son semblable un grand appui, chacun est tout à la fois indépendant et faible » (II, IV, p. 99-100). Cette transformation a besoin d'être expliquée.

Dans une société aristocratique et inégalitaire, les positions sociales sont fixées par un ordre et transmises d'une génération à une autre. Les liens sont stables au fil du temps, de sorte que chacun trouve sa place au sein d'une chaîne avec laquelle il fait corps. Il existe même une solidarité transgénérationnelle qui donne à chacun ses droits ou privilèges et ses obligations : « Un homme connaît presque toujours ses aïeux et les respecte ; il croit déjà apercevoir ses arrière-petits-fils, et il les aime. Il se fait volontiers des devoirs envers les uns et les autres, et il lui arrive fréquemment de sacrifier ses jouissances personnelles à ces êtres qui ne

1. Selon l'historien Roland Mousnier, une société d'ordres est fondée sur des critères distinctifs d'honneur et de dignité, par différence avec une société de classes (*Les Hiérarchies sociales de 1450 à nos jours*, PUF, coll. « Sup », 1969).

2. Alphonse Aulard, « Le tutoiement pendant la Révolution », *La Révolution française*, 34, 1898, p. 486 ; « Il sera écrit aux ministres pour les inviter à ne plus se servir du mot *monsieur* dans les lettres qu'ils adressent aux membres du conseil de la Commune et à y substituer celui de *citoyen* », arrêté de la Commune de 22 août 1792, cité dans *Dictionnaire des usages socio-politiques (1770-1815)*, INALF, 1989, p. 79.

3. *DA*, II, III, 5, p. 226.

sont plus ou qui ne sont pas encore [1]. » De plus, chacun fait partie d'un réseau familial, quasi dynastique, ainsi que d'une classe particulière. Les liens ne se bornent pas à souder les membres d'un même groupe, ils situent aussi les hommes les uns vis-à-vis des autres en fonction de leur hiérarchie : le noble n'est pas moins lié à ses domestiques par un rapport de supériorité qu'il ne l'est à un autre noble par un rapport d'égalité. C'est l'ensemble de ces dépendances ordonnées qui est remis en question par la démocratie, dissolvant alors le tissu social. Chacun croit ne devoir sa position qu'à lui seul, se replie sur lui-même, s'isole et s'écarte des autres. Indépendant, il ne peut compter sur le secours de personne. Le voilà faible. Pour Tocqueville, l'individualisme – une notion nouvelle, dit-il – caractérise les sociétés démocratiques, mettant en péril la société elle-même. Une ambiguïté qu'il faut élucider consiste alors à savoir si l'individualisme et son insociabilité est un danger inhérent à la démocratie ou si elle n'est qu'un péril extérieur. Dans le premier cas, plus la démocratisation progresse, plus la capacité à faire société s'amenuise. Et si l'on pousse la logique au bout, une société rigoureusement démocratique n'existe pas, tout lien social n'étant qu'un vestige d'un état antérieur, un élément étranger au mouvement d'égalisation des conditions. À ce stade ultime, une société démocratique ne serait plus une association, mais une dissociation [2], voire une « dissociété [3] ». Néanmoins, le chapitre consacré à l'individualisme (II, II, 2) tempère cette conclusion. Si Tocqueville y assure que « l'individualisme est d'origine démocratique, et [...] menace de se développer à mesure que les conditions s'égalisent », il précise aussi qu'il repose sur une erreur d'appréciation : « l'individualisme procède d'un jugement erroné plutôt que d'un sentiment dépravé. Il prend sa source dans les défauts de l'esprit autant que dans les vices du cœur [4]. » Si tel est le cas, les lumières de l'esprit pourraient alors prévenir la dislocation de la société démocratique.

L'individualisme ne concerne pas seulement les sentiments de l'homme démocratique, il détermine aussi son rapport aux idées et aux croyances. En tant qu'il se considère comme l'égal de tout autre, il s'estime capable de vérité comme tout autre. C'est le principe même de l'autorité intellectuelle personnelle – celle des savants et des philosophes – qui est remis en question : « Ce n'est pas seulement alors la confiance en tel homme qui est détruite, mais le goût d'en croire un homme quelconque sur parole. Chacun se renferme donc étroitement en soi-même et prétend de là juger le monde [5]. » La démocratie est ainsi le règne de l'opinion personnelle. Or il est aisé de voir que, à ce niveau également, l'individualisme met en danger l'existence de la société : « il

1. *DA*, II, II, 2, p. 126.
2. Claude Lefort, « De l'égalité à la liberté », *Essais sur le politique. XIXe-XXe siècles*, Seuil, coll. « Esprit/Seuil », 1986, p. 257.
3. Pierre Manent, *Tocqueville et la nature de la démocratie*, Gallimard, coll. « Tel », 2006, p. 28.
4. *DA*, II, II, 2, p. 125.
5. *DA*, II, I, 1, p. 10.

n'y a pas de société qui puisse prospérer sans croyances semblables [...] car, sans idées communes, il n'y a pas d'action commune, et sans action commune, il existe encore des hommes, mais non pas un corps social [1] ». Dans une aristocratie, ce sont des individus prééminents (nobles, savants, puissants) qui possèdent l'influence déterminante [2] ; or, s'ils perdent tout crédit dans une société qui ne reconnaît que des égaux, qui peut encore soutenir les idées communes ? Tocqueville rappelle que l'indépendance n'a d'égale que la faiblesse des individus ; c'est pourquoi l'homme démocratique, tout assuré qu'il peut être de penser *par lui-même* et non par quelqu'un d'autre, se repose en définitive sur l'opinion publique, qui est une opinion impersonnelle, anonyme et bien plus puissante que l'autorité individuelle dans les siècles aristocratiques. L'opinion personnelle et l'opinion commune ne s'opposent pas, mais forment les deux faces d'un même phénomène, essentiel à une société des égaux. Chacun croit penser par lui-même et pense en réalité comme tout le monde. Aussi la liberté intellectuelle est-elle, à son tour, mise en péril : « Je ne connais pas de pays où il règne, en général, moins d'indépendance d'esprit et de véritable liberté de discussion qu'en Amérique [3]. »

Une première forme de despotisme apparaît ici sous les traits de la « tyrannie de la majorité », laquelle a deux aspects. En tant qu'opinion dominante, elle est d'abord violente parce qu'elle ne procède pas par persuasion, mais en s'imposant aux esprits, en les pénétrant et en éradiquant en douceur la liberté de penser. L'opinion publique est tyrannique parce qu'elle pousse à renoncer à sa propre raison. Elle l'est ensuite du fait de son pouvoir illimité : elle ne rencontre en effet aucun contre-pouvoir. L'atomisation tendancielle de la société démocratique affaiblit ainsi l'individu face au pouvoir social devenu exorbitant. Notons qu'il s'agit d'un pouvoir horizontal. La partie II, IV de l'ouvrage repart de ce constat d'un affaiblissement de l'homme démocratique pour montrer comment il en vient à se soumettre à un autre pouvoir, vertical celui-là : le pouvoir étatique.

Mais il ne faut pas oublier que Tocqueville parle des penchants naturels de la démocratie. Concernant le pouvoir social, il fait suivre chacun de ses développements par des considérations sur les manières d'éviter ces issues malheureuses. Le chapitre I, II, 7 sur la tyrannie de la majorité est suivi d'un autre portant sur « ce qui tempère, aux États-Unis, la tyrannie de la majorité ». Et les chapitres II, II, 2-3 sur l'individualisme se prolongent par un autre qui explique « comment les Américains combattent l'individualisme par des institutions libres ». Si l'empire de la société sur l'individu peut être contrecarré, on verra que l'on peut espérer des défenses analogues contre le despotisme des institutions.

1. *DA*, II, I, 2, p. 15.
2. *Ibid.*, p. 17.
3. *DA*, I, II, 7, p. 353.

JOHN STUART MILL, LA SOCIÉTÉ CONTRE L'INDIVIDU

Le thème de la société et de l'individu, qui charpente le propos de Tocqueville, est aussi au cœur de la pensée de John Stuart Mill (1806-1873). Les deux hommes se connaissaient d'ailleurs personnellement et Mill a rédigé deux articles sur *De la démocratie en Amérique*. Il fut particulièrement impressionné par l'analyse de la « tyrannie de la majorité » (*DA*, I, II, 7-8), qu'il intégra à sa propre réflexion dans son ouvrage majeur, *De la liberté*, paru en 1859. D'une certaine manière, le livre commence là où *De la démocratie en Amérique* s'achève : sur les dangers qu'encourt la liberté. Pour Mill comme pour Tocqueville, la liberté individuelle n'a jamais été aussi menacée qu'à l'époque moderne. Leur diagnostic commun est contre-intuitif, car il est courant de faire de la modernité un processus d'émancipation continu. Or il s'agit d'une illusion qui ne tient pas compte des modifications récentes ayant affecté la société. L'opposition entre la liberté et l'autorité a traditionnellement été conçue dans le rapport de l'individu à son gouvernement et au pouvoir politique. Mais la démocratie a vaincu et le principe de la souveraineté populaire s'est imposé : il n'y a désormais plus rien à craindre des gouvernements puisque ceux-ci ne sont dotés que de pouvoirs limités et qu'ils sont de surcroît sous le contrôle vigilant du peuple. Ce danger étant écarté, peu de personnes se sont aperçues qu'un plus grand péril encore s'était formé ailleurs : la société devenue toute-puissante impose désormais sa volonté commune à chaque individu. De même que Tocqueville distingue le pouvoir politique du pouvoir social, Mill opère une distinction entre la tyrannie gouvernementale et la tyrannie sociale :

« Les gens réfléchis s'aperçurent que, lorsque la société devient le tyran – lorsque la masse en vient à opprimer l'individu –, ses moyens de tyranniser ne se limitent pas aux actes qu'elle impose à ses fonctionnaires politiques. La société applique les décisions qu'elle prend. Si elle en prend de mauvaises, si elle veut ce faisant s'ingérer dans des affaires qui ne sont pas de son ressort, elle pratique une tyrannie sociale d'une ampleur nouvelle – différentes des formes d'oppression politique qui s'imposent à coups de sanctions pénales –, tyrannie qui laisse d'autant moins d'échappatoire qu'elle va jusqu'à se glisser dans les plus petits détails de la vie, asservissant l'âme elle-même » (*De la liberté*, éd. citée, p. 66). L'oppression horizontale remplace l'oppression verticale classique, et son étendue s'accroît sans mesure.

Le projet de Mill est de défendre, au-delà de ce constat, un principe social et politique : une société n'a le droit de limiter la liberté d'un individu que pour empêcher qu'il ne nuise à autrui (« *harm-principle* »). Cela signifie que le seul motif recevable d'interdiction est la sécurité. Toute prohibition qui n'est pas justifiée par la nécessité de protéger les citoyens les uns des autres doit être rejetée. Ainsi Mill lutte-t-il contre le paternalisme que Tocqueville avait identifié. La société n'est pas habilitée à devenir le tuteur de chacun ni à le rendre heureux malgré lui : ce qui n'affecte que lui ne regarde que lui. La vente des drogues et autres stupéfiants devrait être autorisée, la liberté d'expression devrait être totale, les pratiques sexuelles consenties ne devraient faire l'objet d'aucune prohibition, l'originalité devrait être bien accueillie. Mill élabore une doctrine libérale dans le but de combattre le puissant conformisme qui naît des sociétés démocratiques. Son influence sera déterminante sur des juristes anglo-saxons comme Herbert L. A. Hart (*Le Concept de droit*, 1961) et Joel Feinberg (*Les Limites morales du droit pénal*, 1984-1988).

PLAN DE *DE LA DÉMOCRATIE EN AMÉRIQUE*, II, IV

Introduction :
l'influence ambiguë de la démocratie sur les institutions
(préambule – chapitre 1)

Après avoir montré l'influence de la démocratie sur les idées, les sentiments et les mœurs, nécessité de considérer l'influence de ces mêmes idées, sentiments et habitudes sur les institutions politiques (Préambule).

L'égalité donne le goût de la liberté, pourtant ses effets politiques sont plus équivoques, générant soit des institutions libres, soit la pire servitude (chapitre 1).

Première partie :
la tendance à concentrer le pouvoir
(chapitres 2-4)

Les idées démocratiques tendent à concentrer le pouvoir (chapitre 2)

L'idée d'égalité abolit toute hiérarchie, donc aussi tout intermédiaire entre le pouvoir et les individus (p. 87-90) ; souverains et citoyens s'accordent pour concentrer tous les pouvoirs entre les mêmes mains (p. 91-94).

Les sentiments démocratiques tendent à concentrer le pouvoir (chapitre 3)

L'homme démocratique a naturellement peu de goût pour les affaires publiques et les délègue volontiers (p. 97-100), tandis que la haine de toute distinction favorise un pouvoir unique (p. 100-103).

D'autres causes occasionnelles tendent à concentrer le pouvoir (chapitre 4)

En Europe, l'absence d'une tradition libérale et le recours à une révolution démocratique favorisent un État fort (p. 107-112). D'autres circonstances, comme l'ignorance du peuple, la guerre ou l'instabilité sociale, ont le même effet (p. 112-115).

Comme, dans une démocratie, le souverain est élu par le peuple, celui-ci est conduit à lui obéir plus aveuglément et plus complètement (p. 115-118).

Deuxième partie : les particularités du despotisme démocratique (chapitres 5-7)

La situation en Europe : une tendance au despotisme déjà marquée (chapitre 5)

Le pouvoir central a accaparé tous les pouvoirs autrefois répartis (p. 119-123) et il a en outre étendu son emprise au gouvernement de la vie des individus (p. 123-127) et a même évolué d'un pouvoir de gouvernement à un pouvoir d'administration souple et intrusif (p. 127-130).

L'État s'est renforcé avec l'avènement de la bourgeoisie capitaliste (p. 130-136).

Les deux tendances contraires de la démocratie : pour et contre la liberté (p. 136-143).

Caractères du despotisme démocratique (chapitre 6)

Le despotisme issu des sociétés démocratiques sera plus doux, mais plus étendu (p. 147-151).

Il affaiblit et étourdit les volontés particulières (p. 151-155).

Il est parfaitement compatible avec une forme apparente de liberté, la souveraineté du peuple (p. 155-158).

La vraie liberté, qui consiste à s'administrer soi-même, est en revanche perdue (p. 159-161).

Les menaces propres aux sociétés démocratiques (chapitre 7)

Le despotisme menace plus les sociétés démocratiques que les sociétés aristocratiques (p. 165-166).

Les leçons à tirer des sociétés aristocratiques : il faut développer artificiellement des pouvoirs intermédiaires, sous la forme d'associations (p. 167-171).

Ce qui est susceptible de préserver la liberté dans les sociétés démocratiques : la liberté de la presse (p. 171), le pouvoir judiciaire (p. 172), les formalités dans les rapports sociaux (p. 173).

Ce qui au contraire entraîne les sociétés démocratiques vers le despotisme : le mépris des droits individuels (p. 176), la banalisation de l'instabilité politique (p. 177), les périls nouveaux, issus de la société nouvelle (p. 180-184).

Conclusion : faire le choix de la liberté (chapitre 8)

La civilisation démocratique n'en est qu'à ses premiers développements, mais on aperçoit déjà les traits de la société nouvelle, sans aspérités. Moins glorieuse, elle est cependant plus juste (p. 185-190). Les choix d'aujourd'hui décideront de l'avenir de la démocratie, libérale ou despotique (p. 190-192).

II. La démocratie dans *De la démocratie en Amérique*, II, iv

A. La nature de la démocratie

1. La démocratie comme régime et la démocratie comme état social

La démocratie définit traditionnellement un type de régime politique et prend sens au sein d'une classification dont la matrice est antique. Chez Hérodote, puis chez Platon, Aristote et Polybe, la réflexion politique a porté sur la meilleure constitution. L'analyse menée par Aristote, en particulier, a conduit à distinguer les régimes selon la répartition des charges, c'est-à-dire selon le nombre de personnes détentrices du pouvoir suprême (monarchie/aristocratie/démocratie républicaine), mais surtout selon que le pouvoir s'exerce au profit des gouvernants ou des gouvernés : à côté des trois constitutions correctes, trois constitutions dégénérées complètent le tableau (tyrannie/oligarchie/despotisme des masses). Pour Aristote, déjà, la démocratie posait des problèmes spécifiques liés à l'identité des gouvernants et des gouvernés : est-ce la porte ouverte à une plus grande liberté ou, au contraire, à une forme d'oppression ? Lorsque la démocratie s'exerce selon le droit, la loi et la raison, elle est le meilleur régime ; quand, au contraire, elle ne suit que ses caprices immédiats, enivrée du pouvoir qui est le sien, elle est le pire [1]. Tocqueville partage certainement le même jugement ambivalent qu'Aristote sur la démocratie, porteuse de promesses inédites comme de risques d'une nouvelle nature. Cependant, on l'a dit, la démocratie ne désigne pas pour lui d'abord une constitution politique, mais un état social et un principe de transformation des rapports sociaux. Ce déplacement est crucial, car, à l'époque de Tocqueville, la démocratie demeure avant tout un concept politico-juridique. L'époque moderne a progressivement vidé de son sens la question du meilleur régime pour se concentrer sur le fondement et la légitimité du pouvoir souverain (Hobbes, Locke, Rousseau). Au moment de la Révolution, le principe de la souveraineté populaire est acquis, mais on oppose désormais la démocratie (par définition, directe) au gouvernement représentatif. La notion de démocratie représentative apparaît en fait comme une contradiction dans les termes, car l'élection et la députation semblent contraires aux fondamentaux démocratiques : tirage au sort et participation [2]. Les Français comme les Américains défendront le système républicain, sous la forme du gouvernement représentatif, contre le pouvoir désordonné et dangereux de la foule. Tout un travail

1. Aristote, *Les Politiques*, éd. citée, p. 307.
2. Bernard Manin, *Principes du gouvernement représentatif*, *op. cit.*

théorique doit donc être fourni pour montrer que la souveraineté du peuple se conserve – et même se trouve renforcée – lorsque des institutions représentatives l'organisent [1]. Il y a une bonne et une mauvaise démocratie, mais l'approche institutionnelle est insuffisante car elle accorde une importance excessive aux structures politiques, aux dépens du pouvoir social. Reprendre la question démocratique à partir du fait social de l'égalisation des conditions est donc une manière d'aborder avec une plus grande subtilité ses profondes ambiguïtés.

Tocqueville le répète, l'égalité des conditions est le fait « générateur » marquant de notre époque. De lui procèdent donc toute une série de faits particuliers qui s'étendent des institutions publiques, politiques et sociales jusqu'aux habitudes, passions, sentiments et idées répandus dans le corps social. Mais, parallèlement à cette égalité des situations, Tocqueville fait du « dogme de la souveraineté du peuple » un autre principe « générateur » [2]. Notons tout d'abord qu'il s'agit d'un dogme, c'est-à-dire d'une croyance, et que c'est en tant que tel qu'il engendre, lui aussi, des conséquences illimitées. Le principe de la souveraineté du peuple, dit Tocqueville, existe toujours peu ou prou, sous tous les régimes, car il découle naturellement de l'idée d'association humaine [3]. Mais il n'est pas producteur d'effets aussi longtemps qu'il n'est pas reconnu, transformé en idée et élevé au rang de dogme. Cette mutation s'est passée en Amérique, provoquant des conséquences en chaîne au sein de la société : « En Amérique, le principe de la souveraineté du peuple n'est point caché ou stérile comme chez certaines nations ; il est reconnu par les mœurs, proclamé par les lois ; il s'étend avec liberté et atteint sans obstacles ses dernières conséquences [4]. » Notons également la connotation religieuse du *dogme*, qui n'a rien de fortuit. Les pionniers formaient un groupe homogène de personnes aisées et instruites, mais il s'agissait aussi de pèlerins animés par une foi puissante. Ainsi, « ils s'arrachaient aux douceurs de la patrie pour obéir à un besoin purement intellectuel ; en s'exposant aux misères inévitables de l'exil, ils voulaient faire triompher *une idée* [5] ».

Il est donc important de garder à l'esprit que Tocqueville ne défend pas une explication exclusivement sociologique de la démocratie. Elle se rattache certes au fait social de l'égalité des conditions, mais celle-ci ne constitue pas, à elle seule, un fait générateur. L'idée de liberté et le dogme de la souveraineté populaire forment l'élément idéologique complémentaire permettant l'avènement d'une société démocratique.

---

1. *DA*, I, I, 4, p. 119 ; I, II, 1, p. 255.
2. *DA*, I, I, 4, p. 117-118.
3. *Ibid.*
4. *Ibid.*, p. 117.
5. *DA*, I, I, 2, p. 91.

2. Société aristocratique et société démocratique

L'avènement de la démocratie constitue le fait historique majeur, d'abord parce qu'il est inédit. S'il a existé ponctuellement des régimes démocratiques, à Athènes en particulier, ils n'ont jamais été entraînés et soutenus par un processus social irrésistible [1]. Et, de fait, leur durée a été relativement anecdotique (170 ans, de 508 à 338 av. J.-C., pour la démocratie athénienne), sans commune mesure avec le mouvement d'égalisation des conditions que repère Tocqueville, lequel, on l'a vu, prend sa source dans le système communal médiéval, se poursuit sous le règne des rois absolus, déploie désormais sa toute-puissance et a vocation à conquérir durablement l'univers. Sa grille de lecture sociologique et historique, plutôt qu'institutionnelle, le conduit par conséquent à remplacer la classification en six régimes par une opposition entre deux types de sociétés : société aristocratique (inégalitaire) contre société démocratique (égalitaire). Cette simplification de l'horizon politique lui permet de mieux analyser le phénomène démocratique moderne. On l'a dit, le fait social agit sur les institutions, les lois, mais aussi les idées, les affects et les habitudes. Aussi, les deux types de sociétés correspondent à deux types d'hommes et même à deux humanités profondément différentes :

> Il y a de certains vices et de certaines vertus qui étaient attachés à la constitution des nations aristocratiques, et qui sont tellement contraires au génie des peuples nouveaux qu'on ne saurait les introduire dans leur sein. Il y a de bons penchants et de mauvais instincts qui étaient étrangers aux premiers et qui sont naturels aux seconds ; des idées qui se présentent d'elles-mêmes à l'imagination des uns et que l'esprit des autres rejette. Ce sont comme deux humanités distinctes, dont chacune a ses avantages et ses inconvénients particuliers, ses biens et ses maux qui lui sont propres.
>
> (II, IV, p. 190)

Nous sommes amenés à constater à la fois une opposition conceptuelle et une césure historique. Or, si la distinction intellectuelle entre société aristocratique et société démocratique est nette, le passage effectif de la première à la seconde est graduel. Il n'est pas rare que des éléments appartenant à l'une et à l'autre se retrouvent au sein d'une même société, dans des proportions qui évoluent : c'est le cas en Europe et en France, ce qui explique les phénomènes de résistance et les révolutions démocratiques violentes destinées à les surmonter, alors que l'Amérique constitue l'expérience unique d'une démocratie pure et originelle, sans élément aristocratique.

L'homme aristocratique est celui qui se définit au sein d'un ordre social hiérarchisé. Il ne s'incarne évidemment pas seulement dans l'aristocrate, mais tout aussi bien dans ses serviteurs qui, eux aussi, se situent dans un réseau où chacun a sa place fixe. L'homme aristocratique désigne celui qui intègre un système de dépendances mutuelles, non pas uniquement celui qui se trouve dans la frange supérieure de cet ordre.

---

1. Pour Tocqueville, le régime athénien n'est d'ailleurs pas une démocratie, du fait de l'exclusion des esclaves, mais une « république aristocratique » (*DA*, II, I, 15, p. 79).

En vérité, même si le noble capte un profit considérable de ces relations inégalitaires, le statut des inférieurs n'est pas dépourvu de bénéfice non plus. Chaque homme est lié à d'autres, ses semblables mais aussi ses supérieurs. Selon Tocqueville, dans les temps aristocratiques, le maître et le serviteur « tiennent d'ordinaire fermement l'un à l'autre [1] » et chacun, surtout, peut compter sur le concours de ses proches pour l'aider en cas de besoin. De sorte que l'aristocratie est en réalité une société d'associations diverses, une constellation qui fait qu'entre le dernier des sujets et le monarque se trouvent une pluralité de pouvoirs intermédiaires ou secondaires. L'association, qu'engendre naturellement l'inégalité, fait défaut aux sociétés démocratiques individualistes.

L'absence de tissu social dans la démocratie est entretenue par la passion dominante que l'homme démocratique éprouve pour l'égalité. Elle le rend jaloux de toute distinction et possède une intensité telle qu'elle peut l'aveugler et le conduire à tout lui sacrifier :

> [Les peuples démocratiques] ont pour l'égalité une passion ardente, insatiable, éternelle, invincible ; ils veulent l'égalité dans la liberté, et, s'ils ne peuvent l'obtenir, ils la veulent encore dans l'esclavage. Ils souffriront la pauvreté, l'asservissement, la barbarie, mais ils ne souffriront pas l'aristocratie [2].

Le besoin d'égalité engendre le goût pour l'uniformité et le conformisme. Paradoxalement, une société démocratique est à la fois individualiste et globale ; les hommes se replient sur eux-mêmes, mais se ressemblent tous et finissent par se laisser absorber par la masse :

> À mesure que les conditions s'égalisent chez un peuple, les individus paraissent plus petits et la société semble plus grande, ou plutôt chaque citoyen, devenu semblable à tous les autres, se perd dans la foule, et l'on n'aperçoit plus que la vaste et magnifique image du peuple lui-même.
>
> (II, IV, p. 89-90)

Il y a là un phénomène social, bien entendu, mais aussi politique, et Tocqueville se situe dans ces passages sur une ligne d'argumentation tendue, quelque peu équivoque. L'alternance lexicale entre « peuple » et « société » est d'ailleurs intéressante. Socialement, l'individu disparaît dans la foule homogène où règne l'opinion publique. Politiquement, il intègre le peuple souverain qui gouverne sur lui-même par le truchement d'institutions représentatives. Cette transition délicate du social au politique a particulièrement retenu l'attention d'un commentateur comme Claude Lefort [3]. Elle laisse entrevoir, peut-être, la puissance d'émancipation de la démocratie, à côté de sa force d'aliénation. Mais cela ouvre la question du rapport entre égalité et liberté au sein du phénomène démocratique.

---

1. *DA*, II, III, 5, p. 227.
2. *DA*, II, II, 1, p. 123.
3. Claude Lefort, « De l'égalité à la liberté », *Essais sur le politique. XIXe-XXe siècles*, éd. citée, p. 265 *sq.*

Baudelaire : l'homme de la foule et le dandy, dernier avatar de l'aristocrate ?

Il n'y a pas jusqu'à la poésie qui n'enregistre les changements profonds et puissants affectant la société. Baudelaire est le poète de la vie moderne et de la ville qui se transforme. Le bourgeois devient la figure universelle de la vie sociale. Médiocre, sans talent et sans goût, ami de la culture qu'il ne comprend pas, il compose la foule indistincte qui devient un protagoniste nouveau dans le paysage urbain. Il aime la liberté pourvu qu'elle soit commerciale et industrieuse. Tocqueville, à la même époque, constate non sans quelque nostalgie le déclin d'un monde et l'aube d'un autre : « Je promène mes regards sur cette foule innombrable composée d'être pareils, où rien ne s'élève ni ne s'abaisse. Le spectacle de cette uniformité universelle m'attriste et me glace, et je suis tenté de regretter la société qui n'est plus » (II, IV, p. 188). Baudelaire hait la banalité du monde ; il lui échappe non dans la fuite, mais en quêtant au contraire le bijou caché qu'elle recèle : une passante à la beauté effarante, quelque bizarrerie qui détonne au sein de la masse. Le poète doit ainsi posséder l'art de « jouir de la foule », dit-il (« Les foules », *Les Fleurs du mal*). Il s'y fond pour l'observer et pénétrer l'âme de chacun : « le promeneur solitaire et pensif tire une singulière ivresse de cette universelle communion » (*ibid.*). La foule, ce « grand désert d'hommes », est paradoxalement le milieu du génie. Il est attiré par cette masse en même temps qu'il la rejette. Comment se distinguer à l'ère de l'égalité ?

Il est un personnage qui fascine Baudelaire et qui incarne ce paradoxe : c'est le dandy, figure de l'élégance exacerbée, de l'artifice le plus sophistiqué et dont l'orgueil consiste à ne jamais être étonné. Parmi les divers textes que Baudelaire a consacrés à ce phénomène symptomatique de la nouvelle société, relevons ces lignes :

> Le dandysme apparaît surtout aux époques transitoires où la démocratie n'est pas encore toute-puissante, où l'aristocratie n'est que partiellement chancelante et avilie. Dans le trouble de ces époques quelques hommes déclassés, dégoûtés, désœuvrés, mais tous riches de force native, peuvent concevoir le projet de fonder une espèce nouvelle d'aristocratie, d'autant plus difficile à rompre qu'elle sera basée sur les facultés les plus précieuses, les plus indestructibles, et sur les dons célestes que le travail et l'argent ne peuvent conférer. Le dandysme est le dernier éclat d'héroïsme dans les décadences [...] Le dandysme est un soleil couchant ; comme l'astre qui décline, il est superbe, sans chaleur et plein de mélancolie. Mais, hélas ! la marée montante de la démocratie, qui envahit tout et qui nivelle tout, noie jour à jour ces derniers représentants de l'orgueil humain et verse des flots d'oubli sur les traces de ces prodigieux myrmidons. Les dandys se font chez nous de plus en plus rares, tandis que chez nos voisins, en Angleterre, l'état social et la constitution (la vraie constitution, celle qui s'exprime par les mœurs) laisseront longtemps encore une place aux héritiers de Sheridan, de Brummel et de Byron, si toutefois il s'en présente qui en soient dignes [2].

2. Baudelaire, *Le Peintre de la vie moderne*, « Le dandy », chap. 9.

3. La démocratie face à son avenir politique : république ou despotisme ?

L'égalisation continue des conditions est un phénomène historique, providentiel, universel et irrésistible. Elle connaît cependant des modalités d'apparition différentes selon les contextes et, en particulier, de part et d'autre de l'Atlantique. Il n'est pas seulement question de variations circonstancielles, parfaitement naturelles ; les peuples ont leur personnalité et il ne faut pas chercher à dupliquer un schéma étranger dans ses détails : « Les lois de la République française peuvent et doivent, en bien des cas, être différentes de celles qui régissent les États-Unis, mais les principes sur lesquels les constitutions américaines reposent [...] sont indispensables à toutes les Républiques [1]. »

S'il ne s'agissait cependant que d'une simple coloration culturelle, on s'attendrait à ce que les nations finissent par converger vers un même modèle républicain. Or ce n'est précisément pas le cas. Toute la quatrième partie de l'ouvrage est traversée par cette préoccupation que l'avenir politique de l'Europe n'est plus discernable dans l'évolution actuelle de l'Amérique et que les deux sociétés empruntent des chemins différents, alors même qu'elles font toutes deux l'expérience d'une dynamique sociale identique. Pour caractériser cette divergence, Tocqueville fait intervenir un couple de concepts : république et despotisme. Alors que la démocratie se définit par l'égalité, la république se définit par la liberté [2] et le despotisme par son absence. Et, tandis que l'Amérique est parvenue à allier l'égalité démocratique et la liberté républicaine, l'Europe semble prendre la voie d'une démocratie despotique. Le but de l'ouvrage consiste donc à comprendre la raison de cette disparité, afin de prémunir l'Europe contre les dangers qui la menacent : « D'où vient donc que les républiques américaines se maintiennent et prospèrent [3] ? »

La réponse engage en fait la conception même de la démocratie et met Tocqueville devant une difficulté qui traverse tout particulièrement, là encore, la fin de l'ouvrage. Il existe théoriquement trois options possibles : soit la démocratie est politiquement neutre, indifférente au type de constitution, soit elle se porte spontanément vers une constitution républicaine (mais des circonstances malheureuses pourraient la faire dériver vers le despotisme), soit elle penche naturellement vers le despotisme (mais des efforts extérieurs pourraient la redresser et la porter vers un modèle républicain). On peut aussi formuler ces différentes hypothèses par les rapports possibles entre le principe d'égalité et le principe de liberté : absence de contact, inclusion ou exclusion.

La première hypothèse, celle d'une démocratie indifférente au modèle politique, n'est pas à retenir : la démocratie est un processus social, une

1. *DA*, I, « Avertissement de la douzième édition », p. 55.
2. Cette distinction entre démocratie et république est largement observée dans *De la démocratie en Amérique*, mais elle n'est pas systématique.
3. *DA*, I, II, 6, p. 326.

dynamique qui produit des effets institutionnels. Dans le premier tome, Tocqueville a montré que « les Américains ont un état social démocratique qui leur a été naturellement suggéré de certaines lois et de certaines mœurs politiques [1] » et, dans la dernière partie du second tome, il entend faire voir « quelle est l'influence générale que ces mêmes sentiments et ces mêmes idées peuvent exercer sur le gouvernement des sociétés humaines » (II, IV, p. 81). On ne saurait donc admettre que l'égalisation des conditions ne porte pas en son sein une tendance à un certain type de constitution politique. Mais laquelle ?

En première approche, il semble que la démocratie porte spontanément à la liberté et que seul le poids de l'héritage aristocratique en freine le cours, voire suscite des contre-réactions violentes destinées à abattre les dernières résistances. Telle est l'idée d'un détour par l'Amérique, ainsi qu'elle est présentée par Tocqueville :

> L'état social des Américains est éminemment démocratique. Il a eu ce caractère dès la naissance des colonies ; il l'a plus encore de nos jours.
>
> J'ai dit dans le chapitre précédent qu'il régnait une très grande égalité parmi les émigrants qui vinrent s'établir sur les rivages de la Nouvelle-Angleterre. Le germe même de l'aristocratie ne fut jamais déposé dans cette partie de l'Union [2].

Le mouvement d'égalisation des conditions a pu se développer « naturellement » en Amérique, sans être perturbé par des mœurs aristocratiques résiduelles. Les nations européennes connaissent, elles, la lutte entre les attachements aristocratiques et la force démocratique, avec des résultats très ambigus :

> Mais, quand l'égalité vient à se développer chez un peuple qui n'a jamais connu ou qui ne connaît plus depuis longtemps la liberté, ainsi que cela se voit sur le continent de l'Europe, les anciennes habitudes de la nation arrivant à se combiner subitement et par une sorte d'attraction naturelle avec les habitudes et les doctrines nouvelles que fait naître l'état social, tous les pouvoirs semblent accourir d'eux-mêmes vers le centre ; ils s'y accumulent avec une rapidité surprenante, et l'État atteint tout d'un coup les extrêmes limites de sa force, tandis que les particuliers se laissent tomber en un moment jusqu'au dernier degré de la faiblesse.
>
> (II, IV, p. 108)

Le despotisme démocratique serait ainsi une évolution aberrante de la démocratie lorsque, dans sa phase militante, elle se mêle à son principe contraire, l'aristocratie.

Cette lecture du texte est possible, mais elle détend ce qui reste tendu chez Tocqueville. S'il fallait la recevoir aussi simplement, les dangers qui menacent les démocraties européennes pourraient être surmontés en

1. *DA*, II, « Introduction », p. 5.
2. *DA*, I, I, 3, p. 107-108.

Eugène Delacroix, ***La Liberté guidant le peuple*****, 1830.**

Le tableau représente un épisode de l'insurrection populaire de juillet 1830. Pendant trois jours, les 27, 28 et 29 juillet, Paris se soulève contre Charles X et sa dérive autocratique. Des barricades se dressent et la révolution renverse le régime. La monarchie de Juillet lui succédera. Delacroix fut longtemps hésitant à prendre parti. Traversant la capitale le 28 juillet, il voit le drapeau tricolore flotter au-dessus de Notre-Dame, qui lui rappelle la gloire et les idéaux de l'Empire. Il entre alors dans le camp des insurgés. Son tableau rend compte de l'élan populaire contre l'absolutisme de Charles X. Il inscrit les journées de Juillet dans le sillage de la Révolution de 1789 par une série de symboles : le drapeau, le bonnet phrygien. Dans un mouvement pyramidal ascendant, le regard du spectateur est amené à considérer d'abord ceux qui sont tombés, puis les combattants en armes, enfin la figure allégorique de la Liberté. De la mort à la vie, la Révolution triomphera. Charles X venait, en effet, de suspendre la liberté de la presse et d'imposer un vote censitaire restrictif. Il agissait à la fois contre la liberté et contre l'égalité. Cet épisode correspond à ce que Tocqueville peut analyser en termes de passions politiques : l'amour pour l'égalité et l'amour pour la liberté animent l'homme démocratique. Ils s'associent dans le moment révolutionnaire. Mais Tocqueville nous avertit : « [les peuples démocratiques] ont pour l'égalité une passion ardente, insatiable, éternelle, invincible ; ils veulent l'égalité dans la liberté, et, s'ils ne peuvent l'obtenir, ils la veulent encore dans l'esclavage [1]. » Une fois la révolution assimilée, qui se battra encore pour la liberté ?

1. *DA*, II, II, 1, p. 123.

dégageant la route au processus d'égalisation. La conclusion à tirer est aussi normative : la démocratie serait républicaine par vocation et nous devrions travailler à lui laisser le champ libre. Or d'autres remarques suggèrent une autre entente de la démocratie. Ainsi en est-il lorsque Tocqueville assure que le fait social de l'égalisation des positions ouvre aussi bien sur la liberté que sur la servitude :

> Je ne sais que deux manières de faire régner l'égalité dans le monde politique : il faut donner des droits à chaque citoyen, ou n'en donner à personne.
>
> Pour les peuples qui sont parvenus au même état social que les Anglo-Américains, il est donc très difficile d'apercevoir un terme moyen entre la souveraineté de tous et le pouvoir absolu d'un seul.
>
> Il ne faut point se dissimuler que l'état social que je viens de décrire ne se prête presque aussi facilement à l'une et à l'autre de ses deux conséquences [1].

L'hypothèse d'une indifférence de la démocratie au modèle politique, que nous avons rejetée, semble réhabilitée ici, du moins sous la forme d'une alternative réduite à deux possibilités extrêmes : la plus grande liberté, ou la plus grande servitude. Pourtant, Tocqueville poursuit en réintégrant les éléments psycho-sociaux qui déterminent l'une ou l'autre issue :

> Il y a en effet une passion mâle et légitime pour l'égalité qui excite les hommes à vouloir être tous forts et estimés. Cette passion tend à élever les petits au rang des grands ; mais il se rencontre aussi dans le cœur humain un goût dépravé pour l'égalité, qui porte les faibles à vouloir attirer les forts à leur niveau, et qui réduit les hommes à préférer l'égalité dans la servitude à l'inégalité dans la liberté [2].

C'est une même ardeur pour l'égalité qui peut favoriser ou éloigner la liberté. Cette seconde lecture est plus inquiétante, puisqu'elle suggère que le mouvement de démocratisation porte peut-être en son sein le germe de l'absolutisme le plus tyrannique. Nous avons souligné combien l'égalisation des conditions conduisait à dissoudre les liens sociaux : le morcellement, l'anarchie est ainsi le premier risque que court la démocratie. Mais la passion de l'égalité et l'individualisme qui lui est associé affaiblissent l'individu et font le jeu du pouvoir absolu. Ce danger, dit Tocqueville, est bien pire que le précédent :

> L'égalité produit, en effet, deux tendances : l'une mène directement les hommes à l'indépendance et peut les pousser tout à coup jusqu'à l'anarchie, l'autre les conduit par un chemin plus long, plus secret, mais plus sûr, vers la servitude.
>
> Les peuples voient aisément la première et y résistent ; ils se laissent entraîner par l'autre sans la voir ; il importe particulièrement de la montrer.
>
> (II, IV, p. 85)

1. *DA*, I, I, 3, p. 115.
2. *Ibid.*

Finalement, l'Amérique ne fait donc pas l'expérience d'une démocratie désentravée, qui suivrait ses penchants naturels à distance des forces aristocratiques. Elle met artificiellement en place une série de dispositifs qui combattent les effets nuisibles de l'ardeur démocratique et qui lui permettent de maintenir son régime républicain. Ainsi le chapitre où Tocqueville fait de l'individualisme l'effet naturel de l'égalité est-il suivi par un autre dont le titre est : « Comment les Américains combattent l'individualisme par des institutions libres » (II, II, 4). Dès lors, la tâche de cette dernière partie de *De la démocratie en Amérique* s'élucide : elle consiste d'une part à comprendre ce qui pousse spontanément la démocratie vers la servitude, d'autre part à dégager de l'expérience américaine les principes qui sont susceptibles de nous prémunir contre ces conséquences naturelles.

B. La concentration naturelle des pouvoirs

1. Centralisation gouvernementale et centralisation administrative

De la démocratie en Amérique, II, IV examine comment la passion de l'égalité, quand elle suit son cours naturel, conduit à instaurer un régime despotique par la « concentration des pouvoirs ». Tocqueville parle de manière indifférente de concentration ou de centralisation des pouvoirs pour désigner la réunion des compétences et des droits en une seule instance. Ces notions ne sont pas absolues, mais relatives : elles supposent que des pouvoirs multiples et dispersés soient accumulés et comme monopolisés, tout en dépouillant d'autres lieux de pouvoir potentiel (ou en les laissant vides). Elles ne précisent pas non plus la nature des pouvoirs concentrés. Or il est d'emblée impératif de distinguer deux genres de centralisation des pouvoirs :

> La centralisation est un mot que l'on répète sans cesse de nos jours, et dont personne, en général, ne cherche à préciser le sens.
> Il existe cependant deux espèces de centralisation très distinctes, et qu'il importe de bien connaître.
> Certains intérêts sont communs à toutes les parties de la nation, tels que la formation des lois générales et les rapports du peuple avec les étrangers.
> D'autres intérêts sont spéciaux à certaines parties de la nation, tels, par exemple, que les entreprises communales.
> Concentrer dans un même lieu ou dans une même main le pouvoir de diriger les premiers, c'est fonder ce que j'appellerai la centralisation gouvernementale.
> Concentrer de la même manière le pouvoir de diriger les seconds, c'est fonder ce que je nommerai la centralisation administrative [1].

1. *DA*, I, I, 5, p. 153-154.

La centralisation gouvernementale désigne ainsi la concentration du pouvoir politique lui-même, à quelque niveau que ce soit (commune, comté, État et Fédération, en Amérique), dans sa production législative. Elle rend la prise de décision plus simple et évite de se perdre dans d'infinies négociations entre une instance centrale et les parties subordonnées. La centralisation administrative décrit un modèle jacobin où la mise en application des décisions générales se fait de manière uniforme, sans tenir compte des particularités locales. La société américaine fait apparaître à la fois une grande centralisation gouvernementale, mais une forte décentralisation administrative. L'État féodal, lui, connaissait une décentralisation gouvernementale et administrative. L'État jacobin, enfin, montre les traits d'une très forte centralisation à la fois gouvernementale et administrative. Telle est la description que l'on peut faire de ces systèmes, qu'en est-il de leur évaluation ?

La politique a besoin d'efficacité, aussi l'éparpillement des procédures de prise de décision est-il nocif à la bonne santé des États : « je ne saurais concevoir qu'une nation puisse vivre ni surtout prospérer sans une forte centralisation gouvernementale [1] ». Au contraire, l'administration centralisée conduit à appliquer de manière uniforme les décisions à l'ensemble du territoire, non seulement en négligeant les contextes spécifiques de chacune de ses parties, mais aussi en écartant ainsi la participation active des partenaires locaux. Il y a donc une bonne et une mauvaise centralisation.

On s'attend logiquement à ce que la concentration des pouvoirs qui fait l'objet des craintes de Tocqueville concerne l'administration. Les chapitres II, IV, 2-5 sont pourtant préoccupés par les pouvoirs concentrés entre les mains du gouvernement : « La centralisation, dit Tocqueville, sera le gouvernement naturel » (II, IV, p. 103). L'explication réside dans le fait que la concentration administrative des pouvoirs vient toujours aussi démultiplier la puissance centrale du gouvernement. En se chargeant lui-même de la mise en œuvre de ses propres lois, en imposant une loi unique contre les particularités locales, le pouvoir politique abolit toute altérité et toute limite. « La centralisation gouvernementale acquiert une force immense quand elle se joint à la centralisation administrative », dit-il ailleurs [2]. Et c'est même pour ajouter aussitôt, chose plus alarmante, que la première cherche spontanément à s'armer de la seconde : « Or, quand un même pouvoir est déjà revêtu de tous les attributs du gouvernement, il lui est fort difficile de ne pas chercher à pénétrer dans les détails de l'administration, et il ne manque guère de trouver à la longue l'occasion de le faire [3]. »

Or voilà précisément ce que fournit l'égalisation historique des conditions : « l'occasion » pour un gouvernement déjà centralisé d'accaparer toute l'administration, de prendre en main les moindres règlements et les

1. *DA*, I, I, 5, p. 154.
2. *Ibid.*
3. *Ibid.*, p. 165.

plus petits détails de la vie civile. Sous ce régime, les individus n'ont plus l'opportunité de participer aux décisions qui regardent leur commune, les assemblées provinciales disparaissent et sont remplacées par des intendants du pouvoir central qui ont pour fonction de transmettre les directives centrales. C'est le règne de l'État unitaire et la fin des libertés locales et des droits individuels. Tel est le despotisme qui attend et que prépare la démocratie.

Mais il y a pire encore. Dans le cours de son analyse, Tocqueville explique que le despotisme démocratique sera très différent des formes connues d'absolutisme ou de tyrannie :

> Je pense donc que l'espèce d'oppression dont les peuples démocratiques sont menacés ne ressemblera à rien de ce qui l'a précédée dans le monde ; nos contemporains ne sauraient en trouver l'image dans leurs souvenirs. Je cherche en vain moi-même une expression qui reproduise exactement l'idée que je m'en forme et la renferme ; les anciens mots de despotisme et de tyrannie ne conviennent point.
>
> (II, IV, p. 152)

L'accumulation des pouvoirs gouvernementaux et administratifs pourrait n'être que numérique, en ce sens que tous les pouvoirs existants seraient réunis au sein d'un même organisme. Certes, cela est vrai, puisque l'État démocratique tend à récupérer ce qui était détenu par les pouvoirs secondaires et les associations intermédiaires. Il aspire tous les pouvoirs autrefois disséminés. Mais il fait plus que cela et change en réalité de nature en se donnant des pouvoirs inédits :

> Non seulement le pouvoir du souverain s'est étendu, comme nous venons de le voir, dans la sphère entière des anciens pouvoirs ; celle-ci ne suffit plus pour le contenir ; il la déborde de toutes parts et va se répandre sur le domaine que s'était réservé jusqu'ici l'indépendance individuelle. Une multitude d'actions qui échappaient jadis entièrement au contrôle de la société y ont été soumises de nos jours, et leur nombre s'accroît sans cesse.
>
> (II, IV, p. 123)

L'image que ce texte inspire est celle d'un pouvoir inquisiteur, qui pénètre et régule la vie privée des citoyens, organise leurs plaisirs et les protège contre eux-mêmes, légifère sur les petites choses – de l'éducation des enfants à l'orthographe de la langue, de l'hygiène individuelle aux manières de se vêtir –, ce qui, de notre point de vue contemporain, entretient quelque ressemblance avec les régimes totalitaires ou, pour le moins, en partage certains des traits les plus effrayants. Hannah Arendt explique combien les mouvements totalitaires ont pu s'appuyer sur des phénomènes démocratiques spécifiques, comme l'existence de masses politiquement indifférentes et socialement sans attaches, afin de les cristalliser autour de l'idée de nation ou de classe. Néanmoins, il importe de ne pas tracer de filiation entre la démocratie et le totalitarisme qui en est l'antithèse. La forme de despotisme que prophétise Tocqueville n'est presque jamais violente et n'a pas besoin de l'être, car elle s'exerce en anesthésiant la volonté des individus. L'administration se charge désormais de ce dont les citoyens eux-mêmes, et plus seulement les associations intermédiaires, s'occupaient : le bonheur du peuple, l'industrie, l'épargne, et bien d'autres champs d'activité où la liberté individuelle trouvait autrefois sa place.

2. Les causes naturelles et les causes circonstancielles

Comment expliquer que l'homme démocratique, qui a un goût naturel pour la liberté et se singularise par son indépendance, devienne bon gré mal gré le véhicule du despotisme le plus absolu ? Tocqueville étudie cette question dans les chapitres 2 à 4 de cette quatrième partie. Ce sont d'abord les idées et les sentiments démocratiques qui y conduisent. Tocqueville a précédemment montré que ces mêmes idées et goûts étaient formés sous la puissance de l'égalité des conditions ; il explique maintenant qu'ils influent à leur tour sur les institutions politiques dans le sens d'une plus grande concentration des pouvoirs. L'aristocratie se caractérisait par l'association, c'est-à-dire par la pluralité des réseaux de dépendances et des systèmes de solidarité. Elle créait autant de pouvoirs secondaires qu'il y avait de classes intermédiaires entre le roi et les sujets. L'inégalité sociale prévenait l'absolutisation du pouvoir monarchique. L'émergence d'une société égalitaire – qui s'est produite, en Europe, lorsque les rois ont dépouillé la noblesse de son pouvoir pour le monopoliser – a créé un vide entre le monarque désormais omnipotent et des sujets toujours plus égaux. Le rejet des privilèges a paradoxalement obtenu le soutien des autocrates et du peuple, tous ligués contre un même ennemi, la noblesse, mais pour des raisons différentes. Le peuple au nom de l'égalité. Le roi au nom du pouvoir. L'idée d'un pouvoir central, unique et providentiel s'impose à tous : « les gouvernés et les gouvernants s'accordent à la poursuivre avec la même ardeur : elle vient la première ; elle semble innée » (II, IV, p. 93-94).

Les sentiments démocratiques concourent eux aussi au même résultat funeste. Tocqueville distingue trois ressorts affectifs particulièrement moteurs. Le premier provient de cet individualisme qui rend l'homme démocratique à la fois indépendant et faible. Il sait ne plus pouvoir compter sur les autres, sinon au prix de gros efforts.

> L'égalité place les hommes à côté les uns des autres, sans lien commun qui les retienne. Le despotisme élève des barrières entre eux et les sépare. Elle les dispose à ne point songer à leurs semblables et il leur fait une sorte de vertu publique de l'indifférence [1].

1. *DA*, II, II, 4, p. 131.

Dans cet état de précarité, l'individu en appelle spontanément à l'État, « cet être immense qui seul s'élève au milieu de l'abaissement universel » (II, IV, p. 100). Il encourage lui-même le pouvoir à s'occuper de lui et il lui concède des droits et des prérogatives qu'il ne croit plus être en mesure d'exercer personnellement. En second lieu, l'attrait que l'homme individuel éprouve pour les biens matériels et le confort l'incite aisément à sacrifier la liberté à sa tranquillité. Le troisième sentiment puissant est la passion pour l'égalité, qui a pour double négatif une « haine immortelle » contre la moindre distinction. Cette haine farouche et agressive contribue à niveler les conditions au plus grand bénéfice du pouvoir politique. La jalousie et le mépris que les individus éprouvent pour celui qui s'élève ou réussit sont ainsi les auxiliaires du nouveau despotisme démocratique.

Tocqueville complète ce tableau par des considérations sur les causes occasionnelles qui accompagnent parfois la mutation démocratique et qui participent au même tournant vers le despotisme. C'est particulièrement le cas lorsque la démocratie n'advient qu'au terme d'une lutte contre l'aristocratie, comme en Europe. Dans ce conflit – ainsi que dans toute guerre et toute situation d'instabilité politique à l'instar de celles que connaît la France depuis 1789, finalement –, le peuple ne parvient à ses fins qu'en édifiant un dispositif politique d'une puissance colossale. La Révolution n'est sortie victorieuse qu'avec l'aide d'un État devenu intransigeant et inquisiteur. Mais le « principal » des ressorts qui poussent une société démocratique à concentrer tous les pouvoirs entre les mêmes mains est que ce pouvoir vient d'elle, par voie d'élection et de représentation. Le peuple a d'autant moins le sentiment d'être dépossédé de liberté qu'il a désigné celui qui la lui a ôtée.

Nous pouvons ainsi dire que, si l'homme démocratique aime la liberté, il agit de telle sorte qu'il l'éloigne tout naturellement de lui, tant de manière délibérée que par instinct. Cette évolution n'a donc rien d'une dérive. Elle n'est pas le résultat d'une démarche incohérente ou simplement inconsciente. Les hommes démocratiques acceptent avec lucidité le despotisme comme ce qui convient à leur égalité de condition, car ils admettent que l'idéal d'une « égalité dans la liberté » est – à tort ou à raison – inaccessible.

C. Le despotisme démocratique

1. Le lien contrarié entre égalité et liberté

Les penchants despotiques de la démocratie renvoient à la relation complexe que l'égalité entretient avec la liberté et à la manière dont toutes deux s'articulent au modèle démocratique lui-même. L'Antiquité définissait la démocratie autant par l'une que par l'autre. Que ce régime soit foncièrement émancipateur, c'est ce qu'Aristote reconnaissait aisément : « La fin de la démocratie est la liberté [1] ». Tocqueville ne l'accorde pas aussi facilement : la démocratie est l'état social où les conditions s'égalisent, mais son rapport à la liberté est moins évident. Tout d'abord parce que, s'il existe une seule espèce d'égalité, la liberté peut prendre plusieurs formes. Tocqueville distingue notamment la liberté aristocratique de la liberté démocratique [2]. La première a les traits du privilège, c'est-à-dire littéralement (*privilegium*) d'un droit d'exception au bénéfice particulier d'un individu. La seconde se définit à partir de l'égalité, comme « droit égal » de participer aux affaires publiques.

De ce dernier point de vue, il semble bien que l'égalité et la liberté soient indissociables, et c'est ce que soutient Tocqueville lorsqu'il affirme qu'il existe un point extrême où les deux coïncident :

> Nul ne différant alors de ses semblables, personne ne pourra exercer un pouvoir tyrannique ; les hommes seront parfaitement libres, parce qu'ils seront tous entièrement égaux ; et ils seront tous parfaitement égaux parce qu'ils seront entièrement libres. C'est vers cet idéal que tendent les peuples démocratiques [3].

Ce schéma déjà optimiste dessine un point de fuite où convergeraient l'égalité et la liberté, mais l'usage du futur donne une résonance quelque peu utopiste ou messianique à ces phrases. Il ne s'agirait, ici, que d'un idéal. Or Tocqueville va plus loin. Alors qu'il s'apprête à dévoiler les germes de despotisme que recèlent les sociétés démocratiques, il commence paradoxalement cette quatrième partie en rappelant que les hommes démocratiques sont en situation particulièrement favorable pour former l'idée et même le goût de la liberté individuelle : « Les hommes qui vivent dans ce temps marchent donc sur une pente naturelle qui les dirige vers les institutions libres » (II, IV, p. 83). Ce n'est plus un lointain horizon, mais un instinct puissant qui pousse ces hommes vers la liberté. Les peuples démocratiques, dit-il ailleurs, « ont un goût naturel pour la liberté [4] ». Si telle était la conclusion de Tocqueville, sa conception de la démocratie serait sans grande originalité et la dernière partie n'aurait jamais été écrite.

En réalité, tout en concédant ce fort penchant pour la liberté, il introduit une ombre dans ce tableau car, dit-il, égalité et liberté ne jouent pas le même rôle et n'ont pas la même place dans la société démocratique. Deux raisons sont avancées.

Dans un chapitre important de la deuxième partie (le premier), Tocqueville a expliqué que, dans une démocratie, l'amour de l'égalité est plus intense que l'amour pour la liberté. De nombreuses causes

1. Aristote, *Rhétorique*, trad. Pierre Chiron, GF-Flammarion, 2007, 1366a4, p. 189.
2. *DA*, I, I, 2, p. 88-89.
3. *DA*, II, II, 1, p. 119.
4. *Ibid.*, p. 122.

expliquent cette différence. Ainsi, le bien que procure l'égalité est immédiat, tandis que la liberté ne nous est profitable qu'à proportion de l'usage que nous en faisons. Surtout, la passion de l'égalité pénètre au fond du cœur humain et aveugle les hommes, dès lors prêts à tout lui sacrifier (voir la phrase déjà citée deux fois : « Ils ont pour l'égalité une passion ardente, insatiable, éternelle, invincible [...] [1] »). Tocqueville hiérarchise donc les deux amours et en conclut que la passion absolue pour l'égalité pourrait, sous certaines conditions, se satisfaire aux dépens de la liberté. Mais la question se pose de savoir quelles seraient ces conditions qui empêcheraient leur coïncidence. Pourquoi ne pourrait-on pas avoir « l'égalité dans la liberté » ? S'agit-il de contraintes circonstancielles ou existe-t-il une lutte interne entre les deux penchants ?

À lire le premier chapitre de la quatrième partie, il apparaît que l'égalité, qui est susceptible d'engendrer une liberté excessive et l'anarchie, conduit les hommes « par un chemin plus long, plus secret, mais plus sûr, vers la servitude » (II, IV, p. 85). L'ambivalence fondamentale de l'égalité n'est aucunement équilibrée.

Cette asymétrie entre l'égalité et la liberté a aussi une autre raison que celle que nous venons d'énoncer, qui tient cette fois à leur capacité à organiser une société. La victoire contre le monde aristocratique a nivelé les conditions en défaisant l'ordre social et les liens de dépendance. En ce sens, nous l'avons vu, la démocratie tend à la dissociation. On ne saurait pourtant s'en tenir à cette seule vérité, car cette même démocratie définit, depuis le début, un *fait social*, donc une certaine forme de société. Le paradoxe est patent et il importe de savoir maintenir fermement ces deux idées apparemment contradictoires, au risque de simplifier le fait démocratique et de rester aveugle à la tension qui l'habite. D'un côté, l'égalité sépare les hommes ; de l'autre, elle configure une société d'un nouveau type.

C'est précisément sur ce point que l'égalité se distingue aussi de la liberté. L'aptitude de l'égalité à « faire société » est tout à fait réelle, au contraire de la liberté qui n'a jamais été un principe générateur :

> La liberté s'est manifestée aux hommes dans différents temps et sous différentes formes ; elle ne s'est point attachée exclusivement à un état social, et on la rencontre autre part que dans les démocraties. Elle ne saurait donc former le caractère distinctif des siècles démocratiques [2].

L'égalité s'inscrit dans les idées, les mœurs, les sentiments, elle entre dans les cœurs comme dans les lois et modifie ce qu'elle ne produit pas. À la différence de la liberté, elle est portée par un mouvement de fond qui, tel un grand fleuve, trace le cours de l'histoire. Il s'ensuit que l'égalité peut parfaitement suivre sa voie en l'absence de liberté politique.

1. *Ibid.*, p. 123.
2. *Ibid.*, p. 120.

C'est enfin dans cette relation complexe qu'apparaît le mieux la différence entre l'Amérique et l'Europe. L'égalité et la liberté n'ont plus aucune raison d'apparaître simultanément. Il se trouve qu'elles se maintiennent toutes deux en Amérique ; l'ordre de leur apparition est-il décisif ? Cette question devient centrale et y répondre constitue, au fond, le véritable objectif de *De la démocratie en Amérique* [1] et l'objet direct de cette dernière partie. La comparaison entre les États-Unis et l'Europe révèle une différence essentielle pour comprendre ce qui distingue une réussite d'une crise :

> Chez les Américains, c'est donc la liberté qui est ancienne ; l'égalité est comparativement nouvelle. Le contraire arrive en Europe où l'égalité, introduite par le pouvoir absolu et sous l'œil des rois, avait déjà pénétré dans les habitudes des peuples longtemps avant que la liberté fût entrée dans leurs idées.
>
> (II, IV, p. 108-109)

Les émigrants, dont Tocqueville disait qu'ils avaient établi la démocratie dès leur arrivée, connaissaient la liberté et en jouissaient avant même de fonder une société égalitaire. Comment est-ce possible ? Le fait est que l'amour de la liberté précédait leur arrivée : ils avaient emprunté à l'aristocratie « l'idée des droits individuels et le goût des libertés locales ». Cet instinct vénérable pour la liberté a guidé, dès leurs premiers pas, les communautés naissantes sur le territoire américain. À l'inverse, l'Europe a commencé à faire l'expérience de l'égalité sous les rois niveleurs qui s'étaient évertués à affaiblir la noblesse afin d'en capter le pouvoir. La liberté n'est advenue que dans un second temps – dans la violence, au cours de la Révolution –, trop tard pour encadrer le mouvement d'égalisation qui a, depuis, gagné en puissance propre. Cette situation historique, sur laquelle personne n'a prise, signifie que, dans nos démocraties, la liberté n'aura jamais partie gagnée. Les Français, dit Tocqueville, « avaient voulu être libres pour pouvoir se faire égaux, et, à mesure que l'égalité s'établissait davantage à l'aide de la liberté, elle leur rendait la liberté plus difficile » (II, IV, p. 141).

On peut imaginer Tocqueville excessivement inquiet. Avait-il devant lui quelque exemple de ce despotisme annoncé ? L'expérience de la révolution de 1848 en sera l'occasion. Il l'avait anticipée et n'a donc pas été surpris par l'insurrection des journées de Février. Quelques mois plus tard, il est membre de la commission chargée de rédiger la Constitution et s'oppose aux socialistes sur la question du droit au travail. Un tel droit-créance, à ses yeux, est le contraire de la véritable liberté, puisqu'il oblige l'État (censé procurer du travail aux nécessiteux [2]) et qu'elle déresponsabilise les particuliers :

---

1. « La république démocratique subsiste aux États-Unis. Le but principal de ce livre a été de faire comprendre les causes de ce phénomène », *DA*, I, II, 9, p. 379.
2. Constitution de la IIe République, 1848, Préambule, VIII.

La démocratie et le socialisme sont non seulement des choses différentes mais profondément contraires, qui veut l'une ne peut pas vouloir l'autre, qui dit République démocratique et sociale dit un contresens. La démocratie c'est l'égalité dans l'indépendance, la liberté, le socialisme, c'est l'égalité dans la contrainte, la servitude [1].

Idéalement, la démocratie ne peut être que libérale. Mais elle se porte aussi malheureusement et très naturellement vers un certain despotisme.

2. Un despotisme mou

Le type de despotisme qui tend à s'installer au fil de la démocratisation sociale ne correspond pas aux formes oppressives connues, qu'il s'agisse de la tyrannie, de la monarchie absolue ou de la dictature. Le tyran impose sa férule à un peuple réduit à l'état de troupeau et dans lequel il ne se reconnaît pas. Le roi absolu dicte sa volonté au peuple sans se conformer au droit – il est au-dessus des lois – mais il s'identifie à ce peuple obéissant (« L'État, c'est moi » aurait dit Louis XIV). Le dictateur emploie des moyens militaires pour écarter toute opposition. À la différence de la tyrannie, le despotisme démocratique ne veut pas faire et ne fait pas le malheur du peuple. Il s'efforce tout au contraire de devancer ses besoins. Et, à la différence de l'absolutisme royal, il épouse très volontiers la forme du droit. À rebours de la dictature, enfin, il se démarque par sa retenue et sa modération. On comprend donc l'embarras de Tocqueville face à cette configuration inédite : « La chose est nouvelle, il faut donc tâcher de la définir, puisque je ne peux la nommer » (II, IV, p. 152). Cette déclaration est suivie par un passage brillant où Tocqueville imagine à quoi il ressemblerait. Cette fiction de quelques lignes est aussi fascinante qu'effrayante : « je vois une foule innombrable d'hommes semblables et égaux qui tournent sans repos sur eux-mêmes pour se procurer de petits et vulgaires plaisirs, dont ils emplissent leur âme » (*ibid.*). Tous les penchants naturels de l'homme démocratique s'additionnent dans cette description terrifiante d'un monde désormais uniformisé, atomisé et anesthésié.

Le propos de Tocqueville est déductif ; il prévoit les conséquences futures de la situation présente après avoir identifié les forces principales et les tendances naturelles. Le recours à la fiction n'est pas un rêve de l'imagination ou quelque espèce de dystopie, mais l'anticipation d'un état social et politique à partir de ses causes avérées. Une des grandes singularités du despotisme à venir est, paradoxalement, sa douceur : « Il semble que, si le despotisme venait à s'établir chez les nations démocratiques de nos jours, il aurait d'autres caractères : il serait plus étendu et

1. Alexis de Tocqueville, « Discours prononcé à l'Assemblée constituante dans la discussion de projet de constitution (12 septembre 1848) sur la question du droit au travail », in *Œuvres complètes*, Gallimard, 1990, t. III, vol. 3, p. 186.

plus doux, et il dégraderait les hommes sans les tourmenter » (II, IV, p. 149). Les instincts démocratiques portent à la modération et réprouvent la violence et la brutalité. C'est une culture nouvelle aux mœurs tempérées, qui atteint le gouvernement lui-même. Mais il est aussi plus étendu et intrusif ; il s'occupe des individus bien au-delà de leur sécurité. Le pouvoir se donne ainsi pour nouvel objectif de rendre les citoyens heureux ; il politise ce faisant le bonheur, à l'instar de Saint-Just qui proclamait à la Convention : « Le bonheur est une idée neuve en Europe ! » Alors que le libéralisme reconnaît à chacun le droit de se forger sa propre conception du bonheur et l'opportunité d'y travailler lui-même, le despotisme démocratique en impose une notion unique et se charge de le procurer à tous les citoyens :

> Il ressemblerait à la puissance paternelle si, comme elle, il avait pour objet de préparer les hommes à l'âge viril ; mais il ne cherche, au contraire, qu'à les fixer irrévocablement dans l'enfance ; il aime que les citoyens se réjouissent, pourvu qu'ils ne songent qu'à se réjouir. Il travaille volontiers à leur bonheur ; mais il veut en être l'unique agent et le seul arbitre ; il pourvoit à leur sécurité, prévoit et assure leurs besoins, facilite leurs plaisirs, conduit leurs principales affaires, dirige leur industrie, règle leurs successions, divise leurs héritages ; que ne peut-il leur ôter entièrement le trouble de penser et la peine de vivre ?
>
> (II, IV, p. 153-154)

Ce paternalisme hédoniste maintient sous tutelle l'ensemble des citoyens, les rend heureux malgré eux et satisfait leurs besoins avant qu'ils ne les formulent. Les individus, infantilisés, finissent par se convaincre qu'ils sont effectivement incapables d'être libres.

Il est possible de distinguer deux registres dans la description de ces changements. Le premier relève de la pathologie morale, le second de la politique. Au premier niveau, les institutions despotiques rendent les individus encore plus faibles qu'ils ne l'étaient en les décourageant de faire usage de leur volonté. Le conflit a disparu et fait place à une grande langueur dans les esprits : « [ce despotisme] ne brise pas les volontés, mais il les amollit, les plie et les dirige » (II, IV, p. 155). L'emprise est globale à défaut d'être coercitive ; elle tient à sa puissance de pénétration et d'ingérence. Tocqueville qualifie l'effet qu'elle produit de « somnolence administrative [1] », mais elle dégrade tant ce que les hommes ont de plus essentiel qu'il est inévitable qu'à la fin « ils ne perdent peu à peu la faculté de penser, de sentir et d'agir par eux-mêmes, et qu'ils ne tombent ainsi graduellement au-dessous du niveau de l'humanité » (II, IV, p. 159).

À un second niveau, les effets de ce despotisme sont plus traditionnellement politiques. Les hommes perdent leur autonomie, le goût même d'être libres et d'agir librement. On reconnaît ici les traits de la dépolitisation qui est devenue un thème majeur de la science politique dans les

1. *DA*, I, I, 5, p. 158.

années 1960[1]. La démocratie n'empêche pas l'engagement individuel, mais elle démotive et maintient sa chappe grâce au faible goût de la masse pour la participation politique.

3. Le salut par les associations

L'égalisation des conditions est inexorable et son cours naturel la mène au despotisme administratif qui sape les velléités d'engagement. Peut-on échapper à ce destin ? L'exemple des États-Unis, pour Tocqueville, le prouve. Il ne prend la peine, d'ailleurs, d'analyser les risques encourus que pour mieux les éviter. Parlant de la démocratie, il affirmait dans son introduction : « j'ai voulu la connaître, ne fût-ce que pour savoir du moins ce que nous devions espérer ou craindre d'elle[2]. » Et en 1840, dans l'avertissement au second tome, il précisait avoir porté son attention sur les périls de la démocratie plus que sur ses bienfaits, car ces derniers sont aussi manifestes que les premiers restent imperceptibles aux yeux des contemporains. C'est donc faire œuvre d'utilité publique que de révéler les germes les plus toxiques de la démocratie. Le propos de *De la démocratie en Amérique* n'est donc pas de satisfaire uniquement un besoin théorique de compréhension des mécanismes funestes. Il ouvre la porte à l'action – ou à la réaction – politique. Expliciter les ressorts qui conduisent à la domination du peuple par lui-même fournit les outils pour réconcilier l'égalité avec la liberté : « Que de pareils penchants ne soient pas invincibles, ce n'est pas moi qui le nierai, puisque mon but principal en écrivant ce livre a été de les combattre » (II, IV, p. 98).

L'homme démocratique a un goût naturel pour la liberté, mais des idées et des sentiments le poussent à dessein vers la servitude. Le despotisme, nous l'avons dit, n'est pas une déviance de la démocratie et il ne s'agit pas de la ramener vers son cours naturel. Tout au contraire faut-il agir contre ses tendances profondes pour éviter que l'égalité ne triomphe aux dépens de la liberté. La conviction de Tocqueville, finalement, est que c'est de l'art et non de la nature qu'il faut attendre le salut : « Je pense que, dans les siècles démocratiques qui vont s'ouvrir, l'indépendance individuelle et les libertés locales seront toujours un produit de l'art » (II, IV, p. 103). Laissée à elle-même, la société démocratique finit par anéantir la liberté, mais il est toujours possible de disposer les moyens artificiels de la rendre républicaine. Quel est cet art qui sauverait la liberté ? Il ne peut être question de l'art politique des gouvernants, puisque toute action de leur part, même bien intentionnée, contribue à énerver les individus. Ce ne peut être que l'« art d'être libre[3] » que Tocqueville assimile

1. Voir par exemple Georges Vedel (dir.), *La Dépolitisation, mythe ou réalité ?*, Presses de Sciences Po, 1962.
2. *DA*, I, « Introduction », p. 69.
3. *DA*, I, II, 6, p. 335.

à l'« art de s'associer[1] ». La liberté dont parle Tocqueville n'a rien à avoir avec celle qui autorise chacun à vivre comme il l'entend ; celle-ci est une liberté improductive et purement individuelle. Elle réside plutôt dans l'administration de soi-même avec d'autres, dans la participation aux affaires publiques, qui commence par les choses les plus particulières et qui s'élève peu à peu aux plus générales. Il faut donc comprendre qu'en son sens authentique, la liberté politique consiste à s'associer activement à d'autres avec lesquels on prend la responsabilité de traiter les sujets communs. Aussi difficile que cela soit dans une société marquée par l'individualisme, l'espoir repose exclusivement sur l'engagement associatif :

> Il est clair que, si chaque citoyen, à mesure qu'il devient individuellement plus faible, et par conséquent plus incapable de préserver isolément sa liberté, n'apprenait pas l'art de s'unir à ses semblables pour la défendre, la tyrannie croîtrait nécessairement avec l'égalité[2].

De ce point de vue, la leçon d'Amérique est bien tirée. Les Américains parviennent en effet à maintenir leur république grâce aux associations civiles : « Les Américains de tous les âges, de toutes les conditions, de tous les esprits, s'unissent sans cesse[3] ». Ils y sont parvenus parce qu'ils n'ont pas hérité d'un État déjà institué. Ils ont dû tout inventer et s'unir d'abord pour former des communes, se rassembler ensuite au niveau du comté (mais sans renoncer aux pouvoirs communaux) puis à celui de l'État (sans devoir sacrifier le comté) et enfin à celui de la Fédération (qui n'a pas aboli l'administration des États membres). La construction ascendante a favorisé la préservation de l'esprit d'association, d'engagement et de mobilisation. À l'inverse, l'Europe entame son ère démocratique dans un cadre étatique puissant qui dissuade la formation des associations civiles. En outre, les nations européennes ne sont devenues démocratiques qu'en abattant l'ordre aristocratique, lequel formait une constellation d'associations intermédiaires. L'État révolutionnaire a aboli la noblesse et a repris directement en main l'administration publique. Ainsi, la loi Le Chapelier (1791) a interdit la constitution de nombreux corps intermédiaires (corporations professionnelles, organisations ouvrières et paysannes, etc.). Malgré la difficulté, il n'est pas d'autre espoir que de restaurer des pouvoirs secondaires : « Chez les peuples démocratiques, il n'y a que par l'association que la résistance des citoyens au pouvoir central puisse se produire [...] » (II, IV, p. 135).

L'art est le remède à la nature ; pourtant, le propos confine maintenant à la contradiction. Comment, en effet, rendre le goût de la liberté aux hommes sans le leur imposer ? L'absurdité qu'il y aurait à les contraindre à l'autonomie est patente. Si les hommes ont perdu jusqu'au désir de

1. *DA*, II, II, 5, p. 141.
2. *Ibid.*, p. 137.
3. *Ibid.*

s'associer, que peut-on espérer ? La solution passe par le truchement des institutions :

> Au lieu de remettre au souverain seul tous les pouvoirs administratifs qu'on enlève à des corporations ou à des nobles, on peut en confier une partie à des corps secondaires temporairement formés de simples citoyens ; de cette manière, la liberté des particuliers sera plus sûre, sans que leur égalité soit moindre.
>
> (II, IV, p. 169)

Certes, des individus dépolitisés n'ont aucune raison de s'y intéresser d'eux-mêmes. Seule l'expérience montre combien ces associations sont précieuses : « Il n'y a que les peuples qui n'ont que peu ou point d'institutions provinciales qui nient leur utilité [...] [1]. » On ne contraindrait donc pas les citoyens à être libres – ce qu'ils ne sauraient souffrir –, mais on créerait pour eux la nécessité d'expérimenter ces associations qui réveilleront, peut-on espérer, leur appétit d'engagement. Les autres dispositifs que mentionne Tocqueville sont tout aussi essentiels pour lutter contre la centralisation administrative et l'apathie générale (liberté de la presse, « par excellence, l'instrument démocratique de la liberté », indépendance de la justice, préservation des formalités sociales qui garantissent artificiellement le respect mutuel). La dernière question porte finalement sur ce « on » qui viendrait restaurer ces institutions incitatives. Le fait est que la démocratie n'est pas encore despotique ; de nombreuses personnes attachées à la liberté sont réceptives aux lumières de la raison. Tocqueville entend leur rendre clair ce qu'elles sentent confusément et leur apporter ces enseignements qu'il a tirés de l'examen de la démocratie en Amérique. Une leçon annexe de ces analyses est que l'ignorance du peuple – ou le règne de l'opinion publique – est un allié puissant du despotisme ; comprendre les causes qui conduisent naturellement la démocratie vers la servitude est déjà un gain décisif en faveur de la liberté.

Conclusion

La démocratie fait partie de nos repères politiques les plus fondamentaux ; nous lui prêtons confusément toutes les vertus, elle devient aisément un simple slogan. Elle s'est imposée historiquement comme la norme du politique et n'a plus d'autre adversaire que des régimes disqualifiés comme la dictature ou le totalitarisme. Même ceux-ci, du reste, aiment à se prétendre démocratiques quand ils ne sont jamais plus éloignés de l'être. Hommage de la servitude à la liberté. Tel est le triomphe

1. *Ibid.*, p. 166.

ambivalent de la démocratie à l'époque moderne. *De la démocratie en Amérique*, II, IV est une intraitable excursion dans les méandres de la démocratie que Tocqueville a eu le génie de rattacher à un *fait social* plutôt qu'à un régime, comme il est traditionnel de le faire. Cette partie conclusive de l'ouvrage révèle les tensions qui travaillent l'égalisation historique des conditions. L'homme démocratique a un amour naturel pour la liberté, qui se traduit par le dogme de la souveraineté du peuple, mais sa passion pour l'égalité est plus forte encore et contribue de multiples façons à la concentration des pouvoirs politiques et administratifs, au point que la liberté n'est plus que le spectre d'elle-même, une indépendance qui est l'autre nom de la faiblesse. Contre le mouvement naturel de la démocratie vers le despotisme, il faut restaurer l'art d'être libre. L'aristocratie avait ses pouvoirs secondaires pour borner la puissance monarchique. La démocratie risque de voir se dresser face au peuple un pouvoir d'autant plus absolu qu'il est, en quelque sorte, le sien, celui qu'il a élu et qui le représente. Les Américains ont dès l'origine pallié l'absence de réseaux de dépendances par une activité associative, civile et politique, qui préserve la république et maintient la liberté avec l'égalité. Tel n'est pas le cas en Europe, nous apprend Tocqueville, et nous devons tirer les enseignements de l'exemple américain pour nous efforcer de réveiller l'appétit de la liberté en la pratiquant partout où c'est possible.

Tocqueville nous parle de nous, de notre démocratie dont il avait anticipé bien des maux – la déresponsabilisation et la dépolitisation, l'administration pointilleuse des vies humaines. Aussi nous est-il particulièrement proche. La question se poserait de savoir si l'Europe a finalement réussi à esquiver les dangers qui la menaçaient, et à faire coïncider l'égalité et la liberté comme les Américains y étaient parvenus. À cette aune, l'Europe a-t-elle rattrapé son retard sur les État-Unis ? En 2000, le politologue américain Robert Putnam a proposé un diagnostic plutôt inquiétant dans son livre *Bowling Alone* [1]. Il fait état d'un affaissement constant de l'engagement civil chez ses concitoyens et d'un repli sur soi inédit dans la tradition américaine. L'isolement s'accentue, dit-il, fragilisant le socle associatif de la démocratie et rendant possible l'émergence d'un pouvoir central autoritaire comme les États-Unis n'en ont jamais connu. Au vu de ce constat, il semblerait que ce soient plutôt les États-Unis qui se soient rapprochés de la situation européenne que l'inverse. Les enseignements de Tocqueville risquent bien de garder longtemps leur utilité.

1. Robert Putnam, *Bowling Alone : The Collapse and Revival of American Community*, New York, Simon & Schuster, 2001.

ORIENTATION BIBLIOGRAPHIQUE

Édition de référence

Alexis de TOCQUEVILLE, *De la démocratie en Amérique. Tome II, partie IV*, GF-Flammarion, 2019.

[Le dossier de cette édition fait la part belle au thème de la démocratie.]

Autre édition

Alexis de TOCQUEVILLE, *De la démocratie en Amérique*, éd. François Furet, GF-Flammarion, 1981, 2 volumes.

[Édition précédée d'une passionnante préface du grand historien de la Révolution française François Furet, « Le système conceptuel de la "Démocratie en Amérique" ».]

Ouvrages sur Tocqueville

Jean-Louis BENOÎT, *Comprendre Tocqueville*, Armand Colin, 2004.

[Présentation complète de la vie et de l'œuvre de Tocqueville ; ouvrage destiné à un public d'étudiants.]

Laurence GUELLEC, *Tocqueville. L'apprentissage de la liberté*, Michalon, coll. « Le bien commun », 1996.

[Ouvrage de synthèse par une spécialiste de l'auteur.]

Jean-Claude LAMBERTI, *Tocqueville et les deux démocraties*, PUF, coll. « Sociologies », 1983.

[Enquête minutieuse sur les ambivalences de la démocratie. Texte très documenté et parfois dense.]

Claude LEFORT, « Réversibilité : liberté politique et liberté de l'individu » et « De l'égalité à la liberté », in *Essais sur le politique. XIXe-XXe siècles*, Seuil, coll. « Esprit/Seuil », 1986.

[Deux articles inspirés sur la liberté chez Tocqueville par un philosophe français majeur, penseur de la démocratie contre les totalitarismes.]

Pierre MANENT, *Tocqueville et la nature de la démocratie*, Gallimard, coll. « Tel », 2006.

[Une série de chapitres lumineux qui analysent, dans le détail du texte, les risques mais aussi les promesses de la démocratie chez Tocqueville.]

John Stuart MILL, *Essais sur Tocqueville et la société américaine*, Vrin, 1994.

[Des recensions de chacun des deux tomes de *De la démocratie en Amérique* publiés par l'ami et le contemporain de Tocqueville, le philosophe J. S. Mill. Instructif pour comprendre l'héritage libéral de l'ouvrage.]

TROISIÈME PARTIE

Roth

Le Complot contre l'Amérique

par Florence Fix

VIE DE PHILIP ROTH

1933 : Naissance à Newark, dans le New Jersey.

1959 : Publication de *Goodbye, Columbus*, qui rassemble un court roman et cinq nouvelles. Philip Roth n'a alors que 26 ans, il étudie à l'université de Chicago et a été démobilisé pour blessure en 1956. Son volume, qui relate la vie des juifs américains dans les années 1950, **remporte le National Book Award** et s'attire autant les critiques élogieuses de prestigieux écrivains que des reproches acerbes de la part des milieux conservateurs juifs.

1962-1964 : Écrivain-résident à l'université de Princeton.

1969 : Après la parution de romans moins appréciés par la critique, Roth, qui enseigne depuis quatre ans à l'université de Pennsylvanie, publie *Portnoy et son complexe* (*Portnoy's Complaint*), un roman qui fait scandale en donnant la parole à un personnage dont les deux occupations principales sont la masturbation et l'ingestion de nourriture. Le style de l'auteur est composé d'irrévérence, d'humour salace et d'autodérision ; ses personnages principaux peuvent aisément émarger au rang d'antihéros tant ils doutent de leurs choix et peinent à sortir de l'enfance.

1972 : *Le Sein* (*The Breast*), récit de la métamorphose d'un narrateur en sein de femme, consacre **l'écrivain qui est élu à l'American Academy of Arts and Sciences**. Roth a effectué son premier voyage à Prague l'année précédente et s'est installé dans une vieille ferme du Connecticut, son logis jusqu'à la fin de sa vie.

1974 : *Ma vie d'homme* (*My Life as a Man*) introduit Nathan Zuckerman, le protagoniste des nouvelles rédigées par un narrateur-écrivain nommé Peter Tarnopol. Double dédoublement, mise en abyme du métier d'écrivain : Roth donne voix à Peter qui donne voix à Nathan, et ouvre ainsi le « **cycle Zuckerman** ». La même année, il fonde aux célèbres éditions Penguin la collection « Writers from the Other Europe » et œuvre pour la traduction et la diffusion des écrivains d'Europe de l'Est.

1979 : *L'Écrivain des ombres* (*The Ghost Writer*) opère un nouveau dédoublement : Nathan Zuckerman, le narrateur, se souvient du jeune écrivain qu'il a été vingt ans auparavant.

1981 : Dans *Zuckerman délivré* (*Zuckerman Unbound*), le personnage de romancier est devenu si riche et si célèbre qu'il est harcelé par un admirateur persuadé d'être également écrivain.

1983 : *La Leçon d'anatomie* (*The Anatomy Lesson*) raconte la chute d'un Nathan Zuckerman que la maladie rend incapable d'écrire. Le récit de ses souffrances occupe toute sa vie et remplace son activité d'écrivain.

1985 : Dans *L'Orgie de Prague* (*The Prague Orgy*), Nathan Zuckerman retrouve vie auprès d'écrivains contestataires d'Europe de l'Est qui, loin des débats d'idées, l'entraînent dans des ébats sexuels.

1986 : *La Contrevie* (*The Counterlife*) signe la fin des aventures de Nathan Zuckerman et entrelace les vies rêvées ou réelles de Nathan et de son frère.

1988 : *Les Faits. Autobiographie d'un romancier* (*The Facts : A Novelist's Autobiography*).

1990 : *Tromperie* (*Deception : A Novel*), dialogue d'un personnage nommé Philip avec plusieurs femmes aimées ou désirées.

1991 : *Patrimoine. Une histoire vraie* (*Patrimony : A true story*), récit autobiographique.

1993 : *Opération Shylock. Une confession* (*Operation Shylock : A Confession*).

1997 : *Pastorale américaine* (*American Pastoral*), prix Pulitzer.

1998 : *J'ai épousé un communiste* (*I Married a Communist*).

2000 : *La Tache* (*The Human Stain*).

2004 : *Le Complot contre l'Amérique* (*The Plot Against America*). De *Pastorale américaine* au *Complot*, Roth entrecroise des éléments autofictionnels avec une réflexion sur les heures les plus noires des États-Unis de la seconde moitié du XXe siècle.

2007 : *Exit le fantôme* (*Exit Ghost*), dernière apparition du personnage de Nathan Zuckerman.

2010 : *Némésis* (*Nemesis*). Philip Roth annonce qu'il n'écrira plus.

2018 : Décès à New York.

INTRODUCTION

Roman tardif dans la vaste production de Philip Roth, *Le Complot contre l'Amérique* rassemble à la fois les éléments autobiographiques qui ont fait la renommée de l'auteur nord-américain, inlassablement relatés et raillés avec tendresse de livre en livre, et une modalité d'écriture plus singulière chez lui : l'histoire de son pays vue sous un angle contrefactuel. En imaginant que l'aviateur Charles Lindbergh accède en 1940 à la présidence des États-Unis (c'est en réalité Franklin Delano Roosevelt qui accomplit son troisième mandat durant cette période), le romancier décrit quelles auraient été les répercussions de cette élection dans un quartier peuplé de familles juives modestes du New Jersey, qui ressemble à s'y tromper à celui de son enfance. Pendant deux ans, de juin 1940 à octobre 1942, son récit historique divergent (*alternative history*) invite à une expérience immersive de la peur. L'hypothèse d'une dérive de la démocratie américaine vers l'antisémitisme et l'isolationnisme n'est pas élaborée à l'échelle d'un pays ou de ses institutions, mais à hauteur d'un enfant de 7 à 9 ans dont l'identité intime se forge à partir de cet événement fictif : « aurais-je été aussi craintif si nous n'avions pas eu Lindbergh pour président, ou si je n'étais pas né dans une famille juive ? » (p. 11).

I. PRÉSENTATION DU *COMPLOT CONTRE L'AMÉRIQUE*

A. Le contexte de l'œuvre : relire l'histoire américaine

Les derniers romans de Philip Roth, parmi lesquels *Le Complot contre l'Amérique*, abordent une réflexion sur l'histoire récente des États-Unis : le maccarthysme dans *J'ai épousé un communiste*, la contestation violente de l'extrême gauche des années 1970 dans *Pastorale américaine*, les dérives du politiquement correct dans *La Tache*, roman publié pendant l'affaire Lewinsky. L'auteur n'abandonne pas pour autant le motif autofictionnel de ses textes antérieurs : l'enfance dans un quartier modeste de Newark, sur la côte Est des États-Unis, la question de l'identité juive dans un milieu peu pratiquant, la formation d'un jeune homme qui se sent intimement juif et américain se mêlent au devenir d'un pays tout entier.

1. Histoire personnelle

Nombre des romans de Philip Roth sont d'inspiration autobiographique et narrent les déconvenues amoureuses d'un écrivain juif ayant des difficultés à s'émanciper de son milieu d'origine, inconsolable nostalgique de l'amour qu'il y a reçu mais désireux de grandir ailleurs pour devenir un adulte autonome et libre. À leur publication, certains critiques américains n'ont pas manqué de souligner « la haine de soi de ce Juif antisémite [1] ». « Écrivain incommode » (comme a pu l'écrire le romancier israélien Aharon Appelfeld), Roth décrit l'existence, dans un pays où les communautarismes sont forts, d'Américains « juifs par hasard » (p. 33), c'est-à-dire d'habitants de quartiers uniquement peuplés de juifs non pratiquants qu'il traite avec ironie, tendresse, parfois agacement. En ce sens, « il se définit non pas par ses appartenances mais plutôt contre elles [2] ». L'écrivain a ainsi construit son œuvre sous la forme de grands cycles narrant des parcours de vie, souvent celui d'un écrivain ou d'un universitaire juif américain, ce qui lui permet de jouer sur les stéréotypes et l'autodérision (une démarche qui rappelle celle de Woody Allen) de livre en livre. Ces cycles sont au nombre de trois :

– le cycle Nathan Zuckerman ;
– le cycle David Kepesh ;
– le cycle Némésis.

S'y lisent une fascination pour les destins et une admiration pour les hommes de pouvoir déterminés, qui sont exprimées par un narrateur dépassé, hésitant entre adaptation, dissimulation et souci de ne pas se démarquer, mais provoquant souvent surprise ou scandale. Le personnage rothien passe maître en actes manqués, finissant toujours par exposer avec éclat ce qu'il a minutieusement cherché à cacher. Ce registre de l'apparition/disparition construit une mécanique du récit autofictionnel qui vaut parfois à l'auteur le reproche de s'être « complu dans l'affabulation bavarde de sa propre vie [3] ».

Pourtant, dans les romans de Philip Roth, s'affirme également une conscience de classe qui ne quitte jamais les parvenus, ces petites gens qui s'interdisent l'ascension sociale ou l'obtiennent sans vraiment l'assumer. Le sentiment d'imposture accompagne des parcours de vie hantés par la culpabilité, le remords, l'impression d'avoir commis une erreur, même quand les personnages ne sont pas directement responsables des malheurs d'autrui. Bucky, le personnage de *Némésis*, a renoncé à un avenir prometteur car il pense avoir contribué à propager la poliomyélite dans une colonie de vacances où il travaillait comme maître-nageur. Son emploi constituait déjà une dérobade pour cet athlète d'exception qui n'avait pu s'engager dans la guerre en raison d'une forte myopie, et ces deux événements font naître chez le personnage un profond sentiment de culpabilité. Dans *Pastorale américaine*, le père de la jeune fille terroriste confesse à un ami qu'il trouve dans sa propre enfance et dans sa propre réussite sociale les raisons de la violence de son enfant. Dans *Le Complot contre l'Amérique*, Philip affirme à sa tante que Seldon est son meilleur

1. André Bleikasten, *Philip Roth*, Belin, coll. « Voix américaines », 2001, p. 8.
2. *Ibid.*, p. 10.
3. *Ibid.*, p. 11.

ami ; son mensonge est à l'origine du déménagement de l'enfant dans le Kentucky.

Chez Philip Roth, l'histoire des États-Unis est toujours abordée de biais, en évoquant les répercussions des grands événements, des hommes politiques et des lois sur les vies quotidiennes, sur les couples, sur les familles. Les bouleversements de l'Amérique du XXe siècle (la Seconde Guerre mondiale, le maccarthysme, les luttes des minorités pour les droits civiques) touchent de fait des individus qui ont tenté d'en nier la portée ou l'influence : des exemptés du service militaire, des hommes qui ont fait fortune et ont changé de nom, de ville ou de famille afin de passer sous silence leurs origines pauvres et juives, et qu'un événement rattrape, leur rappelant que les gens restent les mêmes et que le rêve américain du *self-made-man* n'est qu'un mythe, voire un leurre. Les personnages de Philip Roth ne fabriquent que des récits d'émancipation illusoires, ils demeurent le produit d'une éducation et d'un milieu, auxquels il est impossible d'échapper.

C'est donc avant tout le mensonge que l'on se fait à soi-même, celui qu'on se raconte afin de se donner l'illusion de changer d'identité, qui est démenti par les coups de théâtre de l'histoire. Les familles tranquilles et heureuses décrites dans les romans de Philip Roth ne sont pas sans secrets, dissimulations ou travestissements : le petit Philip du *Complot contre l'Amérique* cache son album de timbres, son frère un carton à dessins ; les adultes taisent des fautes plus graves mais tous vivent dans l'inquiétude que leurs turpitudes soient découvertes et exposées aux yeux de tous. En ce sens, le cauchemar de l'enfant selon lequel ses timbres se trouveraient non seulement vus de tous, mais entachés d'une croix nazie (figurant sur la couverture du livre, selon le souhait de l'auteur et de son éditeur américain), procède de la hantise d'une double révélation : celle de l'antisémitisme des États-Unis, celle de l'attirance du garçon pour les mythes américains et pour le héros aviateur pilotant le *Spirit of St. Louis*. Le parc naturel national de Yosemite, qui convoque l'imaginaire de la conquête de l'Ouest et de l'aventure, est réduit sur le timbre à l'antisémitisme, ce secret honteux que cachait une illusion de grandeur. Il en est de même de tous les personnages qui vivent dans la crainte que quelqu'un révèle au grand jour leurs rêves, leurs mensonges ou leurs fantasmes : la transformation d'un personnage en sein de femme (*Le Sein*), la dénonciation pour racisme d'un vieil universitaire qui préfère démissionner plutôt que de reconnaître qu'il a des ancêtres noirs (*La Tache*), la découverte par l'animateur de radio que sa propre femme a, comme lui, une identité cachée (*J'ai épousé un communiste*) sont autant d'expositions violentes et pourtant loufoques de l'intériorité profonde des protagonistes, traitées avec dérision et ironie. À l'échelle du pays, le fait de dévoiler des vérités dissimulées, comme l'antisémitisme d'Henry Ford ou de Charles Lindbergh, permet de confronter les mythes américains à leurs ambiguïtés ou à leurs non-dits.

2. Mensonges d'État

Lors de la publication du *Complot contre l'Amérique* en 2004, les critiques nord-américains ne manquèrent pas de déceler des allusions à la politique du président des États-Unis alors en fonction, George W. Bush. Durant ses deux mandats (2001-2009), celui-ci a répondu à l'anxiété générée par les attentats du 11 septembre 2001 à l'aide d'une série de mesures d'exception qui menaçaient de confisquer certaines libertés. La loi antiterroriste du *Patriot Act*, votée dès octobre 2001, donne ainsi des pouvoirs inédits aux agences de renseignement : les perquisitions en l'absence, à son domicile, de la personne concernée, l'utilisation des données personnelles numériques, les écoutes téléphoniques alors menées ont été à plusieurs reprises considérées comme anticonstitutionnelles, car elles attentaient notamment à la liberté d'expression ainsi qu'au droit à un procès équitable. L'atmosphère de suspicion qui touche les juifs dans *Le Complot contre l'Amérique* présente manifestement des similitudes avec la mécanique de tolérance à l'arbitraire enclenchée par le *Patriot Act*. L'obsession de l'ennemi de l'intérieur et de l'espionnage résonne alors de manière frappante avec l'actualité. Autre similitude, l'attaque terroriste du 11 septembre 2001 a engendré une politique extérieure offensive, verbalement agressive et militairement très engagée : la campagne militaire de bombardement de l'Afghanistan (2001), l'ouverture du camp de détention de Guantanamo à Cuba la même année (qui autorisa la torture et l'emprisonnement arbitraire de suspects), la guerre menée en Irak (2003), justifiée sur le principe d'une collision supposée entre le régime de Saddam Hussein et des organisations terroristes (qualifiées tantôt d'« axe du mal », tantôt d'« islamo-fascistes »), font penser à l'escalade des conflits dans le roman.

On sait aujourd'hui que les raisons invoquées jusque devant le Congrès, comme l'existence d'armes chimiques ou le financement du terrorisme international par l'Irak, sont fausses. Elles ont donné lieu à une réflexion sur la construction et la manipulation de l'information, la diffusion des *fake news*, l'attirance pour les fictions de la revanche : des thématiques qui innervent *Le Complot contre l'Amérique*. Certes, conformément au contexte de l'intrigue, les nationalistes et conservateurs américains du roman de Roth font le choix d'une politique brutalement isolationniste, refusant de s'engager dans la Seconde Guerre mondiale, alors que les guerres menées par le second président Bush semblent relever au contraire d'une politique très interventionniste, dont le caractère dangereux ou infondé fut à plusieurs reprises critiqué par l'ONU. Mais dans les deux cas, qu'il s'agisse d'engager ou non des troupes américaines dans un conflit extraterritorial, les décisions sont prises sur la foi d'informations tronquées ou manipulées, générant une haine et une rage irrationnelles dans la population. Le père du narrateur prend la peine de suivre les informations diffusées dans le cinéma de quartier et son fils s'y rend seul, en cachette, muni d'une fausse lettre d'autorisation, afin de voir la tante Evelyn entrer à la Maison Blanche. Écouter la radio, lire la presse, commenter les événements politiques et les discours avec les voisins et la famille… Les débats souvent houleux abondent dans *Le Complot contre l'Amérique* et il n'y a pas à proprement parler de censure ni d'interdiction comme ce fut le cas en Allemagne nazie ou en Italie fasciste. Les protagonistes expriment leurs points de vue, s'informent, comparent leurs sources : leur démarche se trouve cependant mise à mal par des lectures plus hâtives, optimistes ou naïves de ces mêmes faits. Ainsi en est-il de la façon dont Evelyn ou Sandy appréhendent les événements : ils les lisent à l'aune de leurs envies d'émancipation, de réussite sociale, de reconnaissance. Le danger ne réside pas dans la réception de l'information (comme par exemple dans le roman dystopique *1984* de George Orwell, où les personnages n'ont plus accès aux faits), mais dans son interprétation. Au nom de la liberté d'opinion, certains protagonistes en viennent à porter crédit aux propositions les plus farfelues.

Le roman a connu de ce fait un regain d'intérêt lors de l'élection à la présidence de Donald Trump en 2016. Il permettait en effet de se souvenir que le célèbre slogan « America First », adopté par le candidat, est en réalité le nom d'une association dissoute en 1941 après l'attaque de Pearl Harbor, dont Charles Lindbergh avait été un membre actif. Plus généralement, *Le Complot contre l'Amérique* décrit l'élection surprise à la présidence d'un candidat médiatique et populaire, contre un rival aguerri à la vie politique et à l'exercice du pouvoir, et dénonce ainsi la prolifération du populisme. Le charismatique aviateur n'a pas de programme politique et guère d'idéologie en dehors d'un nationalisme isolationniste assez vague puisqu'il repose sur la seule dimension militaire (Lindbergh ne répugne pas au commerce avec l'Europe). Ses discours sont brefs et rares, sa connaissance du pays se borne à son expérience d'aviateur. Néanmoins, ces éléments factuels qui démontrent son ignorance, pour ne pas dire son inaptitude à la fonction présidentielle, jouent en sa faveur dans un climat de peur et d'insécurité. Son apparence physique et ses exploits sportifs en font une incarnation du rêve américain de la réussite, « le type même de l'Américain légendaire qui accomplit des prouesses en ne comptant que sur lui-même » (p. 52) et, pour une majeure partie de la population, cela suffit manifestement à asseoir sa notoriété et à générer de la confiance. En jouant sur la peur de la guerre, le président Lindbergh s'assure la paix dans son pays.

3. Un roman de la peur

Dans un entretien publié dans *Le Monde* du 19 octobre 2012, Philip Roth rapproche *Le Complot contre l'Amérique* de *Némésis*, son dernier roman, publié en 2010. Selon l'auteur en effet, ce sont tous deux des romans de la peur, dans lesquels la hantise de la contamination dévaste des protagonistes impuissants. Dans *Némésis*, Bucky voit se propager la poliomyélite en même temps que sa culpabilité à l'idée d'en être porteur. Dans *Le Complot contre l'Amérique*, le petit Philip observe l'antisémitisme envahir son environnement, jusqu'à l'appartement dont ses voisins sont exclus pour être envoyés dans le Kentucky, jusqu'à son propre frère séduit par le nouveau président. La méconnaissance des autres communautés engendre malentendus et réticences tenaces : les parents de Philip, qui ont subi l'antisémitisme par le passé, ne voudraient pour rien au monde s'installer dans un quartier irlandais catholique. L'enfant lui-même échafaude le projet fragile de se déclarer orphelin de confession chrétienne afin d'échapper au climat d'anxiété et d'incertitude qui règne dans son quartier juif. Mais il ressent les plus grandes frayeurs devant l'orphelinat, les nonnes et les fêtes religieuses catholiques. Chaque communauté fonctionne de manière close, se croit la seule à être vraiment américaine et observe les autres avec réprobation. Aux petites fugues de l'enfant qui prend le bus pour suivre des chrétiens dans la rue et tenter de saisir un mode de vie dont il ignore tout font écho les préparatifs plus concrets et désespérés des adultes pour partir au Canada et mener une existence paisible, chose qui leur semble désormais impossible aux États-Unis. Le discours du *melting-pot* est donc une illusion, puisque les Américains d'origines et de religions différentes ne se connaissent guère : ce morcellement explique pourquoi l'ébranlement de la démocratie par une gouvernance antisémite n'est pas capable de fédérer ces communautés en force de résistance conjointe. La politique d'ostracisme et d'exclusion est assumée par le gouvernement et encouragée par de nombreuses théories conspirationnistes à l'échelle du pays, relayées par des accusations mensongères. Les rumeurs selon lesquelles les juifs tueraient des enfants, boiraient le sang des animaux ou violeraient des jeunes filles chrétiennes émergent à plusieurs reprises dans l'intrigue. Le roman ayant été rédigé en 2004, il condense des éléments épars de la vie politique américaine qui ne sont pas tous directement liés à la Seconde Guerre mondiale. Il en est ainsi des emprunts à la rhétorique du maccarthysme ou à celle de la haine raciale. La « tyrannie du nous » dont souffre le protagoniste de *La Tache* est commune à nombre de personnages de l'univers de Philip Roth, incapables de penser autrement que leur communauté, obstinément attachés à ce qui les fait souffrir.

Le titre du roman en anglais, *The Plot Against America*, invite à considérer le mot *plot* dans ses nombreuses acceptions : conspiration, complot, certes, mais aussi intrigue, car la peur génère des récits, des rumeurs, tout autant que des possibles, des hasards, des éventualités. Durant les deux années de la présidence Lindbergh, toutes les fictions semblent crédibles : une enseignante coquette et ambitieuse peut être invitée à la Maison Blanche, un jeune garçon doué pour le dessin a la possibilité de devenir, le temps d'un été, agriculteur. Le rêve américain du *self-made-man* est ainsi représenté dans son acception la plus vaste, la plus loufoque et souvent la plus ironique ou dérisoire. Cette présidence qui a des traits comiques, absurdes, et dont le critique le plus virulent est un animateur de radio, un trublion aux bons mots qui se porte lui aussi candidat à la plus haute fonction de l'État, s'interrompt aussi rapidement qu'elle a commencé, sur un surprenant coup de théâtre. L'homme que personne n'attendait (Lindbergh candidat) disparaît avec son avion, comme dans un roman d'aventures ou de jeunesse, et Bengelsdorf écrit un gros livre conspirationniste pour justifier l'apparent engagement nazi du président par un chantage secret exercé par Berlin à son encontre. Le monde n'est pas explicable par des faits, des relations de cause à effet établies par des méthodes d'historiens, mais par des fictions. En confiant la voix du narrateur à un enfant, Philip Roth ôte à sa dystopie le personnage de sage observateur qui apporte lucidité, espoir et mesure dans la plupart des récits de science-fiction [1]. Il en résulte un roman plus léger, dont les passages parfois comiques exposent les travers et les ambitions des adultes, mais aussi désengagé, puisque le narrateur n'est jamais à même de mener à bien une révolte d'ordre politique. Ses tentatives de fugue se soldent par des fièvres infantiles et ses gauches dissimulations finissent toujours par être découvertes.

B. Situation du texte : la voix de l'enfant dans un monde d'adultes

Philip Roth s'est fait connaître à travers des romans mettant en scène l'homme adulte, en proie aux affres de la maturité, aux difficultés professionnelles et conjugales, qui ne parvient pas à s'émanciper d'une enfance heureuse mais étouffante. Dans *Le Complot contre l'Amérique* en revanche, c'est le regard de l'enfant que restitue la narration, un enfant qui souhaiterait conserver son environnement heureux, « dans l'Amérique de Lindbergh, forteresse autonome, séparée des zones de guerre par toute la largeur des océans, cette Amérique où personne n'est en danger sauf nous » (p. 294).

1. Un bonheur menacé

Dans un chapitre intitulé « Bien à l'abri chez soi » de son autobiographie *Les Faits. Autobiographie d'un romancier*, Philip Roth écrit :

> La plus grave menace, à l'époque où j'étais enfant, venait de l'étranger, des Allemands et des Japonais, qui étaient nos ennemis parce que nous étions américains… Sur place, la plus grave menace venait des Américains qui

1. Par exemple François le patriarche dans *Ravage* de Barjavel (1943), ou bien Winston Smith dans *1984* de George Orwell (1949), ou encore Frank Frink dans *Le Maître du Haut Château* de Philip K. Dick (1962), pour ne citer que des réécritures de la Seconde Guerre mondiale.

> s'opposaient à nous – ou nous repoussaient –, nous traitaient avec condescendance quand ils ne nous excluaient pas strictement – parce que nous étions juifs [1].

L'enfant des années 1940 est donc aux prises avec une double crainte : celle de l'ennemi de l'extérieur, l'Axe fasciste, en tant qu'Américain, celle de l'ennemi de l'intérieur, l'antisémitisme, en tant que juif. Toutefois, dans la plupart de ses romans, cette inquiétude est toujours sous-jacente – quoique prompte à émerger à l'occasion – et n'implique pas de danger pour l'intégrité des biens ou des personnes. Les juifs américains sont « à l'abri » car ils résident, travaillent, vont à l'école dans des quartiers, des communautés établies. Ce que la tante Evelyn et son époux qualifient avec mépris de « ghetto » dans le roman, un terme qui a une tout autre acception en Europe où il désigne un espace contraint et même coercitif, relève aux États-Unis d'un cocon familial étendu à un quartier. Le foyer a le même fonctionnement que l'ensemble des habitants des rues voisines. Les similitudes font de ces familles des espaces rassurants et poreux : les Roth accueillent Alvin, puis Seldon ; la mère de Philip prépare les repas du fils de la voisine de l'appartement du dessous. La communauté ne véhicule pas la portée inquiétante et étouffante qui est décrite dans d'autres romans de Philip Roth, dans lesquels un homme adulte tente en vain d'échapper aux valeurs, aux modes de vie et aux interdits qui ont façonné son enfance. *Le Complot contre l'Amérique*, qui est entre autres un roman de formation (*Bildungsroman*) narré à hauteur d'enfant, n'exprime pas de rejet du communautarisme mais au contraire une quiétude explicite envers ce qui est commun, ce que tous les voisins partagent.

Les déplacements hors du quartier sont périlleux : le voyage à Washington est entaché d'une confrontation violente avec l'antisémitisme lorsque la famille est évincée de sa chambre d'hôtel. Une première proposition de déplacement professionnel pour le père est envisagée avec anxiété ; la seconde, qui est une injonction, relève d'un vaste dispositif de dispersion et d'effritement du quartier juif. Philip Roth ne nie pas la possibilité d'une ascension sociale : issu d'un quartier pauvre, ayant passé son enfance dans un immeuble de rapport et ayant cessé d'aller à l'école à 14 ans, Herman Roth a connu une évolution verticale ; il élève ses propres enfants dans une situation économique et sociale plus favorable. Néanmoins, c'est l'évolution horizontale, le passage d'un quartier à un autre, d'une ville à une autre ou d'un État à un autre qui est beaucoup plus problématique. Les juifs ne sont en sécurité que dans un cadre limité : « Outre ses cinq sens, un enfant de mon milieu en avait un sixième, de ce temps-là, le sens de la géographie, sens aigu du lieu où il vivait et de son environnement humain et physique » (p. 306). La vaste carte des États-Unis que possède la famille, souvent consultée, rappelle

1. Philip Roth, *Les Faits. Autobiographie d'un romancier*, trad. Michel Waldberg, Gallimard, coll. « Du monde entier », 1990, p. 31.

le mythe de la *frontier*, symbole fondateur dans l'imaginaire américain de l'appropriation d'un territoire. Les premiers Américains ont domestiqué un espace considéré comme sauvage, en avançant vers l'Ouest, créant peu à peu des États et une nation fédérale. Relue à l'aune d'une minorité en danger, la frontière devient un cauchemar : l'Amérique retourne à sa violence originelle et les juifs sont les nouveaux colons. À l'encontre de cette mythologie du mouvement, le narrateur n'aspire qu'à la stabilité et à l'immobilité de son quartier ou de sa famille. Pourtant, ces espaces de refuge ne sont pas sans danger : Seldon, le double redouté de Philip, meilleur élève de sa classe, doué pour les échecs, connaît une régression violente sous le choc des nombreux malheurs qui touchent sa famille. Après la maladie et le suicide de son père, l'isolement puis le déménagement forcé, la mort violente de la mère porte un coup fatal à l'équilibre mental de l'enfant. Ce paradigme du mouvement et de l'immobilité invite à interpréter le titre anglais du roman de manière concrète, puisque le mot *plot* signifie également « terrain » : durant les deux années d'exercice de l'administration Lindbergh, le petit espace de la famille Roth se dresse bientôt contre toute l'Amérique, le père refusant obstinément de se plier aux lois et recommandations qui contraignent les juifs.

2. Cartographies du bien et du mal

Né en 1933 comme l'auteur, le narrateur est âgé de 7 à 9 ans durant le temps du récit. Il va à l'école, observe les adultes, écoute leurs échanges et commente leurs comportements. Il n'a nullement l'autonomie du cousin Alvin ou celle peu à peu acquise par son frère aîné. De ce fait, son appréhension du monde est assez théorique : il tente, comme le font tous les enfants, de déterminer des interdits, des possibilités et des valeurs à partir de ce qu'il voit du comportement des autres. Or, comme la carte de l'Amérique, la géographie familiale est très clivée et complexe. Si le quartier juif est massivement ancré dans une opposition au fascisme et un soutien aux démocrates, la famille Roth présente un panorama d'idéologies opposées. Herman Roth est obstinément antifasciste, l'oncle Monty, son frère, opportuniste ; leur neveu Alvin s'engage aux côtés des Alliés en Europe, quand le fils aîné, Sandy, expérimente l'assimilation des juifs au sein de familles chrétiennes.

Le quartier de Newark constitue un îlot juif dans un pays qui ne l'est majoritairement pas, mais c'est aussi un espace poreux, fragilisé par les tensions qui existent au sein même de la famille : en témoignent les nombreux affrontements entre père et fils, frères, oncle et neveu qui rejouent en mode mineur les conflits européens. Le désastre du salon dévasté par les belligérants est une version dérisoire et grotesque de la guerre mondiale. Il signale, à hauteur d'enfant, les désastres de la guerre qui entrent à la maison, se cachent sous le lit, font chuchoter les parents ou crier les cousins. Pour le jeune garçon, l'arrivée de Lindbergh au pouvoir n'imprime pas seulement un autre cours de l'histoire à l'Amérique, il modifie définitivement sa vie (« Une nouvelle vie commençait pour moi », p. 168) sur le mode de la révélation :

> l'imprévu était ce que nous, les écoliers, étudiions sous le nom d'« histoire », cette histoire bénigne, où tout ce qui était inattendu en son temps devenait inévitable dans la chronologie de la page. La terreur de l'imprévu, voilà ce qu'occulte la science de l'histoire, qui fait d'un désastre une épopée.
>
> (p. 168)

Contrefactuel, *Le Complot contre l'Amérique* est donc aussi contre-historique. L'histoire alternative du roman restitue l'impact concret qu'opère l'histoire sur les individus : les dates qui ponctuent les chapitres du roman ne sont ainsi pas saisies comme des repères ou des événements marquants agençant une chronologie explicative, mais comme une série de catastrophes touchant l'enfant et sa famille. Quoique raconté par un adulte se souvenant de l'enfant qu'il a été, le récit n'établit aucune prise de distance, aucune herméneutique : à l'issue de l'expérience Lindbergh, aucun savoir n'a été constitué, et seules demeurent la peur perpétuelle et la pauvreté du conteur, nimbée désormais d'une mélancolie élégiaque envers la perte de l'enfance heureuse.

3. Grandir avec Lindbergh

La voix du témoin est donc celle d'un enfant, ce qui permet à l'auteur de restituer sans filtre la surprise, la compréhension partielle et l'oralité. C'est peut-être aussi la figure narrative qui permet de restituer au mieux la fascination qu'exerce sur cet immense pays infantilisé le mythe de l'aventurier aviateur, auquel le peuple croit comme à un conte : comme les Américains, le petit Philip admire Lindbergh. La présidence de ce dernier est une véritable régression à l'échelle d'un pays, le retour à une enfance heureuse et sans histoires, désireuse de ne prendre ni parti ni responsabilité dans la guerre en Europe. De même, le roman ne relate pas une enfance malheureuse : la famille n'engendre pas de blessure que compenserait la revanche d'une vie d'adulte. Le père est admirable d'opiniâtreté et de rigueur morale, la mère aimante et fine, le frère doté d'un talent pour le dessin et le cousin nimbé d'une aura d'héroïsme. La blessure vient de l'extérieur, d'un homme qui a perdu son fils et, parce qu'il est lui-même un éternel enfant, incarne la bonne conscience de l'Amérique. Le véritable « problème » du narrateur, c'est d'avoir une vie très protégée, lui qui est choyé par des parents prêts à renoncer à leur rêve de propriété afin d'éviter à leurs fils l'antisémitisme. Comme l'indique à maintes reprises le récit, la hantise de Herman Roth est l'absence de famille, et les parcours d'orphelins à la Dickens ou sortis des contes de fées dont s'éblouit Evelyn-Cendrillon – qui offrent à des

***Charles Lindbergh est décoré par Hermann Göring*, photographie, 28 juillet 1936.**

Comme son père, qui fut élu à la Chambre des représentants (où il siégea entre 1907 et 1917) et se montra fermement opposé à l'engagement dans la Première Guerre mondiale des États-Unis (il rédigea en 1917 le brûlot *Why is Your Country at War ?*), Lindbergh est isolationniste et affiche la conviction que son pays ne doit pas intervenir dans le second conflit. Il n'a pourtant aucun engagement politique ni charge élective, se tenant plutôt à l'écart des débats pendant toute sa carrière d'aviateur. Après l'enlèvement et l'assassinat de son fils aîné, Charles fuit les États-Unis avec sa femme Anne et s'installe pendant quatre ans en Europe, d'abord en France puis en Angleterre, pour échapper à l'attention médiatique. L'aviateur jouit d'une très grande popularité mais se tient toujours à l'écart de la vie publique. C'est à la demande de l'ambassade américaine de Berlin, qui cherche à s'informer sur la capacité du Reich à mener une guerre, qu'il est convié en 1936 à une tournée de découverte des bases militaires, des aéroports et des fabriques d'armement de l'armée allemande. Lindbergh conclut par l'affirmative et insiste sur le fait que l'Allemagne, désobéissant à l'injonction de démilitarisation du traité de Versailles (1919), dispose désormais d'une armée organisée, solide, moderne, capable de vaincre tout adversaire, y compris les États-Unis. Néanmoins, l'aviateur ne s'en tient pas à ce relevé d'informations et répond favorablement à plusieurs invitations du régime nazi, jusqu'à participer le 28 juillet 1936 à une rencontre officielle, au cours de laquelle Hermann Göring, ministre de l'Intérieur et de l'Aviation du régime hitlérien – et lui-même as de l'aviation pendant la Grande Guerre – lui remet la croix de l'Aigle allemand. Il n'est pas le seul à avoir reçu cette distinction, réservée aux étrangers, des mains d'un haut dignitaire du régime nazi : Henry Ford, fondateur de l'entreprise automobile du même nom, et Thomas Watson, dirigeant d'IBM de 1914 à 1956, l'ont acceptée également. Toutefois, à la différence de ces capitaines d'industrie qui ont pour justification le souci de maintenir les entreprises américaines dans le commerce international, Lindbergh est un symbole de l'aviation américaine qui n'a aucun intérêt à recevoir une telle récompense, et une partie de la presse de son pays se déchaîne contre lui.

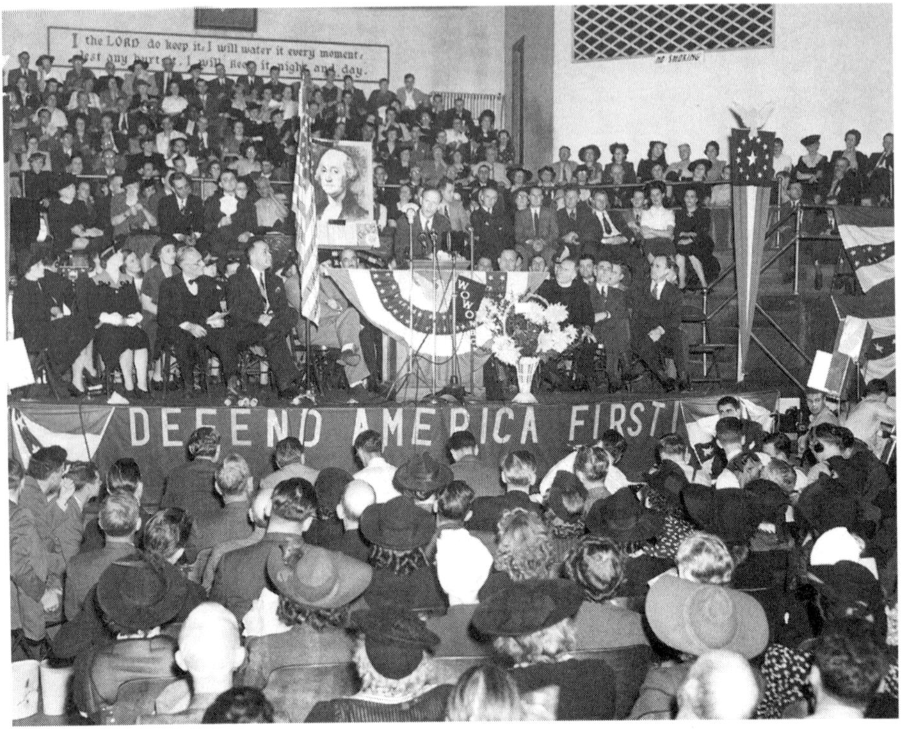

***Discours de Charles Lindbergh lors d'une réunion publique du comité America First*, photographie, 5 octobre 1941.**

L'America First Committee (AFC) est un groupe de pression isolationniste qui reprend des slogans et des idées déjà exprimés par certains hommes politiques conservateurs durant la Première Guerre mondiale : les conflits en Europe doivent rester européens, il faut préserver les intérêts économiques et les vies des citoyens américains, ce qui revient à agir fermement contre l'implication des États-Unis dans toute guerre hors de son sol. Créée en septembre 1940 et dissoute en décembre 1941, l'AFC organisa de nombreuses manifestations afin de pousser le président F. D. Roosevelt à maintenir le *Neutrality Act* (loi sur la neutralité) de 1939, qui autorisait la vente et la livraison d'armes aux belligérants mais non l'intervention de troupes américaines.

Cette photographie de presse n'a pas de valeur idéologique mais témoigne toutefois de la façon dont s'organise le lobbying en faveur de « l'Amérique d'abord ». La réunion, toute sulfureuse soit-elle, se présente en effet selon les codes de la manifestation autorisée, du discours tenu par un homme en vue devant des sympathisants qui l'entourent sobrement et l'écoutent attentivement. Rien ne rappelle la mise en scène des discours nazis, l'usage par les totalitarismes européens du culte de la personnalité ou le décorum du Ku Klux Klan. Charles Lindbergh est simplement flanqué de bannières aux couleurs de l'Amérique et d'une copie du portrait de George Washington par George Stuart (tel qu'il figure aujourd'hui sur les billets d'un dollar). Le slogan « Defend America First » renvoie autant à la défense de l'AFC (« Défendez "L'Amérique d'abord" ») qu'à un appel à la non-implication des États-Unis dans le conflit européen (« Défendez d'abord l'Amérique »). Ce que gomme ce dispositif très neutre, c'est l'idéologie qui sous-tend l'isolationnisme assumé ici : non seulement la guerre des Européens n'est pas la guerre des Américains, mais c'est en plus la guerre des juifs, des Britanniques et de F. D. Roosevelt (comme l'a soutenu Lindbergh lors du très contesté discours du 11 septembre 1941 à Des Moines, dans l'Iowa). Tout Américain qui envisagerait l'engagement de troupes serait alors antiaméricain – reproche souvent adressé à F. D. Roosevelt et qu'emprunteront plus tard les discours d'inspiration maccarthyste. L'attaque de Pearl Harbor met fin à l'isolationnisme nord-américain ; l'AFC est dissout et Charles Lindbergh s'engage dans la formation des troupes d'aviateurs, notamment dans le Pacifique.

malheureux une vie de succès, revanche éclatante de l'adulte sur les brimades de la jeunesse –, ne font manifestement pas parti de ses mythes :

> Mon père était un sauveteur, et les orphelins sa spécialité. Il y avait un exil plus atroce que de s'installer à Union ou de partir pour le Kentucky, et c'était de perdre ses parents, de se retrouver orphelin. On voyait bien ce qu'il était advenu d'Alvin. Ce qui était arrivé à sa belle-sœur à la mort de grand-mère. Personne ne devrait être privé de ses père et mère. Sans père et mère, on était accessible à la manipulation, aux influences ; on était déraciné, vulnérable à tout.
>
> (p. 508-509)

Contre le rêve d'une « indivisibilité de la famille : premier commandement [1] », la fragmentation qui touche la société américaine traverse aussi les foyers dans lesquels se joue une nouvelle affaire Dreyfus. Divisé entre pro-Lindbergh et pro-Roosevelt, conservateurs et républicains, juifs et non-juifs, Américains du Nord (New Jersey) et Américains du Sud (Kentucky), le pays connaît aussi ses alliances affectives (la famille italienne et celle du Kentucky se révèlent des adjuvants précieux) et ses revirements qui mettent à mal les injonctions politiques.

L'enfant forme ainsi sa propre opinion à partir des leçons d'histoire de son père, des anecdotes du guide qui fait visiter Washington à sa famille, de sa collection de timbres. Toutes ces rencontres et tous ces objets forment la géographie sentimentale et sensible d'une Amérique vue comme une terre d'accueil pour tous les miséreux d'Europe, un Éden de la seconde chance, conformément au mythe du *New World*. Mais voilà le pays entier brutalement devenu fou, animé par la tentation du pire [2] que connaissent d'autres personnages des romans autobiographiques de Philip Roth, parce qu'ils ont été trop heureux et gâtés à leurs débuts : « En vérité, l'Amérique est bien la terre de toutes les chances : aujourd'hui, même les fous ont la leur [3]. »

C. Mélange des genres

1. Le récit autobiographique et l'uchronie historique

Comme le narrateur du *Complot contre l'Amérique*, Philip Roth est descendant d'immigrants juifs d'Europe, élevé à Weequahic, le quartier juif de Newark dans le New Jersey, sur la côte Est des États-Unis. C'est

1. *Ibid.*, p. 25.
2. L'un des récits de *Ma vie d'homme* est intitulé « À la recherche du désastre ».
3. Philip Roth, *Du côté de Portnoy et autres essais*, trad. Michel et Philippe Jaworski, Gallimard, coll. « Du monde entier », 1978, p. 91.

également le lieu d'origine de plusieurs de ses personnages, parmi lesquels le protagoniste de *J'ai épousé un communiste* ou celui de *Pastorale américaine*, qui tentent de le cacher en changeant de milieu et de nom. Signalons aussi la présence d'un Philip dans *Tromperie* et d'un Philip Roth dans *Opération Shylock*. Les doubles fictifs de l'écrivain sont au demeurant nombreux et parsèment son œuvre, même quand ils ne portent pas le même prénom que lui. Alexander Portnoy est élevé par une mère juive trop aimante (*Portnoy et son complexe*), Peter Tarnopol (*Ma vie d'homme*) est un romancier qui connaît le succès à 26 ans, comme Roth avec *Goodbye, Colombus*, Gabe Wallach (*Laisser courir*) est, comme lui, professeur de littérature à l'université, tout comme David Alan Kepesh, professeur de littérature comparée (*Le Sein*) ou le plus célèbre de ses personnages, Nathan Zuckerman. Comme Roth, David Kepesh (*Professeur de désir*) effectue des voyages en Europe centrale, mû par une forte attirance pour Prague et les écrivains tchèques (Kafka, figure tutélaire, mais aussi les dissidents qui lui sont contemporains). D'un roman à l'autre, au fil de cycles qui voient réapparaître les personnages, le lecteur découvre des variantes, des possibles qui n'ont pas eu lieu : le principe de l'uchronie à l'œuvre au niveau historique dans *Le Complot contre l'Amérique* l'est aussi sur un plan privé dans *La Contre-vie*, où s'expérimentent les vies et les morts possibles de deux frères. Il y a également continuité et filiation d'une œuvre à l'autre : le personnage de David Kepesh (*Le Sein*) resurgit cinq ans plus tard dans *Professeur de désir*. Le régime hypothétique qui se joue, dans *Le Complot contre l'Amérique*, au niveau géopolitique (la fiction d'un président républicain fasciste) se retrouve donc dans le traitement du matériau autobiographique : Philip Roth explore des ego à l'essai, des trajectoires de personnages qui lui ressemblent, qui sont juifs, nés et élevés dans le New Jersey, mais s'amuse à leur inventer des dissemblances et des moments de fracture : père d'une fille terroriste, on divorce, on se remarie, on a d'autres enfants ; on prend les vêtements ou l'identité d'un autre, comme le fait Philip avec Seldon dans *Le Complot contre l'Amérique* ; on multiplie les personnages d'écrivains alors qu'on est soi-même auteur de romans, on se cherche des pères ou des modèles qui se révèlent très ressemblants à ceux qu'on avait déjà. En d'autres termes, quels que soient ses efforts, le personnage rothien n'échappe jamais à ce qu'il est. Le cousin Alvin, après avoir tenté d'être un héros de guerre, redevient un petit malfrat désireux de plaire. Pour répondre aux désirs de l'adolescence, le frère aîné Sandy retourne à ses premières amours, le dessin et les jeunes filles, délaissant ses engagements politiques. Personne n'échappe à soi chez Philip Roth : les excès, les digressions, les dissimulations comme les fugues ramènent constamment l'individu à lui-même. Dans le roman dialogué *Tromperie*, les récits de liaisons adultères et de fantasmes explorent des possibilités qui ne sont jamais que des variations du même, et le plus trompé de tous est peut-être le lecteur. Jusque dans ses textes explicitement autobiographiques, Roth reste un romancier qui joue de fictions, ainsi qu'en témoignent des titres comme *Les Faits. Autobiographie d'un romancier* ou *Patrimoine. Une histoire vraie.* Le matériau autobiographique est si manifeste qu'il en devient suspect et convoque souvent davantage les mécanismes de l'autofiction qu'une documentation factuelle.

Dans *La Contrevie*, qui met en scène Nathan Zuckerman et son frère, le rêve de l'altérité s'enracine dans l'impossibilité d'être autre, pour un juif, autrement que par le roman. Ce que la société américaine, qui fige de manière immuable ses communautés et identités, ne permet pas, la fiction l'autorise, et ce jusqu'à l'absurde ou l'invraisemblable, jusqu'à l'hallucinante identité de Coleman Silk (*La Tache*), le « nègre blanc » qui est parvenu toute sa vie à passer pour un blanc. Le *self-made-man* du rêve américain se convertit chez Roth en un désir de se re-faire, de s'inventer, de recommencer : autre famille, autre métier, autre identité. L'autobiographique est donc une matière mouvante, parfois contestée, traitée en tout cas par des effets de dissonances et de recompositions autant que par des répétitions. À la lecture de *La Contrevie*, on peine à déterminer lequel des deux frères, Nathan ou Henry, est le narrateur, et qui des deux est mort dans une opération ou s'est exilé en Israël afin de changer de vie. Dans *L'Art de la fiction*, le romancier revendique ainsi un « faire semblant », et nombre de ses personnages pourraient en dire autant. Leurs égarements, comme la rhétorique parfois grossière, sexuelle ou ironique de l'auteur, composent un jeu, une mascarade continuelle dont ses détracteurs n'ont parfois pas saisi la teneur : ainsi du malentendu qui consiste, chez des lecteurs juifs américains, à le considérer comme un traître à son milieu d'origine, constamment désireux de le vilipender, d'en dégrader l'image. En fait, il faut se garder du piège de la documentation ou du témoignage : de roman en roman, des éléments factuels réapparaissent qui décrivent précisément la vie de la classe moyenne des juifs américains dans les années 1930-1950, puis l'émancipation et les difficultés de la génération suivante, confrontée à la révolution sexuelle et à la guerre du Vietnam, et enfin, dans les années 1990, à la montée du politiquement correct. Mais les œuvres de Roth comportent également, et c'est tout aussi important, des exagérations, de l'humour, des inventions, bref une fiction si mêlée aux faits qu'on ne saurait prendre toujours au sérieux les digressions et décrochages qui en résultent. En dépit du caractère inquiétant du *Complot contre l'Amérique* se trame un jeu avec l'intrigue, un désir permanent de ne pas copier le réel mais de le gorger de suppositions, de chemins de traverse, de propositions au conditionnel. Le roman commence par le refus d'un père de changer de vie, en déclinant une promotion professionnelle qui l'amènerait à s'installer 10 kilomètres plus loin, dans un quartier plus cossu, catholique. À tout moment sont proposés ou imposés des déplacements, des identités, des métiers : être juif ou américain, partir au Canada ou rester, accepter de déménager dans le Kentucky ou subir un déclassement social… c'est toute une série de possibilités auxquelles sont confrontés des individus qui, fondamentalement, ne désiraient aucun changement dans leur vie. Le complot à l'œuvre ici est aussi celui de

CONSTRUCTION DU *COMPLOT CONTRE L'AMÉRIQUE*

Le Complot contre l'Amérique est une uchronie dont l'intrigue, située entre 1940 et 1942, raconte, à partir de faits historiques avérés relatifs à la Seconde Guerre mondiale, des événements fictifs mais plausibles. Il s'agit également d'un roman dystopique, dans le sens où l'utopie du rêve américain y est déformée pour dépeindre un cauchemar contre-utopique : l'Amérique, refuge des libertés individuelles est contaminée par les idéologies totalitaires européennes.

• Histoire alternative : Lindbergh président

Les chapitres établissent, de mois en mois, la chronologie d'une moitié de mandat, de l'élection fictive de Lindbergh en 1940 à la campagne électorale de mi-mandat (les « primaires ») qui connaît l'assassinat de son rival démocrate, suivi de peu par sa propre disparition. De nouvelles élections portent F. D. Roosevelt à la présidence, qui entame donc bien un troisième mandat comme dans la réalité, mais accède à la présidence le 3 novembre 1942 et non le 5 novembre 1940. Cet écart dans l'histoire, ce récit différentiel forment une boucle fermée qui insiste sur la « peur perpétuelle » (premiers mots du livre et titre de son dernier chapitre), mimant l'enfermement des juifs dans un pays de plus en plus coercitif et hostile.

• Enlisement et enfermement

L'entrée des États-Unis dans le conflit après l'attaque de Pearl Harbor en 1941 puis la bataille de Stalingrad en 1942-1943 marquent un tournant majeur dans la Seconde Guerre mondiale. Le totalitarisme fasciste connaît ses premiers échecs et un front « allié » s'organise. Dans le roman, l'isolationnisme de Lindbergh produit, d'une part, le repli de l'Amérique sur elle-même, décrit comme une régression infantile l'emprisonnant dans ses illusions et ses mythes, et d'autre part l'enfermement de l'Europe dans le totalitarisme. La digression temporelle dans une histoire contrefactuelle où, pendant deux ans, l'idéologie hitlérienne semble triompher dans le monde, est rejouée à travers un étouffement spatial, marqué par la réduction progressive de l'espace vital de la famille juive.

• Fragmentation, dispersion, ablation

L'écriture immersive dans un environnement marqué par la peur ne permet pas d'envisager des mouvements ou progressions au sein du roman. Toutefois, des chapitres 1 à 3, la famille tente de s'opposer en préservant son identité (voyage à Washington, promotion refusée par le père). Le chapitre 4, qui décrit le retour d'Alvin, humilié, désillusionné et blessé, porte un coup d'arrêt à toute tentative de résistance, d'héroïsme ou d'échappatoire. Les épisodes suivants contraignent les juifs américains à l'exil au Canada, au déménagement obligatoire, au changement d'emploi. Des chapitres 5 à 8, ils voient s'effriter et se disperser leur environnement. Le chapitre 9 vaut comme épilogue, opérant un coup de théâtre et un retour à la démocratie, ainsi qu'au cours réel de l'histoire (troisième mandat de F. D. Roosevelt, abrogation des lois votées par le gouvernement Lindbergh et entrée des Américains dans la guerre). La peur, toutefois, demeure : c'est encore sur le motif du moignon que se clôt le roman ; la confiance perdue dans le pays de la statue de la Liberté, de la Déclaration d'indépendance et de l'intégration des migrants européens se lit comme un adieu à l'enfance d'un narrateur âgé de 9 ans autant qu'elle sonne comme une mise en garde au lecteur.

l'auteur envers ses personnages, qui les immerge dans un jeu d'intrigues et de possibilités narratives, de fictions, de leurres et d'illusions.

> Normalement il y a un contrat entre l'auteur et le lecteur qui n'est déchiré qu'à la fin du livre. Dans ce livre-ci le contrat est déchiré à la fin de chaque chapitre : un personnage mort et enterré revient souvent à la vie, un personnage présumé vivant est en fait déjà mort, etc. Ceci n'est pas le récit aristotélicien ordinaire auquel les lecteurs sont habitués. Ce n'est pas qu'il lui manque un commencement, un milieu et une fin ; il y a trop de commencements, de milieux et de fins… Parce que votre lecture est toujours remise en question et que le livre mine progressivement ses propres postulats fictionnels, le lecteur cannibalise constamment ses propres réactions [1].

2. Épopée et rétro-genèse

Après avoir refusé avec opiniâtreté tout déplacement, Herman Roth entreprend un long voyage avec son fils aîné Sandy pour aller chercher Seldon, l'orphelin persécuté. Auparavant, son fils, le narrateur, a mis en place deux tentatives de fugue complexes, sollicitant l'imagination et le culte du détail plus que le sens pratique, et se soldant par des déconvenues cuisantes. Le roman de Philip Roth tourne en dérision les récits d'aventures au fondement de l'imaginaire américain (qui n'est pas propre à la littérature de jeunesse), où d'intrépides adolescents (Huckleberry Finn, Tom Sawyer) traversent valeureusement leur pays en quête d'eux-mêmes et d'une reconnaissance éclatante. Ainsi, le petit Philip Roth n'aspire qu'à rester à Summit Avenue et ce « sommet » lui suffit amplement.

Lorsqu'ils sont contraints de partir, les personnages concluent leur récit picaresque en étant disqualifiés : l'engagement héroïque du cousin Alvin le renvoie rapidement, handicapé et aigri, à la vie civile. La pension d'invalidité qu'il touche le ramène à ses jeux d'argent. La tante Evelyn est présentée comme une dangereuse folle narcissique, qui met en danger toute sa famille avant d'être indirectement responsable des malheurs de Seldon. Celui-ci ne connaît pas la rédemption sublime des orphelins malmenés qu'une enfance malheureuse promet à la grandeur : le romancier se refuse à en faire une victime exemplaire et le narrateur le traite avec une lucidité cruelle, le décrivant comme un camarade pénible et solitaire. Les personnages ne sont pas à la hauteur des fictions dont ils rêvent (Evelyn en Cendrillon, Alvin en héros à la Hemingway ou Sandy en Martin Eden romantique) et les événements les ramènent à leur point de départ.

Cette mécanique narrative grippée ne va pas sans humour ni exagération. Au fur et à mesure qu'il avance dans le sud des États-Unis à la

1. « An Interview with Philip Roth », in Asher Z. Milbauer et Donald. G. Watson, *Reading Philip Roth*, New York, St. Martin's Press, 1988, p. 11. Cité et traduit par André Bleikasten, *Philip Roth*, *op. cit.*, p. 73.

recherche de Seldon dont la mère vient d'être brûlée vive, Herman Roth semble être livré à une Amérique préhistorique, antérieure en tout cas à l'époque de la *frontier*, dénuée de toute civilisation, rendue à la misère et à l'ignorance. Si les faits relatés sont d'une extrême gravité, les descriptions de la contre-épopée qui mène le père et le fils dans un *road trip* de réconciliation en terre hostile relèvent de la rétro-genèse : ils découvrent une Amérique qui marche à reculons, peuplée de blancs loqueteux et envahie d'usines sombres, un pays qui ne se civilise plus au fur et à mesure que l'on avance sur ses terres, mais s'enfonce au contraire dans l'obscurantisme.

La famille chrétienne qui lui vient en aide dans son entreprise semble être un « avant-poste du progrès [1] », rare îlot de bon sens et d'humanité dans un territoire hostile et ensauvagé. Ainsi, parfois loufoque et insolite, car « il est bien connu que les moments les plus douloureux ont leur pointe de cocasserie » (p. 504), l'épopée des Roth est un voyage dans le temps, un retour aux origines de l'Amérique dont l'appartenance leur est contestée.

> Il n'était pas nécessaire de délirer en effet pour faire le rapprochement avec les colons blancs des commencements, qui avaient passé la barrière des Appalaches et s'étaient répandus, flot indésiré, sur les terrains de chasse favoris des Delaware et des Algonquins ; à ceci près qu'au lieu des étrangers au faciès bizarre, dont la rapacité choquait les autochtones, il y avait là des Juifs, étrangers au faciès bizarre certes, mais dont la seule provocation était de se trouver sur les lieux. Et cette fois, ceux qui défendaient bec et ongles leur terre et leur mode de vie contre l'invasion et la destruction, ce n'étaient pas des Indiens conduits par le grand Tecumseh, mais des chrétiens américains, au-dessus de tout soupçon, aiguillonnés par le président des États-Unis par intérim.
>
> (p. 507)

3. Déconstruire les mythes américains

Roman de formation d'un enfant dans un monde déformé par la haine et la suspicion, *Le Complot contre l'Amérique* joue du regard de son jeune narrateur pour désigner avec naïveté et franchise les égarements du totalitarisme. L'érosion des institutions démocratiques s'opère sans violence ni éclat : peu à peu, par désir de stabilité et de paix, dans un pays ébranlé par la crise économique de 1929 et par le souvenir de la Première Guerre mondiale, une majeure partie de la population américaine souscrit au rêve de l'aviateur-sauveur de la nation qui promet de lui éviter un conflit.

C'est la raison pour laquelle le terreau de la haine ne réside pas tant dans l'influence étrangère hitlérienne que dans l'Amérique et ses mythes, au premier rang desquels le *self-made-man*, l'aventurier des grands

1. Du titre d'une nouvelle de Joseph Conrad (1857-1924) publiée en 1897.

espaces. Lindbergh, surnommé affectueusement Lindy, est le fils d'un riche avocat et homme politique américain d'origine suédoise, héritier d'une vaste fortune. Il n'est de ce point de vue pas très différent de son adversaire F. D. Roosevelt, issu également d'une famille aisée. Toutefois, ce sont surtout ses exploits aéronautiques, largement relatés dans la presse, qui génèrent l'enthousiasme populaire. Relayé par l'expansion de la radio dans les foyers américains et par la diffusion de son image (comme le montre le timbre que Philip collectionne avec dévotion), le record sportif s'est inscrit dans une logique de vedettariat efficace. Comme le héros du roman *Gatsby le magnifique* de Fitzgerald (1925), Charles Lindbergh évoque l'Amérique florissante et audacieuse d'avant la crise économique de 1929 : son vol en solitaire au-dessus de l'Atlantique de New York à Paris date de 1927. Une mélancolie nostalgique est ainsi attachée à son image, liée à un double âge d'or : celui, plus ancien et mythique, des origines de l'Amérique, des pionniers défricheurs de terres inconnues, imaginaire convoqué par son vol d'ouest en est qui lui vaut son surnom dans la presse d' « aigle solitaire » ; celui, plus récent, d'un pays qui, après la Première Guerre mondiale, détrône le Royaume-Uni du premier rang des puissances économiques et connaît un essor extraordinaire, favorisant l'esprit d'entreprise auquel participe Lindbergh quand il met sa notoriété au service du développement de l'aviation commerciale :

> on aurait cru que le pays n'avait jamais connu le krach boursier et les misères de la Crise économique – ou d'ailleurs les triomphes de Roosevelt –, on aurait dit que cette guerre, qu'il voulait nous éviter, personne n'y avait même songé. Lindy descendait du ciel dans son célèbre avion, et on était de nouveau en 1927. C'était Lindy comme hier, Lindy au parler vrai, qui n'avait pas besoin de prendre de grands airs ni d'employer de grands mots, mais qui était un grand homme, Lindy l'intrépide, juvénile et pourtant grave dans sa maturité, l'individualiste à la beauté virile, le type même de l'Américain légendaire qui accomplit des prouesses en ne comptant que sur lui-même.
>
> (p. 52)

L'Amérique est captive de ses propres mythes : le projet « Des Gens parmi d'Autres » (« Just Folks »), qui incite des adolescents juifs à participer aux travaux agricoles de familles conservatrices chrétiennes du sud des États-Unis, adopte une rhétorique dérivée de la conquête de l'Ouest. Il promeut en effet l'esprit d'entreprise, le sens du travail et de l'effort, tout en valorisant l'autarcie et l'autonomie, car une famille vivant de ses propres récoltes joue à petite échelle l'isolationnisme que le pays entier entend mettre en œuvre à l'échelle internationale : se suffire à soi-même, ne pas participer aux conflits d'autrui. Mais l'initiative à laquelle prend part avec enthousiasme le frère du narrateur rappelle aussi la politique du retour à la terre ou à l'usine menée par la révolution bolchevique envers les enfants « bourgeois » : en se pensant indépendante, l'idéologie conservatrice de Lindbergh est contaminée par les totalitarismes européens et révèle ses vieux démons : la haine de l'autre, l'ignorance, la désinformation.

L'effritement de la démocratie prend alors la forme d'une fièvre insidieuse qui contamine le pays pendant deux ans. Le motif de la maladie est récurrent dans les récits d'enfance : le petit Philip n'y échappe pas et par deux fois, lors de ses fugues, il est pris d'une forte hausse de température qui le porte aux hallucinations. Comme lui, c'est tout le pays qui est touché, qui retourne à une enfance recluse, alitée et fébrile, incapable de maîtriser les événements, de les comprendre, tout comme ses dirigeants. Ce n'est pas la première fois que Philip Roth se moque de l'exercice du pouvoir politique. Le texte *Tricard Dixon et ses copains* (1972) est une diatribe féroce dirigée contre le président Nixon (« Tricky Dick »), en campagne pour sa réélection de 1971. On y trouve un pastiche de sa rhétorique revancharde et populiste, qui en souligne la duplicité et la sottise. Le discours rapporté s'y trouve présenté en même temps que son exagération, son extrapolation grotesque et violente. Roth cite des discours et interventions entiers de Nixon, puis ajoute un prolongement comique. La voix du président est donc restituée de manière invraisemblable, à la fois ferme et comique. Le « grand roman américain » (Philip Roth reprendra cette expression pour intituler un roman paru en 1973 qui relate les pérégrinations absurdes d'une équipe de base-ball) entremêle ainsi souvent fiction et documentation. Il en est de même de la fiction de la présidence Lindbergh, qui s'appuie sur de nombreuses monographies écrites par des historiens, mais qui se veut aussi un exercice de style, un jeu d'allusions, d'hallucinations et d'exagérations. Tous les romans de Roth sont des romans de l'Amérique, d'un pays qui n'est pas à la hauteur de ses mythes et de ses rêves, dont les personnages peinent à assumer le fardeau écrasant.

II. La démocratie dans *Le Complot contre l'Amérique*

Introduction

La démocratie constitue l'un des trois principes fondamentaux de la Constitution des États-Unis (1787), au même titre que la république et le fédéralisme. Ces éléments en font l'un des très rares États du monde (et le seul de cette taille) à n'avoir jamais changé de régime politique : cette nation d'immigrants a bâti son identité sur un discours d'opposition très vive entre le Nouveau Monde et le Vieux Continent, et la république s'imposait pour elle comme une alternative nécessaire aux régimes inégalitaires qui avaient cours en Europe. Pays de toutes les chances, de l'*American dream* et de la capacité, au niveau collectif comme individuel, à inventer son parcours à partir de rien, les États-Unis ont un fonctionnement fédéral qui garantit de nombreux contre-pouvoirs et interdit ainsi le monopole de la puissance. Si le gouvernement fédéral est souverain en matière de politique étrangère (dans sa portée économique comme politique), l'autonomie des États (l'équivalent de nos régions) est réelle dans tous les domaines qui touchent directement les citoyens, comme la justice, la culture, l'éducation, ce qui semble écarter le risque d'un État centralisé et tout-puissant. Le pouvoir législatif reste limité par les droits individuels des États : le gouvernement définit des orientations plutôt qu'il ne donne des injonctions. Philip Roth entreprend de mettre en évidence les failles de cette démocratie à première vue exemplaire. Le mythe du *self-made-man* émane d'un pays démocratique qui s'est lui aussi construit de toutes pièces, sans connaître les passages concrets de la monarchie à l'empire ou à la république qu'ont vécus beaucoup de pays européens. Le romancier montre ainsi que cette fabrique est une fiction, au même titre que tout récit fondateur : l'individualisme que prône l'esprit d'initiative et de conquête, qui joua un rôle si important dans la conquête des territoires autochtones puis pour s'émanciper des Britanniques, n'est pas dénué d'égoïsme, de racisme, de violence. Les discours positifs dévoilent dans le roman leurs zones d'ombre. L'Amérique de Philip Roth n'est pas un vaste ensemble sain et dynamique, audacieux et libre à l'image de l'aviateur Lindbergh. Elle révèle aussi ses pathologies cachées, dont l'existence nuit à la démocratie : à se présenter comme la nation du triomphe de l'assimilation, elle en ignore certaines de ses communautés, parfois jusqu'au mépris ; à vanter son dynamisme économique, elle en oublie les inégalités et les injustices qui génèrent la rage des *rednecks* miséreux du Sud et les méfiances entre classes sociales. En somme, la démocratie américaine méconnaît les populations plurielles qui la composent. Le pouvoir du peuple souverain n'immunise pas contre les populismes, bien au contraire : il en utilise déjà la rhétorique, qui peut à tout moment dériver en autoritarisme. En attirant l'attention sur un milieu qu'il connaît bien, un quartier juif du New Jersey dont les membres se sentent parfaitement américains mais n'ont nulle intention de se mêler aux autres, Philip Roth met au jour les peurs de l'Amérique, ses tensions internes invisibles qui la rendent poreuse aux théories du complot et aux dictatures du préjugé.

A. Limites de la représentativité

Les États-Unis sont le plus vaste espace géographique démocratique de la planète, un constat souvent extrapolé en termes historico-politiques : l'Amérique est la plus grande démocratie du monde, c'est un modèle pour tous les autres États. À ce titre, elle aurait le droit d'intervenir sur chaque partie du globe et d'interférer avec n'importe quel État si elle le juge nécessaire. Theodore Roosevelt estime ainsi qu'une « nation civilisée » a pour « destinée manifeste » d'éclairer le monde [1], comme la statue de la Liberté, pour préserver ses propres intérêts et pour installer la démocratie (comme ce fut par exemple le cas en Amérique du Sud). Les États-Unis sont un pays fédéral qui n'a jamais connu d'invasion sur son sol ni de dérive totalitaire, de coup d'État ou de régime dictatorial. Durant l'entre-deux-guerres, alors que l'Europe est aux prises avec les totalitarismes, le pays affiche sa stabilité politique et sa seule inquiétude est d'ordre économique. Pourtant, bien que la crise de 1929 marque durablement les esprits, la nation continue de montrer une confiance dans les institutions et une fierté d'être américain dont le roman *Le Complot contre l'Amérique* entend déconstruire la belle cohérence.

1. Une unité de façade

Unis, les États-Unis ne le sont manifestement qu'en apparence ou dans les discours politiques : à l'intérieur du pays se lisent constamment des fractures, des clivages, des lignes de partage entre riches et pauvres, entre urbains et ruraux, entre économie parallèle (illustrée dans le roman par le racket auquel se livre le cousin Aldin, ainsi que les luttes d'influence entre mafias irlandaise et italienne, ou encore les milices privées juives) et emplois officiels mais peu rémunérés, etc. En outre, Philip Roth écrit son roman sur les années 1940 plus de soixante ans après, à une époque où l'image de l'Amérique comme bouclier de la démocratie dans le monde a été fortement contestée : aux États-Unis, les dérives du maccarthysme puis les malversations du président Nixon ont constitué autant de jalons entamant la crédibilité de la nation, fondée sur un lien de confiance entre un peuple et ses représentants. Hors des États-Unis, l'enlisement dans le conflit vietnamien, les interventions telles qu'au Chili ou en Haïti (qui ont contribué à installer ou maintenir des dictatures), puis l'invasion contestée de l'Irak, l'année de la rédaction du roman, ont montré les limites d'une politique étrangère qui prétendait œuvrer en faveur de la démocratie dans le monde. L'Amérique garante des libertés n'est plus, et le regard nostalgique que porte le romancier sur son enfance se double du regret d'une époque où son pays pouvait encore être innocent ou naïf, avant qu'il soit touché par « cette maladie infantile banale, qu'on appelle pourquoi-c'est-plus-comme-avant » (p. 251). La fiction a alors pour but « d'illustrer l'affrontement entre l'innocente image d'elle-même qu'une grande puissance choisit de perpétuer et la réalité implacablement insidieuse, quasiment diabolique [2] ».

---

1. Voir à ce propos Françoise Clary, *La Destinée manifeste des États-Unis au XIXe siècle. Aspects culturels, géopolitiques et idéologiques*, Rouen, Presses de l'université de Rouen, 2000.

2. Philip Roth, *Du côté de Portnoy et autres essais*, éd. citée, p. 89. L'auteur parle également, en évoquant le choc de la guerre du Vietnam, de « l'avènement d'une contre-histoire, ou d'une contre-mythologie dirigée contre l'image mythique que le pays avait de lui-même » (p. 88).

Dans *Le Complot contre l'Amérique*, Philip Roth ne semble pas se soucier de la situation des autres minorités : pas de voisins noirs ou hispaniques, dont on pourrait penser qu'ils seraient susceptibles, sous un régime conservateur d'inspiration nazie, de rencontrer des difficultés et des brimades du même ordre que celles subies par la famille Roth. Le Bureau d'assimilation fondé par la nouvelle administration met en œuvre « des programmes propres à "encourager les minorités religieuses et nationales à s'intégrer davantage à la société américaine". Mais à dire le vrai, au printemps 1941, la seule minorité faisant l'objet de sa sollicitude semblait bien être la nôtre » (p. 129). Le roman fait des juifs une minorité brusquement visible et dérangeante, alors que les autres communautés demeurent invisibles. Le narrateur ne s'en cache pas : c'est au cours de l'excursion à Washington que son frère, doué pour le dessin, voit pour la première fois un homme noir et s'empresse d'en esquisser le portrait car il représente un « type que Sandy n'avait jamais pu dessiner jusque-là sinon d'après les photos d'un vieux numéro du *National Geographic* » (p. 111). Seul le père du narrateur, dont le métier consiste à faire du porte-à-porte, connaît des familles qui ne sont pas juives. Le désir de préserver ses citoyens du monde extérieur est une faiblesse de la démocratie nord-américaine qui se joue à deux niveaux : celui de la politique étrangère, puisqu'elle méconnaît les dangers soulevés par le nazisme, ses dirigeants croyant s'en tirer à bon compte en signant deux accords de non-agression (l'un avec l'Allemagne, l'autre avec le Japon), puis en invitant les Von Ribbentrop à un bal à la Maison Blanche ; celui de la politique intérieure, car les communautés qui se méconnaissent et se méfient les unes des autres peuvent à tout moment s'opposer violemment. Philip Roth imagine ainsi des pogroms menés contre les juifs sur le sol américain, une *Kristallnacht* à l'américaine, qui n'est pas sans rappeler les émeutes raciales que connut le pays lors de la lutte pour les droits civiques. Ainsi, s'il ne parle ni de la condition des Afro-américains, ni spécifiquement des femmes ou de quelque minorité sexuelle ou ethnique que ce soit, Philip Roth y fait fortement allusion, mêlant l'histoire fictive des années 1940-1942 à des événements qui se sont réellement déroulés, notamment dans l'Amérique des années 1950-1970. Dans le roman, l'équipée du père et du fils aîné au cœur du Kentucky met en évidence des exactions terrifiantes comme la mise à mort de Selma Wishnow, brûlée vive dans sa voiture, et rappelle ainsi ostensiblement les agissements du Ku Klux Klan envers les Afro-américains.

Reste que pour Roth, ce sont surtout les disparités sociales qui fondent le terreau de l'exclusion et du totalitarisme. Quoique les protagonistes du *Complot contre l'Amérique* soient majoritairement nés aux États-Unis, de nationalité américaine et pleinement citoyens dotés du droit de vote, ils se définissent avant tout par leur appartenance à une classe sociale subalterne. L'Amérique est un espace inégalitaire où chacun garde sa place : à aucun moment les juifs persécutés n'envisagent d'engager un avocat afin de porter plainte auprès des institutions de leur pays. Ils rassemblent leurs économies pour fuir au Canada (comme le fait la

***War's First Casualty*, affiche, 1940.**

© Collection Dagli Orti / Eileen Tweedy / Aurimages

Formulée en 1823, la doctrine Monroe érige l'isolationnisme américain en principe découlant de l'indépendance acquise par les États-Unis après la guerre contre le Royaume-Uni : le président énonce devant le Congrès que l'autonomie du pays ne peut être garantie que par une politique étrangère minimale. Afin de se préserver de tout sursaut de colonisation de la part de l'Europe, les États-Unis s'engagent à ne pas intervenir sur le territoire du Vieux Monde. L'indépendance de chaque continent assurerait la stabilité de tous.

Les deux guerres mondiales mettent à l'épreuve ce principe. Le président Woodrow Wilson doit sa réélection pour un second mandat en 1916 à sa promesse de maintenir son pays hors du premier conflit mondial (le slogan « He kept us out » réapparaîtra vingt ans plus tard sous la forme de l'injonction « Keep us out »). Il ne peut toutefois conserver cette neutralité lorsque les sous-marins allemands torpillent des vaisseaux américains. La conscription, une première pour les citoyens américains depuis la guerre de Sécession, ne va pas sans contestations. Après la guerre, les États-Unis infléchissent, non sans mal, le principe de non-intervention vers une diplomatie incitant à l'instauration durable de la paix et de la démocratie en Europe (notamment à travers leur participation à la Société des nations).

L'opinion publique nord-américaine est de même massivement opposée à l'intervention dans la Seconde Guerre mondiale. L'America First Committee (voir illustration, p. 164) dont Lindbergh est membre multiplie les réunions, meetings et affichages en faveur de la neutralité des États-Unis. Le premier dommage de la guerre serait l'atteinte à la liberté, figurée sur l'affiche par le bombardement de la statue de Bartholdi (*Liberty Enlightening the World*, « La liberté éclairant le monde »), qui perd le flambeau auquel elle doit son nom. Sa destruction implique également les pertes humaines, économiques et financières que signifierait la guerre pour une nation qui peine à se remettre de la crise économique de 1929.

L'attaque de la base de Pearl Harbor force les États-Unis à s'engager en 1941 dans une guerre qui coûtera beaucoup à la nation mais alimentera durablement le mythe d'un pays s'imaginant en sauveur de la démocratie (jusqu'au désastre de la guerre du Vietnam). La résolution Vandenberg, adoptée par le Congrès en 1948 et qui donnera lieu à la guerre froide, renonce à la posture isolationniste pour prôner un système d'alliances militaires qui iront jusqu'à promouvoir un interventionnisme fort, en Europe de l'Est, en Asie ou en Amérique du Sud.

famille Tirschwell), composent avec les événements (comme le font certains commerçants, l'oncle Morty ou Abe Steinheim) ou bien voient dans les événements une opportunité (comme Evelyn ou Sandy), mais ne projettent jamais de constituer un groupe de résistance. Le père du narrateur, particulièrement obstiné, passe pour « une grande gueule de Juif » (titre du chapitre 2) quand il relève publiquement les injustices dont il est victime : son opinion ne s'exprime qu'en famille, où il ne manque jamais de donner des leçons d'histoire à ses fils. Néanmoins, il ne cherche nullement à politiser son point de vue ni à initier une action concertée avec d'autres victimes de l'antisémitisme. Il a pleinement confiance en ses représentants, notamment F. D. Roosevelt, et ce en dépit du fait que celui-ci n'ait absolument rien en commun avec lui. En écoutant l'homme politique à la radio, les familles juives de travailleurs modestes se sentent rassérénées, n'attendant rien de plus d'un régime démocratique que de pouvoir vivre en paix :

> Nous écoutions à la radio son discours d'investiture. Depuis près de huit ans, ce timbre de voix, plein de l'assurance propre à la grande bourgeoisie, permettait à des millions de familles ordinaires, comme la nôtre, de garder espoir au milieu des épreuves. Ce phrasé si profondément comme il faut avait quelque chose qui non seulement calmait notre anxiété mais nous situait dans l'Histoire. Lorsqu'il s'adressait à nous, dans notre séjour, en nous nommant ses « concitoyens », FDR manifestait une autorité qui fondait nos vies avec la sienne.
>
> (p. 49)

2. Le désengagement politique

Les protagonistes ne sont pas des militants, ils ne s'engagent ni dans des partis politiques ni dans des syndicats. Ils font confiance à leurs représentants et aux hommes politiques, convoquant d'ailleurs régulièrement comme contre-modèles des pays d'Europe : l'Italie sous Mussolini pour la famille Cucuzza, la France de la débâcle de 1940 pour Alvin, dont l'oncle Monty, qui a participé aux combats de l'été 1918, confirme que c'est « le pire pays au monde » (p. 219) [1]. Les membres de ces familles sont des descendants d'immigrants européens : ils considèrent les États-Unis comme un pays plus sûr, plus juste et plus stable que leurs pays d'origine avec lesquels ils n'ont conservé aucun lien et dans lesquels ils ne souhaitent nullement retourner. Loin de fantasmer une patrie originelle, ils sont parfaitement heureux et intégrés là où ils sont : les juifs de l'entourage du narrateur n'envisagent pas une seconde la création de

1. Le narrateur est ironique sur cette opinion abrupte : « Autant dire qu'il savait tout sur la France. » Sa remarque vaut pour de nombreux personnages du roman, qui se contentent d'un élément qu'ils généralisent à tout un pays ou à toute une communauté, renforçant les stéréotypes et refusant toute information mesurée, documentée.

l'État d'Israël, comme d'ailleurs leur auteur qui écrit dans son autobiographie : « la seule patrie pour les juifs était la démocratie à laquelle j'étais si loyalement – et lyriquement – attaché, nonobstant l'injuste préjugé des prétendus meilleurs et la violente haine de quelques-uns [1] ». Pour Philip Roth, sa génération, située exactement entre deux autres moins bien loties par l'histoire, est une privilégiée qui a vécu le meilleur de ce que les États-Unis avaient à offrir, un moment interstitiel où l'*American dream* était accessible. Les générations précédentes ayant souffert les persécutions en Europe avaient dû s'exiler et s'établir à grand-peine sur le continent américain. Les générations suivantes ont vécu la guerre du Vietnam et les phénomènes d'opposition, de contre-culture et de contestation dans leur pays. Comme le narrateur du *Complot contre l'Amérique*, Philip Roth a connu une enfance durant laquelle les adultes autour de lui ne cessaient de chanter les louanges du grand pays démocratique dans lequel ils s'étaient installés :

> L'amnésie volontaire qu'on m'opposait généralement dans mon enfance, chaque fois que je voulais établir les détails de notre existence pré-américaine, n'était pas propre à notre famille.
>
> J'ai tendance à croire que, dans une large mesure, l'exubérance avec laquelle moi et les autres enfants juifs de ma génération avons saisi notre chance après la guerre – ce merveilleux sentiment d'être à égalité avec les autres, de pouvoir tout faire et de n'être exclu de rien –, venait de notre foi dans le caractère illimité de la démocratie où nous vivions et à laquelle nous appartenions. Il est difficile d'imaginer que qui que ce soit d'intelligent et qui aurait grandi en Amérique depuis la guerre du Vietnam eût été habité comme nous du sentiment non équivoque, chez de jeunes adolescents qui venaient d'assister à la victoire sur le fascisme nazi et le militarisme japonais, d'appartenir à la plus grande nation du monde [2].

Philip Roth met en garde les Américains contre une trop grande confiance envers leur pays. Les protagonistes du *Complot contre l'Amérique* votent à chaque élection mais ne se révoltent pas quand le gouvernement émet des mesures coercitives contre eux. La restriction de leurs libertés provoque leur anxiété pendant les « mauvais jours » (titre du chapitre 8), un sentiment de stupeur devant le « Jamais encore » de l'irruption d'un régime totalitaire dans leurs vies (titre du chapitre 5) auquel ils sont confrontés, mais ils ne se constituent pas en groupes d'opposition.

Ainsi, si elle s'exprime avec régularité et ferveur dans des conversations en famille ou entre voisins et ne manque pas de s'exercer par des faits (refus d'un emploi, d'une délocalisation, départ au Canada), la conscience politique des personnages reste circonscrite aux proches. Les parents du narrateur lui parlent avec enthousiasme des juifs ayant obtenu des fonctions considérables dans l'appareil de l'État, ainsi que de ceux qui leur sont favorables, mais ils sont également crûment réalistes et la

1. Philip Roth, *Les Faits. Autobiographie d'un romancier*, éd. citée, p. 42.
2. *Ibid.*, p. 144.

collection de timbres de l'enfant leur rappelle que si les portraits d'une femme ou d'un homme noir figurent déjà sur les vignettes officielles, aucun juif n'y est encore représenté (le premier fut Albert Einstein). L'album de timbres, comme l'excursion familiale à Washington, mettent en évidence l'inexistence des minorités dans la représentation de la grande nation américaine : ce lissage contribue à la méfiance et à l'exclusion.

3. Le premier amendement : la liberté d'expression est-elle démocratique ?

Énoncé par le premier amendement, le principe de liberté est un support fondamental de la démocratie américaine : « Le Congrès ne pourra faire aucune loi ayant pour objet l'établissement d'une religion ou interdisant son libre exercice, de limiter la liberté de parole ou de presse, ou le droit des citoyens de s'assembler pacifiquement. » Ce principe n'est pas remis en cause dans *Le Complot contre l'Amérique* : la religion juive n'est pas interdite, les personnages lisent les journaux, écoutent la radio et tiennent des débats chez eux, dans la rue ou à l'occasion de réunions organisées dans l'école voisine. Chacun peut exprimer ses opinions. Contrairement à la situation de nombreux Européens ou Asiatiques des années 1930 à 1990 qui, sous le joug de dictatures, ne peuvent ni s'exprimer, ni se déplacer librement, ni avoir accès à des informations impartiales, les juifs américains du roman sont libres et renseignés. Or, c'est précisément ce respect vertueux de la liberté d'expression que Philip Roth, fin observateur des contradictions de son pays, entend déconstruire. Il relate en ces termes la vie politique sous Richard Nixon :

> Au contraire des Chiliens ou des Tchèques, nous n'avions pas personnellement à craindre pour notre sûreté et nous pouvions dire les choses comme nous les pensions ; mais l'on n'en était pas moins conscient de vivre dans un pays dont le gouvernement était entièrement occupé de lui-même et affranchi de toute contrainte morale [1].

À divers moments de la vie politique américaine, Philip Roth constate que les États-Unis restent dans les faits une démocratie dans laquelle la liberté d'expression est garantie : mais quel que soit le nombre d'opposants qui se plaignent, le gouvernement ne les écoute pas et rien ne change. Pire encore, tout est opinion : c'est le régime des *counter facts*, qui place sur le même plan un ressenti, un point de vue et une information. L'auteur dénonce la limite du premier amendement. Dans *Le Complot contre l'Amérique*, les juifs qui connaissent le rabbin Bengelsdorf sont déçus par sa prise de position en faveur d'un président antisémite, mais ils ne le contredisent pas car, d'une part, ils ont du respect pour sa notoriété et, d'autre part, ils estiment qu'il est en droit de s'exprimer. La

1. Philip Roth, *Du côté de Portnoy et autres essais*, éd. citée, p. 20.

liberté d'expression devient un paravent commode à tous les extrémismes et à tous les opportunismes :

> La majorité de sa communauté continuait cependant à le soutenir, en s'efforçant de croire qu'il ne faisait qu'exercer sa liberté d'expression et que, tout en le voyant avec horreur prendre publiquement parti pour Lindbergh, il ne leur appartenait pas de censurer une conscience aussi renommée que la sienne.
>
> (p. 62-63)

Tout d'abord, les fidèles laissent le rabbin s'exprimer puis, insidieusement, il est le seul à prendre la parole avant, enfin, de parler à la place des autres. Ce glissement se produit à l'échelle de la communauté juive de Newark, mais aussi à celle, plus petite et douloureuse, de la famille Roth : Bengelsdorf sape peu à peu l'autorité du père de famille et ses propos exercent tant de séduction sur le fils aîné qu'il parvient à le détourner des valeurs qui sont les siennes. Principe vertueux d'une Constitution établie en réaction aux pratiques monarchiques autoritaires de la France et de la Grande-Bretagne sous l'Ancien Régime, la liberté d'expression peut paradoxalement se révéler liberticide et autoritaire. L'entourage de Lindbergh en fait usage pour contourner toute contestation et tenir les propos les plus outranciers [1].

Convoqué comme un modèle inégalé, invoqué à tout moment par les idéologues de tous bords, le premier amendement est donc un principe majeur de la Constitution américaine autant que son stéréotype (bien connu des séries télévisées comiques ou des *blockbusters*), un talisman brandi à tort et à travers, réponse à tout qui fait taire l'adversaire et qui protège de toute responsabilité. Puisque chacun peut exprimer son opinion sans être inquiété, les idées les plus odieuses ou les plus absurdes ont autant de valeur que les plus censées ou les plus documentées. Philip Roth a été particulièrement attentif aux mensonges d'État : ceux du président Nixon autour du Watergate forment le fond du texte *Tricard Dixon et ses copains* ; ceux du président Clinton lors de l'affaire Monica Lewinsky sont l'arrière-plan du roman *La Tache* ; ceux de George W. Bush pour justifier l'intervention armée en Irak et la chute du régime de Saddam Hussein sont contemporains de la rédaction du *Complot contre l'Amérique*. Roth écrit des fictions, des alternatives à l'histoire réelle et des exagérations parce que, pour lui, l'histoire politique américaine regorge déjà d'invraisemblances :

> La morale de l'histoire ? Tout simplement que, pour comprendre, décrire et rendre crédible la réalité américaine, l'écrivain américain, au milieu du

1. Rappelons en effet que, dans la démocratie américaine, la liberté d'expression est un droit constitutionnel : l'incitation à la haine raciale ou la diffusion de fausses informations ne sont pas pénalisées, comme c'est le cas en Allemagne, en France ou au Royaume-Uni. Seuls l'espionnage, la diffamation et l'obscénité sont passibles de poursuites : il en résulte que tout propos peut être revendiqué comme une opinion, quel qu'en soit le contenu. Le négationnisme par exemple n'est pas un délit.

XXe siècle, en a plus qu'il n'en faut. La surabondance de la matière défie les pauvres ressources de son imagination. La réalité dépasse sans cesse notre talent et la société produit tous les jours des personnages à rendre jaloux n'importe quel romancier [1].

4. Expression du peuple et opinions

La démocratie américaine est captive de son attachement à l'expression publique : conçue sur le refus des modèles français et britanniques, elle se défend d'interdire ; toutefois, parce que tout est bon à dire, parce que tout est vraisemblable quoique non prouvé, la vérité et les faits perdent tout simplement de leur crédit, de leur validité. En écrivant des fictions contrefactuelles, Philip Roth estime « ménager comme une passerelle entre l'imaginaire qui finit par paraître réel et le réel qui finit par sembler imaginaire, une sorte de continuum entre le croyable incroyable et l'incroyable croyable [2] ». Il ajoute : « J'ai l'impression que c'est le genre d'exercice auquel doivent se livrer tous les matins beaucoup de nos compatriotes à l'esprit dérangé quand ils lisent leur journal quotidien tout en s'extasiant sur la lumière prophétique de leur paranoïa [3]. » Dans *Tricard Nixon et ses copains*, le romancier imagine l'assassinat de Richard Nixon et, dans *Le Complot contre l'Amérique*, la disparition suspecte du président Lindbergh. Ce sont là des contrefaits historiques qui ne relèvent pas de la contre-vérité car ils sont plausibles. Les États-Unis sont en effet le pays démocratique qui a connu le plus d'assassinats de présidents en exercice et de candidats à la présidence au monde : Lincoln, Garfield, McKinley et Kennedy ont été assassinés. Walter Winchell, candidat à la présidence dans le roman, est également tué lors d'une réunion publique, comme l'a été Robert Kennedy. Le romancier souligne la violence intrinsèque à la société américaine, la difficulté, en dépit de la liberté d'expression proclamée, à faire advenir des débats sereins et constructifs. Quand elles existent, les idées politiques donnent plutôt lieu à des échauffourées ou à des affrontements qu'à une réflexion de fond.

En outre, le romancier choisit de faire du sympathisant à Hitler un sympathique aviateur, tandis qu'il confie la contestation à un histrion, animateur de radio railleur et approximatif, facilement démagogue [4] : « Bref, il lui manquait toutes les vertus sur papier glacé dont fait montre à longueur de temps notre incorruptible pilote d'essai niché à la Maison-Blanche » (p. 436). Une démocratie peut-elle supporter d'être défendue par un homme qui n'est pas un saint et attaquée par un homme qui bénéficie d'une bien meilleure image ? La démocratie n'est pas une

1. Philip Roth, *Du côté de Portnoy et autres essais*, éd. citée, p. 118.
2. *Ibid.*, p. 90-91.
3. *Ibid.*
4. Le véritable Winchell n'est pas mort assassiné. Il a été maccarthyste dans l'après-guerre et est mort en 1972.

valeur en soi : défendue par des hommes de peu de vertu dans le roman, elle est fragilisée et ses détracteurs ont beau jeu de la critiquer. À propos des hommages rendus par l'Amérique à Nixon, dont le portrait en menteur populiste n'est pas sans présenter des similitudes avec celui de Lindbergh dans *Le Complot contre l'Amérique*, Philip Roth écrit : « les médias sont les Grands Messagers de la version officielle des faits et, soi-disant censeurs des actes du gouvernement, ils sont toujours prêts, lorsque sonne l'heure de la vérité, à obscurcir le problème et à semer la confusion [1] ». La parole médiatique et politique dans le roman, parce que Winchell est peu sympathique, disqualifie ce qu'il dit, alors qu'il émet des mises en garde qui relèvent du rôle d'un journaliste.

B. Un sursaut démocratique ?

1. Le totalitarisme légal et le totalitarisme de faits

La démocratie réside-t-elle dans ses institutions ? Lorsque la famille Roth se voit touchée par les injonctions à la délocalisation, le recours à la plainte juridique auprès de la Cour suprême est écarté par ces petites gens qui n'envisagent pas de porter si haut leur détresse. Pourtant, la requête aurait des chances d'aboutir – l'enfant commente « On pourrait » (p. 301) – car l'administration Lindbergh n'abolit aucun des amendements de la Constitution américaine et ne supprime aucun des contre-pouvoirs, que ce soient la presse ou les associations. La séparation des pouvoirs entre le président et son administration (pouvoir exécutif), le Congrès (pouvoir législatif) et la Cour suprême (pouvoir judiciaire) est maintenue. *Le Complot contre l'Amérique* n'est pas un constat atterré des limites et des failles de la démocratie américaine. Celle-ci fonctionne dans le roman : les mesures prises contre les juifs ne donnent pas lieu à une ségrégation comme cela a pu être le cas pour leurs concitoyens afro-américains et, une fois Lindbergh disparu, « c'est un raz de marée démocrate aux deux chambres et une victoire écrasante pour F. D. Roosevelt, qui entame un troisième mandat présidentiel » (p. 457) – un constat qui ramène la fiction dans le sillon de l'histoire.

Durant le temps que dure son administration (deux ans), le président Lindbergh montre des affinités avec le IIIe Reich et mène envers ce régime une politique étrangère résolument conciliante : accords de non-agression, réception de ses dirigeants. Il émet des lois incitatives à la dispersion des communautés juives et soutient des associations visant à l'assimilation de leurs enfants dans la population chrétienne (respectivement, la loi de peuplement *Homestead* 42 et le projet « Des gens parmi

1. Philip Roth, *Du côté de Portnoy et autres essais*, éd. citée, p. 63.

LA LOI *HOMESTEAD*

La loi de propriété fermière (*Homestead Act*) a été promulguée en 1862 par le président Abraham Lincoln et fut abrogée en 1976. Elle stipule que toute famille pouvant prouver qu'elle vit sur un terrain depuis plus de cinq ans en est déclarée propriétaire. Visant à encourager l'installation de colons dans les territoires les plus difficiles d'accès ou les plus rudes à cultiver de l'Union, cette loi est fondatrice dans la mythologie de l'Ouest américain. Elle a largement contribué à l'émigration des Européens miséreux ou persécutés vers cette terre promise et a promu nombre de valeurs, comme l'esprit d'entreprise, la notion de propriété privée, le sens de l'effort et du travail, qui président au mythe de la fondation des États-Unis.

Quatre-vingts ans plus tard, Philip Roth imagine une loi *Homestead* 42 (décrite au chapitre 6, « Chez eux », du *Complot contre l'Amérique*) qui aide financièrement des entreprises afin qu'elles incitent leurs employés juifs à quitter leurs lieux de vie pour s'installer dans des États à population chrétienne. Renouant avec l'exaltation de la *frontier* (voir *supra*, p. 161), la loi prétend « ouvrir aux Américains aventureux la perspective exaltante d'élargir leur horizon tout en donnant des forces nouvelles à leur pays » (p. 295). Plutôt que de renvoyer explicitement aux juifs et d'être accusé de discrimination, le projet se présente comme foncièrement lié aux valeurs américaines encourageant le désir d'entreprendre. À l'inverse des sociétés européennes d'Ancien Régime, l'*Homestead Act* entendait récompenser le mérite et l'effort : la terre n'appartient pas aux puissantes dynasties mais à ceux qui la cultivent, en font vivre leur famille et lui donnent de la valeur. Avec l'*Homestead* 42, Philip Roth inverse la perspective dans le sens d'une dérive totalitaire : une famille juive qui refuserait de se déplacer serait alors considérée comme rétive à l'esprit d'entreprise, et donc antiaméricaine.

nous » auquel participe avec enthousiasme Sandy, le frère aîné du narrateur).

Ces procédés sont avant tout des mesures d'ordre économique, ou du moins des démarches soutenues par des incitations financières. Ce ne sont pas directement des lois qui attentent aux libertés individuelles ou font ouvertement preuve de discrimination comme l'ont été les lois de Nuremberg dans l'Allemagne nazie. Plus subtilement et discrètement amenées, elles exercent une pression continue sur les juifs, notamment par le biais de leurs employeurs et des propriétaires des appartements qu'ils louent. Ainsi, les voisins des Roth, Selma et Seldon Wishnow, partent dans le Kentucky sur une proposition de mutation que la veuve très modeste ne peut refuser. Le rabbin Bengelsdorf y voit un argument en faveur du gouvernement, lui qui estime que les juifs d'Amérique « ont eu les plus magnifiques ouvertures jamais accordées à notre peuple dans les temps modernes. Les Juifs d'Amérique peuvent participer intégralement à la vie civique de leur pays. Ils ne sont plus obligés de résider à l'écart comme des parias » (p. 158) – il semble oublier qu'en revanche, s'ils n'obéissent pas à l'injonction de déménager, il leur sera reproché de manquer de courage ou d'esprit d'initiative et donc d'être antiaméricains, selon la rhétorique anticommuniste empruntée au maccarthysme des années 1950.

En effet, Philip Roth souligne le lien entre les idéologies conservatrices et les grandes fortunes du pays qui ont tôt fait d'assimiler les juifs à des communistes, de dangereux agitateurs venus d'Europe. Le discours complotiste est très largement partagé : les sympathisants de l'administration Lindbergh estiment que les juifs œuvrent en secret avec l'Angleterre afin de saper les démocraties, qualifiant la Seconde Guerre mondiale de « guerre juive » (p. 257). Le régime nazi serait alors le seul rempart contre le totalitarisme stalinien. Citant *verbatim* des propos réels tenus dans les années 1930, Philip Roth rappelle comment la rhétorique de la contamination, de la maladie venue d'Europe innerve le discours isolationniste américain, dont l'anticommunisme appelle ensuite le maccarthysme : « Organisation anticommuniste plutôt que pronazie, le Bund n'avait rien perdu de son antisémitisme [...], en 1936, l'organisation affirmait "combattre la folie de la main de Moscou, la menace d'un monde rouge, et ses porteurs de bacille juifs" ; elle voulait "des États-Unis libres, dirigés par des non-juifs" » (p. 256-257). De leur côté, les opposants à Lindbergh voient dans son administration une conspiration nazie aspirant à une mainmise sur l'ensemble du monde : c'est le propos que tient constamment Walter Winchell dans ses messages radiophoniques où la formule « complot contre l'Amérique » occupe une grande place. Le projectionniste du cinéma part au Canada, « convaincu qu'il existait une face cachée du pacte conclu en Islande par Lindbergh et Hitler en 1941 » (p. 282). D'après lui, la démocratie américaine ne ferait que prétendre exposer son fonctionnement à la population, quand des tractations dissimulées s'organiseraient en coulisse. Loin de représenter des contre-pouvoirs défendant les intérêts des particuliers, les lobbies agiraient pour le compte de grandes puissances étrangères. Il en est de même du discours de F. D. Roosevelt qui fustige, au conditionnel toutefois :

> un complot ourdi ici même par les forces antidémocratiques qui rêvent d'une Amérique sur le modèle fasciste à la Quisling, ou par des nations étrangères avides de pouvoir et de suprématie, un complot pour réprimer le grand élan de liberté garantie par la Charte des Droits, ce document fondateur, un complot enfin pour mettre la démocratie américaine sous une règle despotique comme celle qui asservit les peuples conquis d'Europe [...].
>
> (p. 259)

La démocratie serait américaine quand le danger viendrait d'Europe : le discours de F. D. Roosevelt renoue avec le vocabulaire de la guerre d'Indépendance, point de départ de la construction des États-Unis qui refusent l'hégémonie britannique sur le monde. Pour le père démocrate du narrateur, Henry Ford constitue un épouvantail emblématique du grand capital exerçant doublement son autorité sur ses salariés et sur les juifs. Pacifiste, il craint « le militarisme antidémocratique et brutal » (p. 231) du IIIe Reich et suit avec inquiétude la progression des armées nazies sur la carte du monde (d'autant plus que la bataille de Stalingrad n'ayant pas eu lieu dans le roman, le front est de l'Europe est plutôt à l'avantage de Hitler). Enfin, son fils Sandy pense pour sa part que c'est l'animateur de radio Winchell qui est à la solde de grands intérêts commerciaux puisque ses interventions sont ponctuées de publicités vantant une lotion pour les mains [1] et qu'il surenchérit en critiques du gouvernement « pour faire de l'audience » (p. 331).

Les adversaires politiques utilisent donc tous la rhétorique du complot : chacun d'entre eux est persuadé à des degrés divers qu'une conspiration secrète se met en place contre ses intérêts. L'animateur de radio se réclame dans toutes ses chroniques d'informateurs officieux et le rabbin et son épouse, de leur côté, estiment que leur famille est mal informée. L'exercice politique ne leur semble pas se jouer de façon officielle, mais opaque : l'importance que le père du narrateur accorde aux informations filmées, qu'il prend soin d'aller voir dans un cinéma de quartier en dépit de ses moyens modestes et de son emploi du temps chargé, témoigne de la difficulté à évaluer les événements. L'approximation de l'information et ses contradictions selon les sources entraînent un climat de suspicion et de défiance dans la population, une fébrilité qui pousse les citoyens à s'armer (liberté garantie par le second amendement), à créer des milices et à croire à des rumeurs renforçant leurs préjugés contre les autres communautés. Le narrateur émet des doutes quant au caractère non concerté des « manifestations spontanées » (p. 383) donnant lieu à des pogroms contre les juifs américains, estimant

1. L'ironie sur le savon et la lotion pour les mains n'est évidemment pas fortuite, puisque Winchell refuse de se laver les mains (au sens figuré) de la situation, sans parler du fait qu'il grimpe sur une caisse à savon pour tenir ses discours en public.

que le climat de suspicion contre les juifs et d'impunité pour ceux qui les harcèlent est encouragé par l'administration Lindbergh. Mais parce qu'elles ne sont pas inscrites dans les lois, ces violences ne sont pas à proprement parler étatiques, ni organisées de façon systématique comme a pu l'être la solution finale nazie.

Les juifs ne se voient pas privés de leurs droits civiques. Ils peuvent toujours exercer leur droit de vote, comme le proclame le père du narrateur qui y voit la garantie que le régime autoritaire ne perdurera pas. À mi-mandat ont lieu des élections au Congrès et la campagne électorale se déroule sans interdiction des partis d'opposition (interdiction avérée en Allemagne hitlérienne) : elle est toutefois entachée de violences urbaines, de débordements non condamnés par la police (comme cela a pu être le cas lors des manifestations pour les droits civiques) et Walter Winchell est assassiné, préfigurant ainsi les meurtres à venir, dans l'histoire, de Martin Luther King ou de Robert Kennedy. Les citoyens américains ont toujours « le pouvoir des urnes » (p. 374) et les contre-pouvoirs se font entendre lorsque éclatent les émeutes Winchell : « Comme on pouvait s'y attendre, des organisations telles que l'American Civil Liberties Union [1], l'Association pour les droits civiques, et d'éminents journalistes libéraux dont John Gunther et Dorothy Thompson furent indignés par les émeutes de Détroit [2], et déclarèrent publiquement leur écœurement » (p. 381). La privation des droits constitutionnels est encore à venir, elle est brandie comme une menace imminente par les opposants à Lindbergh, mais force est de constater qu'elle n'aboutit pas dans le roman : « Il y a encore une Cour suprême, dans ce pays, et grâce à F. D. Roosevelt, elle est libérale, et elle est là pour veiller sur nos droits » (p. 286).

Les informations ne sont pas censurées : une bonne partie du chapitre 8, intitulé « Mauvais jours », délaisse la voix du narrateur pour des « extraits des archives du Newsreel » (p. 432) : les documents datés relatent les événements qui mènent à la chute de l'administration Lindbergh, après le décès de Walter Winchell. Puis le chapitre suivant raconte cette même période du point de vue de l'enfant. L'information est capitale pour la famille Roth, le père y voyant même l'une des composantes fondamentales de l'éducation de ses fils, et la garantie d'un régime démocratique :

> Les week-ends où Mr Tirschwell travaillait, mon père nous emmenait Sandy et moi compléter notre éducation au Newsreel. Mr Tirschwell nous

1. L'American Civil Liberties Union (ACLU) existe encore aujourd'hui ; fondée en 1920, elle a été particulièrement active pour défendre les militants pour les droits civiques et les opposants à la guerre du Vietnam dans les années 1970. Elle prend également la défense de groupes d'extrême droite, mais aussi de migrants musulmans, son propos étant de garantir les libertés de tous les individus, quelles que soient leurs opinions.

2. Les réelles émeutes de Détroit eurent lieu en 1967 et virent s'affronter la police et des habitants afro-américains. La ville fut déclarée en état d'insurrection.

laissait des invitations au guichet, et chaque fois que mon père nous conduisait à la cabine, après la séance, il nous donnait les mêmes leçons d'instruction civique. En démocratie, le devoir majeur du citoyen est de se tenir au courant de l'actualité, on n'est jamais trop jeune pour se tenir informé des nouvelles du moment.

(p. 263)

Les médias ne sont pas officiellement interdits, mais le départ d'un ami du père, responsable des actualités dans un cinéma de quartier, porte un coup majeur à la confiance qu'il accorde à son pays. Une fois encore, le travail de sape des acquis démocratiques se fait de manière souterraine, sans que les droits des citoyens ne soient officiellement atteints. Néanmoins, sans informations fiables, les protagonistes sont soumis au régime de la fiction.

2. Fictions et hommes providentiels

Dans le roman, la démocratie américaine est touchée par le bovarysme : ce ne sont pas ses institutions qui dysfonctionnent, mais la majeure partie de ses électeurs qui ont envie d'entendre de belles histoires. L'image de Lindbergh relève du roman d'aventures et du mélodrame, son épouse est écrivain et poète, son opposant, Winchell, est un animateur de radio qui sait raconter et faire rire. Les informations sont retransmises au cinéma à l'aide d'une image flatteuse, qui l'est même pour Von Ribbentrop invité à la Maison Blanche, puisqu'en dépit de ses insignes nazis, « on trouverait en cet imposteur le fleuron de la civilisation le plus convaincant que puisse produire la fourberie humaine » (p. 291). Tout est question d'interprétation, de croyance et donc de lucidité ou de crédulité. Le rabbin Bengelsdorf croit que l'aviateur a accepté une médaille des mains de Göring tout en jouant un double jeu car il se documentait selon lui sur les nazis au profit de son pays : « il exploitait secrètement leur admiration pour protéger et préserver notre démocratie, et préserver notre neutralité en nous rendant plus forts » (p. 63). Lindbergh disparu, il nourrit encore ses affabulations d'une justification supplémentaire en révélant le chantage dont aurait fait l'objet le président : son fils aurait survécu à l'enlèvement et serait élevé en Allemagne, ce qui aurait permis au IIIe Reich d'exercer une pression sur ses parents. La tante Evelyn trouve dans cette fiction une justification à ses inquiétudes qui encourage sa paranoïa.

La fin du *Complot contre l'Amérique* est précipitée et comme escamotée : avec la disparition de Lindbergh, les dérives autoritaires de l'exercice du pouvoir s'effacent aussi rapidement qu'elles sont apparues, les exactions cessent, mais pas les fictions. Or, selon Roth, ce n'est pas tant les sympathies nazies de l'aviateur qui mettent la démocratie en péril que le désir de croire en des mythes, comme celui de l'homme providentiel ou de la patrie triomphante et autonome. La figure du sauveur de la nation est une notion versatile en politique, qui peut être utilisée en vue de desseins louables comme d'abus. Lindbergh est élu sans véritable programme, car il apparaît comme l'homme providentiel. Mais n'est-ce pas aussi le statut de F. D. Roosevelt, qui est élu *in extremis* pour ramener la démocratie américaine dans le droit chemin ? Ou d'Anne Lindbergh qui exige brusquement la destitution des imposteurs ? De quelles garanties légales dispose le pays pour empêcher qu'un élu ne soit porté à la fonction présidentielle que sur la seule garantie d'une belle histoire ? Aucune, semble répondre le roman.

Philip Roth se plaît en effet à retranscrire avec exactitude la part de mythe qui existe dans les deux camps. Parmi les grandes figures politiques de l'Amérique d'entre-deux-guerres, il choisit d'intégrer à l'intrigue des personnages emblématiques du parti démocrate : F. D. Roosevelt, le président aux trois mandats, La Guardia, le charismatique maire de New York, les juges juifs nommés à la Cour suprême, ou encore l'épouse de Lindbergh, sacralisée en « Notre Dame de la Maison-Blanche » (p. 457). Et c'est bien le vocabulaire de la foi qui prévaut, comme le souligne le narrateur : « nos pères étaient tous d'ardents partisans du *New Deal* et il n'y avait parmi nous aucun désaccord à propos de la sainteté de F. D. R. et du parti démocrate [1] ».

La politique américaine est décrite par le biais des yeux d'un enfant fasciné par des modèles, qu'ils soient du passé, comme Lincoln, ou du présent, comme F. D. Roosevelt. Elle est intimement liée à la confiance en des personnes, pour ne pas dire à une forme de culte de la personnalité. Les partis, les syndicats, les groupes constitués sont rarement mentionnés, tandis que les personnalités fortes sont abondamment citées. Mais Philip Roth nuance : le charisme n'est pas mauvais en soi, et peut même devenir une arme pour défendre les libertés civiles. F. D. Roosevelt entreprend de déconstruire la « peur perpétuelle » qui sous-tend l'antisémitisme et à laquelle sont soumis les juifs. La Guardia prononce un discours dans lequel il dénonce le complot de sentiments qui génère la haine :

> Il y a bien un complot, en effet, conclut le maire La Guardia, et je vais me faire un plaisir de vous nommer les forces qui l'animent : ce sont l'hystérie, l'ignorance, la malveillance, la bêtise, la haine et la peur. Notre pays offre aujourd'hui un spectacle répugnant ! Le mensonge, la cruauté et la folie sont partout, et dans la coulisse, la force brute guette le moment de nous achever. (p. 451)

Son propos pourrait être qualifié, comme ceux de ses opposants, de populiste, puisqu'il fait appel aux émotions et non aux idées. Mais parce qu'il est plus généralement éthique que précisément politique, il inscrit son auteur dans la lignée des grands orateurs défenseurs de valeurs – talent que n'a manifestement pas le président Lindbergh, dont la parole

1. Philip Roth, *Les Faits. Autobiographie d'un romancier*, éd. citée, p. 43.

est peu prolixe puisqu'il est la marionnette des milieux conservateurs et peut-être même des régimes totalitaires européens.

C'est l'épouse de Lindbergh qui enjoint le pays à revenir à la démocratie. Sans voter pour le parti démocrate, elle en soutient les valeurs au sens où elle est attachée à l'assainissement du paysage politique. Dans un discours édifiant, après avoir échappé à un internement contraint, elle dresse ainsi la liste de tous les contre-pouvoirs existant aux États-Unis, demandant notamment « au Congrès de mettre en œuvre une procédure pour démettre de ses fonctions l'actuel président par intérim » (p. 455) et proclame l'importance des lois et des amendements (particulièrement le premier sur la liberté de la presse). Est-ce à dire que Philip Roth manque de confiance dans la capacité des institutions à prévenir une prise de pouvoir totalitaire ? La dérive vient d'un homme charismatique, Lindbergh, le retour à la normale vient d'une femme qui l'est tout autant, son épouse. L'Amérique semble captive du récit de l'homme providentiel ; seules la bonne foi et l'orientation éthique de ses élus protègent les citoyens d'un basculement.

C. Citoyens américains et dérives populistes

1. Un candidat populiste

L'accession de Lindbergh à la présidence des États-Unis ne contrevient en rien aux principes démocratiques de l'élection. Choisi par le parti républicain, il est dûment élu par les grands électeurs, selon le principe du suffrage indirect en vigueur dans le pays :

> Le scrutin de novembre n'avait même pas été serré. Lindbergh avait remporté cinquante-sept pour cent des suffrages populaires, et, grâce à un effet boule de neige, conquis quarante-six États. Il n'avait perdu que celui de New York, où FDR était chez lui, et celui du Maryland, par deux mille voix seulement, car la population de fonctionnaires fédéraux avait massivement voté pour Roosevelt qui y avait conservé en outre, comme nulle part ailleurs au sud de la *Mason-Dixon-Line* [1], la fidélité de près de la moitié des démocrates de cette vieille circonscription sudiste. Le lendemain de l'élection, c'était l'incrédulité qui dominait, surtout chez les sondeurs, mais le surlendemain, toutes les paupières s'étaient dessillées : à la radio comme dans les journaux, pour les commentateurs, la défaite de Roosevelt semblait écrite.
>
> (p. 83)

L'élément déclencheur du récit contrefactuel (l'élection de Lindbergh) ne semble pas avoir de crédibilité ni de vraisemblance historique :

1. La *Mason-Dixon-Line* est la ligne cartographique fictive qui sépare les États abolitionnistes du Nord des États esclavagistes du Sud pendant la guerre de Sécession.

F. D. Roosevelt remporta en effet une large victoire aux élections de 1940 : nommé candidat par son parti avec 946 voix contre 147, il obtint au niveau national 55 % des votes et 38 des 48 États. La description de la victoire de Lindbergh renverrait plutôt à l'élection de George W. Bush en 2000 : la campagne mouvementée du fils de l'ancien président contre son adversaire démocrate Al Gore fut menée jusqu'à la Cour suprême en raison d'un litige sur le comptage des voix dans l'État de Floride. L'accession à la présidence est entachée d'un soupçon d'illégitimité, néanmoins rapidement dissipé par les commentateurs qui trouvent des explications à son élection, comme cela a pu être également le cas lors de l'accession au pouvoir de Donald Trump. Non que Philip Roth soit soupçonneux envers les médias : ce qu'il souligne surtout, c'est que l'histoire est une écriture de l'après-coup, qui rationalise et explique logiquement des événements perçus par les contemporains comme imprévus, violents, inattendus. Dans son uchronie, il restitue la stupéfaction des électeurs devant non pas la négation de la démocratie, mais ce qu'elle autorise et rend possible : l'arrivée au pouvoir d'un homme auquel personne n'avait pensé.

Le suffrage indirect polarise la vie politique aux États-Unis : les deux grands partis (démocrate et républicain) choisissent chacun un candidat et un collège électoral (les grands électeurs) porte l'un des deux au pouvoir. Or, dans le cas de l'élection relatée par le roman, le candidat démocrate F. D. Roosevelt fait l'unanimité dans son camp, mais affiche la particularité de se présenter pour un troisième mandat. En revanche, son adversaire apparaît comme un homme neuf, dynamique, hors système, et Lindbergh, avec son accent du Midwest et ses aventures aéronautiques, en joue : il n'est pas l'émanation de Washington (ce qui n'est pas tout à fait vrai puisque son père a été membre de la Chambre des représentants) et il est plus proche du peuple que F. D. Roosevelt, descendant d'une grande famille d'hommes politiques. Pour rendre son élection crédible, Roth s'inspire de mécaniques mises en lumière par les analystes du vedettariat et de l'exposition médiatique dans les années 2000 : l'importance de l'image d'un candidat dans une campagne électorale, le poids de son portrait plus décisif que son discours. Dans le roman, Lindbergh est facilement identifiable : les touristes à Washington reconnaissent immédiatement son avion ; son visage et son allure figurent sur un timbre et le frère du narrateur en fait la copie. En revanche, ses prises de parole sont rares et peu fournies : « Fidèle à sa manière sympathique, avare de paroles, sans emphase, Lindbergh disait aux foules des aérodromes et aux auditeurs de la radio qui il était et ce qu'il avait fait » (p. 261). À l'inverse, F. D. Roosevelt est un grand orateur qui explique les faits et donne des informations, mais il se trouve mis en échec par la « faiblesse du vrai [1] ». Il est plus aisé de s'en tenir à la formule hâtive « Lindbergh ou la guerre » que d'analyser longuement les tenants et aboutissants du nazisme en Europe. La solution Lindbergh

1. Voir Myriam Revault d'Allonnes, *La Faiblesse du vrai. Ce que la post-vérité fait à notre monde commun*, Seuil, coll. « La Couleur des idées », 2018.

paraît simple parce que son récit est linéaire et facile à comprendre : c'est un aventurier meurtri par la mort de son fils. Philip Roth désigne là une défaillance possible du système électoral américain : si un parti ne trouve pas de candidat et qu'une figure providentielle se présente, alors ce parti n'a d'autre choix que de le suivre et de s'en accommoder. Trop de démocratie [1] est un risque pour la démocratie. Le roman va jusqu'à imaginer l'intrusion d'une puissance étrangère dans les primaires républicaines en mentionnant que Von Ribbentrop, ministre des Affaires étrangères du régime nazi, « c'était bien connu, avait vanté les mérites de Lindbergh auprès de ses collègues nazis, le présentant comme candidat idéal à la présidence des États-Unis, bien avant que les républicains ne l'enrôlent lors de leur convention de 1940 » (p. 253).

Lindbergh, l'aviateur renommé pour ses records en solitaire, riche héritier marié à une poétesse, n'est pas représentatif de la diversité sociale, culturelle et cultuelle de son pays. Mais il présente bien, il a belle allure et se voit nimbé d'une popularité acquise par l'exploit sportif, redoublée par l'empathie qu'il suscite après l'assassinat de son fils. Il ne prend pas la parole devant la Chambre des représentants, il ne tient pas de grands meetings avec d'autres membres du parti républicain mais s'exprime directement auprès de la population, improvisant des déplacements inopinés et de brèves interventions. Celles-ci sont simples, tiennent en « cinquante-trois mots en comptant le A, initiale d'Auguste », qui est son second prénom (p. 52). Ses adversaires ne le considèrent pas sérieusement et le président sortant ne prend pas la peine de débattre avec lui ; pourtant, le « cirque de Lindbergh » (p. 54), dont des hommes politiques aguerris ont sous-estimé la popularité, l'emporte à une large majorité, sans avoir vraiment mené campagne ni présenté de programme. Philip Roth met en garde ses lecteurs : un système démocratique centré sur des figures fortes est soumis à la médiatisation et aux séductions de l'image. Principe fondamental de la démocratie américaine, la présence de lobbies peut s'avérer également dangereuse dès lors que ceux-ci, pro-hitlériens, ourdissent un complot orchestré depuis Berlin, par un Reich qui manipulerait le couple Lindbergh en leur faisant croire que leur fils est vivant.

2. « Eux » et « nous »

Au-delà, *Le Complot contre l'Amérique* signale à l'attention du lecteur que loin d'être de simples épisodes de fièvre passagère, les tentations de dérive totalitaire sont constitutives d'une démocratie. Tout système

1. L'expression « too much democracy » renvoie au constat que les partis politiques ont participé à une érosion de la confiance dans l'exercice politique et ont collatéralement favorisé l'émergence de candidats inattendus, possiblement dangereux. Voir Frances McCall Rosenbluth et Ian Shapiro, *Responsible Parties : Saving Democracy from Itself*, New Haven, Yale University Press, 2018.

démocratique intègre ses contradictions et ses contradicteurs. La grandiose assimilation, le *melting-pot* revendiqué par l'Amérique ne concerne pas seulement les minorités : il accueille aussi des racistes, des membres du Ku Klux Klan, des opportunistes mesquins, des hommes d'affaires antisémites (Henry Ford) et même une « fofolle nombriliste en pleine ascension sociale » (p. 269), la tante Evelyn. Interrogé par un membre du FBI qui semble débarqué de l'ère maccarthyste, le narrateur répugne à répondre, persuadé que la haine des juifs n'est pas seulement la folie passagère du Bund mais qu'elle a un ancrage plus profond, et se livre à un inventaire disparate :

> Je me gardai bien de nommer Henry Ford, America First, les démocrates du Sud, les républicains isolationnistes, et encore moins Lindbergh. Ces dernières années, à ce qu'on disait chez moi, la liste d'Américains de premier plan qui haïssaient les Juifs étaient bien plus longue encore, sans compter les Américains ordinaires, par dizaines de milliers, par millions peut-être, tels les buveurs de bière dont nous n'avions pas voulu pour voisins à Union ou l'homme à la moustache qui nous avait insultés à la cafétéria près de la gare à Washington, ou le propriétaire de l'hôtel.
>
> (p. 242-243)

S'adressant à un lecteur des années 2000, ce passage concerne évidemment aussi bien les juifs que d'autres minorités – sexuelles, ethniques ou religieuses [1]. La dérive d'exclusion qui menace l'Amérique n'est pas une fantaisie de romancier ou une aberration de la démocratie, mais l'émanation d'un tel système politique : Philip Roth prend soin de documenter le roman, d'y préciser ses sources en fin de volume et de citer de manière intradiégétique des discours avérés de F. D. Roosevelt ou des propos véritablement publiés par Ford afin que le lecteur s'avise de la présence réelle et constante de la suspicion et du mépris au sein de la démocratie.

La démocratie américaine se fonde sur la souveraineté du peuple ; sa Constitution assure que les citoyens américains, représentés par une double chambre, ne sauraient se voir imposer un pouvoir autoritaire venu d'en haut. Toutefois, selon Philip Roth, ce principe génère une torpeur dans l'esprit des individus, persuadés de vivre dans le meilleur régime du monde. De ce fait, ils sont peut-être moins portés à la vigilance envers toute dérive d'une administration qu'ils pensent encore, dans les années 1930 du moins, contenue par les contre-pouvoirs. Pourtant, l'autoritarisme règne peut-être déjà sur les esprits sous la forme du patriotisme :

1. Rappelons qu'aujourd'hui encore, aux États-Unis, dans certains États, un commerçant peut refuser de servir un couple homosexuel en invoquant sa liberté de conscience. Quant à la phrase qui fait suite à l'extrait cité, elle n'est pas sans évoquer la situation des Afro-américains : « Mais sans doute me figurais-je déjà que j'étais un petit délinquant, du seul fait d'être juif » (p. 243).

> Je crois que c'est au cours de la Seconde Guerre mondiale, à l'époque où je grandissais dans le New Jersey, que j'ai le plus profondément ressenti le pouvoir politique comme force de coercition morale. On exigeait peu d'un écolier américain, si ce n'est qu'il crût à l'« effort de guerre », et j'y croyais de toute mon âme [1].

La persécution des juifs mise en place dans le roman s'appuie sur le mythe de l'identité américaine : ils sont encouragés à se déplacer pour trouver une vie meilleure, à être autonomes et audacieux, à s'intégrer afin d'entrer dans la méritocratie. Et certains souscrivent à cet impératif moral, comme le rappelle Philip Roth à travers les personnages de Sandy et d'Evelyn, mais aussi par la mention de juifs célèbres qui se targuent de leur « comportement exemplaire » (p. 388). Il touche là à une question fondamentale dans l'histoire de la lutte pour les lois civiques et qui reste brûlante dans l'Amérique multiraciale d'aujourd'hui : un membre d'une minorité qui réussit socialement, qui envoie ses enfants dans les plus grandes universités et fait partie des notables influents, est-il un traître à son milieu d'origine ou la preuve que la reconnaissance du mérite individuel est ouverte à tous ? Le succès de certains empêche-t-il l'oppression des autres ? Le roman est une véritable leçon d'histoire de l'Amérique : quoique ne se déroulant que sur une durée de deux ans, son intrigue effectue constamment des parallèles avec des lois anciennes ou opère des allusions à des événements ultérieurs, interrogeant ainsi concrètement l'état démocratique de son pays. Les lois antisédition de 1798 (p. 485) ou *Alien and Sedition Acts*, par exemple, ratifiées par le président John Adams, visaient à protéger la jeune Amérique des activités séditieuses d'agents venus de France ou d'Angleterre en expulsant les suspects. Or cette loi existe encore : sa survivance invite à considérer la notion de danger ; ce qui était périlleux pour une démocratie en construction l'est-il encore pour un pays solide et souverain ? Les périls d'hier ne sont-ils pas les victimes d'aujourd'hui ? En effet, les Européens royalistes qui tentaient de fragiliser un pays ayant conquis contre eux son indépendance ne sont pas les mêmes que ceux qui, fuyant l'Europe des persécutions, demandent asile aux États-Unis. La construction de la notion d'étranger (*alien*), les distinctions entre « eux » contre « nous » qui mènent à la violence et à la haine raciale font l'objet par Philip Roth d'une historicisation, d'une mise en perspective. En régime démocratique, une dérive totalitaire ne surgit pas de façon inopinée, elle germine de longue date dans le principe de l'identité d'une nation, qui peut être subverti et interprété.

Le narrateur est fier d'être américain, il admire Lindbergh, Lincoln et Washington ; au cinéma, il est grisé par la « magie du folklore masculin » (p. 289) ; il possède un album de timbres commémoratifs qui célèbrent

1. Philip Roth, *Du côté de Portnoy et autres essais*, éd. citée, p. 18-19. Il ajoute plus loin : « J'étais à l'université durant les beaux jours de Joseph McCarthy – époque où, pour la première fois, le pouvoir politique m'apparut comme une coercition *immorale*. »

les moments marquants de l'histoire américaine, dont une bonne partie à l'effigie des présidents. Lors du voyage à Washington, il est ébloui par la mystique républicaine, l'ampleur des lieux et leur symbolique, comme devant la statue de Lincoln : « Le visage sculpté du président me parut réunir, essence même de la sainteté, la face de Dieu et les traits de l'Amérique » (p. 98). Sa famille a pour seuls livres dans sa bibliothèque la Constitution des États-Unis, le dictionnaire Webster et un atlas du pays. L'Amérique est pour eux le meilleur pays du monde, le plus démocratique, celui dans lequel ils veulent vivre et rester : en inventant une uchronie selon laquelle les États-Unis n'auraient pas été épargnés par le fascisme dans les années 1940, Philip Roth met à l'épreuve la relation des Américains avec leur pays et avec leurs concitoyens. Ont-ils raison d'être aussi fiers et aussi confiants ? Le « complot » narratif se construit comme le laboratoire d'une expérience politique et sociale : plaçant une famille dans une situation contraignante et très anxiogène, sous la pression de la « peur perpétuelle » qui ouvre et ferme le roman, le romancier estime la capacité de ses protagonistes à rester fidèles à leur identité américaine. Vont-ils émigrer au Canada ? Se sentir plus américains que jamais ? Se redécouvrir italiens, allemands ou russes, persécutés aujourd'hui aux États-Unis, comme leurs ascendants hier en Europe ? Nombre de romans de Philip Roth engagent ainsi une réflexion sur ce que signifie le fait d'être américain, débat fortement nourri de l'histoire postérieure à l'intrigue du *Complot contre l'Amérique* : le maccarthysme, la guerre froide et sa division du monde entre « pro » et « antiaméricains », la définition de nouveaux ennemis après les attentats du 11 septembre 2001 et d'un axe du mal hostile à l'Amérique… Autant d'événements qui ont contraint les Américains à se penser en opposition avec d'autres nations. Dans le roman, « eux » définit « nous » et les personnages sont placés dans un système d'exclusions violentes qui ne connaît pas le compromis : lors du vote amenant le célèbre aviateur à la présidence, c'est « Lindbergh ou la guerre » (titre du premier chapitre) qui place le pays dans une alternative insupportable. Entre un dirigeant populiste proche du IIIe Reich et un conflit mondial, aucune autre voie ne semble possible dans ce pays qui trouve son identité par l'exclusion et l'opposition violentes contre tout ce qu'il n'est pas. Ce sentiment n'a pas été massivement celui des Américains de 1940 ; Philip Roth atteste lui-même l'avoir emprunté aux années 1970 et à une période de contestation de la guerre du Vietnam, de défiance envers le président Nixon et de lutte pour les droits civiques ainsi que pour les minorités sexuelles :

> Loin de craindre pour ma famille et ma patrie, j'éprouvais pour l'Amérique en guerre[1] ce que je ressentais à l'égard des puissances de l'Axe dans le deuxième conflit mondial. On commençait même à prononcer le mot « Amérique » comme s'il eût désigné, non pas le lieu où l'on avait été élevé, la terre à laquelle on se sentait étroitement attaché, mais un envahisseur qui

1. Il s'agit de la guerre du Vietnam.

aurait conquis le pays et avec lequel on se refuserait de toutes ses forces à collaborer. Soudain, l'Amérique était devenue « eux », et ce sentiment de dépossession et d'impuissance allait susciter les accents véhéments et la virulence de propos qu'eut souvent le mouvement de lutte contre la guerre [1].

3. Peuple, populaire, populiste

Le discours d'exclusion porte en germe sa dérive en actes. De populaire, Lindbergh devient populiste ; prétendant protéger le peuple américain des guerres européennes et flattant ainsi le sentiment patriotique des citoyens, son administration participe à la ségrégation de certaines de ses populations sur son sol. C'est la notion même de peuple qui est interrogée ici, ainsi que l'américanité des protagonistes, motif fondamental qui apparaît dans tous les romans d'inspiration autobiographique de Philip Roth.

Tous les jours, les jeunes Américains saluent à l'école une bannière étoilée emblématique d'un État fédéral qui célèbre l'union de la diversité, la souveraineté acquise en associant en une fédération des États aux intérêts différents. Mais Philip Roth rappelle que « le » peuple américain n'existe pas : il est une mosaïque de communautés qui s'ignorent. Plus que des intérêts communs (qu'est-ce qui peut bien unir des paysans du Kentucky et des employés d'assurances du New Jersey, qui composent pourtant respectivement les deux branches de la famille désirée par Sandy ?), ce sont peut-être les valeurs communes qui permettent de constituer un peuple. Finalement, *Le Complot contre l'Amérique* donne une réponse sentimentale au problème : parce qu'ils connaissent Herman Roth, les Cucuzza lui viennent en aide. Pour sauver Seldon, Beth Roth demande l'intervention de Mawhinney, « un monsieur très gentil, un monsieur gentil, généreux, avec une femme et quatre enfants adorables que Sandy connaissait pour avoir passé un été dans leur ferme » (p. 478). C'est une autre mère sensible, l'épouse de Lindbergh, qui rétablit les libertés dans son pays. Faut-il donc se fier aux ressorts mélodramatiques, au bon sens et aux bons sentiments des individus plutôt qu'aux institutions ? Face aux blessures de l'Histoire, les « prothèses » sont toujours des personnes. Mais la défiance envers les institutions est aussi l'une des modalités du populisme. Lindbergh accuse de complot contre l'Amérique les juifs, l'Angleterre et le gouvernement. L'antiparlementarisme a été l'un des arguments du maccarthysme, comme l'accusation portée à l'encontre du « système » est encore aujourd'hui un élément majeur de la rhétorique des partis extrémistes.

À l'uchronie se mêle ainsi le roman sentimental, l'épopée d'une famille qui résiste à l'adversité par amour des siens et récupère tous les éclopés de la politique coercitive (Alvin, Seldon, Evelyn). Le propos est ironique,

1. Philip Roth, *Du côté de Portnoy et autres essais*, éd. citée, p. 20.

mais non dénué de mélancolie ou de regret : si les Lindbergh ont trahi leur pays pour protéger leur fils aîné, et si Herman Roth a traversé le pays pour sauver celui des voisins, à quoi tient donc la démocratie ? Le tout n'est peut-être qu'un mirage romanesque, à l'instar de la peur qui anime le narrateur : n'a-t-il pas le souvenir d'avoir été pris d'une crise de panique chez les Wishnow, enfermé dans la salle de bains, pour découvrir ensuite que la porte n'avait jamais été fermée ? Se faire peur en démocratie est un appel à la vigilance.

Conclusion

Le Complot contre l'Amérique est une uchronie ; comme beaucoup d'autres romans publiés dans les années 2000 par des auteurs de divers pays, il explore un passé alternatif afin d'éclairer le présent. Il donne à un enfant de moins de 10 ans une leçon d'histoire, lui rappelant les grands événements et les personnalités qui ont façonné son pays et son identité, lui montrant aussi que toute démocratie est un système mouvant, poreux et non définitivement solide. Si l'enfant sort de l'âge de l'innocence par la confrontation avec l'antisémitisme, c'est toute l'Amérique qui doit, selon Philip Roth, se défaire de sa naïveté, de sa crédulité envers les mythologies de l'Éden et d'un Nouveau Monde qui serait par essence républicain, libre, autonome et démocratique. La démocratie n'est jamais acquise : elle est en constante construction. À l'époque où se déroule l'intrigue du roman, la Constitution américaine cohabite avec la ségrégation.

Pour construire cette démonstration, le romancier entremêle faits, personnages politiques et discours qui sont plus souvent réels que fictifs : en effet, en dehors du motif déclencheur de l'élection de Lindbergh, qui n'a jamais eu lieu, un grand nombre d'inventions sont en fait des imitations, des variations sur l'histoire existante. Les pogroms décrits n'ont jamais eu lieu sur le territoire américain, mais il y a bien eu des manifestations violentes contre des Afro-américains, des minorités sexuelles ou des musulmans. Des juifs et des communistes furent effectivement accusés d'être « non américains » ou soupçonnés d'espionnage pendant les années 1950. Bien qu'il soit mentionné dans d'autres dystopies comme *La Servante écarlate* (1985) de Margaret Atwood, l'exil au Canada n'est pas un élément de science-fiction mais une réalité que connurent les réfractaires à la guerre du Vietnam.

Le matériau historique documenté ainsi entremêlé à une matière autobiographique aisément identifiable place les personnages dans une situation d'expérience, au sens scientifique du terme. Philip Roth met une famille unie sous la pression d'événements extérieurs qui la dépassent et éprouve ainsi les valeurs des protagonistes comme de l'Amérique tout entière. Jusqu'à quel point une démocratie est-elle à même de protéger la plus petite de ses composantes, une famille obscure et modeste d'un quartier du New Jersey ? Le régime politique d'un pays ne se mesure pas à ses grands principes mais à sa capacité à les appliquer, y compris sur les minorités invisibles. C'est la raison pour laquelle le romancier réduit le point de vue à celui d'une jeune enfant, dépeignant la démocratie dans sa portée la plus quotidienne et la plus humble jusqu'à la personnifier :

> Ton don ne consiste pas à personnaliser ton expérience, mais à la personnifier, à l'incarner dans la représentation d'une personne qui n'est pas toi. Tu n'es pas un autobiographe, tu es un personnificateur. Ton expérience est à l'opposé de la plupart de tes contemporains d'Amérique. Ta connaissance des faits, la perception que tu en as, est beaucoup moins développée que ta compréhension, l'intuition avec laquelle tu pèses et équilibres la fiction. Tu crées un monde imaginaire infiniment plus excitant que le monde dont il procède. Je présume que tu as si souvent écrit des métamorphoses de toi-même que tu ne peux plus te représenter ce que tu es ou ce que tu fus. Aujourd'hui, tu n'es rien d'autre qu'un texte en marche [1].

ORIENTATION BIBLIOGRAPHIQUE

Édition de référence

Philip Roth, *Le Complot contre l'Amérique*, trad. Josée Kamoun, Gallimard, coll. « Folio », 2006.

Autres œuvres de l'auteur recommandées

Les Faits. Autobiographie d'un romancier, trad. Michel Waldberg, Gallimard, coll. « Du monde entier », 1990.

[Autobiographie d'un auteur qui reste romancier et joue des faits, ce texte antérieur au *Complot contre l'Amérique* n'en donne pas moins des indications précieuses sur l'écriture et les sources de Roth.]

L'Amérique de Philip Roth, trad. Josée Kamoun, Gallimard, coll. « NRF Quarto », 2013.

[Volume qui contient les quatre romans historiques de l'auteur : *Pastorale américaine* ; *J'ai épousé un communiste* ; *La Tache* ; *Le Complot contre l'Amérique*.]

Ouvrages sur Roth

André Bleikasten, *Philip Roth*, Belin, coll. « Voix américaines », 2001.

[Biographie bien documentée mettant en lien l'homme et les œuvres. L'ouvrage n'aborde pas les dernières années de l'auteur, décédé en 2018.]

Steven Sampson, *Corpus Rothi II. Le Philip Roth tardif, de* Pastorale américaine *à* Némesis, Léo Scheer, 2012.

1. Philip Roth, *Les Faits. Autobiographie d'un romancier*, éd. citée, p. 187. Le romancier s'adresse à lui-même.

QUATRIÈME PARTIE

La démocratie dans les œuvres au programme

par Florian Pennanech

INTRODUCTION

Quoi de plus simple en apparence que la notion de démocratie ? Le terme est d'un usage si courant, il apparaît doté d'une telle clarté, que nous n'y prenons même plus garde. Le mot nous est aussi familier que son étymologie transparente : la démocratie, c'est le pouvoir du peuple, voire, selon la formule à peine plus étoffée d'Abraham Lincoln, dans son discours prononcé à Gettysburg en 1863, « le pouvoir du peuple, par le peuple, pour le peuple ».

À cette évidence de la notion s'ajoute celle du jugement que nous sommes censés porter sur la démocratie : elle est aujourd'hui l'horizon indépassable de la modernité politique. Tout pays, tout territoire, tout groupe humain ne devrait-il pas aspirer à la démocratie ? Est-il un domaine, une pratique, une institution qui ne soit invitée à se démocratiser ? Qui oserait sérieusement contredire le bon mot de Winston Churchill, issu d'un discours de 1947 et selon lequel « la démocratie est le pire des régimes, à l'exception de tous les autres » ?

Or ces deux évidences sont, à y regarder de plus près, de fausses évidences, qui masquent une série de paradoxes. Définir la démocratie comme « pouvoir du peuple » présuppose de concevoir le peuple comme une entité homogène. Mais de quel peuple parle-t-on ? Comment se définit-il ? Qui doit-on y inclure et, partant, en exclure ? Évoquer le « pouvoir par le peuple » dissocie le peuple entre gouvernants et gouvernés, alors que l'identité des deux groupes définit la démocratie. Il semble que le citoyen ne puisse qu'alterner les rôles de gouvernant et de gouverné, ce qui implique une asymétrie des statuts. De même, si la démocratie est un régime où l'on gouverne « pour le peuple », l'action politique est soumise à certaines valeurs, qu'on qualifiera de démocratiques, au premier chef desquelles figurent la liberté et l'égalité. Reste à savoir comment la démocratie, en tant qu'organisation sociale et institution politique, parvient ou non à respecter ses propres valeurs. Comment, en effet, si le peuple se définit par un ensemble d'inclusions et d'exclusions, assurer l'égalité de tous ? Comment, si au sein de ce peuple certains sont gouvernants et d'autres gouvernés, garantir la liberté de chacun ?

Une fois que l'évidence de la définition de la démocratie nous apparaît ainsi troublée, l'évidence de notre jugement peut elle aussi être relativisée. Toute la tradition philosophique, de Platon à Tocqueville, prouve qu'il est possible de critiquer la démocratie. On peut bien sûr la critiquer en faisant valoir la supériorité d'un autre régime, despotique ou aristocratique. Mais on peut surtout critiquer les régimes démocratiques existants au nom de l'idéal démocratique. On peut ainsi estimer qu'il y a encore trop de despotisme et trop d'aristocratie dans les démocraties ou, plus radicalement, estimer que la démocratie conduit inéluctablement au retour de l'aristocratie, voire du despotisme.

Est-ce à dire que la démocratie n'existe que comme un horizon théorique vers lequel on tend sans jamais l'atteindre ? Ou bien qu'elle constitue une notion aporétique, c'est-à-dire aboutissant à des paradoxes insolubles ?

C'est en s'installant au cœur de ces paradoxes que l'on envisagera ici les œuvres soumises à notre réflexion, les deux comédies d'Aristophane, *Les Cavaliers* et *L'Assemblée des femmes*, l'essai de Tocqueville, *De la démocratie en Amérique* (tome II, partie IV), et le roman uchronique de Philip Roth, *Le Complot contre l'Amérique.*

Il s'agira donc de s'interroger, tout d'abord, sur la démocratie en tant que régime politique, qui se manifeste par un ensemble d'institutions censées prémunir les citoyens contre les menaces que représentent les autres régimes, autoritaires ou totalitaires – en se demandant ce qui la distingue de ces régimes et par quels moyens elle en protège les citoyens. Il s'agira, ensuite, d'envisager la démocratie en tant qu'organisation sociale, de mesurer les effets qu'exerce sur le peuple la promotion conjointe de la liberté et de l'égalité – c'est ainsi qu'il faudra voir si le peuple peut rester un ensemble homogène en contexte démocratique. Au-delà de ce double aspect politique et social, il s'agira, enfin, d'observer comment les valeurs démocratiques se manifestent par un discours, puisque la démocratie met la parole publique au cœur de ses valeurs – cette liberté de parole s'exerçant même à propos du régime démocratique. Dans sa critique réside la condition de possibilité de la démocratie.

I. L'INSTITUTION DÉMOCRATIQUE

La démocratie est un mode de gouvernement, c'est-à-dire un ensemble d'institutions. Ces institutions ont un but, assurer l'administration de la cité ou de la nation, mais elles obéissent aussi à une norme : elles doivent garantir la préservation de la démocratie. Le régime démocratique se pense en effet toujours comme menacé, par les autres régimes (le démocrate craint le retour du despotisme ancien ou la contagion du totalitarisme d'un pays voisin) et par lui-même (le démocrate craint la « dérive » de la démocratie). La démocratie se définit par contraste avec d'autres types de régimes politiques, mais elle doit aussi se méfier des éléments antidémocratiques qu'elle recèle en son sein. Analyser les institutions démocratiques, ce sera donc nécessairement se demander si elles suffisent à garantir la pérennité du régime ou si considérer ces institutions comme des garanties suffisantes de démocratie n'est pas la plus sûre manière de la mettre en péril.

A. Le pouvoir du peuple

Que la démocratie soit directe ou indirecte, le peuple qui gouverne ne coïncide jamais parfaitement avec le peuple qui est gouverné. Le type de rapport qui s'établit entre le peuple gouverné et ses gouvernants détermine l'essence même du régime démocratique : les gouvernants y sont des représentants. Ce fonctionnement représentatif a d'ailleurs été repris dans d'autres contextes (comité d'entreprise, conseil d'école, etc.) : la démocratie est un type d'organisation politique qui a tendance à se transformer en idéal de vie collective.

1. Gouvernés, gouvernants et majorités

La démocratie est une forme de gouvernement dans laquelle la souveraineté, c'est-à-dire le pouvoir absolu, appartient au peuple. Et c'est le gouvernement qui se charge de faire respecter cette souveraineté. Le respect de la souveraineté prend donc concrètement la forme de l'obéissance au gouvernement. Le gouvernement se trouve ainsi dans la position d'un intermédiaire, qui n'exerce le pouvoir que par procuration ; dans le même temps, ce pouvoir est renforcé par la légitimité de son assise – la volonté populaire. S'il y a bien identité du gouvernant et du gouverné, cette identité est médiate et sépare le peuple en deux entités : souverain et sujet.

La distinction s'accentue à mesure que le gouvernement gagne en puissance. Tocqueville retrace ce phénomène sous la forme d'un récit en deux temps, d'abord la délégation du pouvoir, puis la croissance de celui-ci :

> Les Américains croient que, dans chaque État, le pouvoir social doit émaner directement du peuple ; mais une fois que ce pouvoir est constitué, ils ne lui imaginent, pour ainsi dire, point de limites ; ils reconnaissent volontiers qu'il a le droit de tout faire.
>
> (II, IV, 2, p. 90)

Il serait évidemment simpliste de considérer que la démocratie consiste uniquement en un renoncement volontaire à sa souveraineté. Pour qu'il y ait démocratie, il faut qu'il y ait réversibilité du pouvoir, c'est-à-dire que le citoyen conserve toujours la possibilité de passer de gouvernant à gouverné :

> On peut aisément prévoir que presque tous les citoyens ambitieux et capables que renferme un pays démocratique travailleront sans relâche à étendre les attributions du pouvoir social, parce que tous espèrent le diriger un jour. C'est perdre son temps que de vouloir prouver à ceux-là que

l'extrême centralisation peut être nuisible à l'État, puisqu'ils centralisent pour eux-mêmes.

(II, IV, 3, note C, p. 105)

Tocqueville n'adhère pas à la thèse, défendue notamment par Rousseau dans *Du contrat social*, selon laquelle le pouvoir de l'État profite au citoyen, en lui apportant davantage de sécurité ou de liberté que s'il était seul. Tocqueville est un démocrate libéral, ce qui signifie qu'il se méfie d'un État trop puissant qui risque de diminuer la liberté du citoyen. Qu'un citoyen accepte l'accroissement du pouvoir de l'État n'a pour lui de sens que dans la mesure où ce citoyen ambitionne d'occuper un jour une fonction publique et d'exercer alors ce pouvoir personnellement. La menace d'un État fort et capable de limiter la liberté des individus ne lui paraît pas compensée par le fait que cet État se tient au service de la souveraineté du peuple. Cette compensation relève pour lui d'une forme d'illusion, par laquelle les citoyens se persuadent qu'ils n'ont pas renoncé à leur liberté individuelle, tout en satisfaisant leur « besoin d'être conduits » (II, IV, 6, p. 155) :

> Ils se consolent d'être en tutelle, en songeant qu'ils ont eux-mêmes choisi leurs tuteurs. Chaque individu souffre qu'on l'attache, parce qu'il voit que ce n'est pas un homme ni une classe, mais le peuple lui-même, qui tient le bout de la chaîne.
>
> (II, IV, 6, p. 156)

Tocqueville raisonne dans le contexte d'une démocratie indirecte et l'on pourrait considérer que son propos n'est pas valable dans le cas d'une démocratie directe, comme celle qui existait à Athènes. Cependant, le phénomène s'observe aussi dans la démocratie directe : les lois qui s'appliquent à tous ne sont pourtant pas votées par tous. Ce déséquilibre se manifeste dans *L'Assemblée des femmes*, lors du dialogue entre Chrémès et Blépyros relatant les débats qui ont eu lieu à l'Ecclésia (p. 186-195). Un « élégant jeune homme » s'est présenté (le spectateur devine qu'il s'agit en fait de Praxagora déguisée) et a proposé de « livrer aux femmes la cité », suscitant applaudissements chez les cordonniers, mais protestations chez les gens de la campagne – lesquels, chez Aristophane, sont systématiquement valorisés, car ils représentent un temps révolu et idéalisé. La réplique de Blépyros exprime la position d'Aristophane lui-même : « c'est qu'ils avaient du bon sens, par Zeus ! », à quoi Chrémès ne peut que rétorquer : « Mais ils étaient la minorité, et lui n'arrêtait pas de crier, disant beaucoup de bien des femmes, et beaucoup de mal de toi » (p. 190). La majorité l'emporte quand il s'agit de confectionner les lois, parfois en dépit du bon sens.

L'importance attribuée au fait majoritaire peut conduire à une vision purement numérique de la démocratie, comme celle que le rabbin Bengelsdorf défend face à Herman, à la suite de l'élection de Lindbergh :

> Parce que de l'ignorance, il y en a aussi chez les juifs, hélas, dont beaucoup s'obstinent à voir en Lindbergh un Hitler américain tout en sachant fort bien qu'il a été élu démocratiquement et équitablement, par une victoire écrasante, et qu'il ne manifeste aucune tendance à l'autoritarisme.
>
> (p. 164)

Bengelsdorf se contente d'une vision formaliste de la démocratie, qu'il réduit au maintien de la légalité par le respect des procédures et des institutions. L'idée de valeurs démocratiques, soit d'une norme autre que numérique, lui semble hors sujet. Que la majorité puisse avoir tort, c'est-à-dire que la majorité ne constitue pas une norme en soi, que d'autres standards puissent éventuellement prévaloir, n'est même pas envisagée. Le propre fils de Herman finit par douter de son père, convaincu à son tour que la majorité a forcément raison : « Et comme l'oncle Monty lui avait dit exactement la même chose que le rabbin Bengelsdorf, et que mon frère me le disait aussi en secret, je commençai à me demander s'il savait bien de quoi il parlait » (p. 184). C'est un des paradoxes sur lesquels repose le roman de Roth : les vraies valeurs démocratiques sont incarnées par un seul homme, Herman, tandis que la majorité adopte un discours antidémocratique, qu'elle prétend imposer au nom du principe démocratique de la souveraineté du plus grand nombre.

2. Le système représentatif

Si le peuple délègue son pouvoir à des gouvernants, ceux-ci doivent le représenter, c'est-à-dire en être l'émanation. Tocqueville remarque que la démocratie qu'il étudie a été instituée dans un pays où la société était à l'origine démocratique dans son organisation. Il compare cette situation avec le processus historique accompli dans d'autres pays, en particulier la France, où la société était organisée de façon aristocratique. L'avènement de la démocratie comme système politique se heurte alors à l'organisation sociale préexistante et implique une révolution. Cette dernière consiste à refuser désormais comme source de légitimité l'héritage familial, l'inscription dans une lignée, le respect d'une tradition :

> les plus fermes dynasties sont ébranlées ou détruites ; de toutes parts les peuples échappent violemment à l'empire de leurs lois ; ils détruisent ou limitent l'autorité de leurs seigneurs ou de leurs princes ; toutes les nations qui ne sont point en révolution paraissent du moins inquiètes et frémissantes ; un même esprit de révolte les anime.
>
> (II, IV, 5, p. 138)

Tocqueville souligne l'opposition entre cette tendance et celle qui, à l'inverse, consiste à accepter le contrôle de l'administration publique. Il résume l'essence de la démocratie en ces termes :

ces mêmes hommes qui de temps à autre renversent un trône et foulent aux pieds des rois, se plient de plus en plus, sans résistance, aux moindres volontés d'un commis.

(II, IV, 5, p. 139)

Le commis, autrement dit le fonctionnaire, représentant de l'autorité publique, est le contraire du roi, car sa légitimité ne lui vient que de la souveraineté populaire. La démocratie consiste à laisser gouverner le premier venu, le citoyen dépourvu de toute légitimité autre que celle que lui donne le simple fait d'être nommé, choisi ou élu. N'importe qui peut être un représentant du peuple, y compris un aviateur comme Lindbergh, que rien ne prédispose à devenir président et qui ne peut se réclamer que de sa normalité – c'est parce qu'il n'a rien d'exceptionnel qu'il peut représenter tout le monde :

Or Lindbergh représentait justement cette normalité élevée à des proportions héroïques : un type bien, visage honnête, voix sans affectation, dont les échos avaient démontré à toute la planète qu'il avait le courage de faire face aux situations, et celui de façonner l'histoire, ainsi, bien sûr, que la force de transcender la tragédie personnelle.

(p. 84)

Homme ordinaire, Lindbergh devient un sauveur providentiel, juste parce qu'il a été désigné comme tel lors de son investiture « par acclamation » (p. 32) à la convention républicaine, dans la nuit du 27 au 28 juin 1940. On pourrait en dire autant du Charcutier qui apparaît dans *Les Cavaliers* au moment où les deux serviteurs viennent de lire l'oracle :

On va le chercher. Mais le voilà qui vient au marché comme par une grâce céleste. Ô marchand de boudins béni du ciel, approche-toi, mon cher. Tu apparais à nos regards comme le sauveur de la cité.

(p. 60)

Le Charcutier qui passait par hasard devient le représentant du peuple, puisqu'il a été désigné comme tel. C'est précisément parce qu'il ne possède aucun titre à gouverner qu'il peut gouverner (voir à ce sujet le texte de Jacques Rancière, *infra*, p. 309) :

LE CHARCUTIER. – Veux-tu me dire comment, moi, marchand de boudins, je puis devenir un jour ce qui s'appelle un personnage ?

PREMIER SERVITEUR. – Mais c'est justement pour cela que tu vas le devenir ; parce que tu n'es qu'un propre à rien, un chevalier du soleil, un audacieux coquin.

(p. 64)

Aristophane souligne là le principe fondamental de la démocratie athénienne. Sa satire vise aussi à produire des effets comiques en se moquant des démagogues. Le Premier Serviteur ajoute ainsi : « Pour gouverner le peuple, il ne faut pas un homme pourvu d'une bonne culture et d'une bonne éducation. Il faut un ignorant doublé d'un coquin » (p. 65). Tout le comique du propos tient à la transformation d'une possibilité (en démocratie, un ignorant doublé d'un coquin *peut* devenir gouvernant) en une obligation (pour gouverner, il *faut* être un coquin doublé d'un ignorant). La démocratie ne demande au gouvernant ni capital économique, ni capital social, ni capital culturel. Il peut tout à fait appartenir à des catégories de population traditionnellement dépréciées, comme le souligne le chœur lorsqu'il commente la rencontre entre le Charcutier et le Paphlagonien : « La canaille a rencontré une autre canaille, bien plus féconde que lui en canailleries, en astuces de tout genre, ainsi qu'en flagorneries » (p. 99).

Dans *L'Assemblée des femmes*, Aristophane attaque aussi les citoyens qui votent les lois à l'Ecclésia en leur reprochant d'être surtout intéressés par les trois oboles d'indemnisation :

> Vois à refouler ces gens qui arrivent de la ville, tous tant qu'ils sont, qui auparavant, quand il n'y avait qu'une obole à prendre, restaient assis à bavarder sur les marchés aux couronnes. Ils sont trop gênants maintenant. Ah non ! sous l'archontat du généreux Myronidès, personne n'eût osé administrer les affaires de la cité pour de l'argent. Chacun arrivait portant dans une petite outre de quoi boire, et avec du pain, deux oignons, et trois olives, le cas échéant. Aujourd'hui, on cherche à toucher le triobole, quand on fait quelque chose pour l'État, comme les manœuvres qui portent le mortier.
>
> (p. 181-182)

Or c'est précisément pour éviter que seuls les riches citoyens aient le loisir de siéger à l'Ecclésia que cette indemnisation fut instaurée par Agyrrhios et augmentée progressivement jusqu'à trois oboles. Aristophane met en évidence l'un des fondements de la démocratie : les institutions doivent octroyer à chacun les moyens de participer à la vie de la cité.

3. Le modèle familial

La démocratie peut prendre pour modèle des formes d'organisation collective qui ne relèvent pas du politique. Dans *Les Cavaliers*, elle est représentée sous la forme de la maison de Démos, « originaire de Pnyx » (p. 51), c'est-à-dire de la colline où se rassemblait l'Ecclésia. Les deux esclaves, qui renvoient aux généraux Démosthène et Nicias, ont pour maître Démos, tout comme l'intendant, l'esclave tanneur paphlagonien, qui représente le démagogue Cléon. Dans ce cadre domestique, le système démocratique est modélisé par la relation entre maître et esclave.

Dans *L'Assemblée des femmes*, l'administration de la cité imite celle du logis. Praxagora déclare ainsi : « il faut livrer aux femmes la cité. Et en effet, dans nos maisons, ce sont elles que nous employons comme surveillantes et gouvernantes » (p. 176). À la métaphore de la maison (en grec l'*oikos*, d'où le terme *économie*, « gestion de l'*oikos* »), se superpose celle de la famille : « Laissons-les simplement gouverner, et ne voyons qu'une chose, c'est qu'étant mères elles auront d'abord à cœur de sauver les soldats. Ensuite, qui leur enverrait les vivres plus vite qu'une mère ? » (p. 177). Qui est visé par la satire à cet endroit ? Aristophane condamne avant tout la guerre et ceux qui y incitaient le peuple (comme Cléon, visé dans *Les Cavaliers*). Les femmes sauront faire cesser la guerre ; dans le système idéologique d'Aristophane, conservateur, voire réactionnaire, elles incarnent une forme de retour au passé, à la douceur domestique et au bon sens, car elles savent administrer un foyer. Même si la pièce se termine par des scènes qui ridiculisent complètement les décisions des femmes, mettre la démocratie entre leurs mains pour en faire l'équivalent d'une maison n'est pas forcément une mauvaise idée dans l'esprit d'Aristophane.

Tocqueville a lui aussi recours à une métaphore familiale, quoiqu'il insiste plutôt sur l'aspect paternel du pouvoir. Comme un parent protecteur et nourricier, l'État subvient à tous les besoins des citoyens. Mais ce père un peu particulier ne souhaite pas voir grandir ses enfants, il préfère les maintenir dans une enfance permanente. La critique libérale de la puissance de l'État renouvelle ainsi la métaphore traditionnelle du souverain comme père et des sujets comme enfants :

> Au-dessus de ceux-là s'élève un pouvoir immense et tutélaire, qui se charge seul d'assurer leur jouissance et de veiller sur leur sort. Il est absolu, détaillé, régulier, prévoyant et doux. Il ressemblerait à la puissance paternelle si, comme elle, il avait pour objet de préparer les hommes à l'âge viril ; mais il ne cherche, au contraire, qu'à les fixer irrévocablement dans l'enfance ; il aime que les citoyens se réjouissent, pourvu qu'ils ne songent qu'à se réjouir. Il travaille volontiers à leur bonheur ; mais il veut en être l'unique agent et le seul arbitre ; il pourvoit à leur sécurité, prévoit et assure leurs besoins, facilite leurs plaisirs, conduit leurs principales affaires, dirige leur industrie, règle leurs successions, divise leurs héritages ; que ne peut-il leur ôter entièrement le trouble de penser et la peine de vivre ?
>
> (II, IV, 6, p. 153-154)

Cette analogie souligne les nouvelles formes que peut prendre le despotisme, sous couvert de démocratie.

B. La démocratie et le despotisme

La démocratie se pose en contraire du despotisme, c'est-à-dire du pouvoir concentré entre les mains d'un seul, sans circulation ni alternance. Dans le même temps, la démocratie, en laissant les individus libres de leurs actions et de leurs pensées, les autorise à approuver le despotisme, voire à le mettre en place. C'est l'un des paradoxes de la démocratie : elle n'existe véritablement que si elle offre les moyens de sa propre négation.

Les quatre œuvres que nous considérons interrogent toutes les dérives de la démocratie, à partir de trois positions distinctes : éloge de la démocratie américaine menacée par un totalitarisme venu d'Europe pour Roth, critique de la démocratie d'autant plus vive que celle-ci est subvertie par les démagogues et les utopistes pour Aristophane, attitude axiologiquement neutre (c'est-à-dire sans jugement) de la part de Tocqueville, qui constate le fait démocratique et prédit son évolution probable en despotisme – cette évolution seule faisant l'objet d'une condamnation et non le principe démocratique lui-même.

1. La tyrannie du peuple

Dans *Les Cavaliers*, l'image d'un peuple devenu un tyran grâce à la démocratie est introduite à travers la figure de Démos, que le chœur invoque en ces termes :

> Ô Démos, tu possèdes en vérité un splendide pouvoir ; l'humanité tout entière te craint tout comme un tyran. Hélas ! On te mène facilement et tu aimes les flatteries qui te dupent.
>
> (p. 135)

Ainsi, les personnages du Paphlagonien et du Charcutier qui se disputent les faveurs de Démos équivalent à des courtisans qui cajolent un tyran pour obtenir une parcelle de son pouvoir.

La description du pouvoir souverain par Tocqueville assimile la démocratie à une forme de despotisme, traduite par la métaphore du géant ou du monstre (qui peut rappeler le Léviathan, créature biblique à laquelle Thomas Hobbes compare l'État dans l'ouvrage qui porte ce titre) : « Après avoir pris ainsi tour à tour dans ses puissantes mains chaque individu, et l'avoir pétri à sa guise, le souverain étend ses bras sur la société tout entière » (II, IV, 6, p. 154). Omniprésent et omnipotent, le souverain parvient à régner en tout temps et en tout lieu grâce à « un réseau de petites règles compliquées, minutieuses et uniformes, à travers lesquelles les esprits les plus originaux et les âmes les plus vigoureuses ne sauraient se faire jour pour dépasser la foule » (II, IV, 6, p. 154). Ce despote paradoxal agit de façon insidieuse, comme le souligne l'énumération suivante :

> il ne brise pas les volontés, mais il les amollit, les plie et les dirige ; il force rarement d'agir, mais il s'oppose sans cesse à ce qu'on agisse ; il ne détruit point, il empêche de naître ; il ne tyrannise point, il gêne, il comprime, il énerve, il éteint, il hébète, et il réduit enfin chaque nation à n'être plus qu'un

troupeau d'animaux timides et industrieux, dont le gouvernement est le berger.

(II, IV, 6, p. 154-155)

L'image du berger, aux accents bibliques, implique la douceur, la bienveillance, au rebours de la vision traditionnelle de la tyrannie, qu'on associe plus volontiers à la violence et à la brutalité.

Alors que pour Aristophane la tyrannie de Démos s'exerce surtout aux dépens de l'aristocratie (en grec, les *aristoi*), chez Tocqueville la tyrannie s'exerce sur tous, sans distinction. En revanche, cette idée de tyrannie du peuple est absente du roman de Roth, pour qui la démocratie peut connaître une dérive totalitaire mais ne la contient nullement en germe.

2. La démocratie et le totalitarisme

Dans *La République*, Platon regrette que l'égalité entre citoyens amène l'égalité entre maître et esclave, père et fils, professeur et élève, etc. La démocratie contamine des domaines dans lesquels elle n'aurait rien à faire.

Sans suivre pour autant la perspective normative de Platon, on peut relever l'apparition de ce phénomène dans la famille Roth. Lorsque Herman refuse que Sandy se rende au dîner organisé à la Maison Blanche en l'honneur du nazi Von Ribbentrop, son fils utilise une analogie politique et lui lance : « Tu n'es qu'un dictateur [...], un dictateur pire que Hitler » (p. 280) ; ce qui lui vaut une claque de sa mère, qui ajoute : « Ton père a dicté la loi, tu ferais bien d'obéir » (p. 281). Si la famille ne saurait avoir un fonctionnement démocratique, on constate que la violence intrafamiliale augmente à mesure qu'augmente la violence politique, signalant une continuité entre la cité et la famille. La politique pénètre progressivement l'espace intime. Cette interférence caractérise le totalitarisme : pour reprendre notamment l'analyse de Hannah Arendt dans *Les Origines du totalitarisme*, ce type de régime entend contrôler la totalité des actes des individus.

Chez Aristophane, ce n'est pas tout à fait au sein de la famille, mais plutôt du couple que la politique s'invite : elle voudrait étendre la démocratie à l'intimité, *via* les décrets régentant la vie sexuelle. À la fin de *L'Assemblée des femmes*, la scène où une vieille femme veut obliger un jeune homme à céder à ses avances, au nom de la loi, alors qu'il la trouve repoussante, transpose la démocratie au domaine de la sexualité. « Il faut obéir à nos lois » (p. 243), déclare la première vieille au jeune homme qui refuse d'entrer chez elle. La seconde vieille lui fait écho en protestant : « Mais ce n'est pas moi, c'est la loi qui t'entraîne » (p. 246). Chacune prétend à la même chose, la beauté et la jeunesse ne devant pas être prise en compte dans le choix d'une partenaire sexuelle, de même que la richesse ou la noblesse ne doivent pas être prises en compte pour la désignation des représentants. D'où l'effet comique :

> Eh bien donc, je lis ! Les femmes ont décidé que : « lorsqu'un homme désirera une jeune fille, il ne devra pas avoir commerce avec elle avant d'avoir comblé la vieille. S'il s'y refuse et s'il désire la jeune, les femmes âgées pourront impunément entraîner le jeune homme en le saisissant par le clou ».
>
> (p. 242)

La loi exerce ici un pouvoir exorbitant, d'autant qu'elle n'est invoquée que pour légitimer le désir d'une catégorie particulière de la population.

Un glissement d'ordre totalitaire, même si le dramaturge ne connaissait évidemment pas la notion de totalitarisme, se retrouve aussi dans *Les Cavaliers*. En effet, pour caractériser l'action de l'intendant paphlagonien, le Premier Serviteur déclare :

> Mais rien ne saurait échapper au Paphlagonien. Il a l'œil sur tout. Il possède un pied à Pylos, et l'autre à l'Assemblée. Il sait faire le grand écart à la perfection. Alors que son postérieur est bel et bien en Chaonie, ses mains touchent à l'Étolie et sa cervelle se trouve en Clopidie.
>
> (p. 53)

On retrouve ici une version comique de l'image du géant : le souverain est doté d'une forme d'ubiquité lui permettant d'être partout à la fois et de tout contrôler. La formule « Il a l'œil sur tout » rappelle d'ailleurs le « panopticon », inventé par le philosophe Jeremy Bentham. Il s'agit d'une prison conçue de telle sorte que le gardien, depuis une tour centrale, peut observer tous les prisonniers dans leurs cellules, sans que ceux-ci le sachent. Le philosophe Michel Foucault, dans son livre *Surveiller et punir*, reprend ce modèle pour penser une société totalitaire fondée sur le contrôle généralisé des individus.

Pour Aristophane comme pour Tocqueville, la dérive totalitaire correspond à une tendance naturellement inscrite dans la démocratie. C'est très net dans le cas de Tocqueville, pour qui la démocratie se définit d'abord comme le fruit de deux propensions contradictoires et naturelles, à savoir le désir de liberté des individus et la tendance à la centralisation de l'État :

> L'égalité produit, en effet, deux tendances : l'une mène directement les hommes à l'indépendance et peut les pousser tout à coup jusqu'à l'anarchie, l'autre les conduit par un chemin plus long, plus secret, mais plus sûr, vers la servitude.
>
> (II, IV, 1, p. 85)

Dans le roman de Roth, la démocratie et le despotisme s'opposent clairement. Cependant, le roman montre aussi comment la démocratie peut se muer progressivement en totalitarisme : il est possible de subvertir les institutions démocratiques pour leur faire perdre toute substance, tout en maintenant une démocratie de façade. C'est ainsi que, tandis que « le militarisme antidémocratique et brutal se prépar[e] à triompher un peu partout dans le monde » (p. 231), une forme plus insidieuse d'anti-démocratie progresse aux États-Unis, l'État de droit s'effaçant pour céder la place à un État arbitraire, que symbolise l'agent du FBI venu enquêter et interroger le jeune Phil sur son cousin Alvin (p. 240-244). Le détournement de la police ou de la justice pervertit la démocratie, en transformant ces institutions censées assurer l'obéissance des citoyens à la souveraineté populaire en moyens pour les gouvernants de garantir leurs intérêts.

Pourtant, si l'apparition de cet agent du FBI marque un tournant dans le développement de l'arbitraire et la mise en place d'un État policier, force est de constater que le changement s'amorce graduellement. Certes le gouvernement devient clairement totalitaire au moment de la disparition de Lindbergh, lorsque le vice-président Wheeler place le pays sous la loi martiale. Mais peut-on dire que ce n'est qu'à ce moment-là que le pays cesse d'être une démocratie ?

Il est difficile de désigner avec exactitude l'événement qui entérine la fin de la démocratie dans le roman. L'élection de Lindbergh ? Mais elle est parfaitement démocratique. La mise en place des lois spécialement conçues pour les juifs ? Mais alors faut-il prendre pour repère la création du bureau d'assimilation ou bien la loi de peuplement ? Ces lois sont d'ailleurs dûment votées par les parlementaires. Les premiers pogroms ? L'assassinat de Winchell ? L'incendie de la synagogue de Cincinnati ? Mais ces agissements de la population n'impliquent pas l'État. L'établissement de la loi martiale ? Les arrestations arbitraires en série, dont celle de La Guardia ? La protection officielle de l'ancien président Roosevelt par la police, qui le prive en réalité de liberté ? La suppression de la radio et de la presse ? Mais le gouvernement peut encore arguer que ces mesures d'urgence sont prévues par les institutions démocratiques.

Le romancier se distancie de Tocqueville, pour qui le risque totalitaire découle des principes mêmes de la démocratie, mais montre ce passage insensible de la démocratie au totalitarisme.

3. Résistance et limites de la démocratie

Puisque la démocratie contient en elle-même la possibilité de sa négation, elle se doit de l'anticiper en se donnant les moyens de lutter contre ses propres dérives. Or son système ne prémunit pas vraiment les citoyens contre l'arbitraire.

Tocqueville explique que le glissement vers l'anarchie (par excès de liberté) ou vers le despotisme (par excès de centralisation) n'est pas freiné par les institutions de la démocratie, qui est désormais le régime politique universel, mais dépend entièrement de la façon dont en usent les différents peuples :

> Les nations de nos jours ne sauraient faire que dans leur sein les conditions ne soient pas égales ; mais il dépend d'elles que l'égalité les conduise à la

servitude ou à la liberté, aux lumières ou à la barbarie, à la prospérité ou aux misères.

(II, IV, 8, p. 192)

Dans le roman de Roth, au moment de l'investiture républicaine de Lindbergh, les juifs qui se sentent légitimement menacés se raccrochent aux institutions :

> Il y avait Roosevelt, il y avait la Constitution des États-Unis, il y avait les droits civiques, il y avait les journaux, la presse américaine libre.
>
> (p. 35)

Se pose alors une question cruciale : l'Amérique est-elle devenue fasciste, ou bien les convictions du président ne concernent-elles que lui ? Autrement dit, l'élection relève-t-elle d'un simple jeu institutionnel qui permute les détenteurs du pouvoir, ou bien son résultat exprime-t-il fondamentalement l'essence du corps électoral ? Dans un premier temps, les Roth, en tout cas leurs enfants, semblent pencher pour la première analyse :

> Si mes parents décidèrent de réaliser leur vieux projet de visiter Washington, ce fut entre autres raisons pour nous convaincre, Sandy et moi, quoi qu'ils en aient pensé eux-mêmes, que seul le président avait changé. L'Amérique n'était pas un pays fasciste et ne le serait jamais, malgré les prédictions d'Alvin. Il y avait un nouveau président, une nouvelle assemblée, mais l'un comme l'autre étaient tenus de respecter la loi exprimée par la Constitution.
>
> (p. 87)

Or c'est précisément à Washington, ville des institutions, que les Roth découvrent que l'antisémitisme n'est pas que le fait d'un président qui aurait été élu pour d'autres raisons. Il gangrène la société américaine tout entière.

Aristophane fait écho à ce constat d'impuissance dans *Les Cavaliers*, puisque les serviteurs de Démos, soumis à l'arbitraire et aux menaces du Paphlagonien, en sont réduits à envisager de partir, avant l'intervention du sauveur providentiel en la personne du Charcutier : « Notre meilleure ressource, mon cher, est encore le "décampons" de tout à l'heure » (p. 53).

De même dans *Le Complot contre l'Amérique*, face au fascisme qui s'installe progressivement, nombreux sont les amis et connaissances des Roth à envisager la fuite au Canada comme seule solution. C'est assez rapidement l'avis de Bess (p. 166-167). Mais Herman, dont la confiance en la démocratie américaine reste longtemps intacte, n'en reconnaît que tardivement le bien-fondé (p. 431). Herman conserve en effet l'espoir que si les citoyens agissent avec rationalité et bon sens face à la menace fasciste, la démocratie finira par triompher d'elle-même. L'évolution des événements lui donne tort : la démocratie ne peut se sauver seule. Les fugues projetées par Phil ou ses escapades avec Earl sont des versions fantasmatiques et enfantines de ce qui se passe réellement dans le monde des adultes : il n'y a pas d'autre solution que la fuite.

Et pourtant, les institutions viennent finalement sauver la démocratie, par l'intermédiaire d'un *deus ex machina*, un « émetteur radio dissimulé quelque part dans la capitale » (p. 454) diffusant la voix de l'épouse du président. Elle demande le respect de la légalité et en appelle à la loi de 1886 sur la succession présidentielle (p. 455). Ce souci de la légalité des procédures fonde la politique américaine et son régime démocratique.

C. Institutions et symboles

Si les autres régimes politiques recherchent des principes extérieurs pour se justifier (par exemple le droit divin qui affermit la monarchie), la démocratie ne se réclame que d'elle-même : elle est à la fois une forme politique et une valeur. C'est pourquoi elle ne cesse de se mettre en scène dans des symboles, de se raconter dans des histoires, afin de se livrer le spectacle de sa propre légitimité. Prises dans cette dynamique, les institutions se muent à leur tour en symboles, au risque d'être vidées de leur réelle efficacité démocratique.

1. L'importance du passé

Dans les quatre œuvres au programme, le rapport à l'Histoire semble consubstantiel à l'évocation de la démocratie. L'exemple européen n'est pas absent de la réflexion de Tocqueville, qui s'intéresse au passage du système aristocratique à la société démocratique. Aristophane déplore la disparition du monde rural et paisible d'avant la démocratie, qui a été remplacé par un univers urbain, sophistiqué et politisé. Chez ces auteurs, la démocratie tire son sens de ce à quoi elle succède. Ce n'est pas le cas dans le roman de Roth, où il ne s'agit pas d'opposer à la démocratie le monde d'avant la déclaration d'indépendance de 1776. Cependant le passé n'est pas absent du *Complot contre l'Amérique*, où les origines de la démocratie sont sacralisées.

Dans *Les Cavaliers*, l'opposition entre le présent de la démocratie, où règnent les démagogues, et le passé idéalisé d'avant les guerres, qui ont semé le chaos et propulsé au pouvoir des individus comme Cléon, est symbolisée par la métamorphose finale de Démos. Le Charcutier retransforme le peuple en ce qu'il était autrefois et lui raconte tout ce qu'il a fait durant la période où il était sous l'emprise du Paphlagonien :

> D'abord, lorsqu'un orateur à l'Assemblée s'adressait à toi en ces termes : « Démos, c'est de l'amour, c'est de la passion que j'ai pour toi ; je m'occupe

> de toi, et je suis le seul à défendre tes intérêts », lorsqu'un orateur employait cet exorde, aussitôt tu te mettais à battre des ailes et à te dresser sur tes ergots.
>
> (p. 153)

Le succès de cette transformation finale paraît signifier que, pour Aristophane, le problème dans la démocratie ne vient pas du peuple lui-même, ni du pouvoir comme chez Tocqueville, mais tient seulement à quelques individus peu recommandables : « Mais ce n'est pas toi le coupable, sois tranquille ; ce sont ceux qui te trompaient ainsi » (p. 154).

Le régime démocratique n'est pas entièrement excusé : le vieillard épouse finalement la Trêve de trente ans, s'opposant ainsi aux passions belliqueuses de Cléon, mais il retourne aussi à la campagne, mener une vie paisible et rustique. Ce retour à la tradition invite à interpréter le rajeunissement du vieillard comme une plongée dans le passé plus que comme une cure de jouvence : il ne s'agit pas uniquement de purger la démocratie des démagogues qui lui sont nuisibles, mais bien de sortir de la démocratie, de retourner à l'état antérieur.

Tocqueville dramatise davantage la rupture entre la démocratie et le régime qui la précède. Comme tous les Français de sa génération, il a été marqué par la Révolution, dont il a pu voir les effets sur les membres de sa famille et de sa classe sociale. S'il s'efforce de penser la nécessité du processus démocratique, la révolution reste pour lui un repoussoir :

> Je crois qu'il y a des résistances honnêtes et des rébellions légitimes. Je ne dis donc point, d'une manière absolue, que les hommes des temps démocratiques ne doivent jamais faire de révolutions ; mais je pense qu'ils ont raison d'hésiter plus que tous les autres avant d'en entreprendre, et qu'il leur vaut mieux souffrir beaucoup d'incommodités de l'état présent que de recourir à un si périlleux remède.
>
> (II, IV, 7, p. 179-180)

La démocratie américaine a valeur de modèle, car elle s'est installée sans révolution. D'une certaine manière, elle existe sans passé, puisqu'elle s'est établie dans une société dépourvue d'héritage aristocratique et qu'elle constitue une forme rigoureusement inédite de gouvernement (c'est la première démocratie moderne) :

> Quoique la révolution qui s'opère dans l'état social, les lois, les idées, les sentiments des hommes, soit encore bien loin d'être terminée, déjà on ne saurait comparer ses œuvres avec rien de ce qui s'est vu précédemment dans le monde. Je remonte de siècle en siècle jusqu'à l'Antiquité la plus reculée ; je n'aperçois rien qui ressemble à ce qui est sous mes yeux. Le passé n'éclairant plus l'avenir, l'esprit marche dans les ténèbres.
>
> (II, IV, 8, p. 186)

Une tonalité élégiaque s'empare d'ailleurs de la conclusion du livre de Tocqueville, qui écrit : « je suis tenté de regretter la société qui n'est plus » (II, IV, 8, p. 188). Même si ce sentiment de regret n'a pour objet que le processus d'uniformisation de la société qu'implique la démocratie et ne diminue pas les autres mérites de ce régime, il rapproche Tocqueville d'Aristophane.

À première vue, la nostalgie semble contraire à l'esprit de la démocratie, lié à l'émancipation de l'humanité, au progrès et à la modernité. Dans le roman de Roth, ce sont d'abord les zélateurs de Lindbergh qui regrettent le passé – et leur héros sait en jouer : « Lindy descendait du ciel dans son célèbre avion, et on était de nouveau en 1927 » (p. 52). Ses partisans aspirent à une époque purement fantasmatique, qui préluderait à l'arrivée des juifs. Telle est du moins l'interprétation que Phil propose du délire hallucinatoire de Seldon qui s'imagine sur le point d'être scalpé par des Amérindiens : les chrétiens américains sont comme les Amérindiens assistant à l'arrivée des colons blancs « au faciès bizarre », à la « rapacité » choquante (p. 507). Le parallèle montre que si les blancs chrétiens cherchent à défendre « leur mode de vie et leur terre contre l'invasion et la destruction » (*ibid.*), ils oublient qu'eux aussi envahirent ces terres aux dépens des occupants antérieurs. Dans le roman de Roth, l'origine idéalisée est dénoncée comme une illusion, ce qui désavoue jusqu'à la possibilité de la nostalgie.

Le temps des fondateurs de la nation n'y occupe pas moins une place centrale. Contrairement aux pays européens, les États-Unis ne disposent pas de mythes antiques ou de légendes médiévales ; il leur a donc fallu inventer de grands récits fondateurs, pour ancrer à la fois l'histoire de leur pays et la validité de leur régime politique. Le discours de Roosevelt lors du meeting démocrate à Madison Square Garden, suite à l'invitation à dîner du ministre Von Ribbentrop à la Maison Blanche, manifeste cet attachement aux textes et aux institutions de la démocratie, qui tirent leur légitimité de leur pérennité :

> Nous n'accepterons qu'une Amérique vouée à la liberté. S'il existe un complot [...] pour réprimer le grand élan de liberté garantie par la Charte des Droits, ce document fondateur, un complot enfin pour mettre la démocratie américaine sous une règle despotique comme celle qui asservit les peuples conquis d'Europe – que ceux qui osent secrètement conspirer contre notre liberté comprennent bien que jamais nous, Américains, quelle que soit la menace, quel que soit le danger, ne renoncerons aux garanties de liberté posées en principe par nos ancêtres dans la Constitution des États-Unis.
>
> (p. 259-260)

Ainsi, la famille Roth croit que le passé peut et doit protéger la démocratie. D'où l'épisode fondamental du voyage à Washington :

> Sans l'avoir cherché, nous venions de plonger au cœur de l'histoire de notre pays ; et sans nous l'être formulé clairement, nous comptions bien sur cette histoire de l'Amérique, ici représentée sous sa forme la plus exaltante, pour nous protéger de Lindbergh.
>
> (p. 90)

Durant ce voyage, on observe un trait symptomatique de la manière américaine de vivre la démocratie, à savoir l'obsession du premier : premier président, premier noir, première femme et premier juif, en l'occurrence Louis D. Brandeis, premier juif à la Cour suprême, mentionné quand Herman « rivalis[e] de précision » avec leur guide Mr Taylor (p. 123). Cette démocratie cultive une obsession de l'origine, du point de départ, qui entre en résonance avec les mythologies américaines du pionnier, de l'explorateur, du novateur.

Mais la démocratie a été bâtie sur un fondement trouble. Contrairement à ce qu'affirme Tocqueville, la naissance des États-Unis ne s'assimile pas à l'instauration par une société démocratique d'un gouvernement démocratique. Le roman rappelle que les États-Unis trouvent leur origine dans l'esclavage, aussi bien des noirs que des Amérindiens. Lors du dîner chez les Roth, cette réalité est soulignée implicitement au moment du grand discours de Bengelsdorf sur l'importance de la culture du tabac – Sandy, le fils, séjournait en effet chez un cultivateur de tabac *white burley* du Kentucky dans le cadre du programme d'assimilation des juifs : « Les pionniers de Jamestown connurent bien des malheurs, mais ce qui leur épargna la famine, et permit à la communauté de survivre, ce fut la culture du tabac » (p. 155). Les « malheurs » en question, même si le roman n'explicite pas l'allusion de Bengelsdorf, sont vraisemblablement les massacres de colons blancs en mars 1622 par les Powhatans dont ils avaient confisqué les terres et qu'ils avaient réduits en esclavage. Par là, le travail de Sandy dans le Kentucky constitue une sorte de réplique de l'esclavage des noirs et des Amérindiens mis en place par les colons chrétiens blancs. Par la suite, après avoir désapprouvé du bout des lèvres les Confédérés, Bengelsdorf se lance dans l'éloge d'un esclavagiste juif, Judah Benjamin. Un lien est donc implicitement établi entre les esclavagistes du passé et les partisans de Lindbergh, soulignant la face sombre de la démocratie, présente dès l'origine et susceptible de revenir à tout instant.

Ainsi les points de repère de la démocratie, ses vénérables institutions et ses mythes fondateurs, comme celui de la frontière (cette ligne imaginaire que les colons repoussent peu à peu en progressant vers l'ouest), peuvent être subvertis. La loi de peuplement (voir encadré, p. 183), décidée pour éparpiller les juifs dans la campagne et diminuer leur poids électoral en faisant disparaître les quartiers où ils sont majoritaires, comme celui où vivent les Roth à Newark, se réclame d'une loi de 1862 qui « consistait à offrir pour presque rien 65 hectares de terrain public vacant aux fermiers qui relèveraient le défi en s'installant dans les nouveaux territoires de l'Ouest » (p. 295). Elle affirme s'adresser aux « Américains aventureux » pour leur offrir « la perspective exaltante d'élargir leur horizon tout en donnant des forces nouvelles à leur pays » (*ibid.*).

2. Les symboles de la démocratie

Conformément à ses convictions politiques, Aristophane sacralise les usages d'un passé héroïque antérieur à la démocratie. Dans *Les Cavaliers*, on note l'importance des éléments rituels et symboliques comme le péplum, vêtement dont on recouvrait la statue d'Athéna au Parthénon. Tissé par les filles des plus grandes familles athéniennes, il symbolise l'aristocratie économique et guerrière :

> Nous voulons rendre hommage à nos pères, parce qu'ils se montrèrent dignes du pays et du péplum. Partout vainqueurs sur terre comme sur mer, ils n'ont cessé d'illustrer notre cité.
>
> (p. 93-94)

Il serait donc un peu simpliste d'affirmer, comme on le fait souvent, qu'Aristophane est tout uniment opposé à la guerre. Il fait ici l'éloge du combat aristocratique, incarné par le chœur des Cavaliers et dont ses contemporains ne sont plus capables :

> À l'heure actuelle, si on ne leur accorde pas une place d'honneur au théâtre, et les vivres en plus, ils refusent de se battre.
>
> (p. 94)

Au péplum s'est substitué la place réservée au théâtre et la nourriture gratuite, emblèmes risibles d'une démocratie où ont cours d'autres mœurs. Et Tocqueville semble répondre à Aristophane quand il écrit :

> Il ne serait guère plus raisonnable de demander aux hommes de notre temps les vertus particulières qui découlaient de l'état social de leurs ancêtres, puisque cet état social lui-même est tombé, et qu'il a entraîné confusément dans sa chute tous les biens et tous les maux qu'il portait avec lui.
>
> (II, IV, 8, p. 190)

Tocqueville s'accorde néanmoins avec Aristophane sur l'essentiel : l'état social antérieur, l'aristocratie donc, impliquait des « vertus » qui ne peuvent se retrouver dans l'état démocratique. À vrai dire, il s'agit presque de « deux humanités distinctes » (II, IV, 8, p. 190). Or le problème de Tocqueville est le suivant : comment retrouver le degré de liberté qui était celui de la société aristocratique dans une société démocratique où l'égalité, impliquant la centralisation du pouvoir, est le maître mot ? L'essayiste est conscient qu'il est impossible de revenir à un modèle politique concentrant « l'autorité dans le sein d'une seule classe » (II, IV, 7, p. 166) :

> Il n'y a pas, de nos jours, de souverain assez habile et assez fort pour fonder le despotisme en rétablissant des distinctions permanentes entre ses sujets ; il n'y a pas non plus de législateur si sage et si puissant qui soit en état de

maintenir des institutions libres, s'il ne prend l'égalité pour premier principe et pour symbole. Il faut donc que tous ceux de nos contemporains qui veulent créer ou assurer l'indépendance et la dignité de leurs semblables se montrent amis de l'égalité ; et le seul moyen digne de se montrer tels, c'est de l'être : le succès de leur sainte entreprise en dépend.

(II, IV, 7, p. 166)

L'égalité doit être un principe et un symbole, autrement dit, les citoyens doivent percevoir que l'égalité reste le principe essentiel de l'action du souverain, même si, dans le même temps, celui-ci cherche le moyen de faire progresser la liberté. Il ne s'agit donc pas d'un pur symbole vidé de son sens, mais d'un principe effectif qui est en même temps affirmé haut et fort afin de satisfaire le désir d'égalité propre à l'état social démocratique. Une fois cette exigence satisfaite, recréer des pouvoirs secondaires comme au temps de l'aristocratie permettrait de diviser et donc de diminuer la puissance de l'administration. Il s'agit de retrouver une organisation décentralisée, mais en faisant en sorte que les fonctionnaires agissant pour le compte du souverain ne reçoivent plus leur poste « du fait de leur naissance » (II, IV, 7, p. 168) mais à la suite d'une élection. Tocqueville prend l'exemple des comtés américains, devenus des assemblées provinciales. L'élection des fonctionnaires serait ainsi un symbole de l'égalité, permettant de restaurer d'anciennes formes institutionnelles propices à l'expansion de la liberté individuelle.

Si, chez Tocqueville, les symboles de la démocratie conservent une réalité (le seul moyen de *se montrer* digne de l'égalité, c'est de *l'être*), il n'en va pas de même dans *Le Complot contre l'Amérique*. La collection de timbres de Phil rassemble une série d'images toutes faites de la démocratie américaine, un ensemble de clichés naïfs et emphatiques où les valeurs de la démocratie et les grands événements de l'histoire américaine sont réduits à quelques scènes édifiantes. La philatélie est présentée au début du roman comme une activité commune à de nombreux enfants, qui imitent le président Roosevelt lui-même (p. 12). L'importance que revêt le timbre à l'effigie de Booker T. Washington – premier Afro-américain à être ainsi honoré – fait écho aux convictions de Bess, qui souhaite « inculquer à ses enfants la vertu civique de la tolérance » (p. 42). La question du jeune Phil, qui se demande si un jour un juif figurera sur un timbre, démontre l'importance symbolique de sa collection. L'enjeu est de taille pour les minorités et les catégories sociales les moins favorisées, même si avoir son timbre ne suffit pas, comme on le voit lorsque le narrateur évoque le timbre commémorant le droit de vote obtenu par les femmes, ironiquement associé à celui qui célèbre la fête des Mères (p. 88-89).

Un lien s'établit entre les timbres de Phil et les dessins de Sandy, puisque l'un des plus fameux dessins de Sandy est inspiré par un timbre rouge de la collection de son frère, commémorant la fête des Charmilles. Les dessins de Sandy apparaissent d'abord comme un équivalent grand format de la collection de timbres : en témoigne la série des portraits des grands Américains (p. 44-45). Or Sandy, qui conserve secrètement trois portraits de Lindbergh, trahit sa famille en se laissant éblouir par son séjour dans le Kentucky, d'où il revient partisan de Lindbergh, entièrement acquis à la cause de la tante Evelyn et de son futur mari le rabbin Bengelsdorf. L'inculcation de « la vertu civique de la tolérance » (p. 42) par Bess apparaît comme un vœu pieux, une formule grandiloquente et creuse, pareille au dessin de Sandy représentant de façon consensuelle les valeurs que l'Amérique se flatte de faire siennes, mais qui ne sont peut-être pas aussi profondément enracinées qu'elle le souhaiterait.

Plus tard encore, quand il n'éprouve plus le moindre intérêt pour la question politique, le talent de Sandy s'exprime encore à travers ses dessins de jeunes filles, plus ou moins licencieux. Les dessins évoquent donc différents aspects subversifs du personnage de Sandy ; tandis que la collection de timbres, immuables, symbolise la fidélité de Phil à l'idéal de la démocratie américaine – d'où la gravité de sa perte (p. 339). Celle-ci survient au moment où la folie qui s'empare du pays et où les persécutions à l'encontre des juifs atteignent un degré inégalé. La perte de la collection coïncide avec une amnésie suite à l'accident de Phil : la démocratie américaine est d'abord une collection de souvenirs. Le cauchemar symbolique de Phil, où il voit sa collection de timbres recouverte de croix gammées (p. 70), prend une signification évidente qui confirme l'équivalence entre la collection de timbres et la démocratie américaine. La démocratie s'assimile ici à une mémoire transmise à travers des images figées : une démocratie qui se réduit à des symboles n'est peut-être plus assez vivante pour se défendre contre des forces antidémocratiques.

La visite à Washington sous l'égide de Mr Taylor (p. 90-125) le démontre : elle fait apparaître une démocratie muséifiée, où les dates sont fétichisées. Mr Taylor explique qu'il est guide depuis le 5 janvier 1937 et précise immédiatement : « le jour de la Soixante-quinzième session parlementaire de l'histoire des États-Unis » (p. 93). Mr Taylor incarne une érudition exacte et rassurante, mais stérile : les monuments, les statues et les expositions offrent l'image d'une démocratie qui ne sait que s'autocélébrer, glorifier son passé, sans être capable de se défendre face aux menaces présentes. Washington devient une ville-musée, visitée en compagnie d'une encyclopédie humaine.

La scène la plus importante est sans doute celle où Herman se fait traiter de « grande gueule de Juif » (p. 100) au Lincoln Memorial, en présence de la statue de Lincoln, de la déclaration de Gettysburg (celle où Lincoln définit précisément la démocratie comme « gouvernement du peuple, par le peuple et pour le peuple »). La réaction indignée de Herman est celle d'un homme qui croit aux symboles de la démocratie : « Entendre ça dans un endroit pareil ! [...] Dans le sanctuaire d'un homme comme celui-ci » (*ibid.*). De la même façon, le palais de justice Jefferson, à Louisville, « patrie du premier juge juif à la Cour suprême des États-Unis », avec la statue « imposante » de Jefferson, « son escalier monumental », et son « grandiose portique », n'empêchent nullement l'assassinat de Winchell (p. 394).

Dans le roman de Roth, l'attachement au passé entraîne paradoxalement l'« illusion d'un présent éternel, sans prédateur » (p. 324), qui empêche de percevoir de nouvelles menaces en incitant à imaginer que la démocratie est établie une fois pour toutes, alors qu'elle est en réalité fragile et précaire.

3. L'horizon religieux de la démocratie

L'idéalisation, voire la sacralisation, des symboles nous amène à réfléchir sur une dimension religieuse constitutive de la démocratie, quand bien même celle-ci s'affirme laïque. C'est un cliché que de parler de « religion de la démocratie », mais il est certain qu'il existe une proximité entre le fonctionnement des institutions démocratiques et celui des institutions religieuses.

Le théâtre à Athènes tenait à la fois de la cérémonie et du rituel religieux. Aristophane thématise en outre la proximité du religieux et du politique en faisant allusion aux Thesmophories, dans *L'Assemblée des femmes*, lorsque Chrémès rapporte à Blépyros les propos de Praxagora selon lesquels « la femme est une créature pleine d'esprit, qui procure de l'argent ; elle ne divulgue pas [...] les secrètes pratiques des Thesmophories, alors que toi et moi, nous le faisons chaque fois au sortir d'une délibération » (p. 192). Les Thesmophories constituaient un événement religieux, en l'honneur de Déméter, mais aussi une sorte de version féminine de la démocratie, puisque seules les femmes mariées athéniennes y étaient admises. Aristophane exploite d'ailleurs plus amplement cette dimension dans sa pièce intitulée précisément *Les Thesmophories*, où l'on retrouve un monde renversé et dominé par les femmes. Le rituel religieux apparaît donc comme un modèle possible pour la démocratie.

Cette proximité entre institutions démocratiques et institutions religieuses n'est pas sans inquiéter Tocqueville, qui y voit un risque que l'État augmente encore sa puissance en absorbant celle de la religion :

> Je ne crains pas non plus d'avancer que, chez presque toutes les nations chrétiennes de nos jours, les catholiques aussi bien que les protestantes, la religion est menacée de tomber dans les mains du gouvernement. Ce n'est pas que les souverains se montrent fort jaloux de fixer eux-mêmes le dogme ; mais ils s'emparent de plus en plus des volontés de celui qui l'explique : ils ôtent au clergé ses propriétés, lui assignent un salaire, détournent et utilisent à leur seul profit l'influence que le prêtre possède ; ils en font un de leurs fonctionnaires et souvent un de leurs serviteurs, et ils pénètrent avec lui jusqu'au plus profond de l'âme de chaque homme.
>
> (II, IV, 5, p. 122-123)

Grâce à sa mainmise sur la religion, l'État étend encore son pouvoir : non seulement il tisse un réseau d'intérêt lui permettant de contrôler toute la société, mais il entre dans l'esprit de chacun pour contrôler ses pensées profondes.

Cette mise en garde est à rapprocher de la pensée de Bengelsdorf dans *Le Complot contre l'Amérique.* Avant de servir d'alibi juif à Lindbergh, il accompagne le maire Raymond en 1915 pour le deux-cent-cinquantième anniversaire de la fondation de Newark et prononce le discours qu'il réserve habituellement au 4 juillet, le *Star Ledger* sortant tous les 5 juillet sa manchette « Le rabbin exalte la déclaration d'indépendance » (p. 58). Il fait « du "développement des idéaux américains" la priorité des Juifs et de "l'américanisation des Américains" le meilleur rempart de la démocratie contre "le bolchévisme, le radicalisme et l'anarchisme" » (*ibid.*). On ne peut certes pas prétendre que l'appui de la religion ne bénéficie qu'à la démocratie, puisque Bengelsdorf peut aussi bien approuver le camp Roosevelt que l'administration Lindbergh. Ce qui est plus intéressant est que, dans un cas comme dans l'autre, Bengelsdorf place l'appartenance à un pays démocratique au-dessus de l'allégeance à une religion. Cette hiérarchie est à double tranchant : elle promeut l'aspect libérateur de la démocratie américaine autant qu'elle suggère une terrifiante assimilation à marche forcée, de nature à conduire tôt ou tard à l'extermination.

Plus généralement, la démocratie américaine telle que la présente Roth baigne dans un climat de religiosité permanente : l'investiture de Lindbergh est vue comme un « drame pseudo-religieux » (p. 31), celui-ci fait ensuite l'objet d'une « déification quasi universelle » (p. 258). Il ne s'agit cependant pas ici d'une fièvre collective, comparable aux liturgies organisées par Hitler à Nuremberg par exemple, mais d'un phénomène propre à la démocratie : le représentant, parce qu'il incarne seul le pouvoir collectif, devient lui-même un symbole fétichisé et sacralisé. Ainsi, la statue de Lincoln, aux yeux du jeune Phil, paraît « réunir, essence même de la sainteté, la face de Dieu et les traits de l'Amérique » (p. 98), son mémorial ressemblant à « un Éden patriotique, un paradis terrestre américain » (p. 101).

La démocratie se définit donc par des institutions spécifiques, mais celles-ci ne suffisent nullement à garantir sa préservation. Au contraire, elles peuvent participer à l'illusion que la démocratie se maintient alors que celle-ci est en train de disparaître. Mais au nom de quoi, au nom de quelle norme, estimera-t-on dans ce cas que la démocratie a disparu ? Il s'agit donc à présent de se demander quelles valeurs sous-tendent la démocratie et comment ces valeurs émanent de la société, qu'elles façonnent en retour.

II. La société démocratique

Outre une forme d'organisation politique, la démocratie désigne un type de société. Cet « état social », pour reprendre l'expression récurrente de Tocqueville, est fondé sur deux valeurs : la liberté, qui distingue la démocratie du despotisme, et l'égalité, qui la sépare de l'aristocratie. Or la coexistence de ces valeurs aboutit à un paradoxe : d'une part, la liberté conduit l'individu à se singulariser, à ne plus être l'égal d'autrui ; d'autre part, l'égalité aboutit à amoindrir la liberté de chacun en lui imposant des contraintes, afin que tous soient traités de la même façon. Sous l'effet de ces deux tendances, la démocratie construit non pas un peuple homogène mais une série de communautés.

A. La liberté ou l'autonomisation des individus

Si la liberté semble la première valeur de la démocratie, elle pose aussi une difficulté majeure à la réflexion politique : comment concilier la liberté individuelle, l'autonomisation des citoyens, avec l'unité de l'État ? Et comment la souveraineté du peuple, pour laquelle chacun aliène sa propre liberté, ne limiterait-elle pas celle des individus ?

1. La restriction des libertés par l'État

C'est à Tocqueville qu'il appartient d'articuler ce paradoxe. Dans *De la démocratie en Amérique*, la liberté est une donnée première, parce que Tocqueville estime que c'est la valeur originellement présente au cœur des Américains, si ce n'est de l'ensemble des hommes :

> Chez les Américains, c'est donc la liberté qui est ancienne ; l'égalité est comparativement nouvelle. Le contraire arrive en Europe où l'égalité, introduite par le pouvoir absolu et sous l'œil des rois, avait déjà pénétré dans les habitudes des peuples longtemps avant que la liberté fût entrée dans leurs idées.
>
> (II, IV, 4, p. 108-109)

La liberté semble bien, ici, être le penchant naturel des hommes, tandis que l'égalité est une idée, soit plus récente, soit instaurée artificiellement par les régimes despotiques et aristocratiques. La symétrie entre l'Amérique et l'Europe est donc faussement inversée : dans les deux cas, l'idée de liberté est première, même si en Europe elle fut oubliée sous l'effet de l'habitude.

C'est donc logiquement à partir de l'exemple américain que Tocqueville va pouvoir s'intéresser à la question qui le préoccupe le plus, à savoir la façon dont la centralisation de l'État nuit aux libertés individuelles :

> C'est ainsi que tous les jours il rend moins utile et plus rare l'emploi du libre arbitre ; qu'il renferme l'action de la volonté dans un plus petit espace, et dérobe peu à peu chaque citoyen jusqu'à l'usage de lui-même. L'égalité a préparé les hommes à toutes ces choses : elle les a disposés à les souffrir et souvent même à les regarder comme un bienfait.
>
> (II, IV, 6, p. 154)

Selon Tocqueville, les citoyens d'une démocratie n'exercent pleinement leur liberté qu'au moment où ils accèdent à la fonction de représentant. Mais ces occasions restent rares et courtes. En définitive, les sociétés démocratiques offrent une liberté considérablement moindre que les sociétés aristocratiques.

Le jeune homme de *L'Assemblée des femmes* partage ce verdict, quand il chante :

> Que ne puis-je dormir avec l'adolescente,
> Sans me voir obligé tout d'abord de bluter
> Une camuse, ou quelque vieille repoussante !
> C'est trop dur pour un homme aimant sa liberté !
>
> (p. 236)

La démocratie, même directe, impose des lois qui contreviennent aux inclinations naturelles.

Chez Aristophane comme chez Tocqueville, la démocratie, en privant l'homme de liberté, le prive de son identité et de son humanité même, le ravale au rang d'animal. Pour Tocqueville, c'est en privant les hommes de « la faculté de penser, de sentir et d'agir par eux-mêmes » que l'État les fait tomber « au-dessous du niveau de l'humanité » (II, IV, 6, p. 159). Dans *Les Cavaliers*, Démos, sitôt qu'il participe à la vie démocratique, perd la faculté de penser pour se retrouver dans un état de totale hébétude :

> Le bonhomme, quand il est chez lui, est le bonhomme le plus malin du monde, mais sitôt qu'il siège en assemblée sur cette roche, il prend un air idiot, comme s'il rangeait des figues dans une boîte.
>
> (p. 105)

Un certain idéal démocratique se fait jour ici : la bonne démocratie serait celle où la liberté prime sur toute autre valeur et impliquerait un recul de l'État, perçu comme instrument d'oppression de la liberté. C'est la raison pour laquelle Bengelsdorf, dans le roman de Roth, peut présenter Lindbergh comme un grand démocrate :

> Il ne glorifie pas l'État au détriment de l'individu, il encourage au contraire l'entreprise individuelle, ainsi qu'un libéralisme affranchi des ingérences du gouvernement fédéral. Où voit-on l'étatisme, la brutalité fascistes ?
>
> (p. 164)

Le privilège accordé à la liberté comme norme politique est à la racine de l'anticommunisme. De l'hostilité à l'égard de l'État, considéré comme ennemi de la liberté, à la haine d'un régime où l'individu semble nié au nom de l'égalité, il n'y a qu'un pas. L'anticommunisme apparaît donc régulièrement dans *Le Complot contre l'Amérique*, où il sert le plus souvent de masque à l'antisémitisme, comme le montre le Bund germano-américain, organisation nazie aux États-Unis qui apparaît dès le début du roman, lors de la fête bavaroise (p. 24). L'éloge de la liberté, sous la forme du discours anticommuniste, n'est qu'une version présentable du refus de l'égalité. Or dans le roman, ce déni d'égalité vise une catégorie spécifique de la population : les juifs.

2. La passion de la liberté individuelle

L'attachement à la liberté ne relève pas seulement de la rationalité politique, mais aussi de l'affectivité psychologique. La liberté consiste le plus souvent en un désir parfaitement individualiste : pouvoir jouir tranquillement de l'existence. On l'observe chez Tocqueville, qui considère que l'être démocratique est animé de deux instincts naturels : « la crainte du désordre et l'amour du bien-être » (II, IV, 4, p. 115). De même, chez Roth, le président Lindbergh, après le meeting du parti démocrate qui critique vertement son dîner avec le ministre nazi Von Ribbentrop, apaise les Américains d'un coup de Lockheed Interceptor bimoteur en leur réaffirmant qu'il n'a qu'un seul but : « accroître leur sécurité et garantir leur bien-être » (p. 260). L'individu démocratique semble gouverné d'abord par ses propres instincts ; un certain égoïsme, voire un certain hédonisme, serait la vraie nature du désir de liberté.

Préoccupés uniquement de leur jouissance, les citoyens perdraient de vue le bien commun. Ainsi, dans *Les Cavaliers*, Démos annonce-t-il : « Je laisserai diriger la Pnyx à celui de vous deux qui me traitera le mieux » (p. 134). Puis il ajoute, de façon encore plus explicite : « Pourvu que j'aie le plaisir d'absorber ma pâtée quotidienne, j'accepte de nourrir un fripon qui me gouverne » (p. 135). Le sauveur de la démocratie est d'ailleurs un charcutier : celui qui engraisse les bêtes pour ensuite les tuer et engraisser les hommes avec la viande obtenue.

Les généraux, comme le tanneur paphlagonien et le Charcutier, ont tous pour fonction de nourrir Démos. Aussi rivalisent-ils d'attentions culinaires afin de lui agréer :

> LE PAPHLAGONIEN, *à Démos.* – Tiens, je t'apporte ce gâteau que j'ai pétri de mes propres mains dans de la farine d'orge de Pylos.

LE CHARCUTIER. – Et moi des croûtes de pain creusées par Déméter elle-même de sa main d'ivoire.

(p. 138)

L'affrontement final des deux personnages consiste ainsi en une série d'offrandes qui culmine avec le civet de lièvre, d'où la réplique conclusive du Charcutier : « Qu'attends-tu pour te prononcer, Démos, sur le fait de savoir lequel de nous deux est le meilleur serviteur pour ta personne comme pour ton ventre ? » (p. 143)

C'est ce qui explique l'omniprésence de la nourriture dans le discours des uns et des autres, comme dans la tirade du Premier Serviteur, qui transpose la façon dont Cléon a volé la victoire de Démosthène lors du siège de Pylos : « j'avais préparé un pain de Laconie, et voilà que ce maître fourbe me l'escamote en passant au pas de course, pour aller lui-même offrir à Démos ce que j'avais pétri de mes propres mains » (p. 52). Tout semble transposé en nourriture, ce qui relève certes de l'insistance habituelle sur le bas corporel propre à l'ancienne comédie (où l'on s'empiffre, vomit, urine, défèque, se masturbe, etc.) mais aussi à l'image d'un peuple hébété, « aussi stupide que Maccô » (p. 52) – or Maccô personnifie la bêtise –, qui ne songe qu'aux plaisirs et ne cherche qu'à être repu.

Les représentants du peuple tombent eux aussi dans ce travers, tout particulièrement les démagogues qui ne songent qu'à détourner les biens communs pour leur compte :

LE PAPHLAGONIEN. – Je dénonce cet individu, et je prétends qu'il exporte pour la flotte péloponnésienne des extraits de viande.

LE CHARCUTIER. – Et moi, parbleu, je l'accuse de courir au prytanée les boyaux vides, et d'en sortir, toujours courant, les boyaux pleins.

PREMIER SERVITEUR. – Bien sûr, parbleu, et même il en fait sortir des articles prohibés, comme pain, viande, filets de poisson, ce que Périclès n'a jamais eu le droit de faire.

(p. 71)

La métaphore du parasitisme parcourt *Les Cavaliers* pour désigner les abus démocratiques : « Oui, tu agis à son égard comme les mauvaises nourrices ; tu ne lui donnes que la moindre portion de ce que tu as mâché, après en avoir avalé toi-même les trois quarts » (p. 101). La dénonciation de la démocratie comme un régime où chacun ne songe qu'aux plaisirs corporels culmine dans le récit que fait le Charcutier de son affrontement avec le Paphlagonien devant le Conseil (p. 96-99). La discussion tourne autour de la quantité d'anchois, de bœufs, de chèvres que le peuple va pouvoir engloutir. Si l'information délivrée par le Charcutier concernant le prix des anchois rappelle une préoccupation légitime en période de disettes liées à la guerre, les chiffres astronomiques proposés pour le sacrifice des bœufs (deux cents) et des chèvres (un millier) créent un effet comique. Il est évident que ce qui réjouit les membres du Conseil n'est pas l'aspect religieux des offrandes à Athéna et à Artémis, mais la perspective du festin qui en découlera (la chair des animaux sacrifiés étant rituellement conservée pour la consommation).

Dans *L'Assemblée des femmes*, Praxagora déclare : « Je ferai de tous les tribunaux et de tous les portiques des salles à manger » (p. 213). Et la goinfrerie se double dans cette pièce d'une ivrognerie, autre lieu commun de la satire : « Ce qu'il y a de sûr, c'est que tous leurs décrets, pour ceux qui réfléchissent à tout ce qu'ils ont fait, portent la marque de la démence... comme les actes des gens ivres » (p. 171). Ces vices métaphorisent la démesure du désir de liberté propre à la démocratie, dès lors qu'il ne renvoie plus qu'à la recherche de la jouissance individuelle.

Dans *Le Complot contre l'Amérique*, le personnage qui incarne le mieux cette réduction de la valeur politique de la liberté à une forme de sensualisme hédoniste est Sandy, de retour du Kentucky. Sandy revient en effet émerveillé par la vie en communion avec la nature, les travaux des champs, tout ce qui dans la propagande fasciste relève de l'hygiénisme et du virilisme, exaltant le corps. En outre, quand il rend compte de son séjour à son frère, il exprime son enthousiasme en évoquant une série de satisfactions physiques : avoir « de la glace tous les soirs », boire du lait frais (p. 145), manger « des crêpes pour le petit-déjeuner » avec du bacon fumé (p. 146), « des sandwiches à la tomate avec de la mayonnaise » accompagnés de citronnade tous les midis (p. 147). Sandy incarne cet individu démocratique dont nous dirions aujourd'hui qu'il est entièrement gouverné par le consumérisme. La satisfaction de ses désirs lui tient lieu de liberté et il accepte de voir les valeurs démocratiques bafouées, pourvu qu'il puisse continuer à consommer. La tante Evelyn se comporte de la même manière : elle ferme les yeux sur les discriminations à l'encontre des juifs car elle souhaite s'élever dans la société et y jouir des richesses dont elle a manqué autrefois. Ses bijoux, auxquels elle voue une véritable passion, symbolisent cette ascension sociale (p. 309).

L'équivalent pour Phil du Kentucky, terre de liberté pour Sandy, serait ses escapades avec Earl : « j'imaginais qu'avec la complicité de Lindbergh, Hitler avait envahi les États-Unis, et qu'Earl et moi étions en train de fuir les nazis » (p. 172). Actes gratuits, les virées de Philip avec son camarade Earl lui offrent une première expérience de la liberté. Les deux garçons suivent un homme au hasard jusque chez lui et savourent la sensation de transgression. La persécution des juifs est transposée dans un jeu d'enfants qui s'imaginent vivre dans la clandestinité et ressentent le frisson de l'interdit. Cette expérience de liberté, qui commence comme un récit d'aventures (reprenant les stéréotypes américains : la découverte de l'inconnu, les grandes expéditions, le mythe de la frontière, etc.), se termine comme un conte de fées (c'est Noël, la ville est emplie de lumières et de décorations) qui vire au cauchemar. Comme dans *Hansel et Gretel*, les deux enfants arrivent près d'une maison où l'homme qu'ils ont suivi, à l'instar de la sorcière dans le conte, leur promet du pain d'épice, du cacao, des guimauves pour les attirer (p. 178-179). L'homme est manifestement un prédateur pédophile : la liberté accouche ainsi d'un monstre. Le même genre de conjonction horrifiante se produit quand Evelyn tend à Phil un chocolat enrobé dans un papier d'or sur lequel est gravé le sceau présidentiel (p. 314).

3. Ordre et désordre

De la formule de Tocqueville, « la crainte du désordre et l'amour du bien-être » (II, IV, 4, p. 115), nous n'avons jusqu'ici illustré que la seconde partie, « l'amour du bien-être », mais il faut également analyser « la crainte du désordre ». *A priori*, il y a quelque chose d'antagoniste entre le désir d'ordre et l'amour de la liberté, puisque la liberté autorise chaque individu à se conduire comme il l'entend, ce qui, d'après Tocqueville, mène directement à l'anarchie. La démocratie se manifeste d'abord comme un désir de désordre : elle surgit portée par des révolutions dans les sociétés aristocratiques :

> Pour faire prévaloir dans le gouvernement les besoins et les intérêts nouveaux que suggérait l'égalité croissante, il a donc fallu aux hommes de nos jours renverser ou contraindre les anciens pouvoirs. Cela les a conduits à faire des révolutions, et a inspiré à un grand nombre d'entre eux ce goût sauvage du désordre et de l'indépendance que toutes les révolutions, quel que soit leur objet, font toujours naître.
>
> (II, IV, 5, p. 140)

La démocratie se caractérise par une tendance à l'anarchie, que contrecarre son inclination à la centralisation du pouvoir. Or la centralisation répond aussi à un désir de bien-être, de tranquillité, autrement dit de retour à l'ordre :

> L'amour de la tranquillité publique est souvent la seule passion politique que conservent ces peuples, et elle devient chez eux plus active et plus puissante, à mesure que toutes les autres s'affaissent et meurent ; cela dispose naturellement les citoyens à donner sans cesse ou à laisser prendre de nouveaux droits au pouvoir central, qui seul leur semble avoir l'intérêt et les moyens de les défendre de l'anarchie en se défendant lui-même.
>
> (II, IV, 3, p. 99)

La passion de la liberté aboutit à la fois à l'anarchie et à sa négation. Tocqueville résout le paradoxe en le projetant sur un axe temporel : dans un premier temps s'accroît le risque d'anarchie, face auquel survient, dans un deuxième temps, le désir de tranquillité ; mais les deux mouvements procèdent de l'amour de la liberté : « Ils avaient voulu être libres pour pouvoir se faire égaux, et, à mesure que l'égalité s'établissait davantage à l'aide de la liberté, elle leur rendait la liberté plus difficile » (II, IV, 5, p. 141). Tocqueville souligne ce paradoxe par le biais de diverses antithèses : « Le goût de la tranquillité publique devient alors une passion aveugle, et les citoyens sont sujets à s'éprendre d'un amour très désordonné pour l'ordre » (II, IV, 4, p. 115).

La liberté ne peut s'épanouir que dans le cadre d'un certain ordre, qui garantit la sécurité. Cette idée est à la source des conceptions contractualistes de l'État : les individus s'assemblent car ils seront plus libres que s'ils restent seuls, chacun à la merci de l'autre. Les désirs de sécurité et de liberté paraissent donc intriqués. C'est pourquoi, dans *Le Complot contre l'Amérique*, Lindbergh peut louer à la fois la liberté individuelle et la paix.

La paix occupe une place prépondérante dans les pièces d'Aristophane et le roman de Roth, bien que leurs approches divergent à son propos. Dans *Le Complot contre l'Amérique*, c'est Lindbergh qui est partisan de la paix et qui attaque la démocratie, tandis que dans *Les Cavaliers* et *L'Assemblée des femmes*, c'est l'auteur lui-même qui promeut la paix et qui critique la démocratie. Mais il faut souligner que les enjeux des guerres ne sont pas les mêmes : les guerres entre cités grecques étaient purement impérialistes et Aristophane a beau jeu d'en souligner la vanité et l'absurdité ; la guerre contre l'Allemagne nazie est d'un autre ordre, le nazisme représentant, en tant qu'idéologie criminelle, raciste et totalitaire, la négation des valeurs fondamentales de la démocratie. Ce n'est pas la même chose de faire la guerre pour le prestige de la cité ou pour sauver les juifs de l'extermination.

B. L'égalité ou l'unification de la cité

La liberté seule ne permet pas de fonder une société démocratique. La seconde valeur primordiale de la démocratie est en effet l'égalité. L'articulation problématique de ces deux valeurs constitue un enjeu essentiel de la démocratie : la liberté, en particulier dans le domaine économique, produit des inégalités sans les corriger ; tandis que l'égalité uniformise et, en niant les spécificités de chacun, aliène la liberté des citoyens.

1. La passion de l'égalité

Toute l'œuvre de Tocqueville repose sur l'exploration de la contradiction entre liberté et égalité. La société aristocratique est fondée sur une grande inégalité, même si Tocqueville n'y insiste guère, préférant remarquer que le goût de la liberté y est très développé : « Chez les hommes qui ont longtemps vécu libres avant de devenir égaux, les instincts que la liberté avait donnés combattent jusqu'à un certain point les penchants que suggère l'égalité » (II, IV, 4, p. 107). Ainsi, les Anglais, qui fondèrent « dans les déserts du nouveau monde une société démocratique » (p. 108)

– on relève la négation totale de l'existence des Amérindiens –, parce qu'ils étaient habitués à la liberté, fondèrent une démocratie relativement décentralisée, où l'État ne s'impose pas de façon trop prononcée, conformément à l'idéal libéral. Si liberté et égalité se contredisent en partie selon Tocqueville, c'est que l'égalité n'est jamais pour lui une donnée première de la société : elle ne peut être obtenue que par l'action de l'État sur les citoyens. En fait, l'égalité constitue une norme acceptable, voire souhaitable, pour Tocqueville : il critique surtout le moyen de l'obtenir, soit l'action de l'État, qui lui paraît néfaste. Or plus l'État est puissant, c'est-à-dire plus le citoyen lui délègue de pouvoir, lui confie de liberté, plus la passion de l'égalité se trouve satisfaite :

> Cette haine immortelle, et de plus en plus allumée, qui anime les peuples démocratiques contre les moindres privilèges, favorise singulièrement la concentration graduelle de tous les droits politiques dans les mains du seul représentant de l'État. Le souverain, étant nécessairement et sans contestation au-dessus de tous les citoyens, n'excite l'envie d'aucun d'eux, et chacun croit enlever à ses égaux toutes les prérogatives qu'il lui concède.
>
> (II, IV, 3, p. 101)

Dans le même esprit, Aristophane tourne en dérision l'abolition des privilèges, principe démocratique par excellence. Dans *L'Assemblée des femmes*, une égalité est établie entre les beaux et les laids, entre les jeunes et les vieux : les différences naturelles sont considérées comme des privilèges sur lesquels les institutions politiques ont leur mot à dire. Pour Aristophane, qui considère la nature comme une norme, la démocratie prend ici une dimension contre-nature. L'égalisation des conditions, que ce soit par la collectivisation des biens ou par l'affirmation d'un droit aux relations sexuelles pour les vieux et les laids, ressortit à un renversement carnavalesque (voir *supra*, p. 86). Ainsi Praxagora annonce-t-elle le renversement à venir des hiérarchies :

> le décret est bien démocratique, et l'on pourra tourner en dérision les gens fiers et les porteurs de bagues lorsque quelqu'un, chaussé d'embades, dira : « Tu es le premier, cède-moi la place et épie le moment où j'aurai fini, pour me succéder au second tour. »
>
> (p. 208)

L'égalisation des conditions dans *L'Assemblée des femmes* passe par la généralisation du tirage au sort. Cette pratique est centrale dans la démocratie athénienne : conformément au principe selon lequel, en démocratie, le premier venu peut et doit gouverner, un tirage au sort désignait les membres du Conseil, la Boulè, tandis que l'Ecclésia, l'Assemblée, rassemblait théoriquement tous les citoyens athéniens sur la colline de la Pnyx. Ce principe est lui aussi satirisé par Aristophane, quand la crieuse publique s'écrie : « Vous tous, citoyens – car il en va maintenant ainsi –, en route, rendez-vous tout droit chez la stratège, afin que la fortune vous fasse connaître, par tirage au sort, où vous dînerez » (p. 227). L'extension à d'autres secteurs des principes propres à l'institution démocratique crée un effet comique : le tirage au sort déterminera qui dînera, mais aussi qui aura droit aux faveurs sexuelles des citoyens les plus jeunes. Ainsi la première vieille peut exciper de son bon droit : « Non, par Aphrodite qui m'a tirée au sort, je ne te lâcherai pas » (p. 241).

Le tirage au sort, garant de l'égalité, revêt alors des allures d'arbitraire puisqu'il limite la liberté ; Aristophane, par la voix du jeune homme, oppose ce choix artificiel et institué par une décision politique au hasard naturel du désir qui se porte sur une personne plutôt qu'une autre : « C'est à qui le désire, selon la règle du jeu de dés » (p. 239). La loi artificielle vient remplacer la règle naturelle, d'où la protestation de la première vieille : « Mais tu ne dînes pas selon la règle du jeu de dés » (*ibid.*).

Cette expansion irrépressible du domaine de l'égalité illustre ce propos de Tocqueville :

> La haine que les hommes portent au privilège s'augmente à mesure que les privilèges deviennent plus rares et moins grands, de telle sorte qu'on dirait que les passions démocratiques s'enflamment davantage dans le temps même où elles trouvent le moins d'aliments.
>
> (II, IV, 3, p. 100-101)

Ainsi, la démocratie ne peut qu'engendrer un désir toujours plus grand d'égalité, « l'amour de l'égalité croiss[ant] sans cesse avec l'égalité elle-même » (II, IV, 3, p. 101), dans un cercle sans fin que réprouvent aussi bien Aristophane, pour qui la démocratie cherche à enrayer des inégalités naturelles, que Tocqueville, pour qui la différence est en soi une chose désirable.

2. Égalité démocratique et inégalité économique

La démocratie s'incarne dans des sociétés soumises à des fonctionnements économiques concrets. Or l'économie engendre des inégalités qui reconstituent des hiérarchies et, par conséquent, des formes d'aristocratie et d'oligarchie à l'intérieur des institutions démocratiques. Tocqueville résume ce phénomène quand il remarque que les individus fortunés sont plus attachés à la liberté et les citoyens pauvres davantage soucieux d'égalité :

> On peut remarquer que, de notre temps, ce sont les classes inférieures d'Angleterre qui travaillent de toutes leurs forces à détruire l'indépendance locale et à transporter l'administration de tous les points de la circonférence au centre, tandis que les classes supérieures s'efforcent de retenir cette même administration dans ses anciennes limites.
>
> (II, IV, 4, p. 111)

Une démocratie qui ferait l'éloge de la liberté avant toute autre valeur finirait par n'être qu'une démocratie formelle, garantie en théorie par le droit de vote, mais masquant en réalité une ploutocratie, où seuls les plus riches exerceraient le pouvoir et jouiraient de la liberté. Tocqueville observe qu'une nouvelle aristocratie tend à se reconstituer, grâce aux gains financiers de l'industrialisation :

> Dans les siècles qui ont précédé ceux où nous vivons, l'aristocratie possédait le sol et était en état de le défendre. [...] Depuis ce temps, une grande révolution a eu lieu dans le monde ; la propriété industrielle, qui n'était qu'un germe, s'est développée, elle couvre l'Europe ; la classe industrielle s'est étendue, elle s'est enrichie des débris de toutes les autres ; elle a crû en nombre, en importance, en richesse [...]. La classe industrielle ne devient pas moins dépendante en devenant plus nombreuse ; mais on dirait, au contraire, qu'elle apporte le despotisme dans son sein et qu'il s'étend naturellement à mesure qu'elle se développe.
>
> (II, IV, 5, p. 131-133)

Le roman de Roth confirme cette tendance à la domination de l'industrie et du pouvoir économique qui y est associé au sein de la démocratie américaine. Les figures d'industriels y sont toutefois ambivalentes. D'un côté, nous retrouvons le mythe américain du *self-made man*, qui correspond en tous points aux valeurs de la démocratie libérale. Ainsi, lorsque Herman brosse le portrait d'Abe Steinheim, le premier employeur du cousin Alvin, il loue le « génie » sans lequel « il ne serait jamais arrivé où il est » (p. 75). S'ensuivent des débats avec Alvin, que Herman a encouragé à lire les journaux et qui réprouve le capitalisme, tandis que Herman tâche de défendre le système, « non pas comme un membre des syndicats patronaux », mais comme « farouche partisan du New Deal » (p. 76). Une certaine idée de l'économie se voit ainsi corrélée à une certaine idée de la démocratie. C'est l'anticapitaliste Alvin – à qui Herman déconseille de « parler de Karl Marx à Mr Steinheim » (*ibid.*) et qui considère pour sa part son patron comme « une réclame ambulante pour le renversement du capitalisme » (p. 79) – qui s'engage pour faire la guerre au nazisme. Tandis que le représentant du capitalisme industriel dans toute son ampleur, Henry Ford, inventeur du fordisme, collabore avec le gouvernement Lindbergh, dont il devient ministre de l'Intérieur – c'est donc lui qui met en place la politique de persécution des juifs. Entre ces deux figures, Herman incarne une quête d'équilibre, toujours confiant dans la démocratie comme dans le modèle économique de l'Amérique, pourvu qu'ils prennent la figure rassurante de Roosevelt. À ce titre, Herman Roth représente par excellence l'homme démocratique tel que Tocqueville le décrit, cultivant des passions modérées et des attentes modestes.

L'inégalité qui oppose nettement riches et pauvres touche même les rabbins : Prinz, émigré chassé de Berlin, officie dans une synagogue libérale « splendide » avec des « ouailles prospères » (p. 56), tandis que Bengelsdorf, juif polonais, est à la tête d'une synagogue conservatrice fréquentée par les plus pauvres, les « hoi polloi » (littéralement, en grec, « ceux qui sont nombreux », p. 56). À cette discrimination économique s'ajoute une discrimination sociale : Bengelsdorf parle avec un accent du sud, méprisé par les couches supérieures new-yorkaises.

La hiérarchie liée au capital économique et social empêche une véritable égalité politique, comme le montre la relation entre Herman et ses frères. La lucidité de Herman et sa résignation à un ordre économique injuste paraissent être la conséquence de sa confiance invétérée en la démocratie américaine :

> Il y avait ceux qui commandaient et ceux qui obéissaient, et, en général, les patrons n'étaient pas patrons pour rien ; ils n'étaient pas non plus à leur compte pour rien, qu'ils soient dans le bâtiment ou dans les fruits et légumes, le rabbinat ou le racket.
>
> (p. 182)

Les riches frères réduisent la démocratie à la seule prospérité économique, que permet la liberté d'entreprendre, et négligent l'égalité. L'oncle Monty, le roi de la tomate, réplique à Herman, quand celui-ci tient un discours un peu trop proche de celui d'Alvin :

> la Crise est finie, la Bourse grimpe, les bénéfices augmentent, les affaires explosent, et tout ça non pas grâce à Roosevelt, mais grâce à qui ? et pourquoi ? Parce qu'on a la paix de Lindbergh au lieu de la guerre de Roosevelt.
>
> (p. 183)

Ceux qui profitent du système économique ferment donc les yeux sur les atteintes à la démocratie, comme les « Juifs démocrates dignes et bien élevés » (p. 350) qui méprisent Winchell, « cristallisant en lui à peu près toutes les vulgarités qui leur fermaient le gotha des affaires et la bonne société en général » (p. 351). Bien plus, les discriminations politiques paraissent acceptables quand elles touchent les populations déjà pénalisées économiquement : les partisans de Bengelsdorf, « [i]ssus des couches supérieures de la société juive allemande hautement assimilée », ne voient « rien de louche dans les programmes mis au point par le bureau du rabbin Bengelsdorf pour aider leurs coreligionnaires plus pauvres et moins cultivés à vivre en harmonie plus étroite avec les chrétiens du pays » (p. 387).

C'est ainsi qu'au cœur de la démocratie se reconstituent des hiérarchies du type de celles que Tocqueville rattache à l'âge aristocratique :

> Certes, un enfant élevé à la cour de Louis XIV n'aurait jamais été aussi impressionné par les ambitions et les satisfactions d'une tante comme celle-ci ; et l'avancement mondain d'un homme de Dieu comme le rabbin Bengelsdorf n'aurait pas non plus paru scandaleux à mes parents s'ils avaient eux-mêmes grandi à la cour, marquis et marquise.
>
> (p. 313)

Dans *Les Cavaliers*, la figure du Paphlagonien met en scène ce pouvoir de subversion de la démocratie par la puissance économique. Le démagogue est aussi l'intendant qui laisse le peuple dépérir ; le Charcutier quant à lui feint la générosité pour acheter la bienveillance de Démos.

> LE CHARCUTIER. – Toi qui vends tant de peaux, t'est-il déjà arrivé de faire cadeau à Démos d'un morceau de cuir provenant de ta tannerie pour lui permettre de rapetasser ses souliers, puisque tu prétends que tu l'aimes ?
>
> LE PAPHLAGONIEN. – Non, bien sûr, par Apollon.
>
> LE CHARCUTIER, *à Démos*. – Tu dois savoir maintenant ce qu'il vaut. Eh bien, voilà une paire de souliers que je t'ai achetée ; je t'en fais cadeau. Tu peux la porter.
>
> DÉMOS. – À mon avis, parmi toutes mes connaissances, tu es l'homme le meilleur pour le peuple, le plus dévoué à l'égard de la ville et de mes doigts de pied.
>
> (p. 113-114)

Le Paphlagonien est aussi accusé de détourner le bien de Démos, comme on le voit dans la scène des deux paniers, l'un vide, celui du Charcutier qui s'est défait de tout au profit de Démos, l'autre plein des nourritures que le Paphlagonien se réservait « dans l'intérêt de l'État » (p. 144).

Aristophane reproche d'ailleurs à Cléon de prélever l'argent des riches et lui fait prononcer ces menaces : « Je te le ferai chèrement payer en t'écrasant d'impôts de guerre, et je me débrouillerai pour te faire inscrire sur le rôle des riches » (p. 119). Les citoyens fortunés devaient en effet s'acquitter d'obligations financières qui bénéficiaient à toute la cité. La défense de l'aristocratie contre les démagogues s'explique par l'évolution que connaît la démocratie athénienne après Périclès (qui fut stratège à de nombreuses reprises jusqu'à sa mort en 429 av. J.-C.) : la cité n'est plus dirigée par des représentants de l'aristocratie foncière. La guerre, souhaitée notamment par Cléon, est résolument contraire aux intérêts de cette classe sociale, car elle ravage ses terres et se traduit par de lourds impôts. Aristophane fustige avant tout l'enrichissement personnel du démagogue, qu'il se produise aux dépens du peuple ou de l'aristocratie. Sa position est confirmée dans *L'Assemblée des femmes*, où l'utopie économique d'une répartition équitable des biens, annulant la distinction entre riches et pauvres, ne voit le jour que comme satire de cette démocratie qui voudrait exporter le dogme de l'égalité politique au domaine économique.

3. De l'égalité à l'uniformité

La logique de l'égalité, qui vient combler les disparités, risque d'inciter à la suppression des différences. Pour un esprit libéral comme Tocqueville, la pire menace que comporte l'égalité est précisément l'indifférenciation, l'uniformisation, qui nierait la spécificité de chacun :

> L'uniformité règne dans les études comme dans tout le reste ; la diversité, comme la liberté, en disparaissent chaque jour.
>
> (II, IV, 5, p. 122)

L'argumentaire de Tocqueville repose sur l'idée qu'en assurant l'égalité, on favorise la médiocrité : chacun se voulant l'égal de l'autre, tout le monde finit par se ressembler.

Dans *Les Cavaliers*, Aristophane illustre l'impossibilité de se distinguer en démocratie comme dans une aristocratie : on ne peut plus se couvrir de gloire comme l'avaient fait autrefois les deux cents cavaliers de l'expédition de Corinthe, commandée par Nicias. Quand le Paphlagonien rend hommage à l'action héroïque de l'aristocratie ancienne, flattant le désir de distinction de cette classe reléguée aux oubliettes par la démocratie, le chœur des Cavaliers ne se laisse pas berner :

> LE PAPHLAGONIEN. – Vous m'attaquez, vous aussi. Et c'est à cause de vous, messieurs les Cavaliers, que je reçois des coups, alors que j'allais proposer que la ville érigeât un monument commémoratif qui fût la juste récompense de votre vaillance.
>
> LE CORYPHÉE. – Quel charlatan, quel farceur ! Vous voyez comme il essaye de nous amadouer. Il voudrait nous duper comme il fait pour les vieux.
>
> (p. 70)

La distinction proposée par le Paphlagonien n'est que symbolique, elle rend hommage au passé pour s'assurer que la classe aristocratique n'intervienne pas dans les affaires du présent.

En étouffant les talents individuels, on passe d'une égalité politique, égalité de droit, à une égalité totale, ou égalité de fait. Ce glissement constitue la source de la critique de Tocqueville :

> Tout était différent dans les anciennes sociétés. L'unité et l'uniformité ne s'y rencontraient nulle part. Tout menace de devenir si semblable dans les nôtres, que la figure particulière de chaque individu se perdra bientôt entièrement dans la physionomie commune.
>
> (II, IV, 7, p. 181)

Toutefois pour Tocqueville, dans une démocratie équilibrée, la menace de l'uniformisation est contrebalancée par l'indépendance offerte au citoyen. Le nivellement n'est pas une conséquence inéluctable du modèle démocratique, quoiqu'il soit un défaut des démocraties particulières qu'il étudie.

Dans *Le Complot contre l'Amérique*, l'action du bureau d'assimilation porte un projet d'uniformisation. Menée par Bengelsdorf, cette action antidémocratique, puisque fondée sur la discrimination et donc inégalitaire, se donne néanmoins pour démocratique, en prétendant permettre aux juifs d'être les égaux de leurs compatriotes. Le projet « Des Gens parmi d'Autres » (p. 128) porte un nom significatif : il s'agit de produire des citoyens interchangeables, sans identité particulière. L'entreprise pourrait procéder d'une intention démocratique, sauf qu'elle impose en réalité à tous les citoyens l'identité dont une partie d'entre eux seulement se réclame. Il ne s'agit pas, en effet, d'inciter chrétiens et juifs à abandonner leur identité respective pour devenir des citoyens abstraits et par là même égaux, mais de forcer les juifs à abandonner leur identité pour se conformer à l'identité chrétienne.

Le pays dirigé par Lindbergh est en vérité chrétien et les juifs n'y sont tolérés qu'à la condition de perdre leur identité culturelle pour se fondre dans l'identité commune. La chose est particulièrement apparente aux yeux du jeune Phil au moment de Noël, lors de ses virées avec Earl où il constate que : « [...] c'était le mois de l'année où le cœur de mon pays natal leur appartenait [aux chrétiens] sans partage, merveilleusement » (p.175). L'assimilation prônée par Lindbergh consiste ainsi à perdre son identité juive pour devenir chrétien, voire aryen. Le retour de Sandy du Kentucky le manifeste dans toute son ampleur : il prend l'accent du Sud comme Bengelsdorf, ses cheveux sont blondis par le soleil et ses muscles se développent (p. 138-139). Cette transformation évoque la mise en scène de l'aryen blond et musclé dans la propagande nazie. La métamorphose aliénante se voit ensuite confirmée par le fait que Sandy a mangé du porc : la dérogation à l'interdit alimentaire atteste la perte de son identité juive.

Dans un contexte historique donné, l'uniformisation se révèle dangereuse, car elle exerce une forme insidieuse de domination.

C. La communauté ou comment penser la multiplicité

Entre la liberté et l'égalité, vient donc s'insérer la notion d'identité : une société démocratique n'est constituée ni de purs individus indépendants les uns des autres, ni d'une seule entité unifiée où les citoyens seraient interchangeables. Même dans un système où chacun possède des droits similaires, la multiplicité humaine ne peut se comprendre purement comme une somme d'individualités ou comme une unité transcendante. Une démocratie est constituée de communautés diverses, de groupes aux appartenances plurielles.

1. La persistance des communautés

Pour Tocqueville, l'uniformité de la société démocratique se traduit par l'effacement des appartenances et des communautés :

> Tous les liens de race, de classe, de patrie se détendent ; le grand lien de l'humanité se resserre.
>
> (II, IV, 8, p. 188)

Le vœu d'hospitalité formulé par Praxagora dans *L'Assemblée des femmes* fait écho à cette observation. Elle assimile la démocratie à une maison :

> Je prétends faire de notre ville une seule habitation, en renversant toutes les séparations jusqu'à la dernière, de façon qu'on puisse se rendre les uns chez les autres.
>
> (p. 213)

Cependant, au-delà de l'image de la grande réconciliation populaire, la démocratie est traversée et travaillée de tensions entre les différentes communautés qui la composent. Dans *Les Cavaliers*, Aristophane confronte l'ancienne aristocratie à un charcutier : d'un côté la tranquillité paysanne, de l'autre l'agitation et la versatilité des villes peuplées d'artisans et de commerçants. *L'Assemblée des femmes*, pour sa part, met en scène la communauté des femmes, qui n'a pas ordinairement accès à la démocratie : le théâtre place les exclues au centre du jeu politique et s'amuse des conséquences absurdes qui en résultent. Ce groupe habituellement rejeté hors de la vie démocratique développe une véritable politique qui unifie la cité et harmonise la société :

> Je dirai qu'il faut que tous mettent en commun leurs biens, aient part à ceux de tous et vivent du même fonds commun ; qu'il ne faut pas que l'un soit riche, l'autre malheureux ; que celui-ci exploite de grandes terres, et celui-là n'ait même pas où être enterré ; ni que l'un ait à son service quantité d'esclaves, et l'autre pas même un suivant. Non, j'institue un seul genre de vie commune, la même pour tous.
>
> (p. 204)

Pourtant, les réformes proposées s'accommodent toujours de la relégation d'une partie de la population. Les esclaves ne sont pas inclus dans le grand projet de Praxagora :

> BLÉPYROS. – J'en eusse été terriblement fâché. Mais la terre, qui la cultivera ?
>
> PRAXAGORA. – Les esclaves. Pour toi, tu n'auras pas à te préoccuper d'autre chose, quand l'ombre sera de dix pieds au cadran, que de t'en aller dîner, bien pommadé et parfumé.
>
> (p. 210)

Ni les collectivisations économiques ni la collectivisation sexuelle ne s'appliquent à leur cas :

> Et les esclaves, il ne faut pas qu'elles se mettent en frais de toilette et accaparent les jouissances des femmes libres ; elles ne pourront coucher qu'avec des esclaves, et s'épiler les parties pour un cotillon.
>
> (p. 216)

Chez Roth non plus la disparition des communautés n'est pas actée, même si le lien démocratique paraît en premier lieu consubstantiel au lien patriotique. Nombreuses sont les réflexions sur le rapport entre américanité et judéité dans le roman (p. 317, en particulier). La sociologie du quartier juif de Newark qui inaugure le livre aboutit d'ailleurs au portrait d'un jeune enfant parfaitement patriote :

> Tous les matins, à l'école, c'était au drapeau de cette patrie-là que je prêtais allégeance. Je chantais ses merveilles avec mes camarades de classe lors du rassemblement matinal. Je suivais avec zèle les fêtes nationales, sans jamais me demander ce que représentaient pour moi les feux d'artifice du 4 Juillet, la dinde de Thanksgiving ou les doubles matches de Declaration Day. Notre patrie, c'était l'Amérique.
>
> (p. 16)

Bengelsdorf ne dit pas autre chose, citant Roosevelt : « Il n'y a pas de double allégeance ici. Tout homme qui se dit américain, mais aussi autre chose, n'a rien d'américain. Nous n'avons place que pour un seul drapeau, le drapeau américain » (p. 58). La démocratie aime à se représenter elle-même unissant et unifiant toutes les couches de la société, comme le montre le meeting de Lindbergh au Madison Square Garden. Il réunit les différentes professions, agriculteurs, ouvriers, industriels, et toutes les religions, protestante, catholique et juive (p. 61).

Mais si les communautés peuvent être temporairement rassemblées, elles restent juxtaposées plutôt que mêlées. Une démocratie peut tout à fait paraître traiter tous ses citoyens à égalité, tout en pratiquant une forme d'exclusion contraire aux principes mêmes qu'elle affiche. C'est ce qu'exprime nettement le discours de Bengelsdorf à Herman et Bess :

> Les lois de Nuremberg ont privé les Juifs de leurs droits civiques, elles ont tout fait pour les exclure de la citoyenneté, alors que moi, j'ai encouragé le président à lancer des programmes qui invitent les Juifs à s'impliquer autant qu'ils le souhaitent dans la vie du pays, vie dont, vous me l'accorderez sûrement, il nous est tout aussi loisible qu'à d'autres de jouir.
>
> (p. 164-165)

En réalité, les Roth vivent dans un pays où l'exclusion a été intériorisée par les juifs, à commencer par Phil :

> Bien entendu le fait qu'un Juif ne puisse en aucun cas être élu à la présidence [...], même un gosse de mon âge l'avait accepté, tout aussi clairement que si l'interdit figurait en toutes lettres dans la Constitution.
>
> (p. 352)

Cette expérience de la discrimination et le spectacle des choix de son frère aboutissent à la prise de conscience progressive de son identité par Phil. Il ne se voit pas comme juif au début du roman, ainsi que le souligne l'épisode du Lincoln Memorial, où la judéité n'existe que dans le regard de l'homme qui leur adresse un rictus moqueur (p. 100). Mais il voit sa mère comme Juive pour la première fois dans le bus après le retour d'Alvin, quand il la rapporte aux critères du « type juif » révélé par Earl (p. 197). Ce moment essentiel du roman correspond à la découverte par Phil de sa différence construite par l'exclusion. Comme le résume Bess : « Eh bien, que ça nous plaise ou non, il nous apprend ce que c'est qu'être juifs, Lindbergh » (p. 367). La présidence Lindbergh aura pour effet de créer de toutes pièces ces « juifs par hasard » (p. 33), qu'elle perçoit comme dangereux pour l'unité nationale.

Qu'elle soit imposée par la force ou seulement espérée, une cohésion du peuple fondée sur son uniformité sociale et culturelle relève du fantasme.

2. Regroupement et associations

Face à l'exclusion et à la pression des catégories sociales dominantes, les communautés menacées se regroupent. Roth le montre à travers l'exemple du ghetto, où Bengelsdorf et les siens accusent la famille Roth de vivre. *A priori*, le ghetto est tout sauf démocratique : il sépare les êtres en fonction de leur identité, créant de l'inégalité, il empêche ceux qui y vivent d'en sortir, dissuade éventuellement ceux qui n'y vivent pas d'y entrer. Comme dit Evelyn au narrateur : « un garçon comme toi a tout à gagner en ne restant pas un petit Juif prisonnier du ghetto parce que ses parents lui ont fait trop peur pour qu'il en sorte » (p. 312). Sandy, devenu l'emblème de l'assimilation, reprend cette idée à propos de ses parents qu'il décrit comme : « des Juifs du ghetto, apeurés, paranoïaques » (p. 326-327). Il s'adresse à son frère et au reste de sa famille en disant : « vous les Juifs » (p. 328).

L'existence du ghetto est expliquée dès le début du roman au cours du voyage de la famille à Union : on reste chez soi et entre soi parce qu'on ne veut pas être face à la moquerie ou subir des agressions (ce que Seldon doit affronter quand il est envoyé dans le Kentucky où, loin d'être assimilé, il est rejeté). Le jugement porté sur le ghetto dépend de la manière dont les personnages analysent le phénomène de l'antisémitisme. Les juifs les plus aisés et assimilés considèrent que le ghetto crée la discrimination, au lieu de le voir comme la conséquence de cette dernière, et jugent que l'antisémitisme se limite à quelques « poches d'arriération » (p. 388), comme s'il devait finir par disparaître avec la marche de l'histoire, alors que la présidence Lindbergh rappelle qu'il renaît à la moindre occasion.

On peut mettre en parallèle le fonctionnement du ghetto chez Roth avec la logique de l'association chez Tocqueville. Dans le ghetto comme dans l'association, les citoyens se regroupent pour contrer l'atomisation des individus que génère la société démocratique. Mais là où le ghetto a vocation à protéger certains individus face à d'autres, l'association, aux yeux de Tocqueville, acquiert une puissance apte à rivaliser avec l'État, qui lui paraît constituer la plus lourde menace dans une démocratie : « ces sortes d'êtres collectifs qu'on nomme associations sont plus forts et plus redoutables qu'un simple individu ne saurait l'être » (II, IV, 5, p. 134).

Aussi faut-il distinguer deux cas : d'un côté, pour Tocqueville, l'association entre citoyens est un moyen de contrer la puissance de l'État dans le fonctionnement normal de la démocratie, de l'autre, dans le roman de Roth, l'association entre citoyens, répond à un fonctionnement anormal de la démocratie. Elle se situe d'ailleurs parfois aux limites de la légalité, comme lorsque les mafieux de Newark fondent leur propre police privée (p. 389).

Mais ce que Tocqueville dit de l'association en temps démocratique normal semble bien s'appliquer au roman de Roth :

> Chez les peuples démocratiques, il n'y a que par l'association que la résistance des citoyens au pouvoir central puisse se produire ; aussi ce dernier ne voit-il jamais qu'avec défaveur les associations qui ne sont pas sous sa main ; et ce qui est fort digne de remarque, c'est que, chez ces peuples démocratiques, les citoyens envisagent souvent ces mêmes associations, dont ils ont tant besoin, avec un sentiment secret de crainte et de jalousie qui les empêche de les défendre.
>
> (II, IV, 5, p. 135)

Néanmoins Tocqueville considère qu'il est dans la nature de tout État de tendre vers trop de puissance, alors que pour Roth le trop de puissance n'apparaît qu'au moment où l'État devient fasciste. Il reste à déterminer si les États-Unis de Lindbergh sont une anomalie de l'histoire, ou bien s'ils ne font que révéler l'essence profonde de la démocratie américaine. La question n'est pas résolue dans le roman.

3. Le thème du complot

Le thème du complot revient avec insistance chez Roth et Aristophane. Il suppose qu'une partie de la société s'entende secrètement pour décider de la façon de gouverner : le complot mine la démocratie de l'intérieur en constituant une oligarchie secrète (dans une oligarchie, le pouvoir est détenu par un petit nombre de personnes).

Dans *Le Complot contre l'Amérique*, il est question de complots de divers ordres. D'abord, le complot contre l'Amérique est instigué par l'administration Lindbergh, à en croire ses adversaires : avec l'appui éventuel de l'Allemagne nazie, le président comploterait pour priver l'Amérique de sa démocratie. Mais le titre est aussi une référence à l'accusation de « complot juif », l'un des plus anciens ressorts de l'antisémitisme (de nombreux faux documents, comme *Les Protocoles des Sages de Sion*, des rumeurs et des légendes brodent à l'envi sur ce thème).

Le roman se conclut sur un véritable feu d'artifice de complots : le complot pour enlever Lindbergh, qui est d'ailleurs aussi derrière la mort de Winchell (p. 442-443), le complot contre Bengelsdorf qui, après avoir été le complice et l'alibi de l'administration Lindbergh, en devient la cible et se voit accusé d'être le « rabbin Raspoutine » (p. 447), et finalement le complot derrière l'enlèvement du fils Lindbergh (p. 451). Les accusations de complot émanent aussi des démocraties : les Britanniques affirment que Lindbergh a été exfiltré à Berlin. Relève enfin du même schéma toute la théorie particulièrement romanesque qui vient clore le livre, selon laquelle Hitler avait enlevé le fils de Lindbergh et le faisait chanter. À la fin du roman, on ne sait ni ce qu'est devenu Lindbergh, ni s'il était vraiment la victime d'un chantage de l'Allemagne. Ces théories ne sont soutenues que par Bengelsdorf, qui a tout intérêt à trouver des circonstances atténuantes pour justifier sa collaboration avec Lindbergh, et par Evelyn, devenue folle.

L'hypothèse du complot, émanant de toutes parts, avec des degrés de vraisemblance variables, finit par devenir totalement inopérante. Le lecteur ne parvient plus à distinguer le vrai du faux. Si recourir à la théorie du complot simplifie d'ordinaire la compréhension que l'on a du monde, puisque les éléments problématiques sont expliqués par le complot, le roman démontre qu'*in fine* cette hypothèse ne produit que de la confusion.

Chez Aristophane, la dénonciation du complot reste l'arme préférée des démagogues, comme le Paphlagonien qui voit dans les Cavaliers, les serviteurs et le Charcutier des « conjurés » (p. 86) et qui n'hésite pas à s'écrier : « Je vois le bout du ligneul qui a servi à coudre ce complot » (p. 74). Il se présente en défenseur du peuple : « J'en jure mes grands dieux, vous me le payerez cher de conspirer ainsi depuis je ne sais quand contre Démos » (p. 68). Il en appelle aux institutions démocratiques : « je m'en vais me rendre au Conseil pour y dénoncer vos complots à tous » (p. 88). C'est l'ancienne aristocratie, autrefois classe dominante de la vie politique, qui est accusée de conspirer : le complot reconstitue une aristocratie dans l'espace démocratique.

L'orateur a beau jeu d'y opposer son intention de transparence. Dans *L'Assemblée des femmes*, l'éloge des femmes prononcé par Praxagora et rapporté par Chrémès vante leur intégrité politique. Ce qui ne manque pas de sel, si l'on considère que celle qui parle est déguisée en homme et participe d'une vaste mascarade aux allures de complot contre la pseudo-démocratie masculine :

> Elles ne font pas le métier de sycophante, pas de poursuites en justice, pas de complots contre la démocratie [...].
>
> (p. 192-193)

Chez Tocqueville, la figure du complot est absente en tant que telle mais on peut effectuer un rapprochement avec les « pouvoirs intermédiaires », ceux-là mêmes que la démocratie, par le processus de centralisation, est censée éliminer. En effet, toujours pour contrer la puissance de l'État, limiter les dégâts de l'égalité et assurer davantage de liberté, Tocqueville estime qu'il faudrait recréer des pouvoirs intermédiaires, comme au temps de l'aristocratie, mais correspondant à des corps de fonctionnaires :

> Je crois fermement qu'on ne saurait fonder de nouveau, dans le monde, une aristocratie ; mais je pense que les simples citoyens, en s'associant, peuvent y constituer des êtres très opulents, très influents, très forts, en un mot des personnes aristocratiques.
>
> On obtiendrait de cette manière plusieurs des plus grands avantages politiques de l'aristocratie, sans ses injustices ni ses dangers. Une association politique, industrielle, commerciale ou même scientifique et littéraire, est un citoyen éclairé et puissant qu'on ne saurait plier à volonté ni opprimer dans l'ombre, et qui, en défendant ses droits particuliers contre les exigences du pouvoir, sauve les libertés communes.
>
> (II, IV, 7, p. 170-171)

Sortes de lobbies, ces élites organisées seraient susceptibles de lutter contre certaines des décisions ou opinions défendues par la majorité.

Toutefois, la dimension secrète et insidieuse du complot évoque plutôt l'action de l'État. Dans la réflexion de Tocqueville, celui-ci incline en permanence à la restriction des libertés et de l'indépendance des citoyens.

La démocratie suppose donc des normes qui orientent aussi bien la Constitution de l'État que l'action des gouvernants. Ces normes, en particulier la liberté et l'égalité, entrent cependant en conflit les unes avec les autres. Il procède alors du fonctionnement même de la démocratie que de les mettre en débat, de ne pas se contenter de les tenir pour acquises, mais de les problématiser en permanence.

III. Le discours démocratique

La démocratie accorde une grande importance au discours. Depuis l'Antiquité, la prise de parole en public dans une assemblée semble l'emblème de la démocratie. Cela explique l'importance accordée à la rhétorique, cet art qui permet à un orateur de convaincre le peuple du bien-fondé de ses positions – quelle que soit la valeur réelle de ses propositions. L'importance du discours *dans* la démocratie a donc pour corollaire l'importance du discours *sur* la démocratie, qui est peut-être le seul moyen de faire exister véritablement la démocratie.

A. Le discours dans la démocratie

En démocratie, la pratique du discours doit se conformer aux deux normes de ce régime, la liberté et l'égalité. Chacun doit pouvoir s'exprimer librement et chacun doit bénéficier d'un égal accès à la parole publique. Cependant, cette égalité n'est bien souvent que de surface : le fonctionnement démocratique réintroduit une hiérarchisation des discours, qui en disqualifie certains et en légitime d'autres, recréant une aristocratie de la parole.

1. La liberté de parole

La liberté d'expression est un lieu commun parmi les plus galvaudés de la démocratie. En témoigne, dans le roman de Roth, le premier incident qui survient lors de la visite familiale à Washington : un homme prend la défense d'une dame qui compare Lincoln à Lindbergh, suscitant le grommellement de Herman : « Ça vous gêne, ce que la dame vient de dire ? – Non, monsieur, on est en démocratie » (p. 99). L'invocation de la démocratie dans cette formule creuse renvoie à une liberté d'expression vidée de son contenu, réduite au droit de bavarder.

Pourtant, lorsque Winchell, devenu candidat à la présidence, est menacé de mort, cette même revendication de la liberté d'expression, qui paraissait vaine et éculée, retrouve un enjeu politique réel : « Le jour où un candidat à la présidence des États-Unis aura besoin d'une phalange de policiers et de gardes nationaux pour protéger son droit d'expression, alors, notre grand pays sera passé à la barbarie fasciste » (p. 379).

Si la démocratie crée les conditions nécessaires à la libération de la parole, celle-ci est surtout prise en charge par des organes qui ne relèvent pas des institutions publiques. La presse est son principal instrument – ainsi, Tocqueville écrit-il que : « La presse est, par excellence, l'instrument démocratique de la liberté » (II, IV, 7, p. 172). Or la presse n'est pas une instance étatique, mais plutôt une institution au sein de la démocratie. Tocqueville en fait l'éloge car elle permet de lutter contre la tendance égalisatrice et centralisatrice de l'État. Elle constitue un contrepoids, un pouvoir secondaire, qui ne se confond pas avec la démocratie elle-même, mais favorise la liberté, par opposition à l'égalité :

> Ainsi la liberté de la presse est infiniment plus précieuse chez les nations démocratiques que chez toutes les autres ; elle seule guérit la plupart des maux que l'égalité peut produire.
>
> (II, IV, 7, p. 171)

Cette vision comporte sans doute une large part d'idéalisation. La presse, symbole de démocratie, n'est en effet pas démocratique en elle-même. *Le Complot contre l'Amérique* rappelle qu'elle peut diffuser une pensée antidémocratique. Au moment du retour d'Alvin dans sa famille, Lindbergh apparaît comme « le héros de presque toute la presse du pays » (p. 186), alors que c'est Alvin qui devrait être héroïsé.

En outre, Tocqueville ne peut guère prévoir le rapprochement qui s'opère au fil du temps entre l'industrie, dont il déplore la toute-puissance, et la presse, qu'il présente comme « une arme très puissante, dont le plus faible et le plus isolé peut faire usage » (II, IV, 7, p. 171). La mainmise des grands industriels met la presse sous la coupe des plus puissants. Les médias, en définitive, forment une nouvelle aristocratie, au bon vouloir de laquelle Winchell est soumis, dans *Le Complot contre l'Amérique*. Il est employé, puis renvoyé, par la lotion Jergens pour sa chronique radiophonique. Il ne peut plus se servir de ce porte-voix pour, comme le dit Tocqueville : « appeler à son aide tous ses concitoyens et tous ses semblables » (II, IV, 7, p. 172).

Cependant, avant de perdre sa chronique hebdomadaire, Winchell est un journaliste qui se pose en garant de la démocratie. La première occurrence du mot *démocratie* apparaît d'ailleurs dans le roman lorsque le narrateur cite la chronique que Winchell consacre à l'investiture de Linbergh, lors de la convention républicaine. Il dénonce : « la plus grande menace contre la démocratie américaine » (p. 38-39). Cette chronique rassure l'ensemble des familles juives à l'écoute, qui sont certaines de jouir d'une « citoyenneté sûre, libre et protégée » (p. 39), comme s'il suffisait que la radio ou la presse s'oppose aux forces antidémocratiques pour que toute menace soit écartée. Les familles habitant le quartier des Roth manifestent une confiance absolue dans la démocratie américaine, parce qu'elles attribuent à la parole publique un pouvoir exceptionnel de sauvegarde.

On sait que la presse est parfois, depuis l'affaire du *Watergate*, surnommée le « quatrième pouvoir » : il s'agit de fait d'un pouvoir assez paradoxal, puisqu'il n'appartient pas aux institutions politiques (contrairement à l'exécutif, au législatif et au judiciaire) mais correspond plutôt à un contre-pouvoir émanant de la société civile. La famille Roth et leurs voisins ont l'impression de disposer d'un pouvoir effectif par le truchement de la presse et de la radio : « la nouvelle administration était dans le collimateur des reporters préférés de mon père, comme Winchell et Dorothy Thompson, Quentin Reynolds et William L. Shirer, ainsi, bien sûr, que de toute l'équipe de *PM* » (p. 88). On le constate encore quand Phil lit la presse « pour avoir la preuve que, malgré la vitesse incroyable à laquelle notre statut d'Américains se dégradait, nous étions encore en démocratie » (p. 88). Herman s'accroche de même à son journal : « il ne déambulait jamais dans la maison sans son exemplaire de *PM* » (p. 150) ; et à la radio : « Dieu merci, il nous reste Walter Winchell. Nous serions perdus sans lui » (p. 151). L'idéalisation de Winchell va jusqu'à le considérer comme « un dieu absolu », « de loin plus important qu'Adonaï » (p. 329). À mesure qu'est dévoilée l'impuissance des médias, cette conviction se révèle n'être qu'une pure croyance.

À l'époque d'Aristophane, où il n'existe évidemment pas de presse, c'est le théâtre lui-même qui endosse, dans la cité, le rôle de vecteur du commentaire social. Les comédies se rapprochent parfois de la presse satirique par leurs sujets : allusions à l'actualité (la bataille de Pylos dans *Les Cavaliers*) ou personnages célèbres (Épicratès, Agyrrhios, etc. dans *L'Assemblée des femmes*).

2. De la démocratie à la démagogie

Dans *Les Cavaliers* et *Le Complot contre l'Amérique*, le Paphlagonien et Winchell partagent un trait commun : tous deux peuvent être qualifiés de démagogues. Winchell incarne un personnage positif, il défend les juifs et élève un ultime rempart contre le fascisme. Pourtant, il s'adresse à son public à la manière d'un démagogue, flattant ses bas instincts :

> Winchell, l'inventeur des points de suspension qui ponctuaient, voire validaient magiquement dans son éditorial toutes les infos croustillantes, jusqu'aux plus hasardeuses, Winchell qui avait eu l'idée de cribler de potins tendancieux les masses crédules.
>
> (p. 37)

À qui attribuer de tels jugements ? Au narrateur devenu adulte et donc lucide sur l'idole de sa jeunesse, ou bien aux élites new-yorkaises qui méprisent les classes inférieures ?

> Winchell, avec son débit de mitrailleuse et son cynisme pugnace, conférait à tous les scoops l'impact sensationnel d'une dénonciation. [...] Walter Winchell, Weinschel de son vrai nom, né à Manhattan, s'était métamorphosé : hier danseur de comédies musicales à New York, il était devenu le chroniqueur canaille de Broadway et il avait gagné la grosse galette en cristallisant les passions de la presse la plus ringarde pour illettrés.
>
> (p. 38)

Winchell est explicitement accusé de démagogie par la firme Jergens qui, au moment où elle le renvoie, affirme qu'il est « le démagogue le plus éhonté » cherchant à « soulever les passions de la populace » (p. 345). Même son de cloche de la part de Bengelsdorf dans sa lettre au *Times* : Winchell, selon lui, « ne fait que pratiquer cette technique du Mensonge Énorme qui constitue aujourd'hui la plus grave menace contre la liberté démocratique où que ce soit » (p. 347). Comme il n'existe pas de critères objectifs du discours démagogique, *démagogue* est une désignation disqualifiante utilisée par tous les camps. Ainsi, le *Detroit Times* s'en sert contre Winchell, au moment du premier pogrom de l'histoire des États-Unis.

Si l'on veut néanmoins tâcher de définir le type du démagogue, ce n'est pas tant au contenu de son discours qu'on se reportera mais à une certaine manière d'être, bien représentée en effet par Winchell : le démagogue est celui pour qui tout est simple, tout s'explique facilement, sans qu'il soit besoin d'un excès d'intellectualité ou de nuance. Le démagogue est celui qui fait reposer l'efficacité de son discours sur sa propre personnalité, qui affirme détenir la vérité du fait de son bon sens ou de son vécu .

Le charisme, dont Lindbergh est bien pourvu, constitue un atout pour le démagogue. La démagogie joue de l'adhésion à une personnalité, au besoin fabriquée de toutes pièces pour se conformer aux attentes supposées du peuple, à qui il s'agit d'offrir un miroir : « on commença à dire haut et fort chez les républicains qu'il avait assez de charisme pour interdire un troisième mandat au "va-t-en-guerre" de la Maison-Blanche » (p. 27-28). Or cette importance accordée à la personne même du représentant n'est que la conséquence directe et sans doute inévitable de la démocratie représentative fondée sur l'élection : démagogie et démocratie représentative sont peut-être indissociables.

Lindbergh prétend développer un discours non policé, non perverti par les professionnels de la politique et les experts. « Lindy au parler vrai » (p. 52) incarne le fantasme d'une parole directe, sans faux-semblant. La société entretient en effet une méfiance à l'égard du langage et de la capacité qu'il a d'éloigner les mots et les choses, de faire perdre le contact avec la réalité. Elle goûte un « parler vrai » qui peut prendre deux aspects : soit le jaillissement spontané, intempestif, voire brouillon (le relâchement marquant le refus de l'hypocrisie), soit le laconisme, la grande simplicité (la brièveté signalant l'absence d'arrière-pensée). Ainsi, à la prolixité volubile de Winchell répondent la concision et la sobriété de Lindbergh, qui recourt à des schémas simplistes coïncidant avec des représentations répandues au sein de la population. Lindbergh parle peu : son premier discours fait cinquante-trois mots (p. 52) ; lors de la signature du pacte de non-agression avec l'Allemagne, en Islande, il se contente d'un « discours de cinq phrases » (p. 85) ; au plus fort de la tourmente, il déclare seulement : « Notre pays est en paix. Notre peuple est au travail. Nos enfants sont à l'école. Je suis venu jusqu'à vous pour vous le rappeler. À présent je rentre à Washington pour que ça continue » (p. 439).

À l'inverse, la démagogie pratiquée par Winchell évoque plutôt la « grande gueule » convoquée par le titre du chapitre 2 du *Complot contre l'Amérique*, « Une grande gueule de Juif ». La démocratie accorde à tous les droits de prendre la parole et d'être une « grande gueule ». Mais la vulgarité de la formule rappelle qu'une grande gueule s'impose de façon violente et cherche à rendre l'autre inaudible.

C'est précisément ce qui se produit dans *Les Cavaliers*, où le Paphlagonien, figure du sycophante (c'est-à-dire du délateur professionnel), parle plus fort que tout le monde : « Ô vénérables juges de la confrérie des Trois-Oboles, vous que je nourris en gueulant, sans me soucier du juste ni de l'injuste, au secours, mes amis » (p. 69). Il présente la démocratie comme un régime déréglé où celui qui crie s'empare du pouvoir et où la délibération n'est jamais qu'un affrontement entre « grandes gueules » : « Il va s'y précipiter pour nous calomnier tous à grands coups de gueule » (p. 89). Par contraste, le silence traduit la perte de souveraineté qui affecte la cité : « Et toi que bois-tu donc pour que ta langue à elle seule ait pu réduire la ville à son état de mutisme actuel ? » (p. 77), demande le Premier Serviteur au Paphlagonien.

Le recours fréquent à la stichomythie (c'est-à-dire à l'enchaînement de répliques courtes) mime le caractère mécanique et stérile d'une parole qui se mue peu à peu en pure violence, des mots et par les mots. On reconnaît le modèle de l'*agôn*, moment de combat verbal entre deux personnages :

> LE CHARCUTIER. – Je gueulerai trois fois plus fort que toi.
> LE PAPHLAGONIEN. – Mes hurlements couvriront les tiens.
> LE CHARCUTIER. – Et les miens couvriront les tiens.
> LE PAPHLAGONIEN. – Je te calomnierai quand tu seras général.
> LE CHARCUTIER. – Je te battrai l'échine comme à un chien.
> LE PAPHLAGONIEN. – Je t'envelopperai de mes mensonges.
> LE CHARCUTIER. – Je te barrerai la route.
>
> (p. 72)

Toutefois, si le Paphlagonien, caricature de Cléon, se comporte en démagogue, c'est surtout parce qu'il flatte Démos. Il comble ses désirs sans lui laisser le temps de réfléchir ni la possibilité de s'autonomiser :

> Ce Paphlagonien de la Tannerie n'a pas plus tôt reconnu le caractère du vieux qu'il se met à ramper devant lui, à le flatter, à le caresser, à le flagorner, à le séduire, avec des rognures de cuir, en lui tenant des propos de cette espèce : « Ô Démos, contente-toi de juger une seule cause, et puis va prendre ton bain. Après quoi occupe-toi d'avaler, de mâcher, d'absorber, et de digérer cette pièce de trois oboles. Veux-tu que je t'apporte un casse-croûte ? »
>
> (p. 51-52)

Aussi conseille-t-on au Charcutier de s'y prendre de la même façon :

> Ne cesse pas de faire ce que tu fais. Tu n'as qu'à tripatouiller les affaires, les boudiner toutes ensemble, et quant au peuple, pour te le concilier, il suffit que tu lui fasses une agréable petite cuisine de mots. Pour le reste, tu as ce qu'il faut pour le mener, savoir : une voix de canaille, une origine misérable, des manières de vagabond. Je te dis que tu as tout ce qu'il faut pour la politique.
>
> (p. 67)

Là encore, le démagogue se caractérise par certaines modalités de son être (en grec, son *êthos*) : on insiste sur sa voix (le terme *canaille* qualifie également Winchell), son origine (il se targue d'être l'émanation directe de la volonté collective en raison de son extraction populaire), ses manières (la politesse ou le savoir-vivre sont des conventions, suspectes en tant que telles d'association avec l'aristocratie).

La démagogie suppose une relation immédiate avec le peuple, sans intermédiaires ni complexité. Ce rapport s'apparente à l'amour :

> LE PAPHLAGONIEN. – Parce que j'ai de l'affection pour toi, Démos ; que dis-je ? de l'amour.
>
> DÉMOS, *au Charcutier.* – Et toi, s'il te plaît, qui es-tu donc ?
>
> LE CHARCUTIER. – Je suis son rival. Je t'aime depuis longtemps, et je désire t'être agréable, comme une quantité d'autres braves gens.
>
> (p. 103)

La démagogie n'en appelle pas à la raison, mais aux affects. Le Charcutier y serait donc prédisposé, puisqu'il s'occupe des tripes, des organes, de tout ce qui concerne le bas corporel, ce qui l'oppose à la rationalité, à l'intellectualité. Le Charcutier manipule des entrailles et s'adresse aux entrailles, comme le démagogue qui « parle avec ses tripes », dirait-on aujourd'hui.

Mais l'attachement d'Aristophane au bon sens le rapproche lui-même d'un mode de pensée démagogique, par exemple quand il oppose aux cordonniers les gens de la campagne, dans *L'Assemblée des femmes* :

> CHRÉMÈS. – Après cela un élégant jeune homme au teint blanc bondit à la tribune pareil à Nicias, pour haranguer, et entreprit de dire qu'il faut livrer aux femmes la cité. Alors la foule des cordonniers battit des mains, et cria qu'il parlait bien ; mais les gens de la campagne élevèrent des murmures de protestation.
>
> BLÉPYROS. – C'est qu'ils avaient du bon sens, par Zeus !
>
> (p. 190)

Critiques de la démagogie et critiques de la démocratie se mélangent dans les comédies d'Aristophane, qui ne véhiculent pas une opinion univoque.

Tocqueville n'évoque jamais la démagogie, mais il s'intéresse à cette prédilection démocratique pour la sincérité, qui confine souvent à la vulgarité. Il considère l'indifférence aux formes comme l'un des marqueurs de la démocratie :

> Les hommes qui vivent dans les siècles démocratiques ne comprennent pas aisément l'utilité des formes ; ils ressentent un dédain instinctif pour elles.
>
> (chap. II, IV, 7, p. 173-174)

Au chapitre 14 de la partie III du tome II[1], intitulé « Quelques réflexions sur les manières américaines », il affirme que le dédain des

1. Alexis de Tocqueville, *De la démocratie en Amérique*, éd. citée, t. II, p. 269-272.

formes renvoie à un trait fondamental de la démocratie : le désir d'accéder directement aux choses, sans passer par des médiations, sans souffrir de délais. La démocratie repose sur une exigence d'immédiateté.

La démagogie satisfait cet appétit. En situation de démocratie représentative, elle vient combler une nostalgie de la participation directe : les « grandes gueules » y sont valorisées parce qu'elles refusent la distance que suggère le décorum de leur fonction représentative. Dans les démocraties, la place accordée à la parole, outil de communication, aboutit paradoxalement à un dénigrement des conventions, pourtant nécessaires à l'épanouissement du discours.

B. Le discours sur la démocratie

Les œuvres du programme distribuent éloges et blâmes à la démocratie. Que signifie, surtout, le déploiement de cette réflexion à travers des genres variés, essai, roman et pièces de théâtre ? À quoi ces œuvres nous invitent-elles ?

1. Écriture et représentation en démocratie

La démocratie, dès lors qu'elle n'est pas directe, est fondée sur la représentation. Un individu particulier y exprime les souhaits d'une portion de la collectivité, de même que dans la comédie un personnage incarne un type qui correspond à une catégorie sociale : le théâtre aussi est affaire de représentation.

Dans les pièces d'Aristophane, cette similitude est accentuée par les adresses directes aux spectateurs. L'auteur y a recours pour se concilier les bonnes grâces de son public, comme dans la parabase des *Cavaliers* (à partir de « Si quelque maître », p. 90), où il emprunte la voix du coryphée pour justifier le délai entre la pièce précédente et celle-ci. Les serviteurs ont auparavant exposé la situation :

> Mais il faut demander une chose aux spectateurs, à savoir de nous manifester par l'expression de leurs visages si notre jeu et nos propos leur donnent de l'amusement.
>
> (p. 51)

Les spectateurs sont conviés à prendre part au débat démocratique, comme s'ils siégeaient vraiment au Conseil devant lequel s'affrontent le Paphlagonien et le Charcutier :

> Oui, mais il y a une troupe de mille braves cavaliers qui le détestent, et qui te serviront de soutien. Il y a aussi le parti des honnêtes citoyens avec les spectateurs doués de bon sens.
>
> (p. 67)

Aristophane se dit confiant en leur bon sens : les spectateurs sont supposés détenir cette sagesse ordinaire, qui leur évitera de se laisser piéger par les démagogues. Il cherche d'ailleurs à les flatter :

> Quant à vous, ayez l'obligeance d'écouter nos anapestes, vous qui possédez une compétence personnelle dans tous les genres de poésie.
>
> (p. 90)

La relation entre le chœur, ici porte-parole du dramaturge, et le public, imite celle du démagogue avec le peuple. On repère là un phénomène de mise en abyme. Mais celle-ci reste incomplète : le ressort comique implique que les spectateurs ne soient pas dupes et rient de cette tentative de flatterie. Le rire, qui exige une mise à distance, encourage la prise de recul. Il éduque ainsi à adopter l'attitude autocritique nécessaire à la santé de la société démocratique.

Un même type d'appel à une lecture critique se retrouve chez Tocqueville, qui espère rencontrer des lecteurs capables de se défaire de l'autorité de l'auteur :

> Si donc le lecteur trouve que les exemples cités à l'appui de mes paroles sont insuffisants ou mal choisis ; s'il pense que j'aie exagéré en quelque endroit les progrès du pouvoir social, et qu'au contraire j'aie restreint outre mesure la sphère où se meut encore l'indépendance individuelle, je le supplie d'abandonner un moment le livre et de considérer à son tour par lui-même les objets que j'avais entrepris de lui montrer. Qu'il examine attentivement ce qui se passe chaque jour parmi nous et hors de nous ; qu'il interroge ses voisins ; qu'il se contemple enfin lui-même ; je suis bien trompé s'il n'arrive sans guide, et par d'autres chemins, au point où j'ai voulu le conduire.
>
> (II, IV, 5, p. 136-137)

Cet esprit critique est indispensable pour éviter que le jeu démocratique ne se réduise à un divertissement. La théâtralisation excessive de la démocratie apparaît comme une dérive. Dans *Le Complot contre l'Amérique*, les acrobaties aériennes de Lindbergh le prouvent : ses qualités de pilote lui tiennent lieu de programme. Lors de son premier discours, il est même décrit comme un acteur de théâtre en costume :

> Sa tenue de vol, bottes cavalières, jodhpurs, blouson poids plume porté sur une chemise et une cravate, était la réplique de celle avec laquelle il avait traversé l'Atlantique, et il parla sans retirer son casque de cuir ni ses lunettes de pilote, qu'il avait remontées sur le front, exactement comme sur le dessin au fusain de Sandy, à présent caché sous son lit.
>
> (p. 51-52)

Le ministre Hicks parle du « cirque de Lindbergh » (p. 54), auquel s'oppose la stratégie de sobriété adoptée par Roosevelt qui reste à la Maison Blanche et cultive sa stature internationale. Mais cette attitude correspond également à un choix de représentation, qui vise à offrir du président une certaine image. On ne peut pas tracer de séparation nette entre la politique-spectacle et une politique qui refuserait le spectaculaire.

Mais certains personnages, comme Winchell, le recherchent plus que d'autres. Parce qu'il parle dans ses chroniques indifféremment des vedettes ou des politiciens, parce qu'il est lui-même un ancien danseur de comédies musicales à Broadway, il contribue à cette théâtralisation de la démocratie :

> Il ruinait les réputations, il compromettait les célébrités ; trompette de la renommée, il faisait et défaisait les carrières du showbiz. On retrouvait sa rubrique dans les journaux de tout le pays, et son quart d'heure du dimanche soir constituait la page d'actualités la plus suivie.
>
> (p. 37-38)

Même chose quand il est candidat : il commence « sur une caisse à savon au carrefour de Broadway et de la 42e Rue » (p. 372-373), deux rues célèbres pour leurs nombreuses salles de spectacle, et le *New York Times* affirme que le plus grand talent de Winchell « c'est encore celui avec lequel il se donne en spectacle » (p. 376). Une telle appréciation n'est pas entièrement négative : lors de la cérémonie d'hommage, Fiorello La Guardia, maire de New York, le surnomme « Mr Broadway » (p. 436), pour louer sa truculence et sa faconde.

Pour dénoncer les séductions ambiguës de la théâtralité, Roth privilégie dans son roman une écriture démocratique. Le romancier montre des événements et des personnages sans les soumettre au jugement d'une autorité. Il mêle différentes voix (c'est ce que l'on appelle la polyphonie romanesque) : ce choix formel rappelle la multiplicité des opinions qui s'expriment dans une démocratie. Et le point de vue qui lie l'ensemble est celui d'un enfant, qui ne peut prétendre à la posture d'un détenteur de vérité.

En outre, la fin du roman demeure ouverte à l'interprétation ; elle ne donne pas de clé d'interprétation et se refuse aux réponses toutes faites. Elle laisse le lecteur réfléchir et démêler les questions par lui-même.

2. Réinvestissement et accroissement de la démocratie

En s'appropriant ainsi la parole démocratique, les œuvres du programme remédient à un manque dans le discours public.

Le roman de Roth dénonce le désinvestissement du terme même de démocratie, que les locuteurs vident de son sens. La première occurrence du mot *démocratie* y surgit dans la bouche de Winchell, personnage ambigu, à la fois démagogue invétéré et héros de l'antifascisme. La deuxième occurrence survient dans le discours d'investiture de Lindbergh :

> Si je me présente à l'élection présidentielle, dit-il à la foule bruyante lorsqu'elle eut fini de scander son nom, c'est que je cherche à préserver la démocratie américaine, en empêchant l'Amérique de s'engager dans une nouvelle guerre mondiale.
>
> (p. 52)

La notion perd ici sa substance, tout comme lors de sa troisième occurrence, dans le discours de Bengelsdorf. En effet, après avoir raconté l'histoire selon laquelle Lindbergh, du temps où il allait en Allemagne se faire décorer, était en fait un agent secret travaillant pour le compte de l'Amérique, le rabbin conclut : « il exploitait secrètement leur admiration pour protéger et préserver notre démocratie » (p. 63). À force de mensonges et de langue de bois, les politiciens discréditent le mot *démocratie* lui-même : alors qu'il est contesté pour son dîner avec Von Ribbentrop, Lindbergh se contente d'un discours inepte, après quoi, « s'il avait annoncé qu'à la suite du dîner de von Ribbentrop à la Maison-Blanche la Première Dame avait invité Hitler et sa compagne à fêter le week-end du 4 juillet dans la chambre de Lincoln, il aurait encore été acclamé par ses compatriotes comme le sauveur de la démocratie » (p. 261).

Même les formules légales sont affaiblies, comme le montre le rapport de Herman à la phrase « Tous les hommes naissent égaux » figurant dans la déclaration de Gettysburg (p. 101). Lorsque la famille à l'hôtel se voit confrontée à sa première discrimination explicite de l'ère Lindbergh, Herman veut que la police rappelle au directeur de l'hôtel « les mots du discours de Gettysburg » (p. 106), déclenchant les sourires ironiques des autres clients. Ces mots n'ont plus de sens que pour Herman.

Dans ce contexte, toute discussion politique devient suspecte. Les défenseurs de la démocratie manquent d'arguments pertinents, comme quand Herman parle politique avec son nouveau voisin : « Vous savez ce qui me plaît à moi, Cucuzza ? Les élections. J'adore voter » (p. 409). Suit la liste des victoires électorales de Herman, c'est-à-dire de toutes les élections où il a voté pour le vainqueur. Le discours de Herman met en évidence un rapport à la démocratie fondé sur la recherche de gratifications (la joie d'avoir gagné), qui implique une forme de narcissisme. Le désir de voir triompher certaines idées disparaît au profit de la simple satisfaction de sentir l'effet de son vote, autrement dit de mesurer l'étendue de son propre pouvoir, quitte à se l'exagérer quelque peu. Herman a presque l'air de considérer que c'est parce qu'il a voté pour eux que ces candidats ont gagné.

Pourtant, le dénouement du roman repose sur le pouvoir des mots. Après avoir ridiculisé la foi de Herman en les textes démocratiques, l'écrivain met leur rôle en lumière quand Mrs Lindbergh paraphrase « le texte le plus vénéré de la démocratie américaine », la déclaration d'indépendance de 1776, avec la mention des « droits inaliénables établis en 1776 par Jefferson de la Virginie, Franklin de la Pennsylvanie et Adams de la baie du Massachusetts » (p. 456). Cette fin à la crédibilité douteuse, car il n'est pas particulièrement vraisemblable que des foules furieuses reviennent brusquement à la raison parce qu'on leur annonce qu'une loi du siècle précédent n'a pas été respectée, souligne la circularité du fonctionnement démocratique : la démocratie est sauvée par l'appel à sauver la démocratie.

Dépasser cette circularité requiert l'apport de nouveaux contenus, la formulation de nouvelles propositions pour le futur de la démocratie. Aristophane, Tocqueville et Roth se sont tous trois attelés à cette tâche, en construisant des utopies qui appuient leur critique de la démocratie.

Dans *L'Assemblée des femmes*, le recours à l'utopie est évident. Certes, Aristophane ridiculise les utopistes, en particulier les collectivistes. Il n'en demeure pas moins que le théâtre bâtit une utopie, dans laquelle une assemblée des femmes s'exprime devant une autre assemblée, celle du public (la présence des femmes parmi le public durant les concours dramatiques de la Grèce antique est encore sujette à discussion). Le public doit ensuite voter, moyennant quoi le théâtre permet la réalisation de l'utopie, même si celle-ci a vocation à être ridiculisée.

L'œuvre de Tocqueville prend sa source dans un voyage en Amérique, vers une contrée largement inconnue et qui propose une radicale nouveauté, un modèle chimiquement pur de démocratie. Ainsi, même si l'on a l'habitude d'opposer Tocqueville aux penseurs qu'on qualifie plus volontiers d'utopistes, comme Karl Marx, Charles Fourier ou Saint-Simon, il ne faut pas négliger le rôle des mondes spéculés et imaginés dans *De la démocratie en Amérique*. Son texte abonde en propositions pour tâcher de limiter le pouvoir de l'État central, lesquelles sont autant de projets politiques, d'ébauches d'utopies, destinées à garantir l'équilibre idéal entre anarchie et servitude.

Mais Tocqueville ne critique la démocratie de façon explicite et franche qu'au moment d'un grand final élégiaque, où il déplore l'uniformisation du monde. Il y emprunte ses accents au romantisme :

> Je promène mes regards sur cette foule innombrable composée d'êtres pareils, où rien ne s'élève ni ne s'abaisse. Le spectacle de cette uniformité universelle m'attriste et me glace [...].
>
> (II, IV, 8, p. 188)

Face à cette tristesse, il suggère son utopie la plus émouvante et aboutie, celle qui reconstitue l'aristocratie sous d'autres formes, à l'intérieur même de la démocratie.

Enfin, les utopies sont nombreuses dans *Le Complot contre l'Amérique*. Le Kentucky, qui est un Eldorado pour Sandy, relève en vérité plutôt de la dystopie, notamment pour Selton qui y souffre de l'antisémitisme et pour sa mère, Mrs Whishnow, qui y est assassinée lors d'un pogrom. Phil, de son côté, élabore divers projets de fugues qui s'apparentent à des utopies. Son dernier projet, celui de rejoindre le Village des Garçons du père Flanagan (p. 496), ressemble à l'assemblée des femmes que met en place Praxagora :

> Le père Flanagan ramassait les gamins des rues, certains d'entre eux déjà voleurs et petits gangsters, et il les ramenait à sa ferme, où ils étaient nourris, blanchis et instruits ; où ils jouaient au base-ball, chantaient dans la chorale et apprenaient à être de bons citoyens.
>
> (p. 496)

Il n'est pas non plus sans rappeler une version œcuménique du Kentucky. Le Village des Garçons tel que Phil le rêve représente une sorte d'idéal démocratique, où chacun vit en bonne intelligence avec autrui. Phil est un utopiste qui ne cesse de vouloir repartir à zéro, se faire passer pour un orphelin, tout effacer et tout recommencer. Il désire en somme s'inventer une famille pour réinventer la société. Il refuse de se laisser déterminer par le passé et se place sur un pied d'égalité avec les autres.

Parce qu'elle est un régime qui autorise et invite sa propre critique, la démocratie offre la possibilité d'explorer de multiples utopies, d'imaginer des formes inédites du collectif.

Conclusion

Notre réflexion sur la démocratie nous a conduits de paradoxe en paradoxe. Nous avons vu d'abord que les institutions démocratiques doivent permettre la négation de la démocratie et ne peuvent opposer au despotisme et au totalitarisme que leur dimension symbolique. Nous avons vu ensuite que la société démocratique repose sur une instabilité foncière, sur une dialectique de la liberté et de l'égalité où l'identité n'est pas évacuée. Nous avons vu enfin que le discours démocratique lui-même subvertit parfois la démocratie.

Le point commun de tous ces paradoxes réside dans la fragilité de la démocratie. On ne peut que constater avec quelle facilité, dans l'histoire, de nombreuses démocraties ont basculé vers le despotisme ou le totalitarisme, comme Roth le représente sous forme fictionnelle. On ne peut qu'observer comment dans certains pays le libéralisme conduit à un monde profondément inégalitaire qui n'a rien de démocratique, comment dans d'autres le refus de considérer les différences individuelles produit des discriminations sociales qui constituent un déni de démocratie, comment dans d'autres encore l'éclatement de la société en une myriade de communautés étrangères les unes aux autres ruine l'idée même de collectivité démocratique, en produisant, non pas l'anarchie comme le craint Tocqueville, mais l'indifférence à ce qui n'est pas soi. On ne peut qu'entendre les démagogues se donner en spectacle devant des foules conquises, à l'instar du Paphlagonien d'Aristophane.

Menacée de toutes parts dans son être, la démocratie ne peut persister par la seule résistance de ses propres institutions : pour que la démocratie perdure, il faut l'action et la réflexion des citoyens, qui doivent réinjecter continuellement du sens dans la vie politique et inventer en permanence de nouvelles formes politiques. Ce n'est que dans sa remise en cause incessante que la démocratie existe : elle cesse d'être effective dès qu'elle se contente de son autocélébration.

CINQUIÈME PARTIE

Méthodologie : épreuves d'écrit et d'oral aux concours d'entrée des grandes écoles scientifiques

par Corinne von Kymmel

I. Généralités concernant les épreuves écrites

Les grandes écoles publient chaque année non seulement une « notice » qui récapitule le fonctionnement et le contenu de chaque épreuve, mais aussi les rapports des jurys portant sur les épreuves des années précédentes. Vous pouvez consulter la plupart de ces documents officiels à partir des liens proposés sur le site http://www.scei-concours.fr.

Banque d'épreuves	Durée	Exercices	Coefficient de français le plus élevé à l'écrit	Coefficient de mathématiques le plus élevé à l'écrit
ENS/X (Polytechnique)/ ESPCI	4 heures	Dissertation	6	9
Concours commun Mines-Ponts/ Mines-Télécom	3 heures	Dissertation	5	5
Centrale-Supélec	4 heures	Résumé (1200 mots → 200 mots) + Dissertation (1200 mots maximum)	17	17
CCINP	4 heures	Résumé (de 700 à 900 mots → 100 mots), + Dissertation	10	12
E3A	3 heures	Dissertation	6	8
A-BCPST	3 heures	Dissertation	4	4
G2E (BCPST)	3 heures 30	Dissertation	5	5
PT (Français A)	4 heures	Dissertation	10	9

II. Le résumé à l'écrit des concours Centrale-Supélec et CCINP

A. Quels textes pour quels résumés ?

Les supports textuels sont issus de textes généralement argumentatifs organisés autour d'une thèse, mais des textes explicatifs ou descriptifs sont parfois également proposés. Votre premier travail consistera donc à qualifier l'enjeu du texte, son énonciation globale et son lien avec le thème de l'année : la structure du résumé en dépend.

Les textes du concours Centrale-Supélec (MP/PC/PSI) contiennent environ 1200 mots : vous devez les résumer en 200, ±10 % ; ceux de la banque CCINP en contiennent entre 700 et 900 : vous devez les résumer en 100 mots, ±10 %. D'autres concours (classes PT, ATS...) présentent des formats différents mais sachez que, systématiquement, les jurys, très attentifs, sanctionnent sévèrement toute forme de non-respect du nombre de mots attendus dans les résumés.

B. Les enjeux de l'exercice

1. Un exercice technique

Grâce au résumé (parfois appelé « contraction de texte »), le jury mesure votre aptitude à rendre compte de la pensée d'autrui. Formuler celle-ci de manière personnelle, sans la modifier, sans la tronquer, sans ajouter quoi que ce soit, voilà l'enjeu principal de cette épreuve. Il s'agit en effet de proposer une réduction du propos de l'auteur du texte, sans aucune mention de ce que vous pensez de ce contenu. Votre reformulation doit se plier à ce que dit l'auteur : s'il utilise la première personne du singulier, vous devez l'utiliser ; si son texte est polémique, le vôtre doit l'être ; s'il sollicite des exemples concrets, votre texte doit les rappeler ; s'il emploie des images ou des métaphores, vous devez les retranscrire... Le jury examine ainsi votre capacité à reproduire l'esprit du texte, mais aussi sa progression et son équilibre.

✓ **LE MOT DU JURY (CCINP)**
Le candidat doit avoir le souci « de restituer au mieux les nuances du texte en s'attachant à faire preuve de pertinence dans ses choix lexicaux ; d'articuler avec justesse les idées qu'il restituera en s'attachant à faire paraître clairement les rapports logiques ; de reformuler de manière neuve les énoncés du texte en s'attachant à en manifester précisément les significations ».

2. Un exercice de communication

L'épreuve est aussi une épreuve de français : pour restituer correctement et brièvement un texte écrit par un autre que soi, il faut savoir parfaitement manier la langue. Le jury note donc votre capacité à manipuler convenablement les lois de la syntaxe et à faire preuve d'une grande précision lexicale. Vous devez reformuler chaque étape du texte en employant vos propres mots, ce qui signifie qu'il n'est pas question d'extraire du texte ce qui vous convient ou de laisser de côté ce qui vous paraît accessoire : considérez que le jury doit pouvoir extrapoler le texte de départ en lisant votre résumé.

C. Méthode de travail

1. La première lecture

– La première lecture du texte doit se faire sans prendre de notes : il s'agit de vous concentrer sur le propos que tient l'auteur, sur le contenu comme sur l'enjeu global du texte.

– Une fois cette lecture achevée, vous devez pouvoir formuler en une ou deux phrases tout au plus un résumé synthétique du texte, au brouillon. Cette reformulation minimale vous permet de rendre compte de la thèse proposée par l'auteur ou du point principal qu'il développe, ainsi que de la structure générale du texte. Vous pourrez ensuite revenir régulièrement à ce premier compte rendu, afin de garder à l'esprit l'essentiel du texte et de vérifier au fur et à mesure la validité des étapes du résumé que vous construirez.

> ✓ **LE MOT DU JURY (Centrale-Supélec)**
> Il est nécessaire de procéder à « la lecture rigoureuse mais rapide d'un texte d'idées écrit dans une langue précise, savante parfois, mais toujours claire ; la sélection et la hiérarchisation des éléments d'une pensée complexe dans le respect de son mouvement argumentatif ; la réduction à l'essentiel et la reformulation en termes personnels de cette pensée ».

2. Étapes de travail

Avec les deux points de départ que constituent le texte et le résumé synthétique, vous allez progressivement construire votre propre résumé.

– Lisez une deuxième fois le texte pour dégager les étapes de la pensée développée par l'auteur. Repérez les connecteurs logiques et les techniques d'enchaînement (l'opposition, l'addition, la concession…), et examinez la valeur relative de chaque passage du texte : s'agit-il de la thèse, d'un argument, d'un exemple, d'une digression ? L'enjeu est ici de cerner la dynamique du propos.

– Après cette deuxième lecture, examinez la place qu'occupe chaque étape dans le texte en veillant à respecter l'équilibre du cheminement proposé par l'auteur. Cette mise en évidence de la structure fine du propos deviendra le plan de votre résumé, et vous conduira notamment à décider de la longueur à accorder à chaque sous-ensemble dégagé. Autrement dit, la progression du texte de départ délimite le résumé à construire, par l'intermédiaire d'un schéma qui s'organise en fonction des idées du texte et non en fonction des paragraphes choisis par l'auteur. Une idée de votre résumé pourra ainsi reproduire plusieurs paragraphes ; et, à l'inverse, il est parfois nécessaire de scinder un long paragraphe de l'auteur en plusieurs étapes du résumé.

– Il ne vous reste alors plus qu'à élaborer vos propres phrases pour transformer ce parcours raisonné en résumé rédigé. Pour ce faire, appuyez-vous sur votre schématisation, mais aussi sur votre premier résumé synthétique : l'exercice d'écriture des phrases du résumé résulte d'un va-et-vient constructif entre le texte de départ et votre compte rendu technique. La construction du résumé doit en outre proposer un texte dont la structure reproduit celle du texte initial sans la calquer, et un lexique qui témoigne de votre aptitude à reformuler élégamment la pensée de l'auteur sans la trahir.

3. Quelques problèmes à résoudre

– **La subjectivité :** l'auteur du texte apparaît parfois dans les choix énonciatifs. Comme vous devez vous substituer à lui, vous ferez les mêmes choix (première personne du singulier, utilisation des temps verbaux, lexique plus ou moins orienté par l'émotion ou l'idéologie…).

– **L'équilibre :** votre résumé doit exactement reproduire le mouvement du texte initial. Si l'auteur répète plusieurs fois une idée, vous devez la répéter. S'il fait une digression, vous devez la reproduire. S'il se contente d'une allusion, vous devez rendre compte de l'allusion. S'il accorde beaucoup d'importance à un exemple, vous devez lui accorder la même importance, etc.

– **Les exemples :** les exemples n'ont pas tous une importance similaire dans le texte. C'est la dimension relative de chaque ensemble qui doit vous guider : si l'exemple n'existe qu'au détour d'une phrase, vous pouvez ne pas en parler dans le résumé ; en revanche, si l'exemple structure le texte ou s'il est une étape nécessaire de l'argumentation, vous devez le restituer. Enfin, si l'auteur propose une citation, vous devez examiner son intérêt dans le propos général. Quoi qu'il en soit, ne choisissez pas de reproduire arbitrairement un exemple plutôt qu'un autre : là encore c'est l'équilibre de votre propos qui sera mesuré par le jury.

> ✓ **LE MOT DU JURY (CCINP)**
> « Le candidat ne doit pas simplifier les contenus de l'extrait mais tenter d'en rendre les nuances. Il lui appartient néanmoins de savoir distinguer l'important – et d'abord l'indispensable – de l'accessoire et surtout d'expliciter de façon neuve – sans reprise littérale, montage de citations, traduction synonymique ou démarquage syntaxique – les idées principales et leur enchaînement. »

– **La reformulation :** reformuler le texte peut sembler difficile. Tous les synonymes ne se valent pas, et il n'est pas question de remplacer artificiellement un mot par un autre. C'est le bon sens qui doit ici vous orienter : choisissez des hyperonymes pour remplacer des énumérations, utilisez des synonymes pour montrer que vous avez compris le texte en profondeur, mais conservez les mots irremplaçables – cette année, par exemple, la démocratie désigne au moins un concept forgé dans la Grèce du Vᵉ siècle avant notre ère et un ensemble notionnel très utilisé dans le XXIᵉ siècle des républiques observées au travers de fonctionnements politiques mondialisés. Comment par ailleurs remplacer de façon pertinente les termes *démocratie*, *peuple*, *gouvernement* ou *vote* durant l'intégralité de la reprise d'un texte ?

D. Rédaction et vérification

Lorsque le travail au brouillon est achevé, il faut recopier le résumé. Dans un texte de 100 mots environ, il n'est pas toujours nécessaire de proposer plusieurs paragraphes différents, mais un enchaînement cohérent de deux paragraphes peut souvent mieux rendre compte de la pensée qu'un bloc monolithique. En revanche, dans le cadre d'un résumé en 200 mots, la répartition des paragraphes sera observée attentivement par le jury : on ne passe pas à la ligne suivante par hasard, mais en fonction de la succession des étapes du texte. C'est pourquoi le nombre de paragraphes de ce type de résumé ne reproduit pas toujours le texte initial : un texte de 1200 mots contenant sept ou huit paragraphes sera résumé en un texte contenant généralement deux ou trois paragraphes.

Enfin, veillez à reporter sur votre copie le nombre de mots de votre résumé : pour cela, vous devez scrupuleusement suivre la consigne imposée (ajouter une barre oblique tous les vingt ou cinquante mots, indiquer le nombre de mots par ligne, ou encore le total…). Évitez surtout une erreur de comptage des mots : le jury reste perplexe face à des scientifiques qui ne savent pas calculer et se montre sévère à leur égard.

VERS LA RÉUSSITE : un exercice technique, mais pas mécanique
Un bon résumé reproduit l'équilibre des idées du texte initial. Il montre une bonne maîtrise de la langue et une bonne compréhension de la structure comme de l'enjeu du texte proposé. Il est aussi parfaitement lisible : une calligraphie et une orthographe soignées sont indispensables.

III. La dissertation

A. Enjeux de l'exercice

1. Une dissertation sur programme

Entièrement rédigée, la dissertation, ou « composition française », est un exercice codifié et spécifique. Elle s'appuie sur le programme : vous devez montrer que vous avez compris les enjeux soulevés par le thème général qui a été étudié en classe (*la démocratie* cette année), les liens entre ce thème et les œuvres, ainsi que les éléments de convergence entre ces ouvrages du programme. Par conséquent, la dissertation doit être envisagée comme l'art d'organiser

✓ **LE MOT DU JURY (ENS/X)**
« La dissertation sur programme revient […] à analyser des textes à la lumière d'une citation. Cela implique, d'une part, une connaissance intime des œuvres, une pratique de leur confrontation et de leur mise en perspective pendant l'année ; cela suppose aussi que les auteurs du programme soient susceptibles de dialoguer entre eux. »

vos connaissances à partir d'un problème donné – elle est moins le lieu d'un étalage de culture générale que celui d'une réflexion méthodique ordonnée à partir de savoirs attendus.

2. Une dissertation de philosophie

La dissertation vous demande une réflexion d'ordre philosophique, puisqu'elle s'appuie sur un thème particulier et sur au moins une œuvre philosophique. Le thème convoque des concepts précis que vous devez maîtriser et reconnaître dans le sujet proposé. D'ailleurs, c'est la connaissance des concepts qui conduit à interroger correctement le sujet, à en trouver les nuances, les limites mais aussi les prolongements.

3. Une dissertation de français

Au-delà de sa dimension philosophique, la dissertation s'appuie sur une lecture extrêmement précise des œuvres qui figurent au programme de l'année, et ce corpus constitue la base de données servant à illustrer les arguments conceptuels. Autrement dit, les idées développées dans la dissertation sont accompagnées d'exemples extraits des œuvres au programme, et aucune référence extérieure n'est automatiquement valorisée (il est même préférable de les éviter complètement dans le cadre de la dissertation du concours Centrale) : dans les concours qui les acceptent, notez bien que seules les références jugées très pertinentes et enrichissantes dans le cadre du traitement du sujet proposé seront appréciées.

VERS LA RÉUSSITE : le programme, rien que le programme
La dissertation est une réflexion personnelle produite à partir d'un sujet précis confronté à un thème connu et à des œuvres maîtrisées. Et le problème posé par le sujet doit pouvoir être formulé et résolu à l'aide du seul programme.

B. Le travail au brouillon : du sujet au problème

Le brouillon est essentiel, même si le temps de travail est bref. C'est au brouillon que vous vérifierez l'équilibre de votre propos et du recours aux œuvres, comme la logique progressive de la démonstration mise en place. Un tiers du temps de travail au moins doit donc être consacré à ce seul brouillon.

1. Le sujet

Le sujet se compose d'une citation suivie d'une consigne. Ce sont les concepts soulevés par la citation qu'il faut mettre au service de la réflexion menée à partir du programme ; et la consigne vous demande généralement d'examiner en quoi la citation éclaire votre lecture des œuvres, même s'il arrive qu'elle soit plus précise et qu'elle propose une piste de travail. Quoi qu'il en soit, il faut *a priori* considérer que le propos tenu dans la citation est toujours au moins partiellement validé dans les œuvres – avant de réfuter éventuellement un aspect du sujet, il faut l'explorer à l'aide du programme. Enfin, chaque sujet est unique : il ne s'agit pas de plaquer artificiellement sur une citation nouvelle un cours ou un corrigé de devoir fait en classe à partir d'une autre citation.

> ✓ **LE MOT DU JURY (Mines-Ponts)**
> « La condition de réussite d'une dissertation, c'est le travail sur le sujet, sur ses termes, sur les liens d'opposition ou de complémentarité qui les unissent. »

Pour mieux cerner le contenu et l'enjeu de ce sujet, procédez par étapes successives, avec rigueur. D'abord, vous devez repérer les mots clés qui vous paraissent importants en ce qu'ils structurent la citation et vous renvoient au thème de l'année – c'est une phase d'analyse, pendant laquelle vous allez définir et délimiter ces termes essentiels en utilisant le programme. Ensuite, il faut examiner les liens logiques et conceptuels qui font jouer ces termes clés les uns par rapport aux autres : y a-t-il opposition ? addition ? nuance ? complémentarité ? etc. Enfin – c'est la phase de synthèse indispensable –, vous devez reformuler le sujet en une ou deux phrases : cette reformulation permet de montrer l'enjeu principal du sujet et met en valeur les relations établies entre les termes clés.

2. La problématisation

À partir de la citation et de sa reformulation, il faut trouver ce qui pose problème dans le sujet, autrement dit ce que l'auteur de la citation considère comme évident, et qui ne correspond pas nécessairement à votre lecture précise des œuvres au programme.

Dans cette phase essentielle, vous devez donc poser une question à partir de laquelle pourra se déployer la réflexion de la dissertation ; cette question unique rassemble des interrogations diverses auxquelles le sujet peut inviter à penser, et doit être formulée de manière à induire une réponse du type : « Oui… jusqu'à un certain point. » Enfin, cette question doit prendre en compte non seulement les termes clés, mais aussi les relations entre les termes que l'étude du sujet a mis en évidence durant la phase

> ✓ **LE MOT DU JURY (A-BCPST)**
> « Un sujet de dissertation "pose problème", et c'est justement ce *problème* qu'il appartient au candidat de cerner et d'envisager. Une lecture "plate" de la citation, dont le jugement s'impose dès lors avec la force de l'évidence, est un signe qui doit faire réagir : c'est précisément dans ce qui ne tombe pas sous le sens que se situe la problématique à traiter. »

d'exploration et de reformulation de la citation. Si la citation oppose deux notions liées au programme (par exemple cette année la démocratie et le pouvoir exercé par un seul individu), c'est l'ensemble {termes clés + opposition entre ces termes} qu'il faut prendre en considération pour formuler une seule problématique.

✓ **LE MOT DU JURY (Mines-Ponts)**

« La dissertation est avant tout la mise en mouvement d'une pensée qui cherche véritablement à élucider un problème et à donner du sens aux mots et aux concepts présents dans l'énoncé du sujet. »

C. Le plan

La phase de reformulation du sujet débouche sur un problème à résoudre. Pour construire le plan de résolution de ce problème, vous disposez d'une base de données unique mais riche : le programme, représenté par le thème développé dans les œuvres. Cet ensemble constitue un réservoir de preuves pour votre démonstration. Concrètement, vous allez résoudre le problème posé à l'aide d'arguments issus de votre connaissance du thème, arguments eux-mêmes illustrés par des exemples tirés des œuvres.

Quel plan choisir ? Les jurys de concours acceptent toute démonstration efficace en deux ou trois points – même si le développement en trois parties est souvent plus pertinent que celui qui oppose de façon brutale deux blocs apparemment contradictoires. Pour travailler, il est donc dans un premier temps utile de valider la citation par un recours organisé aux œuvres. Ce n'est qu'ensuite que vous pourrez montrer que la citation proposée n'est que partiellement confirmée dans les œuvres au programme : la deuxième, puis l'éventuelle troisième partie, vous conduiront à apporter des nuances ainsi que des compléments afin d'explorer la totalité du sujet face à toutes les possibilités du programme.

✓ **LE MOT DU JURY (ENS/X)**

« Le développement est une démonstration et une argumentation visant à […] résoudre le problème défini au cours de l'analyse. […] Il n'y a pas de plan type, mais un ordre logique d'exposition afin de convaincre son lecteur. L'ordre le plus efficace est alors celui qui part des apports les plus évidents du sujet pour les nuancer et les critiquer ensuite au cours d'une analyse toujours plus approfondie des textes au programme. »

En fin de compte, il faut considérer que le sujet pose un problème que le développement de la dissertation résout. Le développement est donc une démonstration cohérente qui, d'argument en argument et d'exemple en exemple, conduit d'un problème posé en introduction à sa résolution présentée en conclusion.

D. Rédaction de la dissertation

1. Un préalable indispensable : bien écrire

Une dissertation est entièrement rédigée, et ne comporte pas de titres ou de sous-titres destinés à mettre le plan en évidence : il faut donc maîtriser la langue française et les subtilités des termes liés au programme pour proposer un travail efficace.

Par ailleurs, la calligraphie et l'orthographe comptent dans l'appréciation – un devoir agréable à lire et qui manie correctement la langue sera valorisé, alors qu'un devoir illisible, rempli d'erreurs d'orthographe, de syntaxe ou de lexique sera pénalisé.

> ✓ **LE MOT DU JURY (ENS/X)**
>
> « L'expression n'est pas un ornement, elle est révélatrice d'une maîtrise de la pensée. »

2. L'introduction

L'introduction comporte des étapes quasi immuables qu'il convient de respecter : elle est une accroche qui doit mettre en valeur le développement à venir.

– L'amorce générale, très brève (deux à trois lignes) permet d'introduire le thème et la citation. Elle doit être précise, efficace, mais moins ancrée dans l'actualité éphémère présentée par les médias que dans une pensée globale liée aux concepts. Il est également inutile de remonter à une préhistoire mythique (« De tout temps, tous les hommes… »), de même qu'il est souvent peu judicieux de commenter longuement une citation-prétexte uniquement destinée à valoriser votre culture générale.

– Accompagnée de sa source, la citation doit ensuite être intégralement reproduite, en une ou plusieurs étapes : recopiez-la sans en omettre aucun élément et proposez sa reformulation pour montrer au jury que vous avez compris de quoi il est question.

> **VERS LA RÉUSSITE :**
> **les points clés de l'introduction**
> Une amorce, le sujet et sa reformulation, une problématique, le rappel des œuvres et l'annonce des grandes parties du développement.

– La reformulation est suivie de la problématique, présentée sous forme de phrase affirmative ou sous la forme d'une question. Attention ici : de nombreux candidats aux concours ne savent pas construire une phrase interrogative indirecte. Entraînez-vous donc pour éviter les erreurs syntaxiques… d'autant que la problématisation est une étape essentielle dans la dissertation.

– Il faut ensuite rappeler les œuvres au programme, dans l'ordre chronologique si vous vous contentez de les énumérer, ou dans un ordre logique si vous les accompagnez d'une brève proposition indiquant leur principale relation avec le sujet.

– L'introduction se termine par l'indispensable annonce du plan : de manière très claire, vous y indiquez les pistes que vous allez explorer, sans entrer toutefois dans le détail des sous-parties.

3. La conclusion

La conclusion répond clairement au problème posé en introduction. Pour ce faire, elle reprend les résultats intermédiaires de la démonstration, sans résumer longuement le développement ni se contenter de reproduire les titres des grandes parties. Cette reprise s'achève par une ou deux phrases générales qui énoncent la réponse apportée par le programme à la question soulevée par le sujet.

Par conséquent, l'ouverture ou l'élargissement ne sont pas systématiquement nécessaires : ils ne doivent être proposés que s'ils sont la suite naturelle du bilan général. Il vaut mieux explicitement finir une dissertation que donner au jury l'impression de vouloir en commencer une autre : c'est un point d'arrivée sûr qu'il faut proposer, sans nuance indécidable.

Notez qu'il est souvent utile de rédiger au brouillon la conclusion juste après l'introduction : ainsi, on évite les répétitions et surtout, on prépare le projet de résolution du problème posé. Lorsque la conclusion est rédigée avant la mise au propre, on peut en effet éviter les digressions dangereuses, et il est possible de mieux travailler ensuite la progression du propos dans le développement. Enfin, une conclusion rédigée à l'avance peut toujours être modifiée à la dernière minute, ou être recopiée très rapidement si le temps vient à manquer à la fin de l'épreuve.

VERS LA RÉUSSITE : la conclusion est un bilan

Comme un C.Q.F.D. mathématique, elle matérialise l'aboutissement de votre démonstration.

4. Le développement

Le développement doit être bien rédigé et construit. Alliant étroitement les arguments et les exemples, une grande partie se présente généralement de la façon suivante :

– § 1 : une annonce rapide du thème développé (il n'est pas nécessaire d'annoncer les sous-parties) ;

– § 2 : sous-partie 1 : un argument, un ensemble d'exemples commentés, un bilan partiel ;

✓ **LE MOT DU JURY (E3A)**

« Les correcteurs préféreront toujours suivre la réflexion, si malhabile fût-elle, d'un candidat qui s'attaque courageusement à un sujet précis, que manifester de la bienveillance envers un autre, même très habile, qui n'y verrait qu'un prétexte à placer des fiches de cours préfabriquées. »

– § 3 : sous-partie 2 : transition avec la sous-partie précédente, puis construction identique au § 2 ;

– § 4 (s'il y a trois sous-parties) ;

– § final : un bilan intermédiaire et une transition vers la grande partie suivante. Ce bilan, indispensable, utilise les mots du sujet et les relie à l'étape du problème que la grande partie vient de développer.

Chaque étape du développement doit être travaillée selon trois niveaux : elle doit être complète, elle doit permettre de faire progresser la réflexion à l'intérieur d'une grande partie, et elle doit faire référence au sujet que traite l'ensemble de la dissertation.

> ✓ **LE MOT DU JURY (Mines-Ponts)**
> « La lecture des copies montre qu'un candidat qui s'astreint à revenir régulièrement aux termes du sujet, tout au long de son devoir, est un candidat qui, précisément, n'oublie pas le sujet. Il est, de ce fait, mieux à l'abri du hors sujet. »

Les arguments proposés doivent être très précisément induits par le sujet et par le thème au programme. Pour ce qui est des exemples, il faut penser à confronter systématiquement les œuvres les unes aux autres. Autrement dit, chaque argument est suivi de références aux textes, constituées de citations ou du rappel d'un épisode précis. D'ailleurs, les citations comme les allusions doivent toujours être commentées afin de montrer comment elles servent l'argument. S'il n'est pas nécessaire de convoquer toutes les œuvres du programme pour chaque argument, il est en revanche utile de faire dialoguer les ouvrages aussi régulièrement que possible : par exemple, les opinions subjectives concernant la démocratie apparaissent dans chaque œuvre, mais elles ne s'appuient pas toujours sur une même définition précise de la notion de démocratie (d'autant que la Grèce d'Aristophane ne ressemble pas à notre actualité et que l'Amérique de Roth n'est pas celle de Tocqueville…). Autant dire qu'il faut recourir à des exemples extraits de deux œuvres au moins pour chaque argument. Et, corrélativement, il s'agit de faire progresser le raisonnement d'un argument à l'autre, et non d'une œuvre à l'autre : chaque argument doit convoquer des œuvres différentes en montrant leur convergence relative, et il n'est pas question de consacrer un paragraphe à chaque œuvre.

De fait, le programme est à la fois riche et vaste : il faut au maximum choisir les exemples dans les œuvres recommandées, et non dans d'autres œuvres, qu'elles soient des mêmes auteurs ou qu'elles soient issues de votre culture générale – il n'est pas indispensable, à propos de *la démocratie*, de citer tous les films, discours politiques ou essais qui l'évoquent (il y en a une infinité !), ni de vous attarder longuement sur tout ce que vous apprenez de la politique actuelle des États-Unis en cours d'anglais. En outre, à Centrale, l'« argumentation doit obligatoirement reposer sur les œuvres du programme, prises

> ✓ **LE MOT DU JURY (A-BCPST)**
> Le « développement ne peut pas proposer des sous-parties envisageant les œuvres une par une […]. Chaque sous-partie doit se fonder sur des arguments et montrer comment les œuvres y répondent ou non, en les confrontant ». D'ailleurs, l'« utilisation des références ne doit pas être uniquement illustrative et doit participer de la dynamique argumentative ».

comme cadre de la réflexion ; elle ne doit pas faire appel à d'autres références qui seraient, par définition, hors sujet. D'autre part, aucune œuvre ne doit être laissée de côté, chacune doit être prise en compte dans l'argumentation ». Les allusions à des tendances plus ou moins actuelles (la démocratie observée sur les réseaux sociaux ou au travers des nouvelles technologies de l'information et de la communication) sont également à éviter, puisque l'exercice ne consiste pas en une rédaction de culture générale ni en une accumulation d'opinions individuelles subjectives.

Par ailleurs, veillez à accorder la même importance à chacune des œuvres du programme, en équilibrant avec attention le nombre et la qualité des références que vous proposez. Aucune œuvre ne doit être privilégiée, aucune œuvre ne doit être en retrait, et chaque œuvre doit apparaître au moins une ou deux fois dans chaque grande partie.

Enfin, les grandes parties doivent s'enchaîner logiquement : elles constituent des étapes successives de la résolution du problème, et doivent par conséquent approfondir progressivement la réflexion pour aboutir à une conclusion précise et définitive. Il faut donc soigner la rigueur des enchaînements logiques et valider chaque idée par un retour systématique au sujet. De même, le bilan d'une grande partie gagne à être formulé à l'aide de la citation proposée par le sujet – vous montrez ainsi que vous êtes *en train de* résoudre le problème posé.

VERS LA RÉUSSITE : un sujet, un programme, des œuvres

La parfaite connaissance du contenu des œuvres et votre aisance à circuler d'un ouvrage à l'autre en établissant des liens signifiants en fonction du thème au programme sont les préalables indispensables à la réflexion déployée dans la dissertation.

IV. PRÉPARER LES ÉPREUVES DE L'ORAL

De nombreux concours ne proposent pas d'oral de « français ». Toutefois, au-delà de certaines épreuves spécifiques qui s'appuient notamment sur des entretiens de motivation, on peut relever trois formes d'épreuves que vous pouvez rencontrer et qu'il faut avoir préparées durant les deux années de classes préparatoires aux grandes écoles pour espérer les réussir convenablement.

A. Concours Mines-Telecom

D'une durée de 25 minutes sans préparation, cette épreuve combine deux exercices : les étudiants doivent d'abord commenter un document iconographique qui leur est présenté en développant clairement un point de vue qui s'appuie sur une expérience personnelle ou des connaissances liées à l'actualité, puis ils s'engagent dans un entretien qui permet non seulement au jury de mesurer la motivation du candidat, mais également à ce dernier de faire part de ses centres d'intérêt, de ses expériences, ou encore de ses projets à plus ou moins long terme.

> ✓ **LE MOT DU JURY (Mines-Telecom)**
> « Le jury appréciera particulièrement l'authenticité du candidat, sa spontanéité et ses forces de conviction. »

B. Concours commun Mines-Ponts

L'épreuve est composée de 30 minutes de préparation et d'environ 30 minutes de passage : 5 à 7/8 minutes pour l'analyse, 12 à 15 minutes pour le commentaire (afin d'atteindre environ 20 minutes d'exposé) et environ 10 minutes d'entretien.

L'étudiant doit d'abord travailler sur un texte d'idées récent (postérieur à 1950) de 650 à 750 mots : il s'agit non seulement d'en présenter le contenu par le biais d'une reformulation habile, mais surtout d'en matérialiser la structure et la progression : il ne s'agit donc en rien d'un résumé, mais bien au contraire d'un propos en surplomb, mettant en évidence des articulations logiques au service de la présentation d'une idée. Cette première partie permet au candidat de montrer sa capacité à s'approprier la pensée d'autrui pour en montrer les rouages, les enjeux et l'efficacité relative.

Puis, dans un deuxième moment, l'étudiant doit extraire l'un des thèmes essentiels du texte (qu'il s'agisse d'une phrase saillante ou d'une idée structurante), le problématiser, et construire pour proposer sa résolution une démonstration sous la forme d'un « commentaire personnel » (ou « développement personnel ») qui tient de la dissertation : une progression en deux ou trois parties dynamiques permet alors de résoudre le problème posé en introduction et de compléter ainsi la réflexion initiée par le texte. Les exemples peuvent quant à eux être issus des domaines de la pensée et/ou de l'actualité, mais le jury apprécie également d'entendre des exemples culturels judicieusement exploités. L'élaboration d'une conclusion est

> ✓ **LE MOT DU JURY (Mines-Ponts)**
> « Il s'agit [...] de comprendre et d'expliquer la pensée d'autrui pour l'analyse, d'organiser une pensée claire, structurée et intelligible pour le commentaire, et de participer à un dialogue ouvert et pertinent pour l'entretien, faisant état d'une culture personnelle, d'une curiosité à l'égard des enjeux contemporains dans des domaines variés (arts, politique, environnement, sciences, médecine, éthique). »

ensuite essentielle pour préciser l'aboutissement auquel la réflexion est parvenue.

Enfin, un entretien d'une dizaine de minutes permet au jury d'apprécier la justesse de l'argumentation, en invitant le candidat à préciser sa pensée ou à la poursuivre en l'approfondissant.

C. Concours X (Polytechnique) et ESPCI

La durée de l'épreuve est répartie en une préparation de 45 minutes et un passage d'une trentaine de minutes (2 à 3 minutes pour le résumé, 12 minutes au maximum pour la dissertation et 15 minutes au moins pour l'entretien).

Le candidat doit d'abord procéder au résumé d'un texte d'une page, issu d'époques extrêmement variées, de l'Antiquité à nos jours, et posant des réflexions sur la littérature, la philosophie, la science, l'économie, la sociologie… Ce texte en prose est choisi pour « sa capacité à provoquer la réflexion », comme le rappellent les rapports du jury. Le résumé à construire (pensez à le rédiger autant que possible au brouillon !) adopte les codes du résumé de l'écrit (cf. *supra*, II), dure entre deux et trois minutes, et reproduit la pensée de l'auteur en conservant les particularités de son énonciation. Il est précédé d'une brève introduction de moins d'une minute, visant à rappeler le nom de l'auteur ou de l'autrice, la source du texte, son thème et ses enjeux ainsi que certaines particularités de ton ou de construction.

> ✓ **Le mot du jury (X/Polytechnique)**
> Le jury apprécie « des analyses rigoureuses, précises, développées et articulées, attentives aux inflexions et intonations d'un texte, aux difficultés et aux questions auxquelles il invite à se confronter, témoignant alors d'un dynamisme de pensée et d'une justesse d'expression toujours valorisés ».

Ensuite, le candidat présente une dissertation orale qui prend appui sur les thèmes essentiels du texte (qu'il s'agisse d'une phrase particulièrement importante ou d'un thème aisément identifiable), problématise cette pensée puis résout ce problème posé dans le cadre d'un plan progressif et rigoureux : les exemples doivent y servir judicieusement les arguments, et doivent rapidement dépasser les simples références à une actualité contingente – cette épreuve valorise en effet non seulement la capacité à organiser sa pensée, mais également la culture du candidat. Autrement dit, comme dans une dissertation écrite, il s'agit de proposer une pensée structurée dont les étapes progressives conduisent à une conclusion claire, le tout en s'appuyant sur des exemples essentiellement culturels, exploités en fonction des arguments qu'il s'agit d'étayer. Notez que, comme dans le cadre de l'oral Mines-Ponts, les exemples issus des programmes sont absolument prohibés (donc, en 2020, vous ne parlerez ni de « démocratie », ni d'« amour », ni même d'« aventure », surtout si vos idées s'appuient sur les œuvres étudiées).

Enfin, la dernière phase de cette épreuve consiste en un entretien au cours duquel le candidat est appelé à préciser et à développer sa compréhension du texte résumé ainsi que sa démarche dissertative.

D. Quelle préparation pour les oraux ?

Outre le travail que vous effectuez avec vos professeurs durant les deux années de classes préparatoires aux grandes écoles, il est judicieux de poursuivre votre formation culturelle personnelle : documentez-vous très régulièrement sur l'actualité, nationale et internationale, générale mais aussi scientifique et technique, lisez le plus possible d'ouvrages variés ou d'articles de revues (on trouve aujourd'hui sur Internet des articles signés par des universitaires et des spécialistes renommés), intéressez-vous au monde dans lequel vous vivez, aux idées qui circulent, aux innovations de tous ordres, et pensez à conserver vos cours d'histoire, de français et de philosophie du lycée pour vous les approprier. Face au flux d'informations dont vous êtes les destinataires au quotidien, interrogez-vous sur la valeur de la pensée, apprenez à construire des réflexions qui se dégagent des banalités et des opinions communes, dépassez les simples points de vue qui se contentent de suivre les idées générales ou de les combattre sans arrière-plan, et fuyez le prêt-à-penser des réseaux sociaux qui ne s'appuient que sur la subjectivité de communications peu fiables. Il s'agit finalement d'apprendre à prendre position de façon raisonnée et consciente face à ce monde dans lequel vous allez vous épanouir dans l'ingénierie ou la recherche : si vous vous impliquez dans l'acquisition de vos connaissances et si vous circulez aisément dans ce que le monde vous offre, vous aurez à votre portée les atouts de la réussite.

SIXIÈME PARTIE

Corrigés de dissertations et de résumés

par Florian Pennanech

I. Dissertation rédigée

[Les titres ainsi que les éléments entre crochets n'apparaissent que pour indiquer les différentes étapes de la rédaction du devoir : ils ne doivent pas figurer dans une copie.]

Sujet 1

« Dans la conscience politique contemporaine, la démocratie a acquis une place tout à fait particulière. Cette place est due en particulier à ce qu'elle est considérée comme fournissant le paradigme de la légitimité politique. [...] Poser un monopole démocratique de la légitimité, c'est en effet une autre façon de dire que la question de la légitimité ne se pose plus pour ce régime. La démocratie n'est plus alors examinée qu'au plan des procédures ou de la légalité. Autrement dit, l'absolutisation de la démocratie a des effets au moins aussi pervers que sa remise en cause radicale », écrit Yves Charles Zarka dans « La légitimité démocratique en question », in Yves Charles Zarka (dir.), *Repenser la démocratie*, Armand Colin, 2010, p. 73.

Dans quelle mesure votre lecture des œuvres au programme éclaire-t-elle cette affirmation ?

Introduction

[Situation du sujet.] La démocratie semble aujourd'hui, dans une grande partie du monde, le modèle politique indépassable et incontestable. Aux yeux des puissances occidentales en particulier, « accéder à la démocratie » paraît l'horizon unique et ultime de l'ensemble des peuples de la planète. De ce fait, « exporter la démocratie », fût-ce par les armes, constitue en soi un objectif noble et consensuel. Au sein même des pays où existent des régimes démocratiques, il n'est apparemment aucun domaine qui puisse se soustraire au processus de démocratisation : il faut « démocratiser » l'école, les transports, l'art, la finance, etc. La démocratie est devenue un mot d'ordre dont le bien-fondé n'est jamais interrogé. Le fait même de se poser la question du bien-fondé de ces processus de démocratisation est immédiatement suspect aux yeux de l'opinion : que peut bien donc défendre celui qui s'oppose à la démocratie, si ce n'est l'aristocratie, voire la tyrannie ?

[Citation du sujet et analyse de ses éléments.] C'est en ce sens qu'Yves Charles Zarka affirme que la démocratie fournit « le paradigme de la légitimité politique ». Il faut entendre ici le terme « légitimité » dans toutes ses acceptions. Légitime ne veut pas simplement dire légal,

conforme au droit et aux lois : légitime veut aussi dire conforme à une norme acceptée par tous et, en ce sens, le terme est synonyme de juste, d'acceptable – toute la question étant de savoir aux yeux de qui et au nom de quoi la démocratie peut être considérée comme légitime, voire incarner la légitimité. Yves Charles Zarka soulève ici les difficultés de cette équivalence entre le démocratique et le légitime : « dire que la question de la légitimité ne se pose plus pour ce régime » limite la réflexion sur la démocratie à l'examen « des procédures ou de la légalité ». Une approche formelle de la démocratie, consistant à la définir simplement par l'élection, se substitue ainsi à un approfondissement de ses enjeux. Yves Charles Zarka nous place au cœur du paradoxe : nous ne pouvons pas remettre en cause la démocratie, mais nous ne devons pas non plus l'« absolutiser ». Il faut trouver comment critiquer la démocratie sans tomber dans le travers d'une critique antidémocratique.

[Problématique.] En nous appuyant sur *Les Cavaliers* et *L'Assemblée des femmes* d'Aristophane, *De la démocratie en Amérique* de Tocqueville (tome II, partie IV) et *Le Complot contre l'Amérique* de Roth, nous nous demanderons dans quelle mesure la véritable légitimité de la démocratie ne tient pas à la possibilité qu'elle offre au citoyen de remettre en cause sa légitimité.

[Annonce du plan. Première partie.] Nous examinerons tout d'abord comment la démocratie semble constituer l'horizon indépassable de la légitimité politique. ***[Deuxième partie.]*** Toutefois, nous soulignerons que l'analyse de ses faiblesses et de ses limites constitue le cœur même de la démocratie, qui ne peut donc se laisser absolutiser. ***[Troisième partie.]*** Nous verrons que considérer la démocratie comme un absolu en nie la force essentielle, à savoir sa capacité de transformation et d'invention.

I. La démocratie, horizon indépassable de la légitimité politique

1. Un régime sans concurrent

Que la démocratie soit le régime politique idéal ne semble plus pouvoir être remis en cause aujourd'hui. Si, dans l'Antiquité, on distinguait trois régimes légitimes (la monarchie, l'aristocratie, la démocratie) comportant chacun des formes illégitimes (respectivement la tyrannie, l'oligarchie, l'anarchie), à partir du XVIIIe siècle, un seul régime apparaît légitime : la démocratie, qui s'oppose au despotisme ou au totalitarisme. La démocratie n'a plus de concurrent légitime : critiquer la démocratie, c'est inévitablement prôner un régime illégitime. Même Aristophane, pourtant acerbe dans sa critique de la démocratie, s'attaque surtout, par le biais des *Cavaliers*, aux démagogues ambitieux qui détournent la démocratie à leur avantage en flattant le peuple : le Paphlagonien, qui caricature le personnage historique de Cléon, courtise le vieillard Démos, pour mieux le berner et le voler. La critique de la démocratie chez Aristophane n'est donc guère une critique du régime démocratique en soi, mais plutôt une critique du peuple lui-même, stupide et hébété, qui se laisse mener par des démagogues braillards et crapuleux. Il n'est pas anodin que, selon l'oracle que lisent les deux serviteurs au début de la pièce, le Charcutier succède à un tanneur qui lui-même succède à un marchand de moutons ; l'image du mouton, qui suit bêtement le troupeau, est reprise quand le coryphée s'adresse au Paphlagonien pour lui reprocher de chercher « parmi les citoyens la bonne bête bien rentée, pas méchante, et qui a peur des histoires » (p. 70). Tocqueville juge que la démocratie moderne prémunit contre ce risque de récupération du pouvoir de tous au profit d'un seul : « L'homme des siècles démocratiques n'obéit qu'avec une extrême répugnance à son voisin qui est son égal ; il refuse de reconnaître à celui-ci des lumières supérieures aux siennes ; il se défie de sa justice et voit avec jalousie son pouvoir » (II, IV, 3, p. 102). Tout se passe comme si la démocratie, au fil du temps, avait réussi à se débarrasser des risques jugés inhérents à ce régime par Aristophane, pour apparaître comme le modèle absolu garantissant la liberté et l'égalité.

2. Des valeurs fondées sur la nature humaine

On peut cependant se demander quel est le fondement de ces valeurs, la liberté et l'égalité, que la démocratie fait sienne. Tocqueville les trouve dans la nature humaine. Selon lui, il y a un désir naturel d'indépendance, et une tendance naturelle à l'égalité chez les hommes ; c'est pourquoi il est vain de s'opposer au processus démocratique en cours en Europe à son époque. Il juge cependant que ces inclinations ne relèvent pas d'une nature humaine intemporelle et immuable, mais tiennent surtout aux circonstances historiques. Ce qui est naturel pour les peuples aristocratiques n'est plus naturel pour les peuples démocratiques, qui placent l'égalité au cœur de leurs préoccupations : « Toutes les idées secondaires, en matière politique, sont mouvantes ; celle-là reste fixe, inaltérable, pareille à elle-même. [...] elle vient la première ; elle semble innée. Elle ne sort donc point d'un caprice de l'esprit humain, mais elle est une condition naturelle de l'état actuel des hommes » (II, IV, 2, p. 93-94). Le désir de liberté, quant à lui, est inscrit dans l'essence de l'humanité, c'est-à-dire, pour un auteur comme Tocqueville, imputable en dernière analyse à la volonté divine : « [...] la Providence n'a créé le genre humain ni entièrement indépendant, ni tout à fait esclave. Elle trace, il est vrai, autour de chaque homme, un cercle fatal dont il ne peut sortir ; mais, dans ses vastes limites, l'homme est puissant et libre ; ainsi des peuples » (II, IV, 8, p. 192). La démocratie reçoit un fondement divin qu'on pourrait croire réservé à la monarchie. Le roman de Roth n'expose pas les fondements de la démocratie de façon aussi explicite : c'est en analysant les réactions du lecteur que l'on mesurera combien la légitimité des valeurs démocratiques est présupposée. Ainsi, le lecteur ne peut manquer d'être révolté par la façon dont la mise en place progressive de mesures discriminatoires à l'encontre des juifs bafoue l'égalité et la liberté : le bureau d'assimilation, en supposant que les juifs doivent se conformer à l'identité des Wasp (les White Anglo-Saxon Protestants) pour obtenir des droits, s'attaque à l'égalité et la loi de peuplement restreint la liberté en imposant des changements de résidence afin de disperser les juifs pour leur faire perdre toute force électorale et toute capacité de résistance face aux persécutions antisémites du quotidien. Que de telles réactions soient présupposées du lecteur montre qu'en chacun l'idéal démocratique de liberté et d'égalité constitue une norme évidente et universelle.

3. Une critique impossible

Ce caractère évident et universel conduit à penser la démocratie comme un régime à défendre plutôt qu'un régime sur lequel il faudrait réfléchir. Non seulement la démocratie repose sur des normes, mais elle constitue en outre elle-même une norme. On ne s'interroge pas sur la légitimité de la démocratie, parce que la démocratie est désormais la source de la légitimité. C'est pourquoi ne peut être illégitime que ce qui est antidémocratique. Les dérives des régimes alternatifs proposés par *L'Assemblée des femmes* et *Le Complot contre l'Amérique* sont associées au caractère non démocratique de ces régimes, alors même que ceux-ci s'établissent sur les fondements historiques de démocraties. Si, dans *L'Assemblée des femmes*, Aristophane se moque de la démocratie, ainsi que le montre la réplique de la première vieille femme au jeune homme qui refuse ses avances : « De par la loi, vois-tu, ce faire il te faudra./ C'est justice, chez nous, démocrates d'Athènes » (p. 236), il présente la situation comme une forme de tyrannie des femmes. Pour le lecteur moderne, cette intrusion de la législation dans l'intimité des désirs, qui porte atteinte à la liberté de disposer de son corps, s'apparente à une dérive totalitaire, de la même nature que celle qu'on trouve dans *Le Complot contre l'Amérique*. Le régime qui s'y met en place est fondé sur l'arbitraire (les Roth ne sont envoyés dans le Kentucky qu'en guise de représailles de Bengelsdorf envers Herman, qui refuse que son fils participe au dîner avec Von Ribbentrop) et la discrimination, qui entraîne chez Bess un sentiment de perte de citoyenneté et la conduit à déclarer : « Nous sommes chez Lindbergh, chez les goyim, nous sommes chez eux » (p. 326). La démocratie reste le seul régime politique normal et toute dérive de la démocratie qui semble illégitime est en fait antidémocratique. La démocratie n'a ainsi que des ennemis, contre lesquels la première urgence est de la défendre, plutôt que de la critiquer.

[Transition. Récapitulation de la partie précédente.] On peut donc accorder à Yves Charles Zarka qu'il existe un monopole démocratique de la légitimité et que, à cet égard, nous assistons à une absolutisation de la démocratie qui dissuade toute critique. ***[Annonce de la partie suivante.]*** Néanmoins, n'est-ce pas précisément dans un contexte démocratique que l'on peut émettre une telle critique ? Yves Charles Zarka généralise peut-être trop en affirmant que toute critique de la démocratie se réduit à la question de la légalité et des procédures. Nos quatre œuvres semblent montrer, à l'inverse, que c'est en s'immergeant dans le modèle démocratique qu'on peut en percevoir les faiblesses et les limites.

II. L'ABSOLUTISATION DE LA DÉMOCRATIE REFUSÉE PAR LA DÉMOCRATIE ELLE-MÊME

1. La distinction entre légitimité et légalité

Il est tentant de réduire la légitimité de la démocratie à des questions légales et procédurales : à partir du moment où la légitimité de la démocratie est indiscutable, reste comme seul sujet de délibération la façon dont l'État garantit un fonctionnement réellement démocratique, principalement de l'institution électorale. Les œuvres du programme mettent en avant cette assimilation de la légitimité à la légalité. Dans *Les Cavaliers*, la façon dont le Paphlagonien gouverne est légale, il respecte parfaitement les institutions démocratiques, mais il est foncièrement malhonnête : il détourne l'argent et la nourriture du peuple. Dans *L'Assemblée des femmes*, c'est parce qu'il s'agit d'une assemblée de femmes déguisées, soit de non-citoyens, que l'institution de l'Ecclésia est illégitime. Toutefois, le début de la pièce montre les femmes répétant leur rôle : elles s'efforcent de se conformer aux usages en vigueur dans cette assemblée, à agir et parler comme les hommes, à respecter le formalisme de l'institution démocratique. Cet attachement aux formes légales de la démocratie apparaît nettement dans *Le Complot contre l'Amérique* : l'administration Lindbergh respecte la légalité. Les soutiens de Lindbergh ont beau jeu de mettre en avant leur majorité numérique : Lindbergh a obtenu 57 % des suffrages, ce qui lui a permis de conquérir quarante-six États (p. 83) ; il a été « élu démocratiquement et équitablement, par une victoire écrasante », assène Bengelsdorf (p. 164). « [D]émocratiquement » signifie ici « légalement, sans fraude ». Bengelsdorf et les apôtres de Lindbergh ont effectivement absolutisé la démocratie et l'ont réduite à des questions purement légales, comme le font de nombreux Américains dans le roman, qui ne s'interrogent pas sur la légitimité de la démocratie mais se contentent de la sacraliser. Cependant, le roman de Roth, lui-même produit de cette démocratie américaine, met en scène la nécessité de distinguer légalité et légitimité, de manière frappante et efficace.

2. Une critique de la démocratie au nom des valeurs démocratiques

Critiquer une interprétation de la démocratie qui se réduirait à un formalisme vide implique la défense de certains idéaux ; mais, si la démocratie s'est emparée des idéaux légitimes (la liberté, l'égalité, la justice, le respect de la dignité de la personne humaine), alors le reproche porte sur son incapacité à réaliser ces idéaux. Il faut se rappeler que la démocratie ne peut être qu'imparfaite pour qu'elle ne puisse jamais être érigée en absolu. La démocratie est un processus qui doit tendre vers toujours plus de démocratie. Tocqueville souligne ainsi, au sein de la démocratie, la contradiction fondamentale entre inégalité et liberté. Le dernier chapitre de sa deuxième partie, qui développe longuement l'idée selon laquelle il ne s'agit plus de revenir à l'État aristocratique, mais de se demander comment éviter les périls que fait courir l'État démocratique, à savoir le risque d'un retour à la servitude : « Il ne s'agit plus de retenir les avantages particuliers que l'inégalité des conditions procure aux hommes, mais d'assurer les biens nouveaux que l'égalité peut leur offrir. Nous ne devons pas tendre à nous rendre semblables à nos pères, mais nous efforcer d'atteindre l'espèce de grandeur et de bonheur qui nous est propre » (II, IV, 8, p. 191). Une critique réelle de la démocratie ne peut donc s'accomplir qu'à partir des valeurs démocratiques : ici réside toute la différence entre les deux pièces d'Aristophane. Dans *Les Cavaliers*, c'est au nom de la nostalgie d'une aristocratie héroïque que le peuple stupide et les démagogues cyniques sont satirisés. En revanche, dans *L'Assemblée des femmes*, c'est au nom de valeurs démocratiques que l'on se moque des effets des lois mises en place par les femmes. D'une part, l'égalité entre les citoyens est mise à mal par la collectivisation qui n'est respectée que par Chrémès, tandis que l'homme qu'il rencontre l'incite à faire comme tout le monde, c'est-à-dire à ne rien faire : « Je n'aurai garde de le faire avant d'avoir vu ce que fait la multitude » (p. 220). Trop de liberté dans la cité ruine l'égalité entre citoyens qui ne se considèrent nullement tenus de respecter les décisions de l'Ecclésia. D'autre part, la liberté est limitée par le droit donné à toute femme d'avoir des relations sexuelles avec celui qu'elle convoite. La liberté est ici amoindrie par l'égalité qu'a décidée l'assemblée : « C'est trop dur pour un homme aimant sa liberté ! » chante le jeune homme (p. 236).

3. *Améliorer la démocratie par davantage de démocratie*

Si l'on ne considère plus la démocratie comme un assemblage de procédures mais comme un ensemble de valeurs, ce qui rend possible les critiques des faiblesses et limites du régime, alors les réponses que l'on peut apporter à ces défauts ne consisteront pas à changer de régime, mais à passer d'une démocratie insuffisante à davantage de démocratie. Il n'y a pas une opposition binaire entre démocratie et non-démocratie, mais des degrés de démocratie. Ainsi, les remèdes que propose Tocqueville dans son analyse des risques qu'un État centralisé fait courir à l'indépendance des citoyens consistent souvent à augmenter la représentativité de l'État : plus il y a d'élus, plus la confiscation des libertés paraît limitée. Tocqueville concède parfois à cet égard une certaine pertinence à une vision contractualiste de l'État : « Je comprends également que, quand le souverain représente la nation et dépend d'elle, les forces et les droits qu'on enlève à chaque citoyen ne servent pas seulement au chef de l'État, mais profitent à l'État lui-même, et que les particuliers retirent quelque fruit du sacrifice qu'ils ont fait au public de leur indépendance » (II, IV, 6, p. 157-158). Mais aucune des solutions apportées par Tocqueville n'est définitive : « Créer une représentation nationale dans un pays très centralisé, c'est donc diminuer le mal que l'extrême centralisation peut produire, mais ce n'est pas le détruire » (*ibid.*). La démocratie vit de la tension entre inégalité et liberté et aucune démocratie parfaite ne saurait voir le jour. On retrouve la même idée dans le roman de Roth : il loue certes une démocratie américaine apte à triompher de tous les périls, y compris de l'Allemagne nazie, qui représente dans la conscience collective le plus grand danger qui ait jamais existé dans l'Histoire, mais il dessine dans le même temps les failles de cette démocratie : elle exclut encore largement certaines catégories de la population, les juifs, ainsi que les noirs, les Amérindiens, les femmes. Le portrait de l'oncle Monty est l'occasion d'évoquer la grand-mère Roth, qui s'épuise dans les tâches ménagères, ou la jeune femme noire confinée au métier de femme de ménage (p. 218). Le rétablissement heureux de la démocratie à la fin du roman n'efface en rien la représentation qu'il livre de toutes les inégalités qui la minent.

[Transition. Récapitulation de la partie précédente.] Contrairement à ce que dit Yves Charles Zarka, la démocratie peut donc apparaître à la fois comme le paradigme de la légitimité et faire l'objet de critiques mettant en évidence ses faiblesses et ses limites. ***[Annonce de la partie suivante.]*** Toutefois, « absolutiser » la démocratie, ce n'est pas seulement affirmer qu'elle est incontestable, c'est aussi et surtout la considérer comme une entité stable et définitivement figée ; c'est donc négliger que la démocratie se caractérise par sa capacité à changer et à se réinventer.

III. La critique de la démocratie comme source de changement et de réinvention

1. L'écueil de la démocratie fossilisée

Absolutiser la démocratie revient à la réduire non pas tant à une série de lois et de procédures qu'à un ensemble d'objets, actes et discours dont le caractère rituel et symbolique fait d'elle une sorte de mécanique vide de sens. Dans *Le Complot contre l'Amérique*, cet écueil se manifeste lorsque la famille Roth visite Washington, où la démocratie semble appartenir entièrement à un passé sanctuarisé, figé dans la pierre et le marbre des monuments et des statues. Cette démocratie fossilisée apparaît fragile face à la menace hitlérienne. On peut d'ailleurs comparer cet épisode du début à un propos prêté à Lindbergh, à la fin du roman :

celui-ci est censé avoir répondu à Heinrich Himmler, par l'entremise de Von Ribbentrop, que « des garanties inscrites dans la Constitution américaine, ainsi que des traditions démocratiques fort anciennes, prévenaient l'exécution rapide et efficace d'une solution finale au problème juif » (p. 463). Or le roman lui-même a démontré au contraire que ces traditions étaient loin de prémunir les États-Unis d'une telle possibilité et que les valeurs démocratiques devaient toujours être réinvesties et réactualisées pour demeurer effectives. C'est cette même absence de vigilance et d'action véritable que Tocqueville nomme, dans une note, l'apathie : « On ne peut pas dire d'une manière absolue et générale que le plus grand danger de nos jours soit la licence ou la tyrannie, l'anarchie ou le despotisme. L'un et l'autre est également à craindre, et peut sortir aussi aisément d'une seule et même cause, qui est l'*apathie générale*, fruit de l'individualisme ; c'est cette apathie qui fait que le jour où le pouvoir exécutif rassemble quelques forces, il est en état d'opprimer [...]. Ce qu'il est important de combattre, c'est donc bien moins l'anarchie ou le despotisme que l'apathie, qui peut créer presque indifféremment l'un ou l'autre » (II, IV, 6, note J, p. 162-163). La consécration la plus dangereuse pour la démocratie, c'est l'apathie, c'est-à-dire l'absence de passion démocratique.

2. La légitimité démocratique des actions antidémocratiques

La passion démocratique peut prendre de multiples formes, dont certaines paraissent illégitimes à première vue. En effet, absolutiser la démocratie et la réduire à des procédures conduit à considérer toute action illégale comme antidémocratique. Or des formes d'action antidémocratiques peuvent concourir à la démocratie. C'est le cas des révolutions, auxquelles Tocqueville reconnaît une légitimité : « Je crois qu'il y a des résistances honnêtes et des rébellions légitimes » (II, IV, 7, p. 19). La révolution reste toutefois à ses yeux un moyen exceptionnel de parvenir à la démocratie, qu'il qualifie de « périlleux remède » (II, IV, 7, p. 180), car elle aboutit le plus souvent à la négation des droits individuels. De la même manière, dans *L'Assemblée des femmes*, c'est par des moyens antidémocratiques que la démocratie est obtenue : les femmes déguisées s'emparent de l'Ecclésia pour rétablir la justice ; tandis que, dans *Les Cavaliers*, le Charcutier utilise les techniques du Paphlagonien pour sauver Démos. On pourrait faire la même remarque concernant la « police juive provisoire » (p. 389) qui se met en place à Newark dans le roman de Roth. Elle est antidémocratique en son essence, mais s'érige en résistance contre ce qui nie la démocratie.

3. La démocratie comme puissance d'invention

La démocratie doit donc se caractériser par sa capacité à se transformer, à se réinventer. Dans *Les Cavaliers*, cette idée est symbolisée par la métamorphose finale de Démos qui, grâce au Charcutier, cesse d'être un vieillard stupide et retrouve la jeunesse et la sagesse ; on retrouve le même motif de la métamorphose dans *L'Assemblée des femmes*, où un déguisement permet d'accéder à l'Ecclésia. Surtout, dans cette seconde pièce, c'est la capacité à inventer un modèle politique inédit qui démontre, même si c'est pour s'en moquer, la plasticité de la démocratie comme régime propice à l'invention de nouvelles manières de concevoir la cité. La démocratie se présente non comme un régime idéal, mais plutôt comme une construction en cours, toujours à améliorer, affiner, voire bricoler : les nombreux personnages abîmés, déglingués, qu'on croise dans *Le Complot contre l'Amérique* (Alvin et son moignon, le cul-de-jatte qui mendie devant le bureau de Herman, Joey et son appareil auditif) seraient autant de métaphores de la démocratie, toujours à rafistoler, à arranger autant que possible. La démocratie en tant que régime reste indéterminée sur le plan des valeurs : elle ne fait que permettre aux citoyens d'agir et c'est de leur action que naît ou pas la démocratie en tant qu'ensemble de valeurs. Telle est la conclusion à laquelle parvient Tocqueville : « Les nations de nos jours ne sauraient faire que dans leur sein les conditions ne soient pas égales ; mais il dépend d'elles que l'égalité les conduise à la servitude ou à la liberté, aux lumières ou à la barbarie, à la prospérité ou aux misères » (II, IV, 8, p. 192).

Conclusion

La démocratie est devenue le paradigme de la légitimité, mais cela n'implique pas qu'elle cesse d'être critiquée ; au contraire, elle ne tire peut-être sa légitimité que du fait qu'elle autorise la critique. Aussi le propos d'Yves Charles Zarka ne peut-il échapper à ce cercle : il vise à remettre en question l'absolutisation de la démocratie, mais ne peut le faire que dans un contexte démocratique, au nom d'une insuffisance des démocraties réelles et par rapport à une démocratie idéale. Ce paradoxe est constitutif de la démocratie, toujours apte à se réinventer.

II. Plans de dissertations

Sujet 2

Jorge Luis Borges, dans sa préface à *La Monnaie de fer*, affirme : « []e ne crois pas à la démocratie, ce curieux abus de la statistique » (*La Rose profonde. La monnaie de fer. Histoire de la nuit*, Gallimard, coll. « Du monde entier », 1983, p. 78). Vous direz en quoi cette réflexion éclaire votre lecture des œuvres au programme.

Situation : Cette formule du célèbre écrivain argentin a tout l'air d'une provocation : la première chose à faire est donc d'éviter tout jugement de valeur, tout propos normatif ou prescriptif qui se transformerait en défense naïve de la démocratie. Borges affecte ici de prendre une posture aristocratique, peut-être en partie par conviction, mais surtout par jeu et goût du paradoxe.

Thématique : Le sujet nous demande de nous interroger sur le rôle accordé à la notion de majorité au sein des institutions démocratiques.

Analyse des termes du sujet : Il faut ensuite se demander en quoi le propos met en avant une limite possible de la démocratie ; ici, en utilisant le terme « statistique », Borges fait référence à l'idée que la démocratie n'est pas le pouvoir du peuple, mais le pouvoir de la majorité. En outre, le mot « statistique », par son caractère dérisoirement scientiste et techniciste, permet de suggérer l'image d'une démocratie réduite à des procédures mécaniques, dépourvue de toute réflexion réelle sur le bien commun.

Problématique : En quoi la démocratie ne saurait-elle se réduire à la loi du plus grand nombre ?

I. La démocratie comme pouvoir de la majorité

1. Majorité et totalité : la constitution du peuple en sujet souverain

L'expérience la plus simple que tout citoyen peut avoir du régime démocratique est le rôle essentiel qu'y joue la majorité. Le propre de la démocratie est d'identifier la majorité du peuple au peuple lui-même : ainsi, dans *Les Cavaliers*, l'ensemble du peuple est représenté sous les traits d'un unique vieillard, Démos, et quand le Paphlagonien déclare : « Allons nous présenter devant l'Assemblée » (p. 102), c'est à la porte de Démos qu'il va frapper. L'opposition entre démocratie et aristocratie, ou oligarchie, signale bien que ces régimes politiques se distinguent d'abord d'un point de vue numérique – d'un côté le pouvoir de quelques-uns, de l'autre le pouvoir de tous. Comme le note Tocqueville : « chez les nations aristocratiques, la société est souvent sacrifiée à l'individu, et la prospérité du plus grand nombre à la grandeur de quelques-uns » (II, IV, 7, p. 167).

La démocratie serait donc constitutivement définie par l'assimilation de la majorité à la totalité. Il s'agit de faire du peuple un sujet unique afin qu'il puisse exercer sa souveraineté.

2. Le refus de l'idée d'un bien commun préexistant à la délibération politique

Vouloir que la majorité décide, c'est aussi estimer qu'il n'existe pas de bien commun fixé préalablement à la discussion, d'où l'importance des débats représentés dans les pièces d'Aristophane. En outre, dans les démocraties modernes, s'ajoute l'idée héritée des Lumières selon laquelle l'être humain se définit par sa rationalité, seule source de légitimité possible pour la décision politique. L'importance accordée par Herman Roth à la rationalité et au bon sens dans *Le Complot contre l'Amérique* n'a d'égale que sa foi dans la démocratie.

TRANSITION : Ainsi les principes essentiels de la démocratie semblent-ils expliquer le rôle de la décision majoritaire. Mais faut-il pourtant considérer comme légitime tout ce qui émane de la majorité ?

II. L'INSUFFISANCE D'UNE DÉFINITION STATISTIQUE DE LA DÉMOCRATIE

1. La persistance de la notion de bien commun

Même si la notion d'un bien commun préétabli est rejetée par la démocratie, au profit de celui qui naîtra de la délibération collective, il n'en demeure pas moins que les décisions majoritaires peuvent parfois aller à l'encontre du bien commun. Toute la question est donc de savoir au nom de quoi celui-ci est décidé ; quelle peut être sa source de légitimité, si ce n'est la souveraineté populaire ? Le risque est en effet ici de revenir à une position aristocratique : le peuple ne sait pas ce qui est bon pour lui. C'est une telle position que l'on trouve chez Aristophane, dans *Les Cavaliers*, où le peuple paraît dépourvu de tout discernement, en proie à tous les démagogues. Bien qu'il s'efforce de juger la démocratie de façon impartiale, Tocqueville décrit également une tendance qu'il considère majoritaire au sein du peuple, le désir de centralisation du pouvoir, qui menace pour lui la liberté. Tocqueville, en tant que philosophe, est lui-même celui qui s'efforce de fonder rationnellement le bien commun que les peuples qu'il observe, tout à leur aveuglement, ne peuvent concevoir.

2. Le despotisme de la majorité

S'il existe une majorité qui décide, il existe en outre une minorité qui subit : le risque est alors que la majorité décide aux dépens des intérêts de la minorité. Dans *Le Complot contre l'Amérique*, une large majorité des

Américains soutient Lindbergh, confortablement élu, alors même qu'une grande partie de sa popularité tient au fait qu'il désigne une minorité, celle des juifs, comme un bouc émissaire : la majorité s'unifie en désignant un ennemi intérieur qui subit son despotisme. Chez Tocqueville, de même, la majorité exerce sur la minorité aristocratique une « menue tyrannie du peuple, devenu son égal et souvent son maître » (II, IV, 4, p. 110) ; mais, plus généralement, c'est sur l'ensemble du peuple que s'exerce de plus en plus une forme de domination à laquelle « les anciens mots de despotisme et de tyrannie ne conviennent point » (II, IV, 6, p. 152), la majorité donnant tout pouvoir au souverain, qui s'en sert ensuite pour diminuer la liberté de chacun.

TRANSITION : La loi de la majorité semble donc se retourner contre les principes d'autonomie et d'égalité fondateurs de la démocratie, dont elle est censée être issue. Mais la démocratie n'a-t-elle pas les moyens de sortir de cette aporie ?

III. LES MOYENS DÉMOCRATIQUES POUR DÉPASSER CETTE INSUFFISANCE

1. Les contre-pouvoirs face à la majorité

La formule de Borges présente la démocratie comme un calcul simpliste : à partir d'un ensemble d'individus, on tire une majorité. Mais, en réalité, les acteurs de la démocratie sont plus nombreux et plus divers. Tocqueville insiste sur le rôle des pouvoirs secondaires, le poids des associations, l'importance de la presse : il s'agit de constituer des contre-pouvoirs, semblables à « des personnes aristocratiques » (II, IV, 7, p. 170), dans la mesure où ils peuvent lutter contre la puissance d'uniformisation que représente l'État démocratique. Ils ne représentent pas la majorité mais, au contraire, des intérêts particuliers qu'ils ont la possibilité de faire valoir d'une autre façon que par le nombre de voix. On pourrait dire que, dans le roman de Roth, le ghetto de Newark constitue aussi une forme de contre-pouvoir : en se regroupant, la minorité acquiert un certain poids et une capacité de résistance aux dangers toujours susceptibles de se présenter. C'est bien pourquoi l'une des priorités de l'administration Lindbergh est d'en déplacer les populations afin de les réduire de nouveau au statut de minorité sans défense.

2. Esprit critique et conscience des limites de la démocratie

Il faut enfin considérer le fait que la démocratie prévoit en son sein un espace pour l'expression critique, qui se distingue de la simple délibération en laissant la place à des paroles minoritaires. *L'Assemblée des femmes*, en représentant elle-même le désordre des discussions qui aboutissent aux décisions « insensées » (p. 195) de la majorité, permet de mettre à distance la loi de la majorité, fût-ce dans un dessein comique. *Le Complot contre l'Amérique*, par son fonctionnement uchronique, montre les dérives de la loi de la majorité, qui n'est finalement rien d'autre que la loi du plus fort, sans proposer de solution, de même que Tocqueville ne voit d'autre horizon que la démocratie, en dépit de ses contradictions. La conscience des limites de la démocratie et la possibilité d'exprimer cette dernière constituent une excellente garantie de démocratie, ce que la citation de Borges, éminemment démocratique du fait même de son caractère critique et ironique, permet d'illustrer.

SUJET 3

Pour Albert Camus, « La démocratie ce n'est pas la loi de la majorité mais la protection de la minorité » (*Carnets III. Mars 1951-décembre 1959*, Gallimard, coll. « Folio », 2013, p. 294). En quoi ce propos éclaire-t-il votre lecture des œuvres au programme ?

SITUATION : Ce sujet reprend, prolonge et affine le précédent. Dépourvu de dimension ironique ou provocatrice, il n'en est pas moins paradoxal au sens où il reprend un énoncé de la *doxa* (c'est-à-dire de la pensée communément admise), la démocratie comme loi de majorité, qu'il renverse, en faisant de la démocratie la protection de la minorité. On retrouve donc ici la dimension éthique de la pensée de Camus, indissociable de sa dimension politique.

THÉMATIQUE : Le sujet définit la démocratie de façon paradoxale, à partir du statut accordé à la minorité.

ANALYSE DES TERMES DU SUJET : La première difficulté du sujet consiste à déterminer sa perspective globale. S'agit-il de décrire véritablement la démocratie telle qu'elle existe ? Ou bien s'agit-il d'affirmer ce que la démocratie devrait être ? La deuxième difficulté consiste à définir exactement le terme « protéger » : dans le cadre d'une réflexion politique, « protéger » signifie d'abord « donner des droits » : toute la question que pose ce sujet est donc de savoir dans quelle mesure l'extension des droits particuliers constitue le moteur de la démocratie. Il faut enfin définir le terme « minorité », qui n'est pas à entendre dans un sens exclusivement numérique mais recouvre l'ensemble des perdants d'un rapport de force juridique, politique et social (les femmes peuvent être incluses dans cette catégorie). Minorité et majorité ne se définissent donc pas au même point de vue dans la phrase de Camus.

PROBLÉMATIQUE : Dans quelle mesure la démocratie repose-t-elle sur l'extension des droits des individus ?

I. LA DÉMOCRATIE EST CENSÉE GARANTIR DES DROITS UNIVERSELS, SANS SE SOUCIER DES PARTICULARITÉS INDIVIDUELLES

1. L'universalisme et la loi de la majorité

La démocratie comprise comme « loi de la majorité » est sous-tendue par une conception universaliste de l'être humain : une cité peut être gouvernée à l'aide de lois décidées par la majorité, mais s'appliquant à tous, sans distinction. Si la majorité constitue l'émanation de la volonté populaire, une fois la loi décidée, chacun lui appartient : il n'existe pas de minorité proprement dite. Bien qu'élu par une partie de la population, l'État est censé représenter toute la population : en témoigne, lors du meeting de Lindbergh à Madison Square Garden, la présence de « toutes les couches sociales » (p. 61), ou bien chez Tocqueville la formule selon laquelle la démocratie aboutit à une « uniformité universelle » (II, IV, 8, p. 188).

2. L'égalitarisme et la constitution du citoyen abstrait

En démocratie, les particularités du citoyen ne sont pas prises en compte dans l'application du droit : le citoyen est une abstraction, distincte de l'individu. Le fait que tous les citoyens soient égaux en droits aboutit à les considérer comme interchangeables. C'est pourquoi, dans *Le Complot contre l'Amérique*, le jeune Phil peut indiquer qu'il ne se sent nullement juif, mais pleinement américain : l'appartenance nationale lui apporte, ou lui apportera quand il sera adulte, un certain nombre de droits, qui le définiront en tant que citoyen. De même, si, dans *L'Assemblée des femmes*, les femmes n'ont pas le statut de citoyen, une fois qu'elles ont revêtu barbes et manteaux, chacune devient un citoyen à part entière, traité sur un pied d'égalité.

TRANSITION : La démocratie ainsi conçue est bien le pouvoir du peuple, détenu par le peuple, qui décide pour le peuple : la loi décidée par la majorité s'applique à tous, y compris à la minorité qui s'y opposait. Mais, si la démocratie suppose par essence une telle négation de la minorité, elle se caractérise aussi par la création d'autres types de minorités.

II. UNE TELLE CONCEPTION LÉGITIME TOUTEFOIS LES INÉGALITÉS QUI PEUVENT APPARAÎTRE

1. La démocratie indifférente à certaines inégalités

La démocratie, fondée sur la loi de la majorité, semble ainsi légitimer les inégalités de fait qu'on rencontre dans la société. L'existence des inégalités économiques ne remettrait pas en cause l'égalité proprement politique. À l'inverse, les inégalités économiques seraient le signe que la démocratie assure une certaine liberté : on voit chez Tocqueville comment le libéralisme économique s'associe au libéralisme politique, dans sa hantise de l'État centralisateur. Mais peut-on vraiment imaginer qu'une cité soit réellement démocratique si une partie des citoyens subit de telles inégalités ? Le discours de Herman Roth à son voisin Cucuzza (p. 409) associe l'éloge de l'élection à la capacité des candidats à protéger la minorité économique : les présidents Coolidge et Hoover n'ont rien fait pour les pauvres, tandis que Roosevelt, emblème de la démocratie tout au long du roman, a proposé le New Deal.

2. L'impossible effacement des identités

Plus fondamentalement, l'universalisme abstrait de la démocratie se heurte à l'impossibilité d'effacer les identités. Une société démocratique est une mosaïque d'identités, autrement dit un ensemble de minorités. Même si une loi est votée par la majorité, elle ne peut être démocratique si elle remet en cause l'identité des individus. Ainsi, dans *Le Complot contre l'Amérique*, on relève une ambivalence foncière dans le discours des démocrates opposés à Lindbergh, qui invoquent la démocratie, l'Amérique, la liberté, mais sans jamais faire référence à la nécessité de protéger la minorité juive : le lecteur peut y voir une critique implicite d'un régime politique qui, en s'en tenant à un universalisme abstrait, passe sous silence les persécutions spécifiques. La démocratie, si elle se montre ainsi indifférente au sort de la minorité, se mue en tyrannie de la majorité, que l'on retrouve aussi bien dans *Les Cavaliers*, où les Cavaliers sont violemment menacés par le Paphlagonien, que chez Tocqueville, où l'ancienne aristocratie se voit soumise à la tyrannie du peuple.

TRANSITION : Si elle reste indifférente au sort de la minorité, la démocratie se nie elle-même, comme le dit Camus. Mais ne peut-on aller plus loin en affirmant que la démocratie n'existe que dans la mesure où elle étend les droits de la minorité ?

III. LA DÉMOCRATIE SE DÉFINIT D'ABORD PAR SA CAPACITÉ À DONNER DES DROITS AUX EXCLUS

1. La démocratie protège par la loi les citoyens individuels

On pourrait se contenter d'affirmer que les droits de la minorité constituent le cœur de la démocratie, comme Tocqueville quand il écrit : « les vrais amis de la liberté et de la grandeur humaine doivent, sans cesse, se tenir debout et prêts à empêcher que le pouvoir social ne sacrifie légèrement les droits particuliers de quelques individus à l'exécution générale de ses desseins » (II, IV, 7, p. 176-177). Mais ce serait défendre uniquement la minorité présente au sein de la communauté, en oubliant que cette communauté se constitue selon un système d'exclusion : exclusion explicite des femmes et des esclaves chez Aristophane, exclusion implicite des juifs, noirs, Amérindiens chez Roth.

2. La démocratie protège par la loi les groupes minoritaires

La santé d'une démocratie tient finalement aux transformations qu'obtiennent d'elle les exclus du pouvoir. Le peuple démocratique n'est pas seulement une communauté déjà constituée, mais comprend aussi les individus extérieurs qui viennent contester l'ordre toujours provisoire d'une démocratie jamais assez démocratique. C'est ce processus que tend à mimer *L'Assemblée des femmes :* les exclues de la vie publique accèdent à l'Ecclésia, ce qui régénère la démocratie, même si Aristophane se moque des conséquences qui en découlent ; de même, chez Roth, la démocratie n'est pas sauvée simplement par le « rétablissement des procédures » (p. 457), mais surtout parce que la minorité juive est réintégrée à l'espace commun, malgré la « peur perpétuelle » (p. 11 et titre du dernier chapitre) qui fait de la démocratie un régime toujours précaire, puisqu'elle produit par définition des minorités.

SUJET 4

Catherine Colliot-Thélène, dans *La Démocratie sans « démos »* (PUF, coll. « Pratiques théoriques », 2011, p. 1), affirme : « Plus le pouvoir se donne à voir, moins il est perçu comme pouvoir, et inversement. La mise en scène publique de la politique [...] relativise la *différence du pouvoir* dans la mesure où elle nourrit l'idée que les dirigeants ne sont jamais que des mandataires du peuple, dont l'action reste toujours déterminée en dernière instance par la volonté de celui-ci. »

Dans quelle mesure votre lecture des œuvres est-elle susceptible d'éclairer cette affirmation ?

SITUATION : Dans cet ouvrage, la philosophe Catherine Colliot-Thélène réfléchit sur le rapport entre gouvernants et gouvernés en démocratie. Elle insiste sur l'importance pour le pouvoir d'être visible : les gouvernés ont en effet tendance à penser que le vrai pouvoir se cache, est tapi dans l'ombre, appartient à des lobbies et à des institutions qui ne sont ni élus ni même connus par le peuple.

THÉMATIQUE : Il s'agit ici de s'interroger sur la visibilité du pouvoir, ce que l'on appellerait aujourd'hui la *transparence*, qui permet aux gouvernés d'avoir le sentiment que ce pouvoir n'est ni extérieur ni transcendant, mais émane bien d'eux.

ÉLÉMENTS D'ANALYSE : La démocratie suppose, idéalement, une parfaite coïncidence entre celui qui détient le pouvoir et celui qui lui obéit, mais la structure même du pouvoir suppose une asymétrie entre les deux, même si le premier est censé tenir son pouvoir du second : c'est ce qui est appelé ici la « différence du pouvoir ». Les représentants cherchent à gommer cette différence en rappelant qu'ils sont eux-mêmes issus du peuple, et en affirmant qu'ils se contentent d'en respecter les volontés. Ainsi se constitue l'illusion selon laquelle la démocratie serait un régime sans domination des gouvernants sur les gouvernés, ce qui signifierait un régime sans pouvoir.

PROBLÉMATIQUE : Dans quelle mesure la visibilité des dirigeants permet-elle de construire l'illusion que la démocratie est dépourvue de domination ?

I. LA VISIBILITÉ DE LA POLITIQUE ET L'EFFACEMENT DU RAPPORT DE DOMINATION

1. L'invisibilité du pouvoir

Un pouvoir est considéré comme d'autant plus réel qu'il est invisible : en démocratie, le peuple accepte toutes les formes explicites du pouvoir mais rejette les formes invisibles, pourvu qu'il en ait connaissance. C'est pourquoi les citoyens sont souvent portés à dénoncer les sociétés secrètes et les complots, fussent-ils imaginaires : dans *Le Complot contre l'Amérique* est réactivé le mythe du complot juif, selon lequel une partie de la population détient secrètement le pouvoir. Tocqueville remarque que le pouvoir est parfaitement visible et concret dans les sociétés aristocratiques, alors que, dans les sociétés démocratiques, il est plus pernicieux. Le chemin qui mène à la servitude est « plus long, plus secret, mais plus sûr » (II, IV, 1, p. 85). Le peuple cesse de percevoir la domination qu'exerce l'État, parce qu'il s'habitue progressivement à ce que l'État se substitue à lui dans la gestion de ses affaires : pour Tocqueville, l'État devient paradoxalement invisible du fait d'être omniprésent.

2. L'illusion de l'identité entre gouvernants et gouvernés

Au contraire, lorsque le pouvoir est parfaitement visible, il n'est plus perçu comme pouvoir mais comme outil de la vie politique, simple auxiliaire de la volonté populaire. C'est ainsi que Lindbergh apparaît régulièrement, grâce à ses voyages en avion, auprès des foules enthousiastes, se contentant de quelques mots, annonçant qu'il « rentre à Washington pour que ça continue » (p. 439), comme un simple employé de bureau effectuant les tâches qui lui ont été confiées. Cette manière d'évacuer la relation de pouvoir suppose non seulement d'être visible, mais aussi de se présenter comme ressemblant au peuple dont le gouvernant est censé être la simple émanation : d'où l'insistance du Charcutier à affirmer : « J'ai été élevé sur la voie publique moi aussi » (p. 73).

TRANSITION : Un pouvoir visible est moins ressenti comme pouvoir, répondant ainsi à ce qui semble une illusion fondamentale de la démocratie : considérer que l'on peut être gouverné sans être dominé. Mais la perception du pouvoir par les gouvernés relève peut-être de processus plus complexes.

II. DES RAPPORTS DE POUVOIR EXPLICITES MALGRÉ LA VISIBILITÉ DES DIRIGEANTS

1. La perception de l'arbitraire du pouvoir visible

Il n'y a pas que le pouvoir invisible qui puisse être perçu comme arbitraire : au contraire, c'est souvent lorsque le pouvoir devient soudain visible que la domination se révèle. C'est le cas dans *Le Complot contre l'Amérique* quand surgit l'agent du FBI, premier symptôme tangible de la transformation de l'Amérique en État policier. De la même façon, c'est la trop grande visibilité du Paphlagonien qui suscite le rejet des serviteurs au début des *Cavaliers* : « Il possède un pied à Pylos, et l'autre à l'Assemblée » (p. 53). Il est ainsi omniprésent, comme l'État chez Tocqueville, sans que cette omniprésence se change en invisibilité : au contraire, il ne cesse de rappeler sa présence.

2. Une relation de pouvoir perçue en dépit de la réversibilité des positions de gouvernant et de gouverné

Même si les dirigeants font tout pour être perçus comme de simples mandataires du peuple, la relation de pouvoir n'est jamais oubliée, voire, selon Tocqueville, toujours ressentie comme une perte de liberté : « Chaque individu souffre qu'on l'attache, parce qu'il voit que ce n'est pas un homme ni une classe, mais le peuple lui-même, qui tient le bout de la chaîne » (II, IV, 6, p. 156). Dans *L'Assemblée des femmes*, la mise en scène de la vie politique, à travers les déguisements, les fausses barbes et la pilosité abondante, vise à faire en sorte que ceux qui prennent la décision apparaissent comme émanant directement du peuple dans le cadre de la démocratie directe athénienne. Pourtant, les décisions sont ressenties comme arbitraires : tout visible qu'il soit, le pouvoir passe par des lois dont l'application implique la perception de la « différence du pouvoir ».

TRANSITION : La visibilité du pouvoir n'empêche donc pas sa perception. Pourtant, il est vrai que le pouvoir invisible est rejeté par le peuple, qui le considère comme illégitime. L'idée selon laquelle la perception du pouvoir le rendrait illégitime en démocratie est-elle donc bien fondée ?

III. PERCEPTION DU POUVOIR ET LÉGITIMITÉ

1. L'illusion d'une démocratie sans pouvoir

Catherine Colliot-Thélène caractérise une illusion propre à la démocratie, celle que la politique pourrait exister sans pouvoir réel, c'est-à-dire sans relation asymétrique de domination entre gouvernant et gouverné. Cette illusion peut aller jusqu'au renversement complet des rôles, comme dans *Les Cavaliers* où les dirigeants, le Paphlagonien puis le Charcutier, se présentent comme des serviteurs de Démos. Ainsi, l'altérité irréductible du pouvoir subi serait illusoirement gommée par la proximité entre gouvernants et gouvernés. Cette illusion d'un pouvoir sans pouvoir peut être rapprochée de la « servitude, réglée, douce et paisible » dont parle Tocqueville (II, IV, 6, p. 155). Il faut cependant éviter tout contresens : Tocqueville ne pense pas que puisse exister un pouvoir qui soit totalement exempt de servitude ; ce qui importe, c'est d'avoir conscience de la servitude inhérente au pouvoir et ensuite de tâcher de réduire cette servitude en diminuant la puissance des dirigeants.

2. Une perception du pouvoir qui n'empêche cependant pas sa légitimité

La vraie distinction n'est donc pas entre pouvoir perçu et pouvoir imperceptible, mais entre pouvoir légitime et illégitime : si le peuple rejette les formes de pouvoir invisibles, ce n'est pas parce qu'elles sont les seules à être ressenties comme des dominations, mais parce qu'elles ne sont pas démocratiques. La perception de la domination inhérente au pouvoir n'empêche nullement de reconnaître sa légitimité : la discussion entre Phil et Herman, sur le fait qu'une élection de Roosevelt entraînerait la guerre et que Sandy risquerait d'y être blessé comme Alvin (p. 183-184), témoigne de la façon dont une décision politique peut être à la fois imposée au peuple par ses dirigeants et jugée légitime.

SUJET 5

Selon Claude Lefort, « [i]ncorporé dans le prince, le pouvoir donnait corps à la société. Et, de ce fait, il y avait un savoir latent, mais efficace, de ce qu'était l'*un* pour l'*autre*, dans toute l'étendue du social. En regard de ce modèle se désigne le trait révolutionnaire et sans précédent de la démocratie. Le lieu du pouvoir devient un *lieu vide*. Inutile d'insister sur le détail du dispositif institutionnel. L'essentiel est qu'il interdit aux gouvernants de s'approprier, de s'incorporer le pouvoir » (*Essais sur le politique. XIX*e*-XX*e *siècles*, Seuil, coll. « Points Essais », 2001, p. 28).

Dans quelle mesure votre lecture des œuvres vous permet-elle de souscrire à ce propos ?

SITUATION : La pensée de Claude Lefort prend pour point de départ l'analyse du totalitarisme, par rapport auquel il s'efforce de penser la démocratie, dont l'indétermination lui paraît le caractère essentiel. La démocratie reconnaît la pluralité des intérêts, des opinions, des visions du monde : elle est un régime indéterminé pour des citoyens indéterminés, contrairement au totalitarisme qui défend une idéologie précise et se donne pour tâche de façonner les citoyens pour les conformer à cette idéologie.

THÉMATIQUE : La démocratie se caractérise par la précarité du pouvoir, dont les représentants sont provisoires. Les institutions y ont pour but d'empêcher tout gouvernant de s'identifier au pouvoir, comme c'était le cas dans les anciennes monarchies.

ÉLÉMENTS D'ANALYSE : Ce sujet suppose bien sûr de réfléchir à ce que signifie l'incarnation du pouvoir. Dans les monarchies anciennes, la doctrine des deux corps du roi sépare son corps réel de son corps virtuel, qui assure la continuité du pouvoir, même quand un roi vient à mourir. En démocratie, le pouvoir n'a plus vraiment de « corps ». De ce fait, la société ne sait plus exactement en quoi consiste le pouvoir, alors qu'elle connaissait autrefois le prince. C'est pourquoi le pouvoir en démocratie peut être qualifié de « lieu vide ».

PROBLÉMATIQUE : Dans quelle mesure la démocratie suppose-t-elle que la société comme ses dirigeants ne soient plus pensés sous la forme d'un corps identifiable et permanent ?

I. LA DÉMOCRATIE COMME POUVOIR INCORPOREL

1. La division du peuple

Lefort récuse d'abord une analogie tentante : si, dans les monarchies traditionnelles, le pouvoir s'incarne dans le corps du prince, on ne peut pas dire en revanche qu'en démocratie il s'incarne dans le corps du peuple. La démocratie se nourrit en effet de tensions et de désaccords : le peuple présente des divisions. Cette image se retrouve aussi bien dans les mises en scène de l'Ecclésia chez Aristophane, lieu de désordre, de brouhaha, de discours multiples et bigarrés. C'est également le cas dans le roman de Roth, où le rôle de la radio et de la presse comme contre-pouvoirs est primordial, soulignant le caractère pluriel et discordant de la société démocratique.

2. La désincorporation des dirigeants

Au caractère incorporel des gouvernés répond le caractère incorporel des dirigeants. Les institutions, comme dit Lefort, visent à ce que nul ne puisse s'approprier le pouvoir : tel est le sens du dénouement proposé par *Le Complot contre l'Amérique*, où il suffit que Mrs Lindbergh en appelle aux institutions pour que l'administration Wheeler soit défaite, le pouvoir revenant de façon quasi immédiate à Roosevelt (p. 457). Le caractère temporaire du pouvoir est donc central dans la démocratie ; Tocqueville voit dans l'élection d'une partie de l'administration un remède au risque que la démocratie se transforme en despotisme : « Au lieu de remettre au souverain seul tous les pouvoirs administratifs [...], on peut en confier une partie à des corps secondaires temporairement formés de simples citoyens » (II, IV, 7, p. 169).

TRANSITION : Si la démocratie semble bien se définir par le caractère incorporel de la société comme du gouvernement, un désir de retour de la dimension corporelle du pouvoir se fait pourtant jour dans la démocratie.

II. LES TENDANCES À L'INCORPORATION

1. Une conception organiciste du peuple

S'il n'est pas un substrat homogène, le peuple peut être envisagé comme un organisme, voire un organe : c'est le cas dans *Les Cavaliers*, où Démos est d'abord un corps vivant et plus précisément un ventre. Lorsque le Charcutier demande ce qu'il doit faire du peuple, le Premier Serviteur lui suggère de le traiter comme un corps humain : « Tu n'as qu'à tripatouiller les affaires, les boudiner toutes ensemble » (p. 67). Le peuple comme corps ressurgit aussi dès qu'une conception raciste ou ethniciste s'impose. Dans *Le Complot contre l'Amérique*, Alvin, avec son moignon, pourrait symboliser la société américaine qui s'envisage comme un corps devant être amputé de certains organes. Lorsque Phil observe cette « portion de chair », il la compare d'ailleurs à un rat, ce qui renvoie à un des plus anciens clichés de l'antisémitisme (p. 200). Le corps d'Alvin symbolise ici le corps social tel qu'il est fantasmé par Lindbergh et les siens.

2. L'État comme corps

L'État peut aussi être perçu comme un corps. Tocqueville associe l'État centralisateur à une sorte de géant qui « étend ses bras sur la société tout entière » (II, IV, 6, p. 154). L'image des mains est récurrente chez Tocqueville et convoque à la fois une référence au corps et l'idée d'appropriation du pouvoir. On pourrait remarquer aussi l'importance du corps dans *L'Assemblée des femmes* : à Athènes, le corps d'un gouvernant est nécessairement masculin. Toutes les plaisanteries du début de la pièce sur les poils que doivent avoir les femmes pour se présenter à l'Ecclésia renvoient ainsi à cette dimension corporelle du dirigeant démocratique. Il en va de même de toutes les remarques sur le « charisme » dans le roman de Roth (p. 28 notamment).

Transition : Ces tendances au retour du corps sont-elles des dérives antidémocratiques ponctuelles, ou bien sont-elles constitutives de la démocratie ? Il faut peut-être nuancer l'idée d'un pouvoir démocratique comme lieu totalement « vide ».

III. Un contenu objectif du pouvoir, source de réinvention

1. Le pouvoir démocratique, objet de savoir

Contrairement à ce que propose Claude Lefort, on peut soutenir que le pouvoir démocratique fait l'objet d'un savoir, ce qui signifie qu'il n'est pas tout à fait vide. Tocqueville considère que certes « ils se disputent sans cesse pour savoir dans quelles mains la souveraineté sera remise », mais qu'il n'en existe pas moins un certain savoir de ce qu'est le pouvoir : « Tous conçoivent le gouvernement sous l'image d'un pouvoir unique, simple, providentiel et créateur » (II, IV, 2, p. 93). On ne sort en réalité de la démocratie que quand ce savoir est figé, comme celui qui est transmis à la famille Roth lors de son voyage à Washington. La négation de la démocratie n'est pas l'incarnation mais la réification.

2. La démocratie comme possibilité de réinvention

Pour éviter une telle réification de la démocratie, il faut donc considérer qu'elle n'est pas inventée une fois pour toutes, au moment d'une révolution qui en figerait les traits. On ne peut pas dire que la démocratie interdit quoi que ce soit : elle laisse la possibilité ouverte d'un retour, par exemple, au désir d'incarnation. Au contraire, elle se définit par ce qu'elle autorise : sur le fondement du savoir que les citoyens peuvent constituer du pouvoir, ils sont susceptibles de la réinventer. Ainsi, dans *L'Assemblée des femmes*, c'est la connaissance du fonctionnement des institutions et de leurs limites qui permet aux femmes d'inventer une nouvelle forme de gouvernement et de société. De même, dans *De la démocratie en Amérique*, c'est par l'analyse du fonctionnement de la démocratie que peuvent être suggérés les moyens d'éviter le retour à la servitude.

Sujet 6

Chantal Mouffe affirme dans *L'Illusion du consensus* (Albin Michel, 2016, p. 9-10) : « La théorie de la démocratie a longtemps été déterminée par la croyance selon laquelle la bonté intérieure et l'innocence originelle des êtres humains étaient des conditions nécessaires à l'affirmation de la viabilité de la démocratie. C'est une vision idéalisée de la sociabilité humaine, comme étant essentiellement mue par l'empathie et la réciprocité, qui fonde la pensée moderne de la démocratie. La violence et l'hostilité sont perçues comme des phénomènes archaïques qu'il s'agit d'éliminer en élargissant les échanges et en établissant, par le biais d'un contrat social, une communication transparente entre des participants rationnels. Ceux qui se sont risqués à contester ce tableau idyllique ont immédiatement été considérés comme des ennemis de la démocratie. »

En quoi ce propos éclaire-t-il votre lecture des œuvres au programme ?

Situation : La philosophe Chantal Mouffe se situe dans une perspective qui emprunte de nombreux outils à la pensée marxiste. Dans cet extrait, elle expose comment la conception moderne de la démocratie repose sur une « illusion du consensus », consensus obtenu grâce aux qualités morales d'êtres humains rationnels, dans le cadre apaisé d'une société dépourvue de conflits. Elle affirme que la démocratie est traversée de luttes, que la violence même peut y avoir sa place.

Thématique : Le sujet oppose à une conception moderne, issue des Lumières, de la démocratie comme quête du consensus, une conception de la démocratie comme ensemble de luttes et de conflits.

Analyse des termes du sujet : Le sujet renvoie de façon allusive à des conceptions de la démocratie identifiables dans l'histoire de la philosophie. La « bonté intérieure » et « l'innocence originelle des êtres humains » évoquent la pensée de Rousseau, de même évidemment que l'idée d'un « contrat social », ou encore d'une « communication transparente ». La remise en cause du « tableau idyllique » de la démocratie renvoie à la pensée marxiste, pour laquelle l'existence de la démocratie ne résout en rien la violence propre à la lutte des classes ; à celle-ci, il convient d'opposer la violence révolutionnaire.

Problématique : Quelle place faut-il accorder au conflit dans la démocratie ?

I. La démocratie comme quête du consensus

1. La démocratie comme concurrence pacifiée

La démocratie transforme la lutte pour le pouvoir en concurrence pacifiée, réglée par des protocoles acceptés par tous. Dans *Les Cavaliers*, en dépit de la violence verbale, la compétition entre le Paphlagonien et le Charcutier se fait devant le Conseil, puis devant Démos, qui symbolise les citoyens réunis à l'Assemblée. Le Paphlagonien accepte sa défaite comme faisant partie du jeu démocratique. De la même façon, dans *Le Complot contre l'Amérique*, la victoire de Lindbergh intervient au terme d'une campagne marquée par des périls et des dangers, l'aviateur aimant laisser croire qu'il a eu un accident, voire qu'il y a perdu la vie (p. 55). Cette mise en scène du héros affrontant les éléments naturels se substitue à l'image du guerrier héroïque qui affronte son adversaire, laquelle correspondait à la forme ancienne de conquête du pouvoir.

2. La substitution du droit à la violence

Dans un régime où les procédures légales remplacent le conflit guerrier, la violence tend à disparaître. Tocqueville décrit ainsi la société démocratique comme une société où « la violence est rare, la cruauté presque inconnue » et où la vie est « très aisée et très paisible » (II, IV, 8, p. 187). Ainsi, tout surgissement de la violence est interprété comme négation de la démocratie : dans le roman de Roth, la violence progresse explicitement avec les pogroms, mais aussi, symboliquement, au sein de la famille à mesure que la démocratie américaine se transforme en État totalitaire (p. 422-424 notamment).

TRANSITION : La démocratie aboutit à une société pacifiée. Néanmoins une telle vision ne risque-t-elle de masquer illusoirement les conflits qui sont loin d'être effacés par la démocratie ?

II. LA DÉMOCRATIE, LIEU DE LUTTES ET DE CONFLITS

1. L'illusion de la bonté et de la rationalité

Chantal Mouffe récuse une vision idéalisée de l'être humain, naturellement bon et rationnel : il serait au contraire égoïste et irrationnel. Il faut ici faire le rapprochement avec la critique d'Aristophane : dans *Les Cavaliers*, la bêtise de Démos trouve son répondant dans l'égoïsme du Paphlagonien, tandis que, dans *L'Assemblée des femmes*, l'homme anonyme que croise Chrémès se garde bien d'appliquer les lois relatives à la collectivisation, attendant d'abord de voir ce que font les autres. Pour Aristophane, la démocratie n'est nullement adaptée aux hommes ordinaires : seuls les aristocrates, comme les Cavaliers, du fait de leur haute vertu, peuvent prétendre diriger. Pour Tocqueville également, les hommes ne sont pas naturellement bons : chacun poursuit son intérêt particulier. Mais, ce faisant, chacun construit un réseau d'intérêts qui renforce la puissance de l'État : chacun « cherche à attirer l'action du gouvernement de son côté, tout en voulant la resserrer de tous les autres » (II, IV, 3, note B, p. 104). Une telle conception de la démocratie fonde la réciprocité de l'échange non sur la transparence et l'empathie, mais sur l'égoïsme.

2. Le consensus démocratique masque des conflits et des luttes réels

Affirmer qu'une démocratie est fondée sur le consensus revient à ignorer la possibilité du conflit : en masquant les revendications, cette attitude renforce les processus d'exclusion et d'oppression à l'œuvre dans la société. Dans *Le Complot contre l'Amérique*, deux visions de la démocratie s'opposent : la première, fondée sur le bon sens, la rationalité, le respect des institutions, est incarnée par Herman ; la seconde, fondée sur le conflit, la lutte et finalement la guerre, est représentée par Alvin. Le fait qu'Alvin se proclame marxiste est significatif : derrière le discours lénifiant sur la démocratie de Herman, il perçoit les conflits économiques, la lutte des classes, la haine et le mépris des dominants envers les dominés. De même, si, dans *Les Cavaliers*, la violence reste purement verbale, le Paphlagonien multiplie les menaces et n'hésite pas à évoquer la violence physique pour garantir sa domination sur autrui.

TRANSITION : Si une description lucide de la démocratie inclut les conflits et les violences qu'elle renferme, ceux-ci suffisent-ils néanmoins à la caractériser ? N'est-il pas réducteur de considérer la démocratie seulement comme une manière de masquer la violence ?

III. LE CONSENSUS, IDÉAL RÉGULATEUR DU CONFLIT DÉMOCRATIQUE

1. La spécificité du conflit démocratique

Si la démocratie n'élimine pas le conflit, le consensus reste cependant à l'horizon des affrontements qui la traversent. Dans la démocratie, il ne s'agit pas d'anéantir l'adversaire : il faut, une fois la victoire acquise, le réintégrer à la communauté. La façon dont Démos sanctionne le Paphlagonien à la fin des *Cavaliers* paraît fort peu démocratique : « il se saoulera et lancera des injures aux filles ; il ira boire les rinçures des bains » (p. 158), tandis que l'amnistie présidentielle de Wheeler (p. 458) consacre la victoire de la démocratie dans *Le Complot contre l'Amérique*.

2. La garantie démocratique de l'égalité dans le conflit

Il faut donc considérer la démocratie comme une manière spécifique de réguler les conflits en assurant l'égalité des parties en présence. *Le Complot contre l'Amérique* insiste notamment sur le rôle la presse, de la radio, particulièrement à travers le personnage de Winchell. La parole publique a en effet pour fonction d'assurer une certaine égalité dans le conflit. C'est quand ce dernier devient asymétrique qu'il cesse d'être démocratique : c'est pourquoi Tocqueville cherche à de nombreuses reprises les moyens de rééquilibrer l'opposition fondamentale entre l'État et la liberté des citoyens, à l'aide de la presse ou des associations, tout en craignant également qu'un des éléments de la société démocratique, le monde industriel, n'accède à son tour à trop de puissance.

III. Résumés corrigés

Résumé de type Centrale-Supélec

La Haine de la démocratie de Jacques Rancière

[Jacques Rancière commente ici la critique présente dans La République *où Platon s'en prend à la « démesure » de la démocratie : les individus s'y laissent guider par leur bon plaisir et toute hiérarchie est abolie ; entre les gouvernants et les gouvernés, les hommes et les femmes, les pères et les fils, les étrangers et les citoyens, les maîtres et les élèves ; même les animaux, chevaux et ânes, bousculent les hommes dans la rue.]*

[L]e portrait toujours approprié de l'homme démocratique est le produit d'une opération, à la fois inaugurale et indéfiniment renouvelée, qui vise à conjurer une impropriété qui touche au principe même de la politique. La sociologie amusante d'un peuple de consommateurs insouciants, de rues obstruées et de rôles sociaux bouleversés conjure le pressentiment d'un mal plus profond : que l'innommable démocratie soit non pas la forme de société rétive au bon gouvernement et adaptée au mauvais, mais le principe même de la politique, le principe qui instaure la politique en fondant le « bon » gouvernement sur sa propre absence de fondement.

Pour le comprendre, reprenons la liste des bouleversements qui manifestent la démesure démocratique : les gouvernants sont comme les gouvernés, les jeunes comme les vieux, les esclaves comme les maîtres, les élèves comme les professeurs, les animaux comme leurs maîtres. Tout est à l'envers, certes. Mais ce désordre est rassurant. Si toutes les relations sont renversées en même temps, il apparaît que toutes sont de même nature, que tous ces renversements traduisent un même bouleversement de l'ordre naturel, donc que cet ordre existe et que la relation politique aussi appartient à cette nature. Le portrait amusant du désordre de l'homme et de la société démocratiques est une manière de remettre les choses en ordre : si la démocratie inverse la relation du gouvernant et du gouverné comme elle inverse toutes les autres relations, elle assure a contrario que cette relation est bien homogène aux autres, et qu'il y a entre le gouvernant et le gouverné un principe de distinction aussi certain que le rapport entre celui qui engendre et celui qui est engendré, celui qui vient avant et celui qui vient après : un principe qui assure la continuité entre l'ordre de la société et l'ordre du gouvernement, parce qu'il assure d'abord la continuité entre l'ordre de la convention humaine et celui de la nature.

Appelons ce principe *arkhè*. Hannah Arendt l'a rappelé, ce mot, en grec, veut dire à la fois commencement et commandement. Elle en conclut logiquement qu'il signifiait pour les Grecs l'unité des deux. L'*arkhè* est le commandement de ce qui commence, de ce qui vient en premier. Elle est l'anticipation du droit à commander dans l'acte du commencement et la vérification du pouvoir de commencer dans l'exercice du commandement. Ainsi se définit l'idéal d'un gouvernement qui soit la réalisation du principe par quoi le pouvoir de gouverner commence, d'un gouvernement qui soit l'exhibition en acte de la légitimité de son principe. Sont propres à gouverner ceux qui ont les dispositions qui les approprient à ce rôle, propres à être gouvernés ceux qui ont les dispositions complémentaires des premières.

C'est là que la démocratie crée le trouble, ou plutôt c'est là qu'elle le révèle. C'est ce que manifeste, au troisième livre des *Lois* une liste qui fait écho à la liste des relations naturelles perturbées que présentait dans la République le portrait de l'homme démocratique. Étant admis qu'il y a dans toute cité des gouvernants et des gouvernés, des hommes qui exercent l'arkhè et des hommes qui obéissent à son pouvoir, l'Athénien se livre à un recensement des titres à occuper l'une ou l'autre position, dans les cités comme dans les maisons. Ces titres sont au nombre de sept. Quatre d'entre eux se présentent comme des différences qui touchent à la naissance : commandent naturellement ceux qui sont nés avant ou mieux nés. Tel est le pouvoir des parents sur les enfants, des vieux sur les jeunes, des maîtres sur les esclaves ou des gens bien nés sur les hommes de rien. Suivent deux autres principes qui se réclament encore de la nature sinon de la naissance. C'est d'abord la « loi de nature » célébrée par Pindare, le pouvoir des plus forts sur les moins forts. Ce titre prête assurément à controverse : comment définir le plus fort ? Le Gorgias, qui montrait toute l'indétermination du terme, concluait qu'on ne pouvait bien entendre ce pouvoir qu'en l'identifiant à la vertu de ceux qui savent. C'est précisément le sixième titre recensé ici : le pouvoir qui accomplit la loi de nature bien entendue, l'autorité des savants sur les ignorants. Tous ces titres remplissent les deux conditions requises : premièrement, ils définissent une hiérarchie des positions. Deuxièmement ils la définissent en continuité avec la nature : continuité par l'intermédiaire des relations familiales et sociales pour les premiers, continuité directe pour les deux derniers. Les premiers fondent l'ordre de la cité sur la loi de filiation. Les seconds demandent pour cet ordre un principe supérieur : que gouverne non point celui qui est né avant ou mieux né, mais simplement celui qui est meilleur. C'est là, effectivement, que la politique commence, quand le principe du gouvernement se sépare de la filiation tout en se réclamant encore de la nature, quand il invoque une nature qui ne se confonde pas avec la simple relation au père de la tribu ou au père divin.

C'est là que la politique commence. Mais c'est là aussi qu'elle rencontre, sur la route qui veut séparer son excellence propre du seul droit de naissance, un étrange objet, un septième titre à occuper les places de supérieur et d'inférieur, un titre qui n'en est pas un et que pourtant, dit l'Athénien, nous considérons comme le plus juste : le titre d'autorité « aimé des dieux » : le choix du dieu hasard, le tirage au sort, qui est la procédure démocratique par laquelle un peuple d'égaux décide de la distribution des places.

Le scandale est là : un scandale pour les gens de bien qui ne peuvent admettre que leur naissance, leur ancienneté ou leur science ait à s'incliner devant la loi du sort ; un scandale aussi pour les hommes de Dieu qui veulent bien que nous soyons démocrates, à condition que nous reconnaissions avoir dû pour cela tuer un père ou un pasteur, et être donc infiniment coupables, en dette inexpiable à l'égard de ce père. Or le « septième titre » nous montre qu'il n'est besoin, pour rompre avec le pouvoir de la filiation, d'aucun sacrifice ou sacrilège. Il y suffit d'un coup de dés. Le scandale est simplement celui-ci : parmi les titres à gouverner, il y en a un qui brise la chaîne, un titre qui se réfute lui-même : le septième titre est l'absence de titre. Là est le trouble le plus profond signifié par le mot de démocratie. Pas question ici de gros animal rugissant, d'âne fier ou d'individu guidé par son bon plaisir. Il apparaît clairement que ces images sont des manières de cacher le fond du problème. La démocratie n'est pas le bon plaisir des enfants, des esclaves ou des animaux. Elle est le bon plaisir du dieu, celui du hasard, soit d'une nature qui se ruine elle-même comme principe de légitimité. La démesure démocratique n'a rien à voir avec quelque folie consommatrice. Elle est simplement la perte de la mesure selon laquelle la nature donnait sa loi à l'artifice communautaire à travers les relations d'autorité qui structurent le corps social. Le scandale est celui d'un titre à gouverner entièrement disjoint de toute analogie avec ceux qui ordonnent les relations sociales, de toute analogie entre la convention humaine et l'ordre de la nature. C'est celui d'une supériorité fondée sur aucun autre principe que l'absence même de supériorité.

Jacques Rancière, *La Haine de la démocratie*, © La Fabrique Éditions, 2005, chap. « La politique ou le pasteur perdu », p. 44-48.

THÈSE DE L'AUTEUR

Les descriptions péjoratives de la démocratie comme règne de la multitude, de la foule ayant perdu toute mesure, comme renversement de toutes les hiérarchies, renvoient à un trait fondamental de la démocratie : n'importe qui peut être dirigeant, même et surtout ceux qui ne peuvent se prévaloir d'aucune qualité particulière qui les prédisposerait à gouverner.

CONSTRUCTION DU TEXTE

§ 1 : *Thèse de l'auteur.* La description courante *[notamment chez Platon]* de la démocratie comme règne de la multitude déréglée est censée prouver qu'il s'agit d'un mauvais gouvernement, mais en réalité elle met en évidence le caractère essentiel de la démocratie : elle n'est fondée sur rien d'autre qu'elle-même.

§ 2 : *Le paradoxe de la description : quoique effrayant de prime abord, ce renversement a quelque chose de rassurant.* La façon dont la démocratie est décrite insiste sur la démesure et le renversement de toutes les hiérarchies. Puisque toutes les hiérarchies sont renversées en même temps, cela signifie cependant qu'elles sont toutes naturelles *[celle qui existe entre gouvernant et gouverné autant que celle qui existe entre père et fils].*

§ 3 : *La notion d'*arkhè. Le principe selon lequel la relation gouvernant-gouverné est d'ordre naturel peut être appelé *arkhè*, qui signifie à la fois commandement et commencement : celui qui commande est celui qui commence, autrement dit le gouvernant est le premier, qui possède les capacités qui le désignent comme apte à gouverner.

§ 4 : *Commentaire d'un passage des* Lois. Dans les *Lois*, Platon énumère ces capacités. Viennent d'abord les capacités liées à la naissance – être parent, vieux, maître ou bien né. Viennent ensuite les capacités liées à la nature – être le plus fort ou le plus savant. Toutes ces capacités fondent une hiérarchie sur un ordre supposé naturel. Seules les deux dernières sont vraiment politiques : les quatre premières sont liées à la filiation.

§ 5 : *Le septième titre.* Toujours dans les *Lois* apparaît une septième capacité, le hasard, symbolisé par le tirage au sort *[utilisé dans les institutions athéniennes]*.

§ 6 : *Le scandale de la démocratie ainsi conçue.* Le rôle dévolu au hasard scandalise à la fois ceux qui pensent que la désignation du gouvernant doit être liée à sa naissance ou à sa compétence et les religieux pour qui la démocratie est liée à un régicide ou un déicide originel *[*Le Meurtre du pasteur *est un livre de Benny Lévy auquel Jacques Rancière répond ici]*. Le scandale tient au fait que cette capacité n'est pas une capacité. Ce qu'on conçoit comme la démesure démocratique n'est en fait que le constat selon lequel en démocratie on cesse de prétendre que les relations de pouvoir sont fondées sur un ordre naturel pour accepter le caractère artificiel de l'institution du pouvoir. La raison pour laquelle quelqu'un doit gouverner, c'est l'absence de raison particulière qu'il a de gouverner.

Résumé en 205 mots

La description de la démocratie comme règne de la multitude déréglée met en évidence le caractère essentiel de la démocratie : elle n'est fondée sur rien. Cette description insiste en effet sur le renversement de toutes les hiérarchies. Or, puisque toutes les hiérarchies sont renversées en même temps, cela signifie qu'elles sont toutes naturelles. Ce principe, appelé *arkhè*, signifie que celui qui doit gouverner est celui qui possède les capacités pour gouverner.

Dans les *Lois*, Platon énumère la liste de ces capacités. Viennent d'abord les capacités liées à la naissance, puis les capacités liées à la supériorité physique ou intellectuelle. Ces capacités fondent une hiérarchie sur un ordre supposé naturel. Apparaît enfin une septième capacité, paradoxale : le hasard.

Le rôle dévolu au hasard scandalise ceux qui pensent que la désignation du gouvernant doit être liée à sa naissance ou à sa compétence. Le scandale tient au fait que cette capacité n'est pas une capacité. Ce qu'on conçoit comme la démesure démocratique n'est donc que le constat selon lequel, en démocratie, on accepte le caractère artificiel de l'institution du pouvoir. La raison pour laquelle quelqu'un doit gouverner, c'est l'absence de raison particulière qu'il a de gouverner.

RÉSUMÉ DE TYPE CCP

Qu'est-ce que la démocratie ? d'Alain Touraine

[Alain Touraine réfléchit à la façon dont le « sujet », au sens philosophique d'individu doté d'une subjectivité, s'inscrit dans la démocratie. Sociologue, il refuse la conception, selon lui réductrice, d'un sujet qui se définirait uniquement par le fait de posséder la raison : le sujet s'inscrit aussi dans une économie d'une part, dans une communauté d'autre part.]

La sociologie est partie [...] de l'idée que la Raison s'incarnait dans la société moderne et que les conduites individuelles ou collectives devaient être évaluées selon leur utilité pour la société – critère qui revient à celui de la rationalité, puisque la société est un organisme ou un système qui ne peut fonctionner que si ses organes sont liés les uns aux autres par des relations intelligibles de complémentarité et de fonctionnalité. Mais son histoire, à l'opposé de celle de la philosophie, a consisté à dégager peu à peu le sujet de cette rationalité systémique ou simplement fonctionnaliste. Durkheim et Weber s'inquiètent d'une modernité que Nietzsche et Freud avaient plus radicalement mise en cause. Au XXe siècle, la sociologie rejette le plus souvent l'idée de système social, au nom aussi bien de l'*homo oeconomicus* ou des analyses stratégiques que de l'étude des mouvements sociaux ou des imaginaires. L'acteur se dégage du système et celui-ci apparaît davantage comme un compromis négocié que comme un ordre rationnel.

L'idée de sujet marque le point extrême de cette transformation de la sociologie, qui se traduit par un véritable renversement de nos conceptions de la démocratie. Elle était définie comme la participation à un ordre politique qui agissait sur la vie sociale, comme le levier d'Archimède, à partir du point d'appui fourni par la raison ; elle est, à l'inverse, aujourd'hui, par la reconnaissance des sujets personnels et la diversité de leurs efforts pour combiner la raison instrumentale avec l'intégration d'une communauté, ce qui suppose la plus grande liberté possible pour chacun.

Le sujet tel que nous le concevons aujourd'hui ne se réduit pas à la raison. Il ne se définit et ne se saisit lui-même que dans sa lutte contre la logique du marché ou des appareils techniques ; il est liberté et libération encore plus profondément que connaissance. En même temps, il est appartenance à des identités collectives autant que dégagement et libération. *Le sujet est à la fois raison, liberté et mémoire*. Ces *trois dimensions* correspondent à celles de la démocratie, car l'appel à une identité collective doit se traduire dans l'organisation politique par la représentation des intérêts et des valeurs des différents groupes sociaux, tandis que la confiance en la raison renvoie au thème de la citoyenneté, comme l'avait voulu la Révolution française, et que l'appel au droit naturel est directement associé à l'idée de liberté et à une vision individualiste de la société qui conduit à limiter le pouvoir d'État pour préserver les droits fondamentaux de l'individu. Ceux qui opposent un sujet réduit à la raison aux troubles de la société ne font que revenir à l'illusion des anciens libéraux et des défenseurs de l'élitisme républicain qui identifiaient la démocratie au règne des citoyens instruits, aisés et considérés. Le sujet ne se confond pas plus avec la raison individuelle qu'avec l'individu singulier, puisqu'il est avant le travail par lequel raison, liberté et appartenances sont associées dans la vie de l'individu comme dans celle de la collectivité.

La démocratie est indispensable pour que la liberté puisse gérer les rapports entre la rationalisation et les identités. Si la démocratie est menacée et si elle a été si souvent et si brutalement détruite, c'est parce que, dans le monde contemporain, l'univers de la rationalisation et celui des identités, l'univers des marchés et celui des communautés se séparent de plus en plus et que la démocratie ne peut vivre dans aucun des deux quand ils sont dissociés l'un de l'autre. Le monde des techniques et des marchés peut avoir besoin d'un marché politique ouvert, mais il est choquant de réduire la démocratie à cette fonction ; quant au monde dominé par les communautés, il ne cherche que l'intégration, l'homogénéité et le consensus, et rejette le débat démocratique. Ces deux fragments de la modernité éclatée se dégradent quand ils sont séparés l'un de l'autre, comme l'individu perd sa capacité d'être un acteur social s'il est réduit à n'être qu'une pièce dans une machine ou, inversement, s'il doit se définir entièrement par l'appartenance à une communauté. Le sujet est un effort de l'individu ou de la communauté pour unir les deux faces de son action : *la démocratie est le système institutionnel qui assure leur combinaison au niveau politique*, qui permet à une société d'être à la fois une et diverse. C'est pourquoi la démocratie est une *culture* et pas seulement un ensemble de garanties institutionnelles. Ce qui fait la liberté d'un individu et le caractère démocratique d'un système politique s'exprime dans les mêmes termes. Aux deux niveaux, il s'agit de combiner des éléments qui sont complémentaires mais en même temps opposés et qu'aucun principe supérieur ne peut réduire à l'unité. L'idée démocratique impose de reconnaître le pluralisme culturel encore plus que le pluralisme social. La démocratie doit aider les individus à être des sujets.

Alain Touraine, *Qu'est-ce que la démocratie ?*,

Le Livre de Poche, coll. « Biblio Essais », 1997, p. 207-209.

Thèse de l'auteur

La démocratie doit être définie à partir de toutes les dimensions du sujet, qui n'est pas seulement un être rationnel, mais aussi un être libre et la mémoire d'une communauté.

Construction du texte

§ 1 : *Histoire de la sociologie.* À l'origine *[c'est-à-dire au XIXe siècle]*, la sociologie s'inscrivait dans un paradigme utilitaire : les individus, rationnels, agissent de façon plus ou moins utile à la société, ils aident à la faire fonctionner comme un système. Au XXe siècle, la sociologie rejette une telle vision systémique, considérant que les individus agissent soit comme l'*homo oeconomicus [individu qui calcule les coûts et les profits pour déterminer comment il doit agir]*, soit comme le membre d'une communauté investi de ses représentations collectives.

§ 2 : *Transformations de l'idée de démocratie.* De la même façon, la participation à la démocratie était donc autrefois conçue comme fondée sur la raison. Désormais, il faut prendre en compte la façon dont les individus définis à la fois par la recherche de leur intérêt propre et la fidélité à leur communauté d'appartenance s'intègrent au fonctionnement démocratique.

§ 3 : *Le sujet démocratique comme raison, liberté et mémoire.* Il ne faut donc pas définir le « sujet » démocratique seulement par sa raison, mais aussi par ses rapports à la liberté *[qui lui permet de s'émanciper des simples lois économiques]* et à la mémoire *[qui lui permet de respecter les traditions de sa communauté]*. Ce sont aussi les trois valeurs de la démocratie, puisque la démocratie se doit de représenter les différentes communautés, que la citoyenneté est, conformément aux idéaux de 1789, fondée sur la raison, et que la liberté individuelle est au cœur de la démocratie, en particulier pour résister à la puissance de l'État. Identifier le sujet démocratique à la raison donne de la démocratie une vision tronquée, comme quand l'on considérait autrefois que seuls les citoyens éclairés avaient le droit de participer à la vie politique.

§ 4 : *La démocratie comme combinaison de ces trois dimensions.* La démocratie permet de faire coexister ces trois dimensions du sujet. Elle est menacée dès que les forces du marché l'emportent sur le respect des traditions, ou bien, à l'inverse, quand le rôle des communautés devient trop prégnant. L'individu ne peut être un simple rouage de l'économie ou perdre toute individualité en tant que membre d'une communauté. La démocratie n'est donc pas simplement une forme de gouvernement, mais une culture, qui permet de concilier unité et diversité. La démocratie doit permettre l'accomplissement du sujet dans toutes ses dimensions.

Résumé en 102 mots

La sociologie, à l'origine, définissait les individus comme des êtres rationnels. Puis elle a pris en compte leur inscription dans l'économie d'une part, dans des communautés d'autre part.

Désormais, il faut définir la démocratie comme le régime permet de faire coexister les trois dimensions du sujet : la raison, la liberté, la mémoire. La démocratie est ainsi menacée dès que l'un de ces éléments disparaît. L'individu ne peut être un simple rouage de l'économie ni perdre toute individualité au sein d'une communauté.

La démocratie est donc une culture, qui permet de concilier unité et diversité.

SEPTIÈME PARTIE

Répertoire de citations

par Corinne von Kymmel

Pour traiter le thème de la démocratie qui figure au programme, il est nécessaire de maîtriser les œuvres et de les confronter : c'est ainsi que s'élaborent notamment les exemples utiles dans les dissertations. Les pistes suivantes, non exhaustives, ont pour but de mettre en évidence quelques thématiques possibles et doivent être considérées comme les bases du fichier de citations que chaque préparationnaire construit tout au long de son année de travail.

L'ATTRAIT POUR LA DÉMOCRATIE

L'espoir suscité par la démocratie

■ Le rétablissement de procédures démocratiques en bonne et due forme entrepris par Mrs Lindbergh trouve son aboutissement deux semaines et demie plus tard, le mardi 3 novembre 1942 : c'est un raz de marée démocrate aux deux chambres et une victoire écrasante pour Franklin Delano Roosevelt, qui entame un troisième mandat présidentiel.

(Roth, p. 457)

■ [Blépyros :] […] on vous a, dit-on, confié le pouvoir.
[Praxagora :] Pour quoi faire, pour tisser ?
[Blépyros :] Non, par Zeus, mais pour gouverner [t]outes les affaires de la cité, sans exception.
[Praxagora :] Par Aphrodite, heureuse donc sera la cité à l'avenir !

(Aristophane, *L'Assemblée des femmes*, p. 201-202)

■ […] chaque citoyen, devenu semblable à tous les autres, se perd dans la foule, et l'on n'aperçoit plus que la vaste et magnifique image du peuple lui-même.

(Tocqueville, II, IV, 2, p. 89-90)

Malgré l'inquiétude de la population au quotidien, la perspective de la démocratie à venir (chez Roth ou chez les Grecs d'Aristophane) donne à chacun l'impression d'un bonheur bientôt partagé entre tous les citoyens, valorisés en tant que peuple uni.

Une différence constructive

■ Il n'y a pas de si grande inégalité qui blesse les regards lorsque toutes les conditions sont inégales ; tandis que la plus petite dissemblance paraît choquante au sein de l'uniformité générale [...].

(Tocqueville, II, IV, 3, p. 101)

■ [Démos :] [...] veuille me dire ton nom.
[Le Charcutier :] Agoracritos ; j'ai grandi sur l'agora au milieu des disputes.

(Aristophane, *Les Cavaliers*, p. 147)

■ [Bess :] Qu'est-ce que tu veux savoir, toi ?
[Philip :] Pourquoi tout le monde crie.
[Bess :] Parce que tout le monde voit les choses différemment.

(Roth, p. 278)

En démocratie, l'égalité des citoyens se fonde sur une différence qui tient compte des inégalités au point que les échanges d'idées reposent souvent sur des confrontations de discours et d'opinions.

Une parole libre

■ [Dorothy Thompson a été] expulsée du rallye de 1939 pour avoir exercé ce qu'elle appelait son « droit constitutionnel de rire des propos grotesques énoncés dans une salle publique » [...].

(Roth, p. 257)

■ [Huitième femme :] Mais, ma chère, laquelle de nous ne sait pas parler ?

(Aristophane, *L'Assemblée des femmes*, p. 168)

■ La presse est, par excellence, l'instrument démocratique de la liberté.

(Tocqueville, II, IV, 7, p. 172)

La démocratie permet à chacun de s'exprimer selon ses moyens propres : tous les citoyens ont les mêmes droits d'expression, souvent relayés par une presse qui ne se soumet pas aux pouvoirs.

La répartition des richesses

■ Les hommes travaillaient cinquante, soixante, voire soixante-dix heures et plus par semaine. Les femmes travaillaient tout le temps, sans grand équipement ménager [...].

(Roth, p. 14)

■ [Praxagora :] Il ne sera plus permis à personne de détrousser, ni de jalouser son voisin, ni d'aller nu, ni d'être pauvre, ni d'injurier, ni d'emporter un objet donné en gage ?

(Aristophane, *L'Assemblée des femmes*, p. 202)

■ [...] l'État attire à lui l'argent des riches par l'emprunt, et par les caisses d'épargne il dispose à son gré des deniers du pauvre.

(Tocqueville, II, IV, 5, p. 126)

En démocratie, les biens et les services sont généralement répartis en fonction d'une volonté d'équité : qu'il s'agisse d'argent, de travail ou de biens matériels, chacun doit pouvoir donner et recevoir de manière juste.

Le peuple libre et célébré

■ [...] dans ses vastes limites, l'homme est puissant et libre ; ainsi des peuples.

(Tocqueville, II, IV, 8, p. 192)

■ Il y avait Roosevelt, il y avait la Constitution des États-Unis, il y avait les droits civiques, il y avait les journaux, la presse américaine libre.

(Roth, p. 35)

■ [Le Charcutier :] Allons, faites entendre des hourrahs d'enthousiasme à l'apparition de l'antique Athènes, de la merveilleuse Athènes, la ville tant chantée, où demeure l'illustre Démos.

(Aristophane, *Les Cavaliers*, p. 152)

La démocratie valorise « l'illustre Démos » comme peuple de citoyens libres, puisque c'est la liberté des hommes qui leur confère leur puissance politique.

L'individu dans une société équitable

■ L'idée d'un droit inhérent à certains individus disparaît rapidement de l'esprit des hommes ; l'idée du droit tout-puissant et pour ainsi dire unique de la société vient remplir sa place.

(Tocqueville, II, IV, 2, p. 91)

■ [Praxagora :] Comment voler ce dont on a sa part ?

(Aristophane, *L'Assemblée des femmes*, p. 212)

■ Mon père, lui, n'avait pas le moindre désir de suprématie, et s'il était mû par la fierté personnelle, [...] faire quelque chose de sa vie lui suffisait, sans pour autant décrocher la lune ou démolir son entourage.

(Roth, p. 182)

En démocratie, chaque citoyen agit librement, ce qui permet aux hommes de trouver leur place dans la cité sans déposséder leurs semblables.

La confiance démocratique

■ Les hommes qui vivent dans les siècles d'égalité aiment naturellement le pouvoir central et étendent volontiers ses privilèges ; mais, s'il arrive que ce même pouvoir représente fidèlement leurs intérêts et reproduise exactement leurs instincts, la confiance qu'ils lui portent n'a presque point de bornes, et ils croient accorder à eux-mêmes tout ce qu'ils donnent.

(Tocqueville, II, IV, 4, p. 116)

■ Le plus avantageux pour nous en la circonstance serait donc d'aller nous mettre à genoux devant la statue d'un dieu.

(Aristophane, *Les Cavaliers*, p. 50)

■ Si Lindbergh promettait qu'il n'y aurait pas de guerre, alors, il n'y en aurait pas. La grande majorité n'allait pas chercher plus loin.

(Roth, p. 84)

Selon Tocqueville, la « confiance » que les citoyens accordent au gouvernement démocratique « n'a presque point de bornes », au point que le gouvernement est toujours suivi et considéré comme un guide infaillible.

Choisir un représentant

■ [Démos :] Je laisserai diriger la Pnyx à celui de vous deux qui me traitera le mieux.

(Aristophane, *Les Cavaliers*, p. 134)

■ [...] parmi les différents gouvernements, celui [que l'homme] conçoit d'abord et qu'il prise le plus, c'est le gouvernement dont il a élu le chef et dont il contrôle les actes.

(Tocqueville, II, IV, 1, p. 84)

■ Lorsqu'il s'adressait à nous, dans notre séjour, en nous nommant ses « concitoyens », FDR manifestait une autorité qui fondait nos vies avec la sienne.

(Roth, p. 49)

Pour choisir un représentant, les citoyens d'une démocratie privilégient celui qui semble le mieux leur ressembler, mais aussi celui qui leur semble le plus proche de leurs propres préoccupations.

Les élections

■ [Herman à Mr Cucuzza :] Vous savez ce qui me plaît à moi, Cuccuza ? Les élections. J'adore voter.

(Roth, p. 409)

■ L'élection est un expédient démocratique qui assure l'indépendance du fonctionnaire vis-à-vis du pouvoir central, autant et plus que ne saurait le faire l'hérédité chez les peuples aristocratiques.

(Tocqueville, II, IV, 7, p. 169)

■ [Le Paphlagonien :] Or çà, Démos, convoque immédiatement l'Assemblée, afin de décider en connaissance de cause quel est celui de nous deux qui t'est le plus dévoué, et qui mérite tes faveurs.

(Aristophane, *Les Cavaliers*, p. 104)

Comme Herman dans le roman de Roth, les citoyens apprécient les élections, puisqu'elles permettent de choisir des représentants qui leur semblent indépendants et dont ils espèrent la reconnaissance.

Démocratie et justice

■ La force des tribunaux a été, de tout temps, la plus grande garantie qui se puisse offrir à l'indépendance individuelle [...].

(Tocqueville, II, IV, 7, p. 173)

■ Sur quelle preuve pourrais-je m'appuyer pour que les spectateurs aient l'impression que je suis un juge équitable ?

(Aristophane, *Les Cavaliers*, p. 143)

■ [Herman au policier, à l'hôtel :] Je suis allé visiter le mémorial de Lincoln avec ma femme et mes enfants, et le discours de Gettysburg y est inscrit sur les murs. Vous savez ce qu'il dit : « Tous les hommes naissent égaux. »
[Le policier :] Eh bien, ça ne veut pas dire que toutes les réservations d'hôtel naissent égales, elles aussi.

(Roth, p. 108)

La nécessité de la séparation des pouvoirs formulée par Montesquieu apparaît évidente en démocratie, où l'indépendance des citoyens dépend de celle de la justice qui traite chacun équitablement.

L'État dirige les citoyens

■ L'État a partout repris pour lui seul ces attributs naturels de la puissance souveraine ; dans tout ce qui a rapport au gouvernement, il ne souffre plus d'intermédiaire entre lui et les citoyens, et il les dirige par lui-même dans les affaires générales.

(Tocqueville, II, IV, 5, p. 120)

■ [Praxagora :] Force m'est de faire cela, puisque j'ai été choisie pour gouverner et organiser les repas en commun, afin que votre premier banquet ait lieu aujourd'hui.

(Aristophane, *L'Assemblée des femmes*, p. 216)

■ [Sandy présentant ses portraits de Lindbergh :] Ceci montre le président Lindbergh en train de signer la loi sur le service militaire obligatoire pour tous, qui vise à assurer la paix aux États-Unis en enseignant à notre jeunesse les techniques nécessaires pour protéger et défendre la nation.

(Roth, p. 227)

Le gouvernement d'une démocratie prend des décisions qui touchent tous les citoyens et s'arroge le droit d'intervenir dans les différents domaines de la vie de la cité pour exercer le mandat qui lui a été donné.

Centraliser pour unifier

■ [Anne Morrow Lindbergh :] Notre plus belle mission, à nous, peuple américain, c'est de vivre unis dans l'harmonie et la fraternité.

(Roth, p. 358)

■ [Premier Serviteur :] Mais rien ne saurait échapper au Paphlagonien. Il a l'œil sur tout. Il possède un pied à Pylos, et l'autre à l'Assemblée. Il sait faire le grand écart à la perfection.

(Aristophane, *Les Cavaliers*, p. 153)

■ L'unité, l'ubiquité, l'omnipotence du pouvoir social, l'uniformité de ses règles, forment le trait saillant qui caractérise tous les systèmes politiques enfantés de nos jours.

(Tocqueville, II, IV, 2, p. 92)

La centralisation des pouvoirs démocratiques dans les mains du représentant élu a pour « trait saillant » d'unifier les pratiques du pouvoir et surtout de les étendre à tous les domaines de la vie dans la cité pour organiser une union des citoyens sous son égide.

LES DANGERS LIÉS À LA DÉMOCRATIE

La puissance de la majorité

■ [Herman :] Assez de ces niaiseries, Evelyn, nous ne sommes pas des gens importants. [...] Les gens ordinaires ont déjà bien assez de tracas comme ça.

(Roth, p. 269)

■ [Chrémès :] Et toi, tu ne comptes pas déposer ?
[L'Homme :] Je n'aurai garde de le faire avant d'avoir vu ce que fait la multitude.

(Aristophane, *Les Cavaliers*, p. 220)

■ [Au sujet des Américains.] Leur esprit n'a jamais prévu qu'on pût ne pas appliquer uniformément la même loi à toutes les parties du même État et à tous les hommes qui l'habitent.

(Tocqueville, II, IV, 2, p. 91)

Face à la centralisation du gouvernement, les citoyens se considèrent comme de simples rouages d'une machine démocratique et estiment que leur individualité doit céder face à la force du groupe.

Démocratie et goût pour la nouveauté

■ Il apparaissait donc, concluaient les experts, que les Américains du vingtième siècle, las de faire face à une nouvelle crise tous les dix ans, avaient soif de normalité. Or Lindbergh représentait justement cette normalité élevée à des proportions héroïques [...].

(Roth, p. 84)

■ [L'Homme :] Je les connais, ces gens-là : ils votent vite, mais reviennent aussitôt sur leurs décisions.

(Aristophane, *L'Assemblée des femmes*, p. 223)

■ Personne, sur la terre, ne peut encore affirmer d'une manière absolue et générale que l'état nouveau des sociétés soit supérieur à l'état ancien ; mais il est déjà aisé de voir qu'il est autre.

(Tocqueville, II, IV, 8, p. 189)

La versatilité du peuple a pour conséquence de nombreux changements au niveau des gouvernements : la démocratie est faite d'une succession de représentants auxquels les citoyens délèguent leur confiance.

Une dangereuse délégation de confiance

■ Ô marchand de boudins béni du ciel, approche-toi, mon cher. Tu apparais à nos regards comme le sauveur de la cité.

(Aristophane, *Les Cavaliers*, p. 60)

■ Ce qu'[Herman] ne disait pas, c'est qu'en respectant sa promesse de tenir l'Amérique en dehors de la guerre mondiale, le chien de fasciste en question [Lindbergh] était désormais le héros de presque toute la presse du pays, à l'exception de *PM*.

(Roth, p. 185-186)

■ Dans ce système, les citoyens sortent de la dépendance pour indiquer leur maître, et y rentrent.

(Tocqueville, II, IV, 6, p. 156)

La confiance que les citoyens accordent à leur représentant rapproche celui-ci de figures héroïques auxquelles il n'est pas question de trouver des défauts.

Des citoyens peu fiables

■ La puissance et la durée de ces petites sociétés particulières [les associations], au milieu de la faiblesse et de l'instabilité générale, les étonnent et les inquiètent, et ils ne sont pas éloignés de considérer comme de dangereux privilèges le libre emploi que fait chacune d'elles de ses facultés naturelles.

(Tocqueville, II, IV, 5, p. 135)

■ Nous avons un maître ; c'est un caractère mal embouché, un grignoteur de fèves, facilement irritable. Il s'appelle Démos, il est originaire de Pnyx.

(Aristophane, *Les Cavaliers*, p. 51)

■ [...] je n'avais jamais aussi bien compris à quel point la vanité éhontée des imbéciles peut faire le malheur d'autrui.

(Roth, p. 307)

Les citoyens pensent agir en toute connaissance de cause, mais leurs décisions sont souvent le résultat d'impulsions peu raisonnables : les peuples se laissent emporter par leur « faiblesse » et leur « vanité ».

Le poids de l'ignorance

■ [Le Paphlagonien :] Vous ne me ferez pas peur tant que durera le Conseil, et que Démos y siégera avec sa face d'abruti.

(Aristophane, *Les Cavaliers*, p. 81)

■ On se disait qu'il n'en faudrait pas beaucoup à ces gens pour devenir une populace aveugle et destructrice manipulée par le complot pro-nazi qui avait déjà ourdi avec succès l'émeute de Detroit.

(Roth, p. 385-386)

■ La concentration des pouvoirs et la servitude individuelle croîtront donc, chez les nations démocratiques, non seulement en proportion de l'égalité, mais en raison de l'ignorance.

(Tocqueville, II, IV, 4, p. 112)

Les citoyens d'une démocratie se sentent si investis de leur puissance qu'ils agissent sans réfléchir, au point que l'ignorance entraîne des conséquences nuisant à l'exercice même de la démocratie.

Des comportements intéressés

■ [Démos :] Moi, si je fais la bête, c'est volontairement. Pourvu que j'aie le plaisir d'absorber ma pâtée quotidienne, j'accepte de nourrir un fripon qui me gouverne et, quand il en a plein jusque-là, alors je le fais sauter et je tape dessus.

(Aristophane, *Les Cavaliers*, p. 135)

■ [Lindbergh au sujet des juifs :] On ne saurait leur reprocher de veiller sur ce qu'ils considèrent comme leurs intérêts, mais nous devons aussi veiller sur les nôtres.

(Roth, p. 28)

■ Parmi les hommes publics des démocraties, il n'y a guère que des gens très désintéressés ou très médiocres qui veuillent décentraliser le pouvoir. Les uns sont rares et les autres impuissants.

(Tocqueville, II, IV, 3, note C, p. 105)

Au lieu de penser d'abord au bien commun, chaque citoyen, comme le pouvoir central de la démocratie, agit en fonction de ses intérêts propres qui lui semblent transcender l'intérêt de la cité.

Les biais du pouvoir

■ Il allait sans dire que Mr Mawhinney était chrétien, membre de longue date de cette formidable majorité qui avait fait la guerre d'Indépendance, fondé la nation, conquis la nature, subjugué l'Indien, asservi le Noir, [...] l'un de ces protestants d'origine anglo-saxonne et nordique, au-dessus de tout soupçon, qui dirigeaient l'Amérique et la dirigeraient toujours [...].

(Roth, p. 141)

■ [Le Charcutier :] Veux-tu me dire comment, moi, marchand de boudins, je puis devenir un jour ce qui s'appelle un personnage ?
[Premier Serviteur :] Mais c'est justement pour cela que tu vas le devenir ; parce que tu n'es qu'un propre à rien, un chevalier du soleil, un audacieux coquin.

(Aristophane, *Les Cavaliers*, p. 64)

■ Cette haine immortelle, et de plus en plus allumée, qui anime les peuples démocratiques contre les moindres privilèges, favorise singulièrement la concentration graduelle de tous les droits politiques dans les mains du seul représentant de l'État.

(Tocqueville, II, IV, 3, p. 101)

La représentation des citoyens n'est pas nécessairement accordée à un pouvoir sage, mais plutôt à un pouvoir qui concentre la puissance de l'exécutif au service d'un intérêt de conquête et de tromperie.

L'ignorance manipulée

■ [...] il ne tyrannise point, il gêne, il comprime, il énerve, il éteint, il hébète, et il réduit enfin chaque nation à n'être plus qu'un troupeau d'animaux timides et industrieux, dont le gouvernement est le berger.

(Tocqueville, II, IV, 6, p. 155)

■ Il y a bien un complot, en effet, conclut le maire La Guardia, et je vais me faire un plaisir de vous nommer les forces qui l'animent : ce sont l'hystérie, l'ignorance, la malveillance, la bêtise, la haine et la peur.

(Roth, p. 451)

■ [Premier serviteur :] Pour gouverner le peuple, il ne faut pas un homme d'une bonne culture et d'une bonne éducation. Il faut un ignorant doublé d'un coquin.

(Aristophane, *Les Cavaliers*, p. 65)

Pour gouverner, l'État s'appuie sur l'ignorance qui caractérise les citoyens : en cela, il se comporte en apparence comme un « berger », mais en réalité comme un « coquin », qui manipule la crédulité du peuple dont il est issu.

L'État dupe les citoyens

■ [Le rabbin Bengelsdorf] faisait du « développement des idéaux américains » la priorité des Juifs et de « l'américanisation des Américains » le meilleur rempart de la démocratie contre « le bolchevisme, le radicalisme et l'anarchisme » [...].

(Roth, p. 58)

■ Les peuples démocratiques [...] ont introduit la liberté dans la sphère politique, en même temps qu'ils accroissaient le despotisme dans la sphère administrative [...].

(Tocqueville, II, IV, 6, p. 159-160)

■ [Le Charcutier au Paphlagonien :] Toi, tu n'as cherché qu'à réduire Athènes à la condition de petite ville, en établissant des cloisons entre les habitants et en les dupant avec des oracles. Et c'est toi qui oses te comparer à Thémistocle !

(Aristophane, *Les Cavaliers*, p. 110)

Sous prétexte de donner à la cité davantage de liberté et de diriger le peuple vers des idéaux attractifs, le gouvernement manipule les croyances et trompe les populations qu'il entraîne.

Une répartition démocratique ?

■ […] on se rattache au principe de l'utilité sociale, on crée le dogme de la nécessité politique, et l'on s'accoutume volontiers à sacrifier sans scrupule les intérêts particuliers et à fouler aux pieds les droits individuels, afin d'atteindre plus promptement le but général qu'on se propose.

(Toqueville, II, IV, 7, p. 178)

■ [Praxagora :] Je prétends faire de notre ville une seule habitation, en renversant toutes les séparations jusqu'à la dernière, de façon qu'on puisse se rendre les uns chez les autres.

(Aristophane, *L'Assemblée des femmes*, p. 213)

■ [Pour le rabbin Bengelsdorf, les] Juifs d'Amérique peuvent participer intégralement à la vie civique de leur pays. Ils ne sont plus obligés de résider à l'écart comme des parias […].

(Roth, p. 158)

À force de s'arroger tous les pouvoirs, les représentants de la démocratie finissent par décider de tout, y compris d'une organisation de la vie de la cité à l'échelle non pas de la communauté mais du citoyen lui-même : l'excès de volonté d'égalité provoque alors une inégalité de traitement.

Le gouvernement dirige avec excès

■ [La loi de peuplement *Homestead*] donnera aux familles américaines émergentes une occasion unique de partir s'enraciner aux frais de l'État dans une région enthousiasmante de l'Amérique jusque-là inaccessible pour elles.

(Roth, p. 296)

■ Partout l'État arrive de plus en plus à diriger par lui-même les moindres citoyens et à conduire seul chacun d'eux dans les moindres affaires.

(Tocqueville, II, IV, 5, p. 121-122)

■ [Le Charcutier :] Cette prétention de croire que tu mènes le peuple à ta guise !
[Le Paphlagonien :] C'est que je connais les appâts auxquels il se laisse prendre.

(Aristophane, *Les Cavaliers*, p. 101)

Sous prétexte d'assurer le bien commun, l'État s'empare de l'ensemble des décisions à prendre et finit par contraindre le peuple, tout en arguant de sa volonté de ne viser qu'un mieux-être, par l'usage d'« appâts », comme celui de la « région enthousiasmante » vantée par le programme *Homestead.*

Vers l'uniformisation

■ [...] de nos jours, des gouvernements s'épuisent, afin d'imposer les mêmes usages et les mêmes lois à des populations qui ne se ressemblent point encore.

(Tocqueville, II, IV, 2, p. 89)

■ [Praxagora :] [...] ayant placé tous les gens près d'Harmodios, je tirerai au sort, jusqu'à ce que chacun s'en aille content, sachant à quel service il sera inscrit pour le dîner.

(Aristophane, *L'Assemblée des femmes*, p. 214)

■ [Herman :] C'est des décideurs, ces types-là, Bess, ils ne vont pas perdre leur temps à en vouloir à quelqu'un comme moi.

(Roth, p. 25)

Lorsque le gouvernement agit, il ne prend en compte que la volonté de créer des citoyens égaux : il ne s'intéresse donc pas aux individus, mais veut provoquer un effet de groupe pour mieux diriger une masse uniforme par la suite.

Démocratie et argent

■ [Praxagora :] C'est donc vous, ô Peuple, qui êtes la cause de ses maux [les maux de la cité]. Les deniers publics sont une source de revenus pour vous. Chacun se soucie de son intérêt particulier et du gain à réaliser [...].

(Aristophane, *L'Assemblée des femmes*, p. 175)

■ [Herman demande à Monty :] Alors que demande le peuple ? Qu'est-ce qu'il y a d'autre que le fric, pour des gens comme vous ?

(Roth, p. 183)

■ Peu à peu l'État devient ainsi le débiteur de la plupart des riches, et il centralise dans ses mains les plus grands capitaux.

(Tocqueville, II, IV, 5, p. 125)

L'État démocratique peut envisager l'égalité financière ; toutefois, dans les faits, il valorise l'enrichissement de certains des citoyens en considérant que « la plupart des riches » le soutiendront en retour. En flattant l'appât du gain, il s'assure donc la fidélité d'une catégorie de la population.

L'appropriation excessive

■ [...] en général, les patrons n'étaient pas patrons pour rien ; ils n'étaient pas non plus à leur compte pour rien, qu'ils soient dans le bâtiment ou dans les fruits et légumes, le rabbinat ou le racket.

(Roth, p. 182)

■ [Premier Serviteur :] Ce que tu dis me plaît assez en général. Il n'y a qu'une chose qui ne me revienne pas dans ta manière d'opérer, savoir que tu absorbes le bouillon sans en laisser pour les autres.

(Aristophane, *Les Cavaliers*, p. 78)

■ [...] le pouvoir social accroît sans cesse ses prérogatives ; il devient plus centralisé, plus entreprenant, plus absolu, plus étendu. Les citoyens tombent à chaque instant sous le contrôle de l'administration [...].

(Tocqueville, II, IV, 5, p. 138)

Puisque, pour asseoir sa puissance, l'État s'appuie sur quelques citoyens, souvent les plus riches, il s'agit pour chacun d'exercer un individualisme intéressé, afin de récupérer le plus de biens possible et de se hisser au plus près du pouvoir.

La dissimulation coupable

■ [...] le souverain étend ses bras sur la société tout entière ; il en couvre la surface d'un réseau de petites règles compliquées, minutieuses et uniformes, à travers lesquelles les esprits les plus originaux et les âmes les plus vigoureuses ne sauraient se faire jour pour dépasser la foule ; il ne brise pas les volontés, mais il les amollit, les plie et les dirige [...].

(Tocqueville, II, IV, 6, p. 154-155)

■ [Le Charcutier au Paphlagonien :] Tu veux d'autre part que la guerre et les fumées de l'incendie cachent tes canailleries aux regards de Démos, et que le besoin l'oblige à attendre, en bayant après toi, le salaire qu'il lui faut pour vivre.

(Aristophane, *Les Cavaliers*, p. 109)

■ Je ne savais plus quelle était la loi, ni ce qui pourrait être légal ou illégal.

(Roth, p. 250)

Gouvernant de manière détournée, l'État dissimule souvent son ambition et la cache sous une action superficielle appréciable ; à la fin, le citoyen ne perçoit plus exactement le but de ses actes, « ni ce qui pourrait être légal ou illégal » dans ce que le pouvoir lui demande d'accomplir.

La recherche d'une démocratie utile à la cité

L'individu conscient

■ [...] chaque citoyen, alors qu'on le gêne et qu'on le réduit à l'impuissance, peut encore se figurer qu'en obéissant il ne se soumet qu'à lui-même, et que c'est à l'une de ses volontés qu'il sacrifie toutes les autres.

(Tocqueville, II, IV, 6, p. 157)

■ Nous n'avions pas le choix : il nous fallut rester plantés là comme des patriotes à le regarder virer sur l'aile et repasser au-dessus de la demeure de George Washington, avant de tourner pour suivre le Potomac vers le nord.

(Roth, p. 115)

■ [Chrémès :] Eh quoi ? Ne dois-je pas obéir aux lois ?
[L'Homme :] Auxquelles, malheureux ?
[Chrémès :] Aux lois votées.

(Aristophane, *L'Assemblée des femmes*, p. 219)

Face à des lois qui semblent ne pas tenir compte de son individualité, le citoyen prend conscience qu'*a priori* il lui faut pourtant se conformer à la législation établie par ses représentants élus.

La crainte de la violence

■ [Blépyros :] Ce qu'il y a à craindre pour ceux de notre âge, c'est qu'une fois qu'elles auront en main les rênes de l'État, elles ne nous forcent par la violence.

(Aristophane, *L'Assemblée des femmes*, p. 194)

■ Selon mon père, le militarisme antidémocratique et brutal se préparait à triompher un peu partout dans le monde [...].

(Roth, p. 231)

■ [...] l'État, après avoir mis dans sa dépendance tous ceux qui ont envie de s'associer, y mettrait encore tous ceux qui se sont associés, c'est-à-dire presque tous les hommes qui vivent de nos jours.

(Tocqueville, II, IV, 5, p. 136)

Après avoir pris conscience de la force de la loi à laquelle il doit obéir, le citoyen se rend également compte de la fragilité de la paix : à tout instant les lois peuvent l'ostraciser ou le contraindre, sous prétexte que le pouvoir doit s'exercer pleinement.

Un sursaut d'individualité

■ Les hommes qui habitent les pays démocratiques n'ayant ni supérieurs, ni inférieurs, ni associés habituels et nécessaires, se replient volontiers sur eux-mêmes et se considèrent isolément.

(Tocqueville, II, IV, 3, p. 97)

■ [L'Homme :] Il faut pourtant, par Zeus, que je trouve un moyen pour garder à la fois les biens que je possède et partager avec ces gens-là ce qu'on fricasse en commun.

(Aristophane, *L'Assemblée des femmes*, p. 231)

■ [Bess à Herman :] On ne peut pas prendre une ville et en faire ce qu'on veut, se débarrasser de Newark telle qu'elle est, avec les Juifs qui y vivent comme tout le monde. Mais enfin, en quoi ça les regarde ? C'est interdit par la loi. Tout le monde sait très bien que c'est illégal.

(Roth, p. 300-301)

Face aux exactions d'une loi générale qui soumet la cité à l'uniformité de la centralisation, les citoyens prennent conscience de la valeur de leur existence individuelle et aspirent à retrouver la maîtrise de leurs actes.

Résister ?

■ [Roosevelt annonce qu'il assistera aux obsèques de Winchell.] C'est le commencement de la fin du fascisme en Amérique ! Pas de Mussolini chez nous, Cucuzza ! Plus de Mussolini chez nous !

(Roth, p. 411)

■ Chez les peuples démocratiques, il n'y a que par l'association que la résistance des citoyens au pouvoir central puisse se produire ; aussi ce dernier ne voit-il jamais qu'avec défaveur les associations qui ne sont pas sous sa main [...].

(Tocqueville, II, IV, 5, p. 135)

■ [Le Coryphée :] Il est temps d'avancer, messieurs. [...] Le danger n'est pas petit, si nous sommes surprises à combiner dans l'ombre un si grand coup d'audace.

(Aristophane, *L'Assemblée des femmes*, p. 181)

Dès que l'espoir d'une démocratie plus juste se fait jour (« Pas de Mussolini chez nous, Cucuzza ! »), les citoyens commencent à organiser une « résistance » face au « pouvoir central », sans négliger le « danger » qu'il peut y avoir à « combiner dans l'ombre un si grand coup d'audace », qui relève du coup d'État.

La difficile reconquête de la démocratie

■ [Premier Serviteur :] Aussi, mon cher, faut-il aviser sur la route à prendre, et nous demander sur qui reporter notre espérance.

(Aristophane, *Les Cavaliers*, p. 53)

■ Il est aisé, quand tous les hommes se ressemblent, de fonder un gouvernement unique et tout-puissant : les instincts suffisent. Mais il faut aux hommes beaucoup d'intelligence, de science et d'art, pour organiser et maintenir, dans les mêmes circonstances, des pouvoirs secondaires [...].

(Tocqueville, II, IV, 4, p. 112)

■ [Herman à ses fils :] [...] ce n'est pas un jeu, c'est une lutte. Ne l'oubliez pas, c'est une lutte.

(Roth, p. 273)

Pour résister au pouvoir centralisé, il faut agir ; mais cette action des citoyens doit s'appuyer sur un objectif clair et sur des méthodes éprouvées (« beaucoup d'intelligence, de science et d'art ») afin de l'emporter dans la « lutte » qui les oppose à une démocratie devenue despotique.

Vouloir la démocratie

■ [...] pour être honnêtes et prospères, il suffit encore aux nations démocratiques de le vouloir.

(Tocqueville, II, IV, 8, p. 191)

■ [Roosevelt :] Nous, Américains, n'accepterons pas un monde dominé par Hitler. Aujourd'hui, toute la terre des hommes se divise entre servitude humaine et liberté. Nous... choisissons... la liberté ! Nous n'accepterons qu'une Amérique vouée à la liberté.

(Roth, p. 259)

■ [Praxagora :] [...] osons, par un tel trait d'audace, essayer de mettre la main sur les affaires de la cité pour lui faire aussi un peu de bien.

(Aristophane, *L'Assemblée des femmes*, p. 167-168)

La résistance des citoyens a pour objectif d'aboutir à une démocratie repensée, à une démocratie non plus définie par un pouvoir central mais motivée par des valeurs humaines, comme la « liberté » ou, plus largement, le « bien ».

La responsabilité démocratique

■ […] il ne s'agit point de reconstruire une société aristocratique, mais de faire sortir la liberté du sein de la société démocratique où Dieu nous fait vivre.

(Tocqueville, II, IV, 7, p. 166)

■ [Churchill :] Il ne s'agit plus aujourd'hui que la grande démocratie américaine nous prête main-forte par des mesures militaires. L'heure est venue que les citoyens américains prennent des mesures civiques pour leur propre salut. […] Il n'y a qu'une seule et même épreuve ; aujourd'hui comme hier nous y faisons face ensemble.

(Roth, p. 454)

■ [Le Chœur :] Te voici maintenant dans l'obligation d'avoir une volonté réfléchie, une pensée philanthropique en éveil, et qui sache défendre tes amies. C'est au bien commun que concours ton esprit inventif, qui doit réjouir le peuple-citoyen en le comblant des mille avantages de la vie, et montrer de quoi il est capable.

(Aristophane, *L'Assemblée des femmes*, p. 203)

L'ambition d'une démocratie réinventée relève de l'intelligence des citoyens associés : l'« esprit inventif » du peuple ne saurait se laisser happer par les attraits d'un pouvoir facile, mais doit viser le « salut » de la cité comme sa « liberté », en affrontant l'« épreuve » de la mise en place de ce gouvernement exigeant mais nécessaire.

INDEX DES NOTIONS

TABLE DES ENCADRÉS

INTRODUCTION AU THÈME
LA DÉMOCRATIE

PREMIÈRE PARTIE
ARISTOPHANE

DEUXIÈME PARTIE
TOCQUEVILLE

TROISIÈME PARTIE
ROTH

TABLE DES ILLUSTRATIONS

Cet ouvrage a été mis en pages par

<pixellence>

Achevé d'imprimer en mai 2019
dans les ateliers de Normandie Roto Impression s.a.s.
61250 Lonrai
N° d'impression : 1901939
N° d'édition : L.01EHPN000919.N001
Dépôt légal : juin 2019

Imprimé en France